Das sechshundertjährige Jubiläum
der Universität Leipzig 2009

DAS SECHSHUNDERTJÄHRIGE JUBILÄUM DER UNIVERSITÄT LEIPZIG 2009

Eine Dokumentation
herausgegeben von Prof. Dr. iur. Franz Häuser
Rektor der Universität Leipzig von 2003 bis 2010

LEIPZIGER UNIVERSITÄTSVERLAG 2011

Bibliografische Information der Deutschen Nationalbibliothek
Die Deutsche Nationalbibliothek verzeichnet diese Publikation in der
Deutschen Nationalbibliografie; detaillierte bibliografische Daten
sind im Internet über http://dnb.d-nb.de abrufbar.

Das Werk einschließlich aller seiner Teile ist urheberrechtlich geschützt.
Jede Verwertung außerhalb der engen Grenzen des Urheberrechtsgesetzes
ist ohne Zustimmung des Verlages unzulässig und strafbar. Das gilt insbesondere
für Vervielfältigungen, Übersetzungen, Mikroverfilmungen und die
Einspeicherung und Verarbeitung in elektronischen Systemen.

Wissenschaftliche Redaktion
Dr. Jens Blecher, Dr. Michael Handschuh

Bildnachweis
Für alle in der vorliegenden Dokumentation wiedergegebenen Fotos und Bilder liegen die
Nutzungsrechte bei der Pressestelle der Universität Leipzig.

Redaktionsschluss: 30. September 2011

© Leipziger Universitätsverlag GmbH 2011
Gesamtherstellung: Leipziger Universitätsverlag GmbH
ISBN 978-3-86583-627-4

INHALTSVERZEICHNIS

Vorwort des Rektors 7

I. Einleitung 13

II. Gremien des Jubiläumsjahres 27

III. Eröffnungskonzert am 9. Mai 2009 35

IV. Festwoche vom 30. November bis 6. Dezember 2009 63

V. Festakt am 2. Dezember 2009 87

VI. Jubiläumsausstellung „Erleuchtung der Welt.
Sachsen und der Beginn der modernen Wissenschaften"
vom 9. Juli bis 6. Dezember 2009 115

VII. Geschichte der Universität Leipzig in fünf Bänden 169

VIII. Weitere Publikationen 199

IX. Zentrale Kongresse 207

X. Vortragsreihe „Politische Wenden" 231

XI. campus 2009 289

XII. Lauf Prag – Leipzig 293

XIII. Alumni-Treffen 2009 307

XIV. Veranstaltungen der Fakultäten, Institute und Einrichtungen 315

XV.	Veranstaltungen der Studierendenschaft	365
XVI.	Jahrestagungen von Wissenschafts- und weiteren Organisationen	385
XVII.	Gedenkmünze, Sonderbriefmarke, Medaillen	403
XVIII.	Das Jubiläum in der Leipziger Öffentlichkeit	419
XIX.	Partner und Sponsoren	427
XX.	Grußadressen und Gastgeschenke	435
XXI.	Bibliographie	455

Autorenverzeichnis 461

Bildteil 463

DAS JUBILÄUMSJAHR DER UNIVERSITÄT LEIPZIG 2009

Vorwort des Rektors

Über das 600-jährige Jubiläum der Universität Leipzig, das sie im Jahre 2009 festlich begehen konnte, zusammenhängend in diesem Band zu berichten, folgt einer Tradition vorausgegangener Leipziger Zentenarfeiern und auch dem Beispiel anderer, etwa gleichaltriger Universitäten[1]. So haben die Zeitgenossen der Leipziger Feierlichkeiten in den Jahren 1709, 1809 und 1909 diese jeweils in einem Berichtsband dokumentiert. Vor allem die ausführliche Darstellung der Halbjahrtausendfeier des Jahres 1909[2] vermittelt einen ungemein anschaulichen Eindruck über die selbstbewusste Art und Weise, wie die Universität sich damals darstellte, und zwar nicht nur aus Anlass der Jubiläumsfeierlichkeiten, und wie man sie seinerzeit wohl auch außerhalb allgemein wahrnahm.[3]

Im Jubiläumsjahr 2009 hat die Universität nicht wie früher nur an wenigen Tagen im Sommer, sondern vom Mai bis Dezember in vielfältiger Weise an ihre Gründung erinnert, diesmal unter ihrem vor einigen Jahren gewählten Motto „Aus Tradition Grenzen überschreiten". Auch dieses „Jahrhundertereignis" mit seinen zahlreichen Veranstaltungen verdient es, in Buchform festgehalten zu werden, denn nach wie vor ist die lange Zeitspanne vom ausgehenden Mittelalter bis heute, in der in Leipzig ohne Unterbrechung Lehrbetrieb stattfand („*sine intervallo beatissime agens*")[4] auf der einen Seite Ausdruck einer bemerkenswerten Kontinuität dieser einzelnen Universität, darüber

---

1 Vgl. für die Universität Heidelberg *Eike Wolgast*: Vorwort, in: *ders.* (Hrsg.): Die Sechshundertjahrfeier der Ruprechts-Karls-Universität Heidelberg, Heidelberg 1987, S. 11.
2 *Karl Binding*: Die Feier des Fünfhundertjährigen Bestehens der Universität Leipzig. Amtlicher Bericht im Auftrage des akademischen Senats, Leipzig 1910.
3 Vgl. dazu *Rudolf Kötzschke*: Die kulturgeschichtliche Stellung der Universität Leipzig. Betrachtungen auf Grund der zum Universitätsjubiläum 1909 erschienenen Schriften, in: Neues Archiv für sächsische Geschichte und Alterthumskunde 31 (1910), S. 29–85.
4 So im Glückwunschschreiben der Universität Heidelberg zum 400. Jubiläum im Jahre 1809; vgl. *Eike Wolgast*, Die Beziehungen zwischen den Universitäten Leipzig und Heidelberg, in: Beiträge des internationalen Kolloquiums zum 575. Jahr der Universitätsgründung in Leipzig, Abhandlungen der Sächsischen Akademie der Wissenschaften zu Leipzig, philologisch-historische Klasse, Bd. 71, Heft 3, 1987, S. 101, 102.

hinaus aber auch Zeugnis der Überlebenskraft eines ganz besonderen, im mittelalterlichen Europa entstandenen Typus einer Bildungseinrichtung, für die im Prinzip kennzeichnend ist, dass sie unter ihrem Dach wissenschaftliche Forschung und akademische Lehre zum wechselseitigen Vorteil miteinander verbindet. Solche forschungsgeleitete Lehre ist seit mehr als 200 Jahren für die deutschen Universitäten insgesamt charakteristisch und sollte es auch in Zukunft bleiben. Ihren nachhaltigen Erfolg verdankt die Institution Universität immer wieder auch ihrer Anpassungsfähigkeit gegenüber neuen Herausforderungen aus Forschung und Lehre. So ist aus heutiger Sicht das erwähnte Leitbild von „Lehre aus Forschung" durch die realistische Perspektive zu ergänzen, dass die universitäre Ausbildung nicht allein die Förderung des eigenen wissenschaftlichen Nachwuchses im Auge haben kann, sondern vor allem die Interessen der großen Zahl derjenigen Studierenden berücksichtigen muss, die unmittelbar im Anschluss an das Studium einen Beruf ergreifen wollen, der ein erfolgreich abgeschlossenes akademisches Studium voraussetzt. Deshalb den Studienablauf auch an Anforderungen der Berufspraxis zu orientieren, darf folglich nicht als Fremdkörper eines akademischen Studiums verstanden werden, sondern als Ausdruck einer notwendigen Perspektivenkorrektur, die nicht zuletzt auf das rasante Anwachsen der Zahl von Studierenden antwortet – eine der signifikantesten Veränderungen der Hochschulsituation nach dem 2. Weltkrieg, die man mit dem unschönen Begriff der Massenuniversität umschreibt. Was als eine an sich erfreuliche und in den meisten Industrienationen zu beobachtende Bildungsexpansion zu betrachten ist, macht es freilich den Universitäten nicht leichter, ihren Lehrauftrag qualitätsvoll zu erfüllen; denn ihre finanzielle Ausstattung hinkt bis heute hinter dem Bedarf aus dieser Herausforderung hinterher.

Ungeachtet der erwähnten erstaunlichen Kontinuität der Bildungsinstitution Universität ist im Jubiläumsjahr immer wieder der Wettbewerbs- und Reformdruck kritisch gewürdigt worden, der auf den Universitäten seit einiger Zeit unter dem Schlagwort „Exzellenzinitiative des Bundes und der Länder" lastet und mit dem Bologna-Prozess als grundlegender Studienreform mit gestuften Abschlüssen und modularisierten Inhalten verbunden ist. Über den Feierlichkeiten haben wir im Jubiläumsjahr diese Entwicklungen nicht vergessen; beide, Exzellenzinitiative und Studienreform, sind im Prinzip zu begrüßen. So ist die Unzufriedenheit mit der Qualität universitärer Forschungen ein altes Phänomen; sie reicht zurück bis ins Kaiserreich und führte damals zur Gründung der Kaiser-Wilhelm-Gesellschaft, der heutigen Max-Planck-Gesellschaft. Die Kritik war seinerzeit also anders als heute nicht Anlass, die universitäre Forschung zu fördern. Die Studienreform nach Maßgabe des Bologna-Prozesses kann als Antwort auf die erwähnte, gestiegene Zahl von Studierenden verstanden werden, die nach einer stärkeren Strukturierung der Studienprogramme und nach einer intensiveren Betreuung der Studierenden verlangt, so dass der Bachelorabschluss nach in der Regel drei Jahren einen berufsbefähigenden Abschluss auch für diejenigen ermöglicht, die andernfalls ihr Studium abgebrochen hätten. Es kommt hinzu: Die heutigen Anforderungen an Universitäten beschränken sich nicht länger darauf, innovative Forschung zu ermöglichen und qualitätsvolle Lehre anzubieten, sondern es wird von ihnen zusätzlich erwartet, dass sie auch allgemeinen gesellschaftspolitischen Forderungen Rechnung tragen, wie beispielsweise der Gleichberechtigung der Geschlechter oder der Berücksichtigung der Sondersituation von studentischen Eltern. Niemand wird diesen Anliegen die Berechtigung absprechen wollen, die Auseinandersetzung um die Verteilung der knappen Mittel wird dadurch freilich nicht erleichtert.

Der Bericht über das Jubiläum des Jahres 2009 verfolgt nicht nur den Zweck, die vielfältigen Veranstaltungen zu dokumentieren, sondern es geht ihm auch darum, die inhaltlichen Bezüge in den Beiträgen der Zeitgenossen lebendig zu halten, mit denen sie einmal das Jubiläum der Universität in historischer Perspektive würdigten, zum anderen aber auch darüber hinausgehende Überlegungen über die Zukunft von wissenschaftlicher universitärer Forschung, akademischer Lehre und universitären Strukturen anstellten und so einen Ausblick wagten. Ziel dieses Bandes ist es freilich nicht, die Veranstaltungen des Jahres 2009, die einen Bezug zum Jubiläum aufweisen, vollständig zu erfassen. Dies kann nicht die Absicht sein, denn dazu war ihre Zahl, die allein schon auf Fakultäts- oder Institutsebene stattfand, zu groß. Sie sind in der zu Jahresbeginn als „Jubiläumsprogramm" herausgegebenen umfangreichen Broschüre (auf nahezu 250 Seiten) aufgeführt. Außerdem sind zu manchen Veranstaltungen, so zu den Leitkongressen und der Jubiläumsausstellung, inzwischen selbständige Veröffentlichungen erschienen.

Es ist uns in einer schnelllebigen Zeit schließlich ein besonderes Anliegen, mit diesem Band im Bewusstsein zu halten, dass es sich im Jahre 2009 um das erste Leipziger Universitätsjubiläum nach der Wiedervereinigung unseres Vaterlandes handelte. So fand bei verschiedenen Anlässen immer wieder Erwähnung, dass der Fall der Berliner Mauer gerade 20 Jahre zurücklag. Diese 20 Jahre seit der friedlichen Revolution der Jahre 1989 und 1990 in Ostdeutschland und die damit eingeleiteten strukturellen und inhaltlichen Veränderungen haben sich nachhaltig auch auf die Universität Leipzig als eine der vormals größten ostdeutschen Universitäten ausgewirkt. Nach einem schwierigen und teilweise aufreibenden Prozess der Erneuerung ist aus einer staatlichen Einrichtung in Abhängigkeit von einschränkenden wissenschaftsfeindlichen Vorgaben einer Einparteien-Diktatur wieder eine von ihren Mitgliedergruppen getragene

Körperschaft geworden, diesmal auf der Basis der grundrechtlich geschützten Freiheit von Forschung und Lehre und mit dem Anspruch auf eine größtmögliche Autonomie. Auch daran soll mit diesem Band erinnert werden. Heute, 20 Jahre später und im Blick auf das 600. Jahr seit der Gründung der Universität, lässt sich selbstbewusst konstatieren, dass Beachtliches auf diesem Wege geleistet und erreicht worden ist. Die Universität Leipzig sieht sich aber noch nicht dort, wo sie nach ihrem Selbstverständnis und den Vorbildern aus ihrer Geschichte stehen sollte. Es bleibt also noch viel zu tun.

Viele Beteiligte haben zum Erfolg des Jubiläumsjahres mit seinen zahlreichen Veranstaltungen beigetragen. An erster Stelle möchte ich nennen die anderen Mitglieder des Rektorats: Prof. Dr. Wolfgang Fach als Prorektor für Lehre und Studium, Prof. Dr. Robert Holländer als Prorektor für strukturelle Entwicklung und Prof. Dr. Martin Schlegel als Prorektor für Forschung und wissenschaftlichen Nachwuchs sowie Dr. Frank Nolden als Kanzler. Ihnen sei herzlich gedankt. Sie haben mit den Beschlüssen des Kollegiums die jeweiligen Grundlagen gelegt.

Manche Beteiligte sind für eine bestimmte Zeit in den Dienst der Universität getreten, andere mussten jubiläumsbedingt zusätzliche Aufgaben übernehmen. Es bleibt mir, ihnen allen im Namen der Universität für ihr Engagement sehr herzlichen Dank zu sagen! Bedanken möchte ich mich auch bei denjenigen, die bereitwillig mitgewirkt haben, dass dieser umfangreiche Dokumentationsband über das Jubiläumsjahr zusammengestellt werden konnte. Mein Referent, Dr. Michael Handschuh, hat sich große Verdienste um dieses Werk erworben, freundschaftlich und sachverständig unterstützt durch den Direktor des Universitätsarchivs, Dr. Jens Blecher, und dessen Mitarbeiterin Dr. Frauke Gränitz. Die Mitarbeiterinnen im Rektorbüro, Frau Gesine Leistner und Frau Kerstin Lohse, haben durch sorgfältiges Korrekturlesen einen hilfreichen Beitrag geleistet. Mein Dank gilt auch Herrn Sebastian Kusche, der zu dem Kapitel IV.3 (Ökumenischer Festgottesdienst) und zu Kapitel XIV Veranstaltungen der Fakultäten, Institute und Einrichtungen) maßgeblich beigetragen hat. Für redaktionelle Hinweise danke ich Herrn Dipl.-Hist. Uwe John. Schließlich möchte ich dem Geschäftsführer des Leipziger Universitätsverlages, Dr. Gerald Diesener, für die gewohnt sachkundige und entgegenkommende verlegerische Betreuung und Zusammenarbeit herzlich danken.

Leipzig, im Juli 2011

Prof. Dr. iur. Franz Häuser
Rektor im Jubiläumsjahr

I. EINLEITUNG

EINLEITUNG

1. VORANGEGANGENE JUBILÄEN

Über die vorangegangenen fünf Säkularfeiern der Universität Leipzig einschließlich jener im Jahre 1909 gibt *Konrad Krause*[1] eine kurzen, informativen Überblick, auf den an dieser Stelle verwiesen werden kann.[2]

a) Ob man schon zum 100. Gründungstag im Jahre **1509** eine offizielle Feier ausrichtete, wird unterschiedlich beantwortet. Eine Seite[3] betont, es finde sich in den wenigen erhaltenen Quellen keinerlei Hinweis darauf. Eine andere Lesart[4] verweist auf eine Mitteilung des Historikers Johann Burckhard Mencke aus dem Jahr 1709, der von einer Gedenkfeier unter der Regie des Rektors Paul Schwoffheim wissen will zusammen mit einem Festumzug, den Herzog Georg der Bärtige selbst angeführt habe. Der namhafte Landeshistoriker *Rudolf Kötzschke*[5] schreibt zu diesem Disput: „Die Kunde von der ersten Säkularfeier im Jahr 1509 verliert sich für uns im Dunkel einer sagenhaft ausgeschmückten Überlieferung".

---

1 In: *Konrad Krause*: Alma mater Lipsiensis. Geschichte der Universität Leipzig von 1409 bis zur Gegenwart, Leipzig 2003, S. 223 ff.; ferner *Jens Blecher*: Leipziger Universitätsjubiläen. Konstituierende Elemente der geschriebenen Erfolgsgeschichte, in: Jens Blecher, Gerald Wiemers (Hrsg.): Universitäten und Jubiläen. Vom Nutzen historischer Archive, Leipzig 2004, S. 176; *Werner Fläschendräger*: Geschichtliche Entwicklung und gesellschaftliche Stellung der Universität Leipzig im Spiegel ihrer Jubiläumsfeiern von 1509–1959. Ein Beitrag zur Geschichte der Karl-Marx-Universität, Diss., Leipzig 1965.

2 Zu Jubel und Säkularfeierlichkeiten *Winfried Müller*: Das historische Jubiläum, in: ders. (Hrsg.): Das historische Jubiläum. Genese, Ordnungsleistung und Inszenierungsgeschichte eines institutionellen Mechanismus, Münster 2004, S. 1, 9 ff.; *Winfried Müller*: Erinnerung an die Gründung, in: Berichte zur Wissenschaftsgeschichte 21 (1998), S. 79 ff. Vgl. auch das Kapitel „Jubel", Eine historische Betrachtung über den Anlass zu feiern, bei *Horst Fuhrmann*: Einladung ins Mittelalter, München 2000, S. 239 ff.

3 So *Sebastian Kusche*: „Erinnerung" im Spannungsfeld von Mythologisierung und akademischer Festkultur, in: Neues Archiv für sächsische Geschichte 74/75 (2003/2004), S. 99 ff.

4 So *Konrad Krause*: Alma mater Lipsiensis, a. a. O., S. 223.

5 *Rudolf Kötzschke*: Die kulturgeschichtliche Stellung der Universität Leipzig. Betrachtungen auf Grund der zum Universitätsjubiläum 1909 erschienenen Schriften, in: Neues Archiv für sächsische Geschichte und Alterthumskunde 31 (1910), S. 29–85, hier S. 29, 43.

b) Eine offizielle Säkularfeier ist quellenmäßig für **1609** bezeugt, und zwar für den 4. Dezember[6] unter dem Rektorat des Mathematikers Christof Meurer.[7] Nach einem Dankgottesdienst in der Nikolaikirche am frühen Morgen des 4. Dezember zogen der Rektor, die vier Dekane und das städtische Ratskollegium in einer feierlichen Prozession in die Universitätskirche St. Pauli, um dort mit einem Festakt die Feierlichkeiten zum 200-jährigen Universitätsjubiläum zu begehen. Festreden zur Geschichte, Gegenwart und Zukunft der Universität hielten die Professoren Friedrich und Bayer. Anschließend suchte die Festgemeinschaft unter strenger Beachtung der Reihenfolge mit den kurfürstlichen Legaten an der Spitze eine Gastwirtschaft am Marktplatz auf. Das ausführliche Festprogramm, die Festreden, -gedichte und -predigten lagen ein Jahr später in gedruckter Form vor. Eine Neuauflage des Bandes erschien hundert Jahre später[8].

c) Die Feierlichkeiten im Jahre **1709** fanden unter dem Rektorat des Mediziners und Botanikers Augustus Quirinus Rivinus vom 4. bis 6. Dezember statt. Vorausgegangen war der Abzug der schwedischen Besatzer nach dem Friedensschluss in Altranstädt im Großen Nordischen Krieg[9]. Der Geschichtsprofessor Johann Burckhard Mencke hielt die Festrede, der Theologe Gottfried Olearius die Predigt[10].

d) Über das Jubiläum des Jahres **1809** erschien im Jahre 1810 die „Beschreibung der Feierlichkeiten am Jubelfeste der Universität Leipzig den 4. December 1809. Nebst kurzen Lebensbeschreibungen der Herren Professoren. Von M. Heinrich Gottlieb Kreußler".[11] Blumig hebt der Autor an: „Dem Andenken des schönsten festlichen Tages

---

6 Zur Problematik dieses Datums anstelle des zutreffenden 2. Dezember als Gründungstag vgl. *Konrad Krause*: 600 Jahre Universität Leipzig. Über ihren offiziellen und ihren wirklichen Stiftungstag, in: Leipziger Blätter (2009) 55, S. 40 f. Kritisch auch *Rudolf Kötzschke*: Die kulturgeschichtliche Stellung der Universität Leipzig, a. a. O., S. 29, 43, 44 „ohne jede historische Berechtigung".
7 Ausführlich zu diesem Jubiläum *Manfred Rudersdorf*: Weichenstellung für die Neuzeit. Die Universität Leipzig zwischen Reformation und Dreißigjährigem Krieg 1539–1648/60, in: Geschichte der Universität Leipzig 1409–2009, Bd. 1: Spätes Mittelalter und Frühe Neuzeit 1409–1830/31, Leipzig 2009, S. 451 f.
8 *Sebastian Kusche*: „Erinnerung" im Spannungsfeld von Mythologisierung und akademischer Festkultur, a. a. O., S. 99–131; *Konrad Krause*: Alma mater Lipsiensis, a. a. O., S. 223.
9 *Detlef Döring*: Anfänge der modernen Wissenschaften, in: Geschichte der Universität Leipzig 1409–2009, Bd. 1, a. a. O., S. 565.
10 *Konrad Krause*: Alma mater Lipsiensis, a. a. O., S. 224.
11 Vgl. auch *Georg Holz*: Die Jubelfeier der Leipziger Universität 1809, in: Leipziger Kalender. Illustriertes Jahrbuch und Chronik 6 (1909), S. 197 ff.; ferner *Detlef Döring*: Anfänge der modernen Wissenschaften, a. a. O., S. 577.

weihen wir diese Blätter". Wegen eines neuen verheerenden Krieges habe sich plötzlich die Aussicht auf den Jubeltag getrübt – Sachsen hatte sich auf Druck Frankreichs am Krieg gegen Österreich beteiligt, dabei kam es zur zweimaligen Besetzung Leipzigs[12]. Man fürchtete, so formuliert es der Zeitgenosse, dieses Fest der höheren Kultur könne sich in ein Trauerspiel der alles zertrümmernden Gewalt verwandeln, und da selbst der allgeliebte Monarch ohne bestimmte Erklärung von der Universität geschieden sei, er blieb auf Monate in Paris[13], sei fast die letzte Hoffnung geschwunden.[14] Endlich erschien am 14. Oktober 1809 die „Palme des Friedens", gemeint ist der Friedensschluss von Schönbrunn. Ein allerhöchstes Reskript gestattete die Feierlichkeit, die ein königliches Geschenk mit 3.000 Talern unterstützte.[15]

Die Feier richtete man an drei Tagen aus mit Montag, dem 4. Dezember, als Mittelpunkt. Warum man, wie schon im Jahre 1709, dieses Datum anstelle des eigentlichen Gründungsdatums, nämlich den 2. Dezember, wählte, bleibt offen.[16] Am Morgen des 4. Dezember versammelte man sich in der Thomaskirche, dort wo vor 400 Jahren die Gründung vollzogen worden war. Anschließend bewegte sich ein großer Festzug in thematisch geordneten Blöcken mit über 1.000 Teilnehmern zur Universitätskirche, in der eine Festpredigt vorgetragen wurde. Später hielt dort der Historiker Wenck die Festrede – noch in lateinischer Sprache: „Über die Verdienste der Männer, die seit dem dritten Jubelfeste den Ruhm der Universität durch ihre Vorträge und Schriften erhöht haben". Im Anschluss kam man zu einem mehrstündigen Festmahle im Gewandhaus zusammen, dessen Seitenwände die folgenden Inschriften trugen: Saeculo XV. in tenebris nata. Saeculo XVI. dotata et confirmata. Saeculo XVII. inter ruinas servata.

---

12 Dazu *Detlef Döring*: ebenda.
13 *Georg Holz*: Die Jubelfeier der Leipziger Universität 1809, a. a. O., S. 197; *Detlef Döring*: Anfänge der modernen Wissenschaften, a. a. O., S. 577.
14 *Rudolf Kötzschke*: Die kulturgeschichtliche Stellung der Universität Leipzig, a. a. O., S. 29, 44: das „unter den Wirren der napoleonischen Zeit begangene Jubiläum".
15 Die Universität benachrichtigte u.a. auch die Universität Heidelberg von dem bevorstehenden Ereignis, wies aber darauf hin, das die „rationes temporum" die Ausrichtung einer Feier unmöglich mache; dazu *Eike Wolgast*: Die Beziehungen zwischen den Universitäten Leipzig und Heidelberg, in: Beiträge des internationalen Kolloquiums zum 575. Jahr der Universitätsgründung in Leipzig, Abhandlungen der sächsischen Akademie der Wissenschaften zu Leipzig, Philologisch-historische Klasse, Bd. 71, Heft 3, 1987, S. 102, 103.
16 Dazu vgl. FN 6 sowie *Konrad Krause*: 600 Jahre Leipziger Universität, a. a. O., S. 40 f.; *Georg Holz*: Die Jubelfeier der Leipziger Universität 1809, a. a. O., S. 198, behauptet fälschlich, der 4. Dezember sei das Datum der Stiftungsurkunde.

Saeculo XVIII. filiorum nominibus celebra. Der Festumzug wiederholte sich am Dienstag, dem 5. Dezember, als nächtlicher Fackelzug[17], der tags zuvor witterungsbedingt ausgefallen war.

e) Die Feierlichkeiten des Jahres **1909** fanden auf Beschluss des Akademischen Senats vom 28. bis zum 31. Juli statt.[18] Für diesen Zeitrahmen gab nicht nur der Terminkalender des Königs den Ausschlag, sondern man führte auch die besser geeigneten sommerlichen Witterungsverhältnisse an. Zum anderen lag der 2. Dezember mitten im Wintersemester, was Vertretern anderer Universitäten die Teilnahme erschwert hätte. Die Festordnung sah folgenden Ablauf vor: Am 28. Juli Empfang der Ehrengäste in der Universität und Versammlung im Palmengarten; am 29. Juli Empfang des Sächsischen Königs, Festgottesdienst in der Universitätskirche zu St. Pauli, Festakt im Neuen Staatstheater, Festmahl der Königlichen Staatsregierung im Palmengarten und Gartenfest im Palmengarten; am 30. Juli Festakt in der Wandelhalle der Universität mit der Festrede des Mediziners, Philosophen und Psychologen Wilhelm Wundt, Festzug, Festvorstellung im Theater und Festkonzert im Gewandhaus sowie Festkommers; am 31. Juli die Königliche Festtafel in der Albrechtsburg zu Meißen. Die Jubiläumsausstellung zeigte man vom August bis September im Alten Rathaus.[19]

Die Universität hatte für die rund 10.000 Festteilnehmer einen perfekten Ablauf organisiert. Dank ihrer hohen wissenschaftlichen Reputation bedeutete es für viele Gäste bereits eine Ehrung, nach Leipzig eingeladen zu sein. Der Berliner Physiker Emil Warburg (1846–1931) sprach aus, was viele dachten, als er den Ruf der Leipziger Universität mit dem einer „Weltuniversität" verglich. Die Alma mater Lipsiensis hatte sich so präsentiert, wie sie sich nach diesen Festtagen fühlen musste – angekommen auf dem Olymp der Wissenschaften. Nach *Ulrich von Hehl*[20] „erweist sich der Verlauf des Universitätsjubiläums als symbolhafte Verdichtung der engen Interdependenz von Staat, Krone, Stadt und Universität". Den Bericht über das Jubiläumsjahr erstattete

---

17 *Matthias Donat*: Zwischen „Augiasstall" und „Universitas litterarum". Die Universität Leipzig um 1800, in: Thomas Topfstedt/Hartmut Zwahr (Hrsg.): Leipzig um 1800. Beiträge zur Sozial- und Kulturgeschichte, Beucha 1998, S. 43.
18 Dazu ausführlich *Ulrich von Hehl*: In den Umbrüchen der ersten Hälfte des 20. Jahrhunderts. Die Universität Leipzig vom Vorabend des Ersten bis zum Ende des Zweiten Weltkrieges 1909 bis 1945, in: Geschichte der Universität Leipzig 1409–2009, Bd. 3: Das zwanzigste Jahrhundert 1909–2009, Leipzig 2010, S. 38 ff.
19 Katalog der Universitäts-Jubiläumsausstellung Leipzig 1909, Leipzig 1909.
20 *Ulrich von Hehl*: In den Umbrüchen der ersten Hälfte des 20. Jahrhunderts, a. a. O., S. 41.

man gleichsam kollegial, denn der Rektor im Jubiläumsjahr, der Jurist Karl Binding, verfasste ihn im „Auftrag des Akademischen Senats".[21]

f) Auch in kürzeren Zeitabschnitten erinnerte die Universität an ihre Gründung. So gedachte man 1859 in einer Feier an das Gründungsgeschehen vor 450 Jahren.[22] Im 20. Jahrhundert feierte man gleichsam in jeder Generation, und zwar in einem Abstand von 25 Jahren: 1934, 1959, 1984. Programm und Inhalt der Veranstaltungen dieser Jahre standen eindeutig unter politischen Vorzeichen. Im Nationalsozialismus sollte erstmals auch eine neue ideologische Geschichte der Universität Leipzig geschrieben werden, 1959 verwies die Karl-Marx-Universität Leipzig auf nach ihrem Verständnis progressive Entwicklungen ihrer Vergangenheit[23] und 1984 versuchte sich die Universität erstmals an einem „geschlossenen Geschichtsbild".[24]

(Franz Häuser, Michael Handschuh)

---

21 Ausführlich *Karl Binding*: Die Feier des Fünfhundertjährigen Bestehens der Universität Leipzig. Amtlicher Bericht im Auftrage des akademischen Senats, Leipzig 1910.
22 *Oswald Marbach*: Das Jubiläum der Universität Leipzig nach Vierhundert und Fünfzigjährigem Bestehen am 2. December 1859, Leipzig o. J.
23 Dazu *Günther Heydemann*: Sozialistische Transformation. Die Universität Leipzig vom Ende des Zweiten Weltkrieges bis zum Mauerbau 1945–1961, in: Geschichte der Universität Leipzig 1409–2009, Bd. 3, a. a. O., S. 525 ff.; ferner *Günther Wartenberg*: „Gebrochene Jubiläen": das Leipziger Universitätsjubiläum 1959, in: Jens Blecher, Gerald Wiemers (Hrsg.): Universitäten und Jubiläen, a. a. O., S. 46; Karl-Marx-Universität Leipzig. Festschrift zur 550-Jahr-Feier, Leipzig 1959.
24 Vgl. dazu *Klaus Fitschen*: Wissenschaft im Dienste des Sozialismus. Die Universität Leipzig vom Mauerbau bis zur Friedlichen Revolution 1961–1989, in: Geschichte der Universität Leipzig 1409–2009, Bd. 3: a. a. O., S. 735 ff.; *Lothar Rathmann* (Hrsg.): Alma mater Lipsiensis. Geschichte der Karl-Marx-Universität Leipzig, Leipzig 1984; *Karl Czok* (Hrsg.), Wissenschafts- und Universitätsgeschichte im Sachsen im 18. und 19. Jahrhundert, Beiträge des internationalen Kolloquiums zum 575. Jahr der Universitätsgründung, Abhandlungen der Sächsischen Akademie der Wissenschaft zu Leipzig, Philologisch-historische Klasse, Band 71, Heft 3, 1987.

2. ZUM UNIVERSITÄTSJUBILÄUM 2009

a) Vorbereitende Gedanken und Aktivitäten

Wenn eine Universität sich anschickt, mit einer Jubiläumsfeier an ihre Gründung zu erinnern, folgt sie regelmäßig keinem allein rückwärtsgewandten Selbstzweck, wenngleich die Würdigung und Betonung der historischen Dimension der jeweiligen Zeitspanne mit ihren Höhen und Tiefen als besondere Reflexionsebene auch der gesamthistorischen Entwicklung meistens nicht zu kurz kommt. Aus inhaltlicher Perspektive ging es im Jahre 2009 vor allem um die Präsentation der Universität Leipzig als einer Universität, deren großer wissenschaftlicher und bildungsgeschichtlicher Hintergrund von den Heutigen als Herausforderung verstanden wird, und zwar für eine zukunftsorientierte, weltoffene wissenschaftlich-akademische Einrichtung im zwanzigsten Jahre nach ihrer grundlegenden Umstrukturierung als Frucht der friedlichen Revolution im wiedervereinigten Deutschland. Es sollte mit Hilfe des Jubiläums der Bekanntheitsgrad der Universität in zahlreichen Facetten erhöht und ihre Funktion als Nukleus am Wissenschaftsstandort Leipzig betont werden. Erfahrungen mit der Studienreform nach dem Bologna-Modell sollten im Jahre 2009 präsentiert sowie die seit 2004 ins Leben gerufenen Profilbildenden Forschungsbereiche und erste Erfahrungen der im Jahre 2006 gegründeten Research Academy Leipzig thematisiert werden.

Bereits im Januar 2000 richtete der Akademische Senat eine „Kommission zur Erforschung der Leipziger Universitäts- und Wissenschaftsgeschichte" ein. Im Zentrum der Kommissionsarbeit stand die fünfbändige Geschichte der Universität Leipzig, deren Bände 4 und 5 im Jubiläumsjahr erschienen sind. Die Bände 1 bis 3 folgten im Jahr 2010. Die hohen Erwartungen, die man in der Universität an das Jubiläum knüpfte, lassen sich an den Dankesworten des vormaligen Rektors Volker Bigl ablesen, die er bei seiner Verabschiedung am 16. Mai 2003 äußerte: „Unserer altehrwürdigen Alma mater Lipsiensis wünsche ich, dass sie den eingeschlagenen Weg zurück auf ihren angestammten Platz in der Spitze der deutschen Hohen Schulen weiterhin mit Kraft, Mut, Ausdauer und Selbstvertrauen verfolgt und dass die vor uns liegende 600-Jahrfeier ihrer Gründung dafür zu einem wichtigen Meilenstein wird".[25]

---

25 Dankesworte des ehemaligen Rektors, in: Amtseinführung des Rektors und der Prorektoren, Leipziger Universitätsreden Neue Folge 94 (2003), S. 64, 66.

Schon früh formulierte man Eckpunkte für das Jubiläumsjahr, z.B. den Wunsch, im Jahre 2009 eine dritte, diesmal bildungshistorische konzipierte sächsische Landesausstellung in Leipzig zu präsentieren, was aber daran scheiterte, dass der Freistaat sich Görlitz, der knapp gescheiterten Kulturhauptstadt Europas, verpflichtet fühlte und diesen Standort für die dritte Landesausstellung auswählte. Es bot sich an, das Jubiläum nicht wie früher auf ein bestimmtes Datum oder wenige Tage zu konzentrieren, sondern über das Jahr hinweg an die verschiedenen Etappen anzuknüpfen, in denen die Gründung sich im Jahre 1409 vollzog, sowie aus dem Blick der Gesamtuniversität zu diesen bestimmten Zeitpunkten auf den historischen Kontext bezogene Veranstaltungen in den Vordergrund zu rücken. Dabei sollten sich die Veranstaltungen nicht in historischen Reminiszenzen erschöpfen, sondern jeweils auch eine ereigniszentrierte, gegenwartsbezogene und zukunftsorientierte Perspektive haben. Hilfreich war, dass solche historische Ereignisse als Anknüpfungspunkte dienen konnten, die sich aus der Sicht des akademischen Kalenders einer Universität als günstig erwiesen. An die Ankunft der Magister und Scholaren aus Prag im Mai 1409 knüpfte das Eröffnungskonzert am 9. Mai als Auftaktveranstaltung an. Daran schloss sich einer der Leitkongresse über die Universität aus historischer, gegenwartsbezogener und zukunftsorientierter Perspektive an. Die Schenkungen der Grundstücke in der Ritterstraße und der Petersstraße/Burgplatz im Sommer 1409 dienten als weitere Anknüpfung. Der Festakt am Mittwoch, den 2. Dezember 2009, orientierte sich am offiziellen Gründungstag, eingebettet in eine Festwoche vom 30. November bis 6. Dezember.

b) Jubiläumsbezogene Veranstaltungen vor dem öffentlichen Auftakt

Schon vor dem 9. Mai 2009, dem eigentlichen Auftakt der Jubiläumsfeierlichkeiten,[26] hatten Institute, Fakultäten und Einrichtungen der Universität zahlreiche Projekte platziert, die dem Geburtstag der Universität gewidmet waren und von denen im Folgenden einige ausgewählte angeführt werden als Beispiele für die große Vielfalt universitärer jubiläumsbezogener Aktivitäten. Anlässlich ihres 599. Gründungstages hatte die Universität am 2. Dezember 2008 zu einem Tag der offenen Baustelle mit Führungen über den im Bau befindlichen Campus am Augustusplatz eingeladen. Von einem an einem Kran befestigten Ballon aus konnten sich Interessierte in einer Höhe

---

26 Siehe dazu Kapitel III.

von 50 Metern einen nicht alltäglichen und ungewöhnlichen Überblick über die Baustelle verschaffen. Am 5. Januar 2009 eröffnete die Kustodie die Sonderausstellung „600 Jahre Kunst der Universität Leipzig" in der Studiensammlung. Gezeigt wurden wertvolle Insignien aus der Gründungszeit der Universität, Bildwerke und Stadtansichten aus verschiedenen Jahrhunderten, kostbare Porträts berühmter Persönlichkeiten und bedeutender Wissenschaftler vom Mittelalter bis zur Gegenwart. Die Leipziger Universitätsmusik begann ihr umfangreiches Jubiläumsprogramm am 10. Januar im Gewandhaus mit einem Sinfoniekonzert unter Leitung von Juri Lebedev mit Werken von Webern, Ravel und Sibelius. Anlässlich des 200. Geburtstages Felix Mendelssohn Bartholdys erklang am 7. Februar das Oratorium „Paulus" in der Thomaskirche, gefördert und aufgezeichnet vom Deutschlandfunk für die Benefizreihe „Grundton D". Das „Leipziger Concert" im März im Museum für Musikinstrumente stellte auf historischen Instrumenten und mit vier Vokalsolisten sonst nur selten zu hörende Werke von früheren Universitätsmusikdirektoren, von Studenten und Lehrenden der Universität vor. Die glanzvolle Aufführung der Johannespassion von Johann Sebastian Bach mit hundert Sängerinnen und Sängern des Universitätschores in der Peterskirche am 7. April war ein weiterer musikalischer Höhepunkt.

Die Folgen der Klimaerwärmung des Planeten Erde für Mensch und Natur waren vom 2. bis 4. März Thema des Kongresses „Risiko Erde" an der Fakultät für Physik und Geowissenschaften. Im „International Year of Planet Earth" der UNO 2009 befasste sich diese interdisziplinäre Konferenz in Leipzig mit einem der wichtigsten Themen unserer Zeit: wetterbedingte Katastrophen und der ganzheitliche Umgang mit den Folgen.[27] Wichtiger „Vorbote" des Universitätsjubiläums war die 10. Leipziger Buchmesse-Akademie vom 11. bis 15. März, die 200 neue Publikationen von Autoren der Universität Leipzig präsentierte und deren Vortragsprogramm ganz im Zeichen des 600. Geburtstages der Universität stand. Das Themenspektrum reichte vom Beginn der modernen Wissenschaften über Stammzellenforschung, Halbleitertechnologien, psychische Erkrankungen bis hin zu OP-Techniken der Zukunft. Unter dem Titel „Ein Kosmos des Wissens. Weltschrifterbe in Leipzig" eröffnete die Universitätsbibliothek am 27. März 2009 eine bemerkenswerte Ausstellung und stellte die Einmaligkeit der Leipziger Sammlung heraus.[28] Gezeigt wurden 50 wertvolle Handschriften, darunter

---

27 Dazu *Anne Dölemeyer, Janek Zimmer, Gerd Tetzlaff* (eds): Risk and Planet Earth (Vulnerability, Natural Hazards, Intergrated Adaption, Strategies), Stuttgart 2010.
28 Dazu als Katalog *Ulrich Johannes Schneider* (Hrsg.): Ein Kosmos des Wissens. Weltschrifterbe in Leipzig, Leipzig 2009.

der größte Papyrus der Welt, heilige Bücher des Judentums und des Islam, alte Karten, ein Brief von Albert Einstein und eine Studentenkarikatur aus dem Jahr 1498. Nach acht Wochen Laufzeit schloss der „Kosmos" mit drei kleinen Rekorden: 4.000 Besucher, 400 verkaufte Kataloge und 40 Gruppenführungen. Später wurde die Ausstellung in New York und in Houston unter dem Titel „In Pursuit of Knowledge" (600 Years of Leipzig University) gezeigt.[29]

Am 31. März 2009 empfing der Rektor im Alten Senatssaal sechzig Förderer und Sponsoren des Universitätsjubiläums, um ihnen den Dank der Universität für ihre Unterstützung abzustatten. Zuvor hatten die Teilnehmer gemeinsam den Neubau des Campus am Augustusplatz besichtigt. Der Rektor dankte den Unterstützern des Jubiläums mit der Überreichung von Nachbildungen historischer Universitätsdokumente.

c) Rückblick des Rektors

Misst man im Rückblick das Erreichte an den ehrgeizigen und hoch gesteckten Zielen, so wird man alsbald feststellen, dass es der Universität alles in allem gelungen ist, die Erinnerung an das Gründungsereignis mit einem reichhaltigen und anspruchsvollen Programm zu umrahmen, das dem Anspruch von 600 Jahren Geschichte der Alma mater Lipsiensis gerecht wurde und auch hoffnungsvolle Signale in Richtung Zukunft richtete. Ich denke, die Universität Leipzig kann mit Stolz auf ihr Jubiläumjahr zurückblicken. Insgesamt bot das Programm eine bunte Mischung bei gleichzeitiger klarer Akzentuierung auf drei an der Historie orientierte Zeitabschnitte im Jahresverlauf (Eröffnung – campus 2009 – Festwoche) und deren jeweilige Verbindung mit vier wissenschaftlichen Leitkongressen, die mit dem Einfluss des „Wissens" auf Geist, Bildung, Effizienz und Ordnung schwerpunktmäßig auch gesellschaftspolitisch erhebliche Themen zur Diskussion stellten. So haben wir mit Repräsentanten großer europäischer Universitäten über Mittel und Wege diskutiert, die geeignet sein könnten, die Hochschulen aus den derzeitigen Engpässen herauszuführen; wir haben „riskante Ordnungen", die unser Leben im 21. Jahrhundert bestimmen, in den Blick genommen und über Herausforderungen für Bildung und Erziehung im 21. Jahrhundert diskutiert

---

29 Siehe dazu den gleichnamigen von *Ulrich Johannes Schneider* herausgegebenen englischsprachigen Katalog, 2009.

sowie das Spannungsfeld zwischen Wissenschaft und Effizienz in einer globalisierten Welt kritisch analysiert.

Als besonders festliche, zentrale Veranstaltungen standen das Eröffnungskonzert am 9. Mai 2009, dargebracht von der Leipziger Universitätsmusik und ihren drei Klangkörpern, und der Festakt am 2. Dezember mit hohen Staatsgästen, darunter der Bundespräsident, im Vordergrund. Die mahnenden und klaren Worte des Bundespräsidenten zur unzureichenden Grundfinanzierung der Hochschulen nahm die Hochschulrektorenkonferenz dankbar auf[30], und Alumnus und Ehrendoktor der Juristenfakultät Hans-Dietrich Genscher beendete seinen Artikel in der Mitteldeutschen Zeitung vom 7. Dezember 2009 mit den Worten: „Der Bundespräsident hat aus seinem Grußwort in Leipzig nicht nur einen Paukenschlag, sondern auch einen Weckruf gemacht – für Bund und Länder. Danke, Herr Bundespräsident!". Die Auftragskomposition zum 600. Gründungstag von Bernd Franke knüpfte an eine große musikalische Tradition an, der einst auch Johann Sebastian Bach mit seinen „Festmusiken zu Leipziger Universitätsfeiern" Gestalt gab und der Rohbau des Paulinums als Austragungsort des Festaktes wies zum Abschluss des Jubiläumsjahres erwartungsvoll auf die Zukunft der Alma mater Lipsiensis hin.

Neben den monatlichen Konzerten der Universitätsmusik war kultureller Höhepunkt im Jubiläumsjahr die Ausstellung „Erleuchtung der Welt. Sachsen und der Beginn der modernen Wissenschaften" als besonderes, von Stadt, Sächsischer Akademie der Wissenschaften zu Leipzig und Universität zu verantwortendes Gemeinschaftsprojekt im Alten Rathaus. Die Ausstellung war vom 9. Juli bis 6. Dezember 2009 zu sehen, ihre zahlreichen Exponate zu großen wissenschaftlichen, kulturellen und gesellschaftlichen Errungenschaften unserer Universität gaben einen informativen Überblick über dieses für die Entwicklung der modernen Wissenschaften so bedeutsame Zeitalter der Aufklärung. In Vorträgen und Podiumsdiskussionen erörterten und analysierten wir am Rande der Ausstellung zentrale Phasen der jüngeren und jüngsten Geschichte unserer Universität unter der Überschrift „Politische Wenden". So kamen auch im Jubiläumsjahr die nach wie vor bedrückenden Abschnitte der deutschen Geschichte des 20. Jahrhunderts in ihren Auswirkungen auf unsere Universität zur Sprache.

---

30 Pressemitteilung der HRK vom 2. Dezember 2010: Wintermantel dankt Bundespräsident für klare Worte zur Hochschulfinanzierung.

EINLEITUNG

Als eine wunderbar geglückte Idee erwies sich der Lauf von Prag nach Leipzig mit seinem historischen Bezug zur Gründung der Universität, der nicht nur durch die athletische Leistung der Läuferinnen und Läufer sowohl aus der Karls-Universität Prag als auch der Universität Leipzig beeindruckte, sondern auch durch das sympathische freundschaftliche Miteinander von Studierenden, Mitarbeitern und Verantwortlichen aus beiden Ländern und die wohlwollende Begrüßung und Aufnahme in den jeweiligen Etappenstädten auf der Strecke. Der gemeinsam mit der Karls-Universität Prag durchgeführte Lauf knüpfte nicht nur an den historischen Zug der Magister und Scholaren des Jahres 1409 an, sondern er vertiefte auch die Verbindung zwischen beiden Universitäten.

Es ist uns ferner gemeinsam mit der Stadt Leipzig gelungen, rund 300.000 Besucher beim Wissenschaftsfest campus 2009 von den aktuellen Forschungsergebnissen und den Studienschwerpunkten unserer 14 Fakultäten zu begeistern. Wir konnten viele unserer in- und ausländischen Alumnae und Alumni wieder einmal am Ort ihrer akademischen Ausbildung begrüßen.

Dankbar empfunden haben wir auch die Aufmerksamkeit, die das Jubiläum bei den deutschen Wissenschaftsorganisationen fand, die ihre Jahresversammlungen in Leipzig durchführten. Dasselbe gilt für die Jahrestagungen wichtiger europäischer Wissenschafts- und Fachgesellschaften und -verbände, die im Zeichen des Jubiläums 2009 in Leipzig stattfanden. Auch die besondere Würdigung des Jubiläums durch die Bundesrepublik Deutschland in Gestalt einer 10 €-Jubiläumsmünze und einer Sonderbriefmarke hat uns sehr gefreut.

Einer klugen Weichenstellung in der Strategie, Organisation und Strukturierung ist es auch gelungen, das 600-jährige Jubiläum in das Bewusstsein einer großen Öffentlichkeit zu bringen. Damit hebt sich dieses Jubiläum deutlich von anderen Universitätsjubiläen ab, die sich oftmals allein auf die wissenschaftliche Gemeinschaft ausrichteten. Durch die intensive Zusammenarbeit mit der Stadt Leipzig vor und während des Jubiläums ist ganz besonders die starke Verankerung in die Stadtgesellschaft und die Region sichtbar geworden. Dieser Erfolg ist dem Engagement der Mitarbeiter-/innen und der Studierenden der Universität Leipzig ebenso zu verdanken wie der uneigennützigen Unterstützung des Freistaates Sachsen, der Stadt Leipzig und der zahlreichen Förderer.

d) Finanzen

Während der Akademische Senat zum Bericht über die Feier des 500. Geburtstages der Auffassung war, die finanzielle Seite auszuklammern,[31] soll an dieser Stelle ein kurzer Überblick über die Finanzierung des Jubiläums 2009 gegeben werden.

Das auf Nachhaltigkeit ausgelegte und im Rahmen des Jubiläums aufgebaute Fundraising zahlte sich aus. Ohne das finanzielle Engagement der über 100 Sponsoren und Spender, darunter Unternehmen, Privatpersonen und Stiftungen in Höhe von insgesamt 2,4 Mio. € sowie zusätzlich die erheblichen Mittel des Freistaates in Höhe von 2,7 Mio. € wäre dieses umfangreiche Programm nicht realisierbar gewesen. Auffällig ist, dass die Sponsoren und Spender dabei mehrheitlich Projekte (über 60) aus Forschung und Lehre förderten. Hilfreich war dabei das bunte und vielseitige Programm, das es erlaubte, für (fast) jeden das passende Angebot zu finden. Auf diese Kontakte gilt es in Zukunft aufzubauen.

(Franz Häuser)

---

31 Vgl. *Karl Binding*: Die Feier des Fünfhundertjährigen Bestehens der Universität Leipzig, a. a. O.

II. GREMIEN DES JUBILÄUMSJAHRES

1. REKTORATSKOMMISSION 2009

Schon im Juli 2002 richtete das Rektoratskollegium zur Vorbereitung des Jubiläums eine „Rektoratskommission 2009" ein und betraute mit seiner Leitung Prof. Dr. Ekkehard Becker-Eberhard. Ihre Aufgabe sollte es sein, die einzelnen Vorbereitungsschritte zu bündeln und notwendige Entscheidungen vorzubereiten, Kontakte zu knüpfen sowie die Bemühungen der Fakultäten und sonstigen Einrichtungen zu koordinieren. Von Sitzung zu Sitzung nahmen die Vorüberlegungen die folgende Gestalt an: Eine Landesausstellung (später „Jubiläumsausstellung") sollte die Wissenslandschaft Sachsen in der Zeit der Aufklärung aufzeigen, eine Wanderung von Prag nach Leipzig (später „Lauf Prag-Leipzig") an die historische Verbindung der beiden Städte und ihrer Universitäten erinnern und eine Sonderbriefmarke sowie eine Gedenkmünze auf das Jubiläum der zweitältesten der deutschen Universitäten öffentlich aufmerksam machen.

2. JUBILÄUMSBEIRAT

Als Jubiläumsbeirat fungierte ein Beratungsgremium, für das sich zahlreiche prominente Vertreter aus Politik, Wirtschaft und Kultur bereitwillig zur Verfügung gestellt hatten. Ihm gehörten an: die Sächsischen Ministerpräsidenten Prof. Georg Milbradt (bis 2008) und Stanislaw Tillich (ab 2008), die auch den Vorsitz übernahmen, Frau Dr. Michelle Bachelet (Chilenische Staatspräsidentin), der Bundesaußenminister a.D. und Alumnus Dr. Hans-Dietrich Genscher, Prof. Dr. Franz Häuser (Rektor der Universität Leipzig), die Generalbundesanwältin Frau Prof. Monika Harms, der Chefredakteur der Leipziger Volkszeitung Bernd Hilder, Leipzigs Oberbürgermeister Burkhard Jung, Prof. Dr. Günther Nonnenmacher (Mitherausgeber der Frankfurter Allgemeinen Zeitung), der Unternehmer Dr. Arend Oetker, Prof. Udo Reiter (Intendant des Mitteldeutschen Rundfunks), der Kunstmäzen Wolf-Dietrich Speck von Sternburg, Dr.-Ing. Wendelin Wiedeking (Vorsitzender der Porsche AG) bis Juli 2009 und Prof. Dr. Dr. h. c. Christoph Wolff (Direktor des Bach-Archivs Leipzig).

Der Jubiläumsbeirat begleitete in seinen insgesamt fünf Sitzungen die zentralen Vorhaben der Universität mit einer kritischen, aber immer wohlwollenden Draufsicht. Seine Mitglieder vermittelten der Leitung der Universität Erwartungen, die eine interessierte Öffentlichkeit an ein solches Ereignis richtet. Die erfahrungsgesättigte Beratung durch die Beiratsmitglieder erwies sich als ungemein hilfreich, die durch sie angebahnten Kontakte waren meistens zielführend.

3. JUBILÄUMSKOMITEE

Zentrales Arbeitsgremium in der Universität war das Jubiläumskomitee. In diesem Gremium wurden sozusagen „Nägel mit Köpfen" gemacht und alle wichtigen Entscheidungen z.B. des Rektorats vorbereitet. Vorsitzender des auch für das Controlling zuständigen Komitees war der Rektor der Universität Prof. Dr. Franz Häuser. Die Stadt Leipzig repräsentierten Volker Bremer (Geschäftsführer der Leipzig Tourismus und Marketing GmbH), Prof. Dr. Ulrich Brieler (Referat Grundsatzfragen der Stadt Leipzig) und der Leiter der Stadtkämmerei Dirk Müller. Neben dem Rektor waren für die Universität deren Kanzler Dr. Frank Nolden, die Leiterin Öffentlichkeitsarbeit Friederike Rohland, der Leiter der Pressestelle Tobias Höhn, ferner Dr. Ralf Schulze (Dezernent für Öffentlichkeitsarbeit und Forschungsförderung) und der jeweils amtierende Sprecher des StudentInnenRates beteiligt. Das Jubiläumskomitee hat insgesamt 25-mal getagt.

4. GESCHÄFTSSTELLE 2009

Die Geschäftsstelle 2009 unter der Leitung von Frau Christina Barofke bildete von November 2005 bis März 2010 die zentrale Schaltstelle. In ihr liefen alsbald alle Fäden der Jubiläumsaktivitäten aus Gremien und Arbeitsgruppen zusammen. Ihr oblagen sowohl die Organisation der zentralen Feiern als auch die Koordination von Einzelveranstaltungen der Fakultäten und Einrichtungen. Sie entwickelte eine Kommunikationsstrategie für das Jubiläum nach innen und außen und war Ansprechpartnerin in allen Fragen. Von Sommer 2006 bis zum Ende des Jubiläumsjahres ordnete die Stadt Leipzig Dr. Günter Roski an die Geschäftsstelle 2009 ab, der auch die Aufgabe des stellvertretenden Leiters der Geschäftsstelle übernahm.

Die Arbeit der Geschäftsstelle 2009 gliederte sich in drei Kernbereiche: Fundraising (Sponsorenakquise, Projektvermittlung), Marketing/PR (Grafik/Text in Print- und Onlinemedien von Jubiläumsprojekten und zentralen Jubiläumsveranstaltungen, Merchandising) und Veranstaltungsmanagement (Organisation der zentralen Jubiläumsfeiern und -präsentationen, Unterstützung von Jubiläumsaktivitäten einzelner Fakultäten). Bis zum Jubiläumsjahr wuchs die Teamgröße auf zeitweilig 17 Personen.

„Durch die Etablierung nachhaltiger Strukturen (z. B. Partnerschaft mit der Stadt Leipzig) kann das Jubiläum 2009 insbesondere dazu dienen, eine positive Wahrnehmung der Universität in allen Teilöffentlichkeiten zu schaffen und so die Universität fit zu machen für die Zukunft." Dieser Auszug aus dem „Integrierten Kommunikationskonzept" vom März 2006 umschreibt das ehrgeizige Ziel. Es ging nicht in erster Linie darum, 2009 als Jahr der großen Jubiläumsfeiern und -events in die Universitätsgeschichte eingehen zu lassen, sondern durch die neuen Strukturen und mit dem Jubiläum als „Aufhänger" eine wirkungsmächtige Strategie für die Zukunft der Alma mater Lipsiensis zu entwickeln – kurz gesagt: das Jubiläum in den Dienst der Universität Leipzig zu stellen.

5. KOOPERATION MIT DER STADT

Von Anfang an war klar, dass das Jubiläum nicht ausschließlich als Ereignis der Universität zu begehen war, sondern auch die Stadt Leipzig, in deren Mauern sie seit 600 Jahren Aufnahme findet, einbezogen sein würde. Auch der Leitung der Stadt war der Stellenwert des 600. Jubiläums der Alma mater Lipsiensis frühzeitig bewusst. Im März 2005 richtete man dort eine Arbeitsgruppe unter Leitung des damaligen Beigeordneten für Jugend, Soziales, Gesundheit und Schule, Burkhard Jung, ein und im Juli 2005 berieten Vertreter von Universität und Stadt auf einem gemeinsamen Workshop über Möglichkeiten der Zusammenarbeit, deren Notwendigkeit allen Beteiligten vor Augen stand. Aus diesem Workshop ergab sich die Organisationsstruktur für die Vorbereitungen des Jubiläums, deren wesentlicher Teil die Einrichtung einer Koordinationseinheit, der Geschäftsstelle 2009, war (dazu 4.). Eingebunden in die Universitätsverwaltung nahm sie im Herbst 2005 ihre Arbeit auf und erarbeitete ein strategisches Kommunikations- und Maßnahmenpaket, das sog. „Integrierte Kommunikationskonzept". Beim zweiten Workshop von Universität und Stadt im Dezember 2005, jetzt vorbereitet durch die Geschäftsstelle 2009, wurde das Konzept zum Jubiläum vorgestellt und bestätigt. Mehrere Arbeitsgruppen (AG) aus Vertretern der Universität und der Stadt Leipzig erarbeiteten in ihren jeweiligen Feldern wesentliche Inhalte und Konzepte für das Jubiläumsjahr. Für Gebiete mit sich überschneidenden, also auch gemeinsamen Interessen hatten sich die folgenden Arbeitsgruppen gebildet: AG Jubiläumsausstellung, AG 20 Jahre Friedliche Revolution, AG Bürger und Vereine, AG Feste und Veranstaltungen, AG Internationales, AG Junges Leipzig, AG Kultur und Musik, AG Marketing/ Öffentlichkeitsarbeit, AG Sport, AG StuRa/Studierende 2009, AG Wirtschaft und Finanzen.

6. FAKULTÄTSBEAUFTRAGTE

Die Fakultäten folgten der Anregung und wählten Fakultätsbeauftragte. Sie demonstrierten so das breite fakultäre Spektrum der Universität und erarbeiteten fachbezogene Programmpunkte. Zugleich dienten die Beratungen mit den Fakultätsbeauftragten dazu, notwendige Informationen möglichst unmittelbar und schnell den Fakultäten zur Kenntnis zu geben und Fragestellungen aus Fakultäten aufzunehmen, um die Zusammenarbeit der einzelnen Fakultäten vor, während und nachhaltig nach dem Jubiläumsjahr zu verstärken.

III. ERÖFFNUNGSKONZERT
AM 9. MAI 2009
IM GROSSEN SAAL
DES GEWANDHAUSES
ZU LEIPZIG

1. VORBEMERKUNG

Am Abend des 9. Mai nahm das Jubiläum im Großen Saal des Gewandhauses seinen glanzvollen öffentlichen Anfang, und zwar mit einem Konzert unter Leitung des Universitätsmusikdirektors David Timm, das im Wesentlichen die drei studentischen Klangkörper der Universitätsmusik, der Universitätchor, das Universitätsorchester und die Unibigband, bestritten. Dieser musikalische Auftakt sollte der Universität und der Stadtgesellschaft den offiziellen Beginn des Jubiläums vor Augen und Ohren führen. Der Rektor der Universität Leipzig, Prof. Franz Häuser, begrüßte die zahlreichen geladenen Gäste aus dem In- und Ausland, darunter den Rektor der Prager Karls-Universität, Prof. Václav Hampl, mit seiner Delegation, den Ministerpräsidenten des Freistaates Sachsen Stanislaw Tillich, den Landtagspräsidenten Erich Iltgen, die Staatsministerin für Wissenschaft und Kunst, Frau Dr. Eva-Maria Stange, und die Staatsministerin für Soziales, Frau Christine Clauss, den Leipziger Oberbürgermeister Burkhard Jung und weitere Ehrengäste, so den vormaligen Sächsischen Staatsminister für Wissenschaft und Kunst Prof. Hans Joachim Meyer. Zahlreiche Repräsentanten von Sponsoren, die sich nachhaltig für das Jubiläum und darüber hinausreichende Projekte engagierten, waren ebenfalls anwesend, darunter die Vertreter der Hauptsponsoren Sparkasse Leipzig, BMW Werk Leipzig und Ströer Deutsche Städte Medien GmbH.

Das Datum des Eröffnungskonzertes war nicht zufällig gewählt, es orientierte sich vielmehr daran, dass die Magister und Scholaren, die Prag 1409 im Protest verlassen hatten, Leipzig Anfang Mai des Jahres erreichten. An diesem Abend im Gewandhaus waren von studentischer Seite vereinzelt auch kritische Töne zu vernehmen, die den Anlass zu feiern insgesamt in Frage stellten. Während der Sprecher des StudentInnenRates Thomas Dudzak in angemessener Form Probleme des Studiums unter „Bologna-Bedingungen" ansprach, nutzte ein Studierender die Gelegenheit, während des Interviews, das Moderatorin Bettina Volksdorf mit Oberbürgermeister Burkhard Jung führte, einen offenen Brief mit der Überschrift „Es gibt nichts zu feiern!" zu verlesen. Ihm wurde das Mikrofon gereicht, und er las den offenen Brief bis zum Ende vor. Nach dem Konzert gab es für die Gäste noch Gelegenheit auf das nun eröffnete Jubiläumsjahr anzustoßen.

2. OFFIZIELLES PROGRAMM DES ERÖFFNUNGSKONZERTES

Eröffnungskonzert zum 600-jährigen Jubiläum der Universität Leipzig Samstag,
9. Mai 2009 19 Uhr Gewandhaus zu Leipzig GROSSER SAAL
Moderation: Bettina Volksdorf, MDR;

Capella Fidicinia; Leipziger Universitätschor (Sara Jäggi – Sopran, Susanne Krumbiegel – Alt, Martin Petzold – Tenor, Marek Rzepka – Bass, Leitung: David Timm). Leipziger Universitätsorchester Leitung: Juri Lebedev. Unibigband Leitung: Reiko Brockelt

Dieses Konzert wurde an folgenden Terminen übertragen:

17. Mai 2009, 11.05–13.00 Uhr, MDR Figaro

10. Mai 2009, 19.00 Uhr, Leipzig Fernsehen

16. Mai 2009, 19.00 Uhr, Leipzig Fernsehen

PROGRAMM

CAPELLA FIDICINIA *Fanfare aus Böhmen* (Anonymus, 15. Jahrhundert)
Alla caccia, alla caccia (Anonymus), aus dem Mensuralcodex des
Leipziger Magisters Nicolaus Apel (um 1475–1537)
Matthias Mencelius Gratulationsintrade für die Prager Karls-Universität
(Ende 16. Jahrhundert)

Rede des Rektors der Universität Leipzig Prof. Dr. iur. Franz Häuser

CAPELLA FIDICINIA *Valerius Otto* (geb. Leipzig 1579) Intrade; *Johannes Pezelius* (1639–1694) Suite aus „Fünff-stimmigte blasende Music" (1685); *24. Sonate aus „Hora decima musicorum Lipsiensium" oder „Musicalische Arbeit zum Ab-Blasen um 10 Uhr Vormittage"* (Leipzig 1670)

Rede des StudentInnenRats der Universität Leipzig Thomas Dudzak

ERÖFFNUNGSKONZERT

Leipziger Universitätschor und das Pauliner Barockensemble
auf historischen Instrumenten *Johann Sebastian Bach* (1685–1750)
„Vereinigte Zwietracht der wechselnden Saiten" BWV 207 (Sara Jäggi – Sopran,
Susanne Krumbiegel – Alt, Martin Petzold – Tenor, Marek Rzepka – Bass)

PAUSE

Leipziger Universitätsorchester *Felix Mendelssohn Bartholdy* (1809–1847)
Ouvertüre „Die Hebriden"

Rede des Rektors der Karls-Universität Prag Prof. RN Dr. Václav Hampl,
„Die europäische Universitätsgemeinschaft: Acht Jahrhunderte einer freien Kultur
des Intellekts und des Dienstes an der Gesellschaft." (tschechisch, konsekutive
Übersetzung)

Unibigband Reiko Brockelt (geb. 1971) *„Afterdark"*

**Grußworte des Freistaats Sachsen durch den Ministerpräsidenten und
Vorsitzenden des Jubiläumsbeirats** Stanislaw Tillich

Grußworte der Stadt Leipzig durch den Oberbürgermeister Burkhard Jung

Leipziger Universitätschor, Leipziger Universitätsorchester, Unibigband
David Timm (geb. 1969) *„Halleluja"* (2002)

3. REDEN

a) Eröffnungsrede des Rektors[1]

Prag, im Frühjahr des Jahres 1409. Die Auseinandersetzungen in der 1348 gegründeten Karls-Universität spitzen sich zu. Die Nationen dieser mittelalterlichen Universität, die bayerische, sächsische, polnische und die böhmische, eine Art landsmannschaftlicher Gliederung neben den vier Fakultäten nach dem Vorbild der Pariser Universität, sind sich uneins. Man streitet über die Zuteilung von „Pfründen"; heute würden wir von der Verteilung von Planstellen reden. Es geht auch um Machtfragen der großen Politik in Mitteleuropa. Die Kurfürsten hatten nämlich 1400 den böhmischen Herrscher Wenzel IV. als deutschen König abgesetzt. Wenzel sieht im Konzil von Pisa, das dort 1409 zusammentritt, um das Schisma zu beenden, seine Chance, wieder zu Amt und Würden zu kommen. Er versichert den Kardinälen, den dort gewählten Papst anzuerkennen, wenn man ihn als deutschen König bestätigt. Als freilich der Prager Erzbischof, ein Anhänger des römischen Papstes, widerspricht, erbittet Wenzel ein theologisches Gutachten von der Prager Universität, das sein Vorgehen stützen soll. Dazu ist in der Universität nur seine eigene, die böhmische Nation bereit; sie aber befindet sich in der Minderheit, verfügt also nur über eine Stimme gegenüber den drei Stimmen der anderen.

Wenzel greift in die Universitätsverfassung ein und ändert am 18. Januar 1409 im sog. Kuttenberger Dekret diese Stimmverhältnisse: künftig erhält die böhmische Nation drei Stimmen und die anderen zusammen als deutsche nur noch eine. Dies führt am 6. Februar zu einem geharnischten Protest der Benachteiligten; man schwört, Prag eher zu verlassen als die Privilegien aufzugeben. Am 9. Mai 1409 werden der Rektor und der Dekan der Philosophischen Fakultät abgesetzt sowie den deutschen Magistern die Insignien ihrer akademischen Würde abgefordert. Nun verlassen die Magister und Scholaren der benachteiligten Nationen, aus heutiger Sicht Professoren und Studierende, getreu dem früher gefassten Beschluss die Karls-Universität und schlagen den Weg nach Westen ein.

---

1 Die Rede wurde durch einen Film, erstellt im Rahmen eines studentischen Projektes des Instituts für Kommunikations- und Medienwissenschaft der Universität Leipzig, visuell begleitet.

Leipzig, im Mai des Jahres 1409. Ein Teil von ihnen – etwa 40 Magister und einige hundert Bakkalaren und Scholaren – erreicht, wohl in einem dramatisch bewegten Einzug, Leipzig und findet in der Stadt an der Pleiße, geprägt von Handel und Gewerbe mit ca. 4.000 Einwohnern, offenbar wohlwollende Aufnahme. Warum sich die Exulanten auch nach Leipzig wandten, liegt im Dunkeln der Geschichte. Hier angekommen setzt man den universitären Lehrbetrieb provisorisch fort, und zwar als Gäste in verschiedenen Klostergebäuden, zunächst freilich nicht in der Absicht, eine neue Universität zu gründen, sondern noch in der Hoffnung, mit ihrem Protest erfolgreich zu sein und wieder nach Prag zurückzukehren. Es ist bekanntlich anders gekommen, der Protest hatte nicht den erwünschten Erfolg und so blieben die gelehrten Exulanten in Leipzig, und zwar auf Dauer. Gott sei Dank! Denn so, hoch verehrte Festgäste, können wir in diesem Jahr auf die wahrhaft jubiläumswürdige Zeitspanne von 600 Jahren der *Alma mater Lipsiensis* zurückblicken.

In Erinnerung an die Ankunft der Magister und Scholaren aus Prag im Mai 1409 eröffnen wir heute mit einem Konzert den bunten Reigen vielfältiger Veranstaltungen des Jubiläumsjahres, als musikalische „Einstimmung" durch die drei studentischen Klangkörper unserer Universität, den schon seit langem bestehenden Universitätschor, das Universitätsorchester, das sich im Jahr 2004 als studentische Initiative bildete, und die Unibigband als jüngstes Glied im Dreiklang, und zwar unter der Leitung des Universitätsmusikdirektors David Timm. Und zu diesem denkwürdigen Eröffnungskonzert am heutigen Tag heiße ich Sie alle mit bewegter Freude im Namen der Universität im Großen Saal des Gewandhauses zu Leipzig sehr herzlich willkommen.

Ich begrüße besonders den Ministerpräsidenten des Freistaates Sachsen, Herrn Stanislaw Tillich, die Abgeordneten des Bundestages, des sächsischen Landtages, an ihrer Spitze Herrn Landtagspräsidenten Erich Iltgen, den Bundesminister für Verkehr, Bau und Stadtentwicklung, Herrn Wolfgang Tiefensee, die Staatsministerin für Wissenschaft und Kunst, Frau Dr. Eva-Maria Stange, die Staatsministerin für Soziales, Frau Christine Clauss und den Staatsminister außer Diensten, Herrn Professor Hans Joachim Meyer, den Oberbürgermeister der Stadt Leipzig, Herrn Burkhard Jung, die Mitglieder des Jubiläumsbeirates, Magnifizenzen uns befreundeter Hochschulen, den Präsidenten der Sächsischen Akademie der Wissenschaften zu Leipzig, Herrn Professor Pirmin Stekeler-Weithofer, Spectabilitäten, Prorektoren, Mitglieder des Akademischen Senats, Altmagnifizenzen, die Professoren und die akademischen sowie die sonstigen Mitarbeiter unserer Universität, die Repräsentanten der Studierendenschaft, ferner die Ehrensenatoren und Ehrenbürger der Universität sowie die Vertreter des diplomatischen Korps und Repräsentanten des öffentlichen Lebens, der Politik und der

Wirtschaft. Eine ganz besondere Freude und Ehre zugleich bedeutet es für uns, den Rektor der ehrwürdigen Karls-Universität, unserer geschätzten Mutteruniversität, Magnifizenz Hampl mit seiner hochrangigen Delegation, begrüßen zu dürfen: *Rectore Magnifice, est nobis magno et honori et gaudio, quod hodie te Lipsiae possumus salutare.*

Hohe Festversammlung, solche Zentenarfeiern wie in diesem Jahr haben in unserer Universität eine lange Tradition. Zeugnis hierfür legen auch die Bilder ab, die 1809 und 1909 gemalt worden sind. Vor allem im 20. Jahrhundert ist es üblich geworden, jeweils auch in Abständen von 25 Jahren feierlich an die Gründung zu erinnern; so 1934, 1959, und zuletzt im Jahre 1984. Mit der Feier ihres Gründungsjubiläums verfolgt eine Universität meistens drei Zwecke: Einmal natürlich blickt sie zurück und vergegenwärtigt sich ihre Geschichte mit deren Höhen und Tiefen. Ferner nimmt sie eine möglichst selbstkritische Bestandsaufnahme vor und schaut auf ihre Leistungsbilanz. Und als Drittes und vielleicht Wichtigstes stellt sie sich die Frage nach der weiteren Entwicklung, die nach der Perspektive und den künftigen Zielen. *Albert Einstein*, der von *Wilhelm Ostwald* abgelehnte, also beinahe Leipziger Doktorand, fasste den zuletzt genannten Gedanken in die Worte: *„Mehr als die Vergangenheit interessiert mich die Zukunft, denn in ihr gedenke ich zu leben"*. Diese Zukunft unserer Universität hängt nicht so sehr von der Vergangenheit ab, also von dem, was war, sondern von dem, was wir heute ins Werk setzen, also von der Art und Weise, wie wir heute die Universität in Lehre und Forschung aufstellen, damit sie in den künftigen Herausforderungen in einem weltweiten Kontext bestehen kann. Die Vergangenheit, vor allem in ihren glanzvollen Teilen, ist Ansporn und auch Anlass zum Feiern; und sie macht auch beweiskräftig, welche Leistungen in dieser Institution erbracht werden können, weil sie schon einmal erbracht wurden.

Meine Damen und Herren, so wie Rom sprichwörtlich nicht an einem Tag erbaut worden ist, so ist auch unsere Universität nicht an einem einzigen Tage gegründet worden. Die Gründung vollzog sich vielmehr in mehreren Schritten. In den Sommermonaten des Jahres 1409 machen sich die Wettiner Markgrafen von Meißen Friedrich IV. und Wilhelm II. das Anliegen, eine Universität zu gründen, zu Eigen und weisen der Universität als Unterstützung für ihre neuen Magister zwei Gebäude zu als Großes und als Kleines Fürstenkolleg. Die Markgrafen sind es auch, die durch den Leiter ihrer landesherrlichen Kanzlei, Nikolaus Lubich, um die päpstliche Privilegierung nachsuchen, die nach mittelalterlichen Vorstellungen für die Anerkennung der Generalstudien und der erworbenen Grade unerlässlich ist. Papst Alexander V., am 26. Juni 1409 von dem eingangs erwähnten Konzil in Pisa gewählt, genehmigt dort am

9. September 1409 in einer Bulle das Leipziger „studium generale". Am 13. November verliest man diese Bulle vor Zeugen in der Leipziger Wohnung des ehemaligen Prager Rektors Boltenhagen. Die Universität hatte ihren Lehrbetrieb schon aufgenommen, als am 2. Dezember in der 9. Stunde, also nachmittags, die Markgrafen Friedrich und Wilhelm im Refektorium des Augustiner Chorherrenstifts St. Thomas vor einer illustren Versammlung in Anwesenheit des Merseburger Bischofs und aller Lehrer der Universität die Ordnung der neuen Hochschule an Stelle einer landesherrlichen Gründungsurkunde verkünden lassen. An diese Gründungsfeier schließt sich die Wahl des ersten Rektors, des Schlesiers Johannes Münsterberg, an.

Lösen wir uns für einen Moment von dem historischen Leipziger Gründungsgeschehen und vergegenwärtigen uns den wissenschafts- und kulturhistorischen Stellenwert mittelalterlicher Universitätsgründungen insgesamt, so können wir auf die treffliche Formulierung von Professor *Hans Joachim Meyer* zurückgreifen, mit der er als Sächsischer Wissenschaftsminister nach der friedlichen Revolution den ersten vom Konzil der Universität im Jahre 1991 gewählten Rektor Cornelius Weiss in das Amt einführte: *„Suchte man aufzuzählen, was Europa in den Schatz der Weltkultur eingebracht hat, was zu den unverzichtbaren Elementen einer modernen Gesellschaft gehört, was den Stolz einer Stadt und eines Landes ausmacht, die Universität würde mit Sicherheit genannt."* Dieser herausragende Stellenwert der Institution Universität für die Bildungs- und Ausbildungsgeschichte insgesamt sowie deren nach wie vor große gesellschafts- und regionalpolitische Bedeutung für die Infrastruktur eines Landes sollte uns immer bewusst sein. Und es erscheint uns ja trotz aller inhaltlicher Wandlungen ja auch manche Kontinuität über die Jahrhunderte bemerkenswert: noch immer leitet ein Rektor die Universität und ein Dekan die Fakultät. Wie im Mittelalter werden die Studierenden immatrikuliert. Als besonderen akademischen Grad verleiht die Universität und nur die Universität den Doktortitel. Freilich: das Zölibat, das Gebot der Ehelosigkeit von Professoren, schafft man in Leipzig im Jahre 1542 ab, mit Ausnahme für die Mitglieder der Theologischen Fakultät.

Die Universität Leipzig durchläuft in den folgenden Jahrhunderten eine wechselvolle Geschichte, die man auch an den Gebäuden, vor allem an denjenigen am Augustusplatz, veranschaulichen kann. Die anfänglichen Raumprobleme der Universität können erst gemildert werden, als unter dem Rektorat des tüchtigen Caspar Borner 1544 Moritz von Sachsen das Gelände des vormaligen Dominikanerklosters, das im Zuge der Reformation aufgelöst worden war, der Universität überlässt. Die zentralen, das Antlitz der Universität am Augustusplatz prägenden Gebäude wechseln freilich ihre Gestalt: Denken Sie an die Gestaltung durch Geutebrück, an die Gestaltung durch

Arwed Rossbach, an den DDR-Bau mit vorausgegangener Sprengung und schließlich an die Umsetzung des Entwurfs Erick van Egeraats. Der Geist, der über die Jahrhunderte hinweg in diesen Gebäuden weht, ist von den großen geistes- und kulturgeschichtlichen Wegmarken beeinflusst: vom Humanismus, von der Reformation, von der Philosophie des Naturrechts und des Empirismus, von der Ausdifferenzierung der Disziplinen im Zuge der Aufklärung und des Rationalismus. Natürlich stehen uns aber nach wie vor auch die beiden Abschnitte des ideologisch geprägten Ungeistes im 20. Jahrhundert schmerzlich vor Augen.

Den Ruf und das wissenschaftliche Ansehen der Universität prägen vor allem namhafte Wissenschaftler. Heute sprechen wir von Leuchttürmen. Lassen Sie mich einige besonders hervorheben: Christian Thomasius, Johann Christoph Gottsched, Bernhard Windscheid, Theodor Mommsen, Wilhelm Ostwald, Werner Heisenberg, Paul Flechsig. Das kennzeichnende Element einer Universität besteht nach wie vor in der Verbindung von Forschung und Lehre, womit auch die Studierenden ins Blickfeld treten. Die Zahl der Immatrikulationen ist Schwankungen unterworfen. Studierende sind aber auch nicht eine anonyme Zahl, nicht eine nur statistische Größe, sie sind vielmehr die Summe je einzelner Personen, die ihrerseits zu namhaften Persönlichkeiten heranwachsen. Und mit denjenigen, die es auf der Karriereleiter besonders weit bringen, schmücken sich Universitäten weltweit und erwecken so, begründet oder auch nicht, den Eindruck, als habe die akademische Ausbildung an der Universität einen Anteil an diesem Erfolg. Auch insoweit kann die Universität Leipzig mit einigen großen Namen aufwarten, beispielsweise Tycho Brahe, Gottfried Wilhelm Leibniz, Johann Wolfgang Goethe, Hans-Dietrich Genscher und Angela Merkel.

Meine Damen und Herren, die Geschichte unserer Universität mit ihren Höhen und Tiefen im Einzelnen zu erzählen, ist hier und heute nicht möglich. Diese Aufgabe übernehmen in qualitätsvoller und sachkundiger Form die Fachhistoriker unserer Universität in der eindrucksvollen mehrbändigen Universitätsgeschichte, die in diesem Jahr erscheint. Gleichwohl kann man einige Ereignisse, vor allem aus der Zeit nach 1945, heute nicht unerwähnt lassen, auch deshalb nicht, weil sie manchem noch präsent sind, ja auf den Nägeln brennen und weil sie auch das allgemeine Bewusstsein über unsere Universität prägen. Einen herausragenden Beitrag zur Leipziger Freiheitsgeschichte leisten nach dem Zweiten Weltkrieg studentische Gruppen, die für einen demokratischen Neuanfang der Universität eintreten, was alsbald an den politischen Machtverhältnissen scheitert. Dafür stehen vor allem Namen wie Wolfgang Natonek, Werner Ihmels und Herbert Belter. Wegen ihres Eintretens für die Ideale der Freiheit fügen die Machthaber diesen Studierenden schwerstes persönliches Leid zu; einige verlieren ihr Leben.

Beinahe 550 Jahre kommt die Universität selbstbewusst auch ohne einen, etwa den eines Landesherrn aufnehmenden besonderen Namen aus. Die SED glaubt, ihrer geänderten Haltung zur Geschichte der Universität dadurch Ausdruck verleihen zu müssen, dass man die Universität im Jahr 1953 in Karl-Marx-Universität benennt. Dieser bewusste Bruch mit der Geschichte findet seine Fortsetzung in der Sprengung der zentralen Gebäude am Augustusplatz, die das Inferno des Zweiten Weltkrieges überstanden hatten, so der geschichtsträchtigen Paulinerkirche am 30. Mai 1968 und wenige Tage später des nur teilweise beschädigten prachtvollen Augusteums mit der Aula. Auch hierzu kann gleichsam als Ehrenrettung für die Universität auf den Protest vor allem von Studierenden hingewiesen werden.

Nach der friedlichen Revolution halten demokratische Strukturen Einzug in die Universität, deutlich sichtbar im Wahlkonzil vom 13. Februar 1991, das den Chemiker Cornelius Weiss zum Rektor wählt. Diese Wahl ist einer der Höhepunkte der Erneuerung der Universität und Voraussetzung für den Wiederaufstieg unter die großen Namen der deutschen und europäischen Universitäten. Das Konzil beschließt mit großer Mehrheit auch, den Namen „Karl-Marx-Universität" abzulegen und zum alten Namen „Universität Leipzig" zurückzukehren. Und die Übergabe der Rektorkette sechs Jahre später an den Nachfolger im Amt, den Mediziner Volker Bigl, symbolisiert die schon wiedergewonnene Kontinuität. Nach der friedlichen Revolution konzipiert man die Universität erneut als klassische Universität mit breitem Fächerspektrum und kehrt zurück zur hergebrachten Fakultätsstruktur, diesmal nicht mit vier, sondern mit 14 Einheiten.

Wo stehen wir heute? Diese Frage lässt sich angesichts der Vielfalt und Vielzahl der Disziplinen nicht einfach beantworten, schon gar nicht allein für die Universität, wenn man die erwünschte Vernetzung mit den örtlichen außeruniversitären Forschungsinstituten der Allianz der deutschen Wissenschaftseinrichtungen hinzunimmt. Es muss für die Wissenschaft der Hinweis auf die sechs Profilbildenden Forschungsbereiche genügen, mit denen wir die Grundlagen des Erfolges in der Exzellenzinitiative des Bundes und der Länder sowie der Landesexzellenzinitiative gelegt haben. So zählt Leipzig heute zu dem einen Drittel deutscher Universitäten, die auch auf Bundesebene gefördert werden. Was das Studienangebot angeht, richtet sich die Universität, verstärkt seit 2004, nach dem Bologna-Modell mit einer Stufung der Abschlüsse in Bachelor und Master sowie mit modularisierten Inhalten aus, wohl wissend, dass der Prozess der Umstellung noch nicht abgeschlossen und schwierig ist. Nach wie vor ist die Öffnung zur Welt, zur „scientific community", die Internationalisierung von Studentenschaft und Lehrkörper, ein vorrangiges Ziel.

Wo wollen wir also hin? Mit dieser schwierigen, den Verantwortlichen stets präsenten Frage sollten wir das Eröffnungskonzert nicht belasten, sondern die präzisierende Antwort auf das Ende des Jubiläumsjahres verschieben, wenn eine Auswertung der Veranstaltungen uns hoffentlich zahlreiche neue Erkenntnisse beschert und manchen neuen Handlungsimpuls gibt.

Hohe Festversammlung, es ist mir zum Auftakt des Jubiläums ein besonderes Anliegen, all' denjenigen zu danken, die es uns durch ihre großzügige Förderung ermöglichen, die zahlreichen Veranstaltungen des Jubiläums zu finanzieren. Ausdrücklich hervorheben möchte ich die Hauptsponsoren des Jubiläums, die Bayerischen Motorenwerke, also BMW, die Sparkasse Leipzig und das Unternehmen Ströer Deutsche Städte Medien. Ohne die Unterstützung auch der zahlreichen weiteren Sponsoren ließe sich das reichhaltige Programm bis zum Höhepunkt der Festwoche im Dezember nicht verwirklichen. Schließlich richte ich meinen Dank auch an Herrn Bluhm und Herrn Mengewein, die als Studierende unter Leitung von Professor Steinmetz vom Institut für Kommunikations- und Medienwissenschaft meine Rede sachkundig visualisiert haben.

Hohe Festversammlung, ich wünsche insbesondere den Gästen aus dem In- und Ausland einen angenehmen Aufenthalt in Leipzig und uns allen einen wundervollen konzertanten Auftakt der Jubiläumsfeierlichkeiten am heutigen Abend. Vielen Dank für Ihre Aufmerksamkeit.

b) Rede des Ministerpräsidenten des Freistaates Sachsen Stanislaw Tillich

Magnifizenz, Herr Prof. Häuser, Spektabilitäten, meine sehr verehrten Damen und Herren Ehrengäste, [*Begrüßung auf Tschechisch*], ich darf Sie heute Abend alle herzlich begrüßen zu einer Feierlichkeit, die einen achtmonatigen Zyklus einläutet, mit dem wir das 600-jährige Jubiläum der Universität zu Leipzig begehen. Wir richten uns – wie von Prof. Häuser dargestellt – streng nach der Regie der Magister und Neu-Leipziger von damals: Im Mai vor 600 Jahren zogen sie von Prag nach Leipzig. Im Dezember vor 600 Jahren wurde unsere Universität endgültig gegründet. Wir werden also im Dezember dieses Jahres wieder zusammenkommen und nochmals feiern. In der Zwischenzeit wird es eine Vielzahl von Symposien, Ausstellungen, Veranstaltungen und Treffen geben: Es werden ereignisreiche Monate für die Universität Leipzig. Herr Rektor Häuser hat recht, wenn er sagt, bei einem Jubiläum geht es um einen Dreiklang: Rückblick,

Bestandsaufnahme und Zukunft. Über Vergangenheit und Gegenwart haben wir von Herrn Rektor Häuser etwas gehört. Ich will qua Amt etwas zur Zukunft sagen.

Wie Sie vielleicht wissen, haben wir uns in Leipzig vor zwei Wochen bei einem Kongress Gedanken über die Zukunft Sachsens im Jahr 2020 gemacht. Das ist eine große Spanne in unserer schnelllebigen Zeit. Aber gleichwohl ein kurzer Augenblick für eine 600 Jahre alte Universität. Denn Wissenschaft wirkt langfristig. Deshalb sind Universitäten auf Traditionen gebaut. Deshalb brauchen Universitäten eine gesicherte, langfristige Planung. Sie werden fragen: Wie können wir das erreichen? Ich bin überzeugt die Universitäten und ihre Wissenschaftler selbst wissen am besten, wie sie ihre Institute zukunftsfest machen. Nur sie können inhaltliche und organisatorische Grundlagen für innovative Forschung und Lehre bestimmen. Der zukünftige sächsische Weg führt also weg von Steuerungsversuchen der Verwaltungsbürokratie hin zu mehr Autonomie der Hochschulen. Damit immunisieren wir die Universitäten gegen hochschulpolitische Schnellschüsse.

Gleichzeitig sichert der Freistaat den Hochschulen den finanziellen Spielraum, den gute Forschung und Lehre braucht, um sich zu entfalten. Denn gute Bildung und exzellente Fachkräfte sind unsere Zukunft, nicht nur in Leipzig und im Freistaat Sachsen. Und darum sollen auch in Zukunft Studenten in Sachsen bis zu ihrem Masterabschluss keine Studiengebühren zahlen. Wir wollen dank kluger Köpfe mit den führenden Regionen Europas mithalten.

Selbst entscheiden zu können und Autonomie zu haben, das bedeutet Verantwortung. Unsere Hochschulen werden dieser Verantwortung gerecht, wenn sie selbstbewusste Entscheidungen treffen, flexibel auf die akademischen Herausforderungen reagieren und nicht neue Bürokratien schaffen.

Meine Damen und Herren, im Jubiläumsjahr der Universität entsteht in der Mitte der Stadt Leipzig ein neuer Campus. Das ist ein gutes Sinnbild für diese akademische Autonomie. Wie damals so auch heute: Der Staat errichtet der Universität ein neues Gebäude. Studenten und Wissenschaftlern obliegt es jetzt, das Gebäude mit Leben zu füllen. Auch der Ort der Universität – in der Mitte der Stadt – ist symbolisch zu verstehen. Sie ist eingebettet, denn keine Universität funktioniert ohne breite gesellschaftliche Verankerung oder ohne die Wirtschaft – beide brauchen sich gegenseitig. Diese Verankerung der Universität soll auch in Zukunft gelingen. Die Blüte der Universität Leipzig soll noch lange andauern. Ganz Sachsen ist stolz auf ihre 600-jährige Geschichte. Herzlichen Glückwunsch zu diesem – Ihrem und unserem – Jubiläum. Vielen Dank.

c) Interview mit dem Oberbürgermeister Burkhard Jung[1]

Mod.: Jetzt darf ich den nächsten Gesprächspartner auf die Bühne bitten – es ist der Oberbürgermeister der Stadt Leipzig, Herr Burkhard Jung: guten Abend. Herr Jung, welche Erinnerungen haben Sie noch an Ihre eigene Studienzeit?

OBM: Es war die schönste Experimentierphase meines Lebens!

Mod.: Kurz und knapp ... *[lacht]* Sie haben zurzeit auch zwei Kinder, die studieren. Was waren für Ihre Kinder die Kriterien, sich für welchen Studienort auch immer zu entscheiden?

OBM: Bei meiner ältesten Tochter war es der Ort Berlin, weil dort ein besonderer Studiengang der Medizin praxisnah angeboten wurde. Sie hat sich während des Studienganges, der dort experimentell aufgebaut worden ist, für Berlin entschieden. Mein Sohn hat sich für *die* Theater-Hochschule entschieden, die ihn aufgenommen hat ... *[lacht]*

Mod.: 600 Jahre Universität der Stadt Leipzig – das hat diese Stadt geprägt. Hier ist geschichtlich eine Identität gewachsen. Von außen gesehen aber wird die Stadt Leipzig nach Ergebnissen der Tourismus-Forschung noch gar nicht so stark als Universitäts-, Forschungs- und Wissenschaftsstandort wahrgenommen, sondern in erster Linie immer noch als Messestadt und natürlich als Musik- oder im weiteren Sinne als Kulturstadt. Woran liegt das und was könnte man daran vielleicht ändern?

OBM: Im Wettbewerb der Städte ist der Stellenwert einer Stadt mit einer großen Universität und zahlreichen Hochschulen und Forschungseinrichtungen von zentraler Bedeutung. Die Internationalität einer Stadt lässt sich nur so entwickeln. Hinzu kommt, dass wir nur dann anziehend wirken, wenn wir junge Menschen in unsere Stadt locken. Um es deutlich zu sagen: Im Wettbewerb der Städte hat man ohne eine starke, exzellente und gut ausgestattete Universität keine Chance. Leipzig ist eben auch eine wunderbare Stadt, weil wir bereits eine starke Universität besitzen. Wir versuchen das Bild Leipzigs als Universitätsstadt gemeinsam zu entwickeln: Wir gehen zusammen auf Reisen, wir unternehmen gemeinsame Marketingaktivitäten und wir wollen diese 600-Jahr-Feier nutzen, um unsere Universität national und international

---

[1] Mod. = Moderatorin, OBM = Burkhard Jung, Stud.= „Zwischenrufer"

nach vorne zu bringen. Wir wollen nicht nur rückwärts schauen – das ist wichtig und stärkt unsere städtische Identität –, sondern wir wollen nach vorne denken, was wir in wissenschaftlicher, technologischer und geistiger Hinsicht entwickeln können. Noch eine Bemerkung, die mir sehr wichtig ist: Leipzig war stets auch ein intellektueller Anziehungspunkt! Das hat unsere Stadt durch die Jahrhunderte, insbesondere im 19. und zu Beginn des 20. Jahrhunderts, groß gemacht. Auch hieran müssen wir anknüpfen.

Mod.: Die Universität und die Stadt haben dieses Jubiläum im hohen Maße gemeinsam sehr akribisch vorbereitet und sie haben ein beeindruckendes Programm für dieses Jubiläumsjahr entwickelt. Dennoch war unlängst zu lesen, die Stadt würde mitunter aktuelle Entwicklungen an der Universität zu wenig wahrnehmen – so jedenfalls meinte es der Rektor der Universität, Franz Häuser. Und umgekehrt habe ich aus dem Rathaus gehört, dass man sich durchaus vorstellen könnte, dass die Universität sich gelegentlich stärker in Diskussionen einbringen könnte, was zum Beispiel städtische Entwicklungen anbelangt. Klingt das jetzt nach ungenutztem Potenzial oder fehlt da noch die passende Kommunikationsschiene? Wie sehen Sie das?

OBM: In der Tat ist da noch eine ganze Menge Musik drinnen, um es deutlich zu sagen. Die Leipziger Uni zeichnet sich dadurch aus, dass sie sich mitten in unserer Stadt befindet. Sie ist nicht auf einem Campus vor den Toren, sondern ist im innerstädtischen Bereich sehr stark mit der Stadt und der Stadtentwicklung verwoben. Natürlich wünsche ich mir eine Universität, die Impulse setzt, die Diskussionsforen anbietet, Anstöße gibt und in die städtische Gesellschaft hineinwirkt, wo Professoren, Lehrende und Studierende sich einmischen, auch in die aktuelle politische Debatte. Wir brauchen dringend diesen intellektuellen Diskurs. Und in der Tat haben wir ja bereits gehört, wie unsere Stadt durch studentisches Leben geprägt wird. Leipzig wirkt deswegen so jung, weil wir hier in der Tat alles in allem etwa 40.000 junge Menschen haben, die sich mit ihrer alternativen Kultur, mit Kreativität, mit Innovationen, mit Verrücktheit, aber auch mit neuen Ideen einbringen. Das macht Leipzig so interessant. Ich wünsche mir von Herzen eine Universität, die mit ihren Lehrenden und mit ihren Studierenden sich ins städtische Leben einbringt, einmischt und das Wort ergreift.

Mod.: Wenn wir gerade bei Wünschen sind: Wagen Sie doch bitte einmal eine „Utopie" – als ganz persönlichen Wunsch – wie sollte Ihrer Meinung nach eine oder die Universität Leipzig im 21. Jahrhundert aussehen?

Zwischenrufe

Stud.: Es gibt angesichts der herrschenden Bedingungen nichts zu feiern. Durch die Studienreform wurde die Hochschullandschaft verändert, ohne dass eine Grundsatzdiskussion über Universität und ihre gesellschaftliche Rolle geführt wurde. Unter anderem ist der freie Zugang zu Bildung und damit die Selbstbestimmung im Studium durch die Einführung der Bachelor- und Master-Studiengänge – von denen hier auch gesprochen wurde – in noch weitere Ferne gerückt als zuvor. Die bestehenden problematischen Verhältnisse lassen sich jedoch nicht allein auf den sogenannten Bologna-Prozess reduzieren, sondern sie sind das Ergebnis einer andauernden, gesamtgesellschaftlichen Entwicklung, die Bildung mit zunehmenden Maße an wirtschaftlicher Verwertbarkeit orientiert und die Menschen kapitalistischen Zwängen unterwirft. Bildung sollte die Mitglieder einer Gesellschaft befähigen, diese zu verbessern! Dieses Ideal hat die Universität vollständig aus den Augen verloren. Mit diesen unreflektierten Ideen des Jubiläums versucht die Universität ein identitätsstiftendes Moment zu schaffen, ohne eine Auseinandersetzung mit ihrer Rolle in Vergangenheit und Gegenwart tatsächlich zu führen. Der Jahrestag wird dazu genutzt, aus der Vergangenheit schöpfend ein Bewusstsein von Tradition und Prestige zu konstruieren. Zukunftsgewandte Lösungen sind in der derzeitigen inakzeptablen Lage zu erarbeiten, das aber wird leider vernachlässigt. Rufe nach besserer finanzieller Ausstattung der Universität sind angesichts der 6,4 Millionen teuren Jubel-Feierlichkeiten – gut die Hälfte der Kosten trägt übrigens das Land, das ansonsten für die Finanzierung der Universität keine Gelder zu haben vorgibt – fadenscheinig. Die von vielen Seiten bemängelte finanzielle Ausstattung der Hochschulen zu beheben, wird zwar ein erster Schritt, aber ganz und gar nicht die Lösung der gesamten Problematik. Trotzdem werden die Stellenstreichungen und Kürzungen nicht revidierbar, noch Alternative zu Bachelor und Master durchsetzbar sein.

Herr Häuser, Sie haben in Ihren Äußerungen zum studentischen Protest an der Uni Leipzig auf die Politik verwiesen, in der Hoffnung, diese könnte dort etwas Gehör bieten. Eine Absage des Jubiläums wäre gerade ein deutliches Zeichen dafür, dass im Rektorat die Probleme erkannt wurden und der Wille besteht, Druck auf diese Politik auszuüben. Die Absage des Jubiläums sollte nicht dazu führen, Geld, Zeit und Raum ungenutzt zu lassen. Eine Debatte um die momentane Situation, um die Zukunft der Hochschule in ihrem gesellschaftlichen und politischen Kontext ist dringend notwendig. Dabei könnte mit den nun freigewordenen Mitteln eine Diskussion angeregt werden, die unter der Leitung der Studierenden, Lehrenden und sonstigen Bildungsinteressierten stattfindet. Begriffe wie Selbstbestimmung und Wahlfreiheit, aber auch Aufgabe und Stellung der Hochschule in der Gesellschaft, sowie der oft nur zur Phrase verkommene Begriff der Bildung müssen dann inhaltlich gefüllt und kritisch diskutiert werden und nicht bloß für Festredner-Reden. Im Zentrum unseres Protestes steht die Reflexion um die Diskussion der zu kritisierenden Zustände an den Hochschulen. Vor allen Dingen gesamtgesellschaftliche Zusammenhänge.

Unterbrechung durch die Moderatorin, Zwischenrufe

Mod.: Vielen Dank für diesen Beitrag, und ich möchte gern noch mal eine Frage an Sie stellen, Herr Oberbürgermeister. Wie sollte Ihrer Meinung nach, trotz der Kontroverse, trotz der Kritik, die jetzt angebracht wurde, und der Debatten, die es zweifelsohne noch in diesem Jahr geben wird, wie sollte die Universität Leipzig am Ende dieses Jahrhunderts aussehen?

OBM: Darf ich kurz auf die Einwände reagieren? Die berechtigte Kritik an den Studienbedingungen, die Möglichkeiten und Nicht-Möglichkeiten, die Sie und andere haben, wird doch gerade durch diese 600-Jahr-Feier in den Blickpunkt gerückt und gibt uns die Chance, aus dieser Universität heraus eine Kraft zu entwickeln, die das zum Ausdruck bringt, was Sie sich wünschen. Ich bin davon überzeugt, meine Damen und Herren, wir sollten die Chance nutzen, 600 Jahre zurückzublicken und dann aus diesem Bewusstsein heraus die Kraft zu entwickeln, um die Universität mit exzellenten Bedingungen nach vorne zu bringen. Dies ist mein dringlichster Wunsch für dieses Jahr.

Applaus

OBM: Ein zweiter Satz: Der Punkt Bildung ist die entscheidende Frage. Wir haben in Deutschland keine natürlichen Ressourcen, wir besitzen in Deutschland nicht die Möglichkeit, uns über materielle Rohstoffe weiterzuentwickeln. Wir haben nur eine Ressource, und zwar das, was sich zwischen unseren Ohren befindet. Und deswegen ist das Thema Bildung und Entwicklung der Persönlichkeit natürlich die entscheidende Frage. Machen Sie mit, bringen Sie sich ein – dann bauen wir die Universität des 21. Jahrhunderts!

d) Rede von Thomas Dudzak, Sprecher des StudentInnenRates der Universität Leipzig

Sehr geehrte Damen und Herren, liebe Studierende! Es begann mit einer Reform und deren katastrophalen Folgen: Mitbestimmungsrechte wurden aus politischen Gründen beschnitten, Lehrende von Weltrang vertrieben. Zum Schluss wurde aus einer europäischen Spitzenuniversität eine Hochschule von allenfalls lokaler Bedeutung. Nein, ich spiele diesmal nicht auf die heutige Hochschulpolitik an. Vielmehr auf die Ereignisse, die im Jahr 1409 zur Gründung der Universität Leipzig führten. Geschichte wiederholt sich nie, aber sie wandelt gern auf ähnlichen Pfaden. 600 Jahre Universität Leipzig zeigen in ihrer wechselvollen Geschichte auch, dass man nie zu alt wird, sich zu irren.

Doch nicht nur die Universität Leipzig feiert in diesem Jahr ein Jubiläum, sondern auch ihre Studierendenvertretung. Der StudentInnenRat der Universität Leipzig wurde am 9. November 1989 gegründet. Ein sicherlich interessantes Datum, welches die meisten mit dem Mauerfall verbinden werden, aber für uns als Studierendenschaft war das natürlich ein einschneidendes Erlebnis: Zum ersten Mal seit der Auflösung der letzten frei gewählten Studierendenvertretung 1948 wurde ein StudentInnenRat an der Universität Leipzig konstituiert, unabhängig von Staat, Partei und FDJ – als erste frei gewählte Studierendenvertretung in der DDR. Eine Studierendenvertretung, die sich wieder als kritische Instanz, als eigenständige Repräsentanz in die Hochschule und die Hochschulpolitik eingemischt hat. Und ich glaube, wir haben dieses kritische Denken, diese kritische Instanz bis heute bewahrt.

Wir sind laut, wir sind kritisch, wir sind gerne auch der Stachel im Fleisch. Wir erinnern immer wieder daran, wo die Probleme liegen und kämpfen jeden Tag dafür – zuletzt beispielsweise bei der Novellierung des Sächsischen Hochschulgesetzes –, dass die Interessen der Studierenden und auch die Interessen der gesamten Hochschule gewahrt bleiben. Dafür sind wir letztlich da. Das geht nicht einfach nach dem Motto „Gut, dass wir darüber geredet haben". Wir werden ernst genommen in der politischen Auseinandersetzung, wir verändern etwas und das ist auch gut so.

Wer allerdings glaubt, die größte Baustelle der Universität befinde sich 600 Jahre nach ihrer Gründung am Campus Augustusplatz, der irrt. Die größten Baustellen der Universität im Jahr 2009 heißen Hochschulreform, Einführung des Bachelor- und Masterstudiums und Studienbedingungen. Wir haben – man muss es einfach so sagen – wir haben massive Probleme und das sind nicht nur hochschulinterne. Sicherlich gibt es auch hausgemachte Probleme. Sowas kommt vor, wenn man, wie die Universität Leipzig, den Mangel verwaltet. Wir haben tatsächlich einen nicht nur sächsischen oder bundesdeutschen, sondern gesamteuropäischen Prozess der Studienreform und in diesem Prozess gibt es diametrale Interessen und diametrale Forderungen, die heute an eine Hochschule gestellt werden – und die gerade die Universität Leipzig nahezu paralysieren.

Im Jahr 2006 haben wir an dieser Universität eine Studienreform begonnen, haben zunächst den Bachelor eingeführt. In diesem Jahr soll die Einführung des Masters folgen. Und bei dieser Studienreform wollte die Universität Leipzig zu Gunsten der Qualität der Lehre Kapazitäten zusammenstreichen, mehr Seminare in Modulen anbieten, weg von der Frontalbeschallung in Vorlesungen und hin zu mehr eigenständigem wissenschaftlichen Arbeiten. Im Ergebnis erlebten wir danach den Hochschulpakt 2020, der letztlich für die Universität nichts anderes bedeutet, als dass wir die Immatrikulationszahlen des Jahres 2005 halten müssen. Aber 2005 gab es erstens weder den Bachelor noch Kapazitätskürzungen, und zweitens die höchste Immatrikulationszahl an dieser Universität seit ihrer Gründung. Das heißt also, dass diese Universität letzten Endes nichts anderes tun kann, als über jede Kapazitätsgrenze hinweg, über ihre Möglichkeiten Studierende aufzunehmen, um nicht weitere Stellen zu Ungunsten der Lehre abbauen zu müssen. Das ist ein Problem, das paralysiert.

Auf der anderen Seite haben wir einen absolut nicht funktionierenden Wahlbereich, das muss man so sagen. Dieser muss dringend reformiert werden. Und das treibt natürlich die Studierenden an, denn eine solche Situation können und wollen sie nicht länger akzeptieren und das treibt natürlich auch Studierende ins Seminargebäude, wo sie sich kritisch Raum und Zeit nehmen, um genau diese Probleme zu debattieren und hoffentlich Lösungen entwickeln.

Sehr geehrte Damen und Herren, als ich 2003 nach Leipzig kam, um hier zu studieren, wusste ich ehrlich gesagt nichts von den Schwierigkeiten, die beim Studium auf mich warten würden. Heute stehe ich als Sprecher des StudentInnenRates vor Ihnen und berichte von den Erfahrungen, die die Studierenden an der Universität Leipzig im 600sten Jahr ihrer Gründung tagtäglich machen. Es sind Erfahrungen, die sie mit den Lehrenden teilen, die frustrieren, demotivieren, aber ganz sicher kein Alleinstellungsmerkmal Leipzigs sind, sondern alltägliche Realität an den meisten deutschen Hochschulen.

Manchmal wirkt es jedoch so, als ob in Leipzig ein Mangel an Verständnis für die Probleme der Studierenden und ihrer Universität vorherrscht. Ganz so, als seien die Studierenden eh nur ein paar Jahre da und würden dann weiterziehen und mit ihnen ihre Probleme. Aber, und das gilt es festzuhalten, vielleicht gehen einige Studierende wieder, neben den vielen, die in Leipzig einen dauerhaften Ort zum Leben finden, aber 600 Jahre Universität Leipzig bedeuten vor allen Dingen: 600 Jahre Studierende in Leipzig. Die Studierenden haben die Geschichte der Stadt Leipzig in den letzten Jahrhunderten mitgeprägt, sie gestalten auch heute ihre Stadt und ihre Universität mit. Und – das kann ich Ihnen versprechen – egal wie viele Studierende kommen oder gehen mögen, die Studierendenschaft der Universität Leipzig ist und bleibt ein entscheidender Teil dieser Stadt.

Mögen wir noch so viele Probleme in der Hochschulpolitik und in deren Folge an der Universität haben: Leipzig ist und bleibt durch seine studentische Kultur ein Ort, an dem es sich zu studieren, ja, zu leben lohnt. Die Studierendenschaft ist bunt, vielfältig, streitbar und diskussionsfreudig. Studenten sind nicht Kunden oder Konsumenten in einem Bildungsbetrieb, sondern Mitglieder ihrer Hochschule, die sie zu Recht gestalten wollen und mitgestalten werden. Für die Diskussion um den richtigen Weg werden sich die Studierenden auch in diesem Jubiläumsjahr Zeit und Raum nehmen und ich möchte alle hochschulpolitischen Verantwortungsträger dazu einladen, gerade im Jubiläumsjahr auch den Blick nach vorne zu richten und sich an dieser Diskussion zu beteiligen.

e1) Rede des Rektors der Karls-Universität Prag

„Die Europäische Universitätsgemeinschaft: Acht Jahrhunderte
freier Kultivierung des Intellekts und des Dienstes an der Gesellschaft"

Eure Magnifizenz, sehr geehrter Herr Rektor, sehr geehrter Herr Ministerpräsident, wir sind hier zusammengekommen auf dem Boden der altehrwürdigen Alma mater Lipsiensis im Jahr eines kulturellen Jubiläums, das für ganz Deutschland von Bedeutung ist: 600 Jahre sind seit Gründung der Leipziger Universität vergangen. Mit anderen Worten: das sind bereits 600 Jahre systematischer akademischer Lehre, sechs Jahrhunderte wissenschaftlicher Exzellenz, sechs Jahrhunderte bedeutungsvoller Impulse für die sächsische und im weiteren Sinne für die mitteleuropäische Gesellschaft, aber auch sechs Jahrhunderte mitteleuropäischer Debatten darüber, worin eigentlich die Bestimmung einer Universität liegt und worin das Ziel der akademischen Bildung besteht. Das sind keine historischen, sondern außerordentlich aktuelle Fragen: Woran liegt es eigentlich, dass wir in diesem langen Zeitraum noch keine klare Antwort gefunden haben? Vielleicht liegt es daran, dass sich die Fragen in den Jahrhunderten nicht geändert haben, immer wieder hat sich jedoch die Gesellschaft verändert, in der die Universität wirkt, dabei ständig immer wieder aufs Neue ihre akademische Unabhängigkeit verteidigt und das allgemeine Wissen über ihre enorme geistige und praktische Bedeutung für Staat und Gesellschaft mit hohem Arbeitsaufwand erneuert. Die Diskussion über Rolle und Aufgaben der Universität ist keine sächsische oder gar deutsche Angelegenheit, das war und ist ein europäisches Problem und wurde zumindest in den letzten zwei Jahrhunderten eigentlich zu einem weltumfassenden Problem.

Die Universität, wie sie vor 800 Jahren in den mittelalterlichen Zentren des europäischen unabhängigen theoretischen Denkens gegründet wurde – in Bologna, Oxford und Paris, seit Mitte des 14. Jahrhunderts aber auch in Prag und ab dem Jahre 1409 in Leipzig – ist eine eigenständige Gemeinde derjenigen, die sich nach freier und offener, so breit wie möglich angelegter, so umfassend wie möglich gestalteter Bildung sehnen. Ihre Voraussetzung ist das Begreifen der umfangreichen theoretischen Grundlagen des jeweilgen Wissenschaftsgebietes und darüber hinaus das Begreifen der Tatsache, dass menschliche Entscheidung und menschliches Tun auch ihre Konsequenzen haben, die, manchmal auf recht verschlungenen Wegen, zu ihren Urhebern zurückkehren. Die fachliche Erudition vereint sich hier oder soll sich zumindest nach alten Traditionen mit der Kultivierung der sozialen Kompetenz vereinen. Die Universität ist eine Gemeinde, die sich von Anbeginn ihrer Existenz bemühte und immer wieder von neuem bemüht, ihr Recht auf freie Thematisierung tabuisierter Dinge, auf die durch zweckgebundene Aspekte nicht beschränkte Suche und das Durchdenken der Freiheit mit Hilfe der akademischen Diskussion zu verteidigen.

Das ist kein geringer Anspruch. Die Herrscher freilich gründeten und unterstützten die Universitäten mit der pragmatischen Überzeugung, dass gerade das ihrer Regierung und ihrem Staat vonnöten sei. Manchmal jedoch sind der Staat oder die moderne Gesellschaft nicht bereit, etwas so Außergewöhnliches zu respektieren, manchmal hat die Universität selbst nicht das Recht der ruhmreichen Tradition und beschränkt im Namen eines so oder anders definierten Pragmatismus ihre Ansprüche auf ihre geistige Unabhängigkeit, auf das Recht des Gespräches der Professoren und Studenten über die Wahrheit oder auf ihre Berechtigung, die Probleme in akademischer und nicht nur in praktisch notwendiger Weite und Komplexität zu untersuchen. Jede dieser Beschränkungen hat sich immer ex post gerächt: sowohl an der Universität als auch an der Gesellschaft, die sie sich erzwungen hatte. Eine Universität ist doch nicht nur eine in hohem Maße fachliche Bildungsstätte, die junge Frauen und Männer auf die tägliche Praxis vorbereitet und dabei irgendwie nebenbei geschäftlich attraktive Häppchen angewandter Forschungen in den Fächern hervorbringt, die ihr zugeteilt wurden.

Zum täglichen Leben der Universitäten gehört selbstverständlich unter anderem, eine wissenschaftlich gebildete, mit dem aktuellen Stand einer umfangreichen Palette von Fachgebieten gut vertraute, intellektuell selbständige, zu Studien und wissenschaftlichen Forschungen fähige Generation junger Intelligenz auszubilden. Menschen, die an einer Universität ausgebildet wurden – seien es nun Chemiker, Physiker, Ärzte, Linguisten, Politologen oder Theologen –, sollten den Preis der Meinungsfreiheit, den Wert unvoreingenommener wissenschaftlicher Diskussion begreifen und etwas wissen über die Wahrheit als Voraussetzung für eine wirkliche Exzellenz. Sie sollten – und wir wissen, dass es unter den Absolventen unserer Universitäten immer solche Menschen gab und gibt – auftretende Probleme analysieren, antizipieren und mit Vorlauf lösen und sich nicht nur mit einem möglicherweise lukrativen Durcharbeiten von Prinzipien zufrieden geben, die morgen schon der ökonomischen, sozialen oder ökologischen Vergangenheit angehören können.

Jede Gesellschaft benötigt gute Schlosser und Maler, kommt nicht ohne kompetente Techniker oder geschäftstüchtige Kaufleute aus. Jede Gesellschaft, die im 21. Jahrhundert innerhalb der Weltelite der entwickelten Staaten und Gesellschaften überleben will, benötigt aber auch eine exzellente Umwelt und außerordentliche Persönlichkeiten, die in der Lage sind, in der Weite des globalen Horizonts zu denken und zwar mit einem Zeitvorsprung von mehreren Jahren. Es genügt nicht, nur qualifiziert gegen die Krankheiten der Vergangenheit zu kämpfen, auch wenn das eine große und schwierige soziale Aufgabe ist, sondern es ist notwendig, Wege zur Bekämpfung von Krankheiten, die sich erst ankündigen, zu suchen und zu schaffen, Probleme zu formulieren, die sich unterdessen möglicherweise erst dafür rüsten, das Leben unserer sich ständig komplizierter gestaltenden, unserer ständig verletzlicher und verwöhnter werdenden Gesellschaft zu komplizieren.

Das Gleichnis der Krankheiten habe ich hier deshalb gewählt, weil ich von Berufs wegen Physiologe der Medizinischen Fakultät bin. Unter dem Begriff „Krankheit" kann ich mir jedoch auch schwerwiegende und überregionale Probleme der Umwelt vorstellen, Fragen des Mangels an Energie und Trinkwasser, die ganze Populationen blockieren, ebenso wie die ganze Erdteile lähmenden Probleme des internationalen Rechts oder das globale Problem des freien und ungehinderten Zutritts zu aktuellen Informationen und Technologien. Das alles – und es wäre nicht schwer, sich eine Handvoll weiterer sehr komplizierter Herausforderungen auszudenken, die unsere globale Gesellschaft in der Gegenwart gemeinsam lösen muss – kann man nicht nur auf eng gefasstem Fachgelehrtenniveau thematisieren. Das sind Problemkomplexe, welche nur von Menschen mit umfassend veranlagtem Denken erfolgreich bewältigt werden können, von Menschen, die mit gutem theoretischen Rüstzeug ausgestattet und in der selbständigen, dabei sozial empfindungsfähigen Lösung komplexer Probleme ausgebildet sind. Solche Persönlichkeiten können nur Universitäten hervorbringen, denn nur ihnen wurde durch die Tradition jener Anspruch an das Denken in weitem Horizont und an die Wahrnehmung von Problemen in der Komplexität ihrer Rückkopplungen – auch ihrer sozialen Bindungen – beigebracht.

Was geschieht, wenn die Gesellschaft unkritischer technokratischer Begeisterung an fabelhaften neuen, im aktuellen Falle finanziellen Produkten verfällt und gleichzeitig der Vision einer Entwicklung unterliegt, die auf dauerhaften Erfolg und Gewinn gerichtet ist, erleben wir gerade jetzt. Und niemand will sich so recht zur geistigen Vaterschaft der Finanzkatastrophe bekennen, gegen welche die ganze Welt gerade kämpft. Das ist jedoch nur eine von einer ganzen Reihe von Krankheiten, für die Medikamente gefunden werden müssen, die hoffentlich die Krankheiten heilen und bei vernünftigem Verhalten den globalen Patienten vielleicht auch vor schweren Rezidiven bewahren. An ähnlichen „Krankheiten" bietet die heutige Zeit der Menschheit gleich einige zur Auswahl an. Ohne selbständige, auf ihre Art unpragmatische, jedoch weit vorausschauende und gleichzeitig über die entfernten Ergebnisse ihrer Vorschläge und Konzepte nachdenkende akademische Intellektuelle können diese Probleme jedoch nicht gelöst werden. Voraussetzung für das Herausfinden gesellschaftlich zusagender und dabei wirksamer Lösungen ist nämlich gerade dieser universitäre Respekt vor der freien Diskussion, vor der unabhängigen Suche und Betrachtung der Wahrheit, wenn es vielleicht auch schmerzhaft sein sollte und die empfohlenen Lösungen weder billig, ansprechend noch populär sein sollten.

Die Universität ist – wie die Aufschrift auf dem ältesten Siegel der Prager Universität besagt – eine Gemeinschaft von Lehrenden und Lernenden. Sie ist eine Gemeinschaft Interessierter. Und das ist nicht nur die Gemeinschaft einer einzigen Universität, sondern – spätestens seit Beginn des Bologna-Prozesses – eine Gemeinschaft von Universitäten aus 46 beteiligten Ländern. An die Adresse von Bologna gerichtet sind zahlreiche kritische Äußerungen zu hören. Ich weiß jedoch auch, dass sich hinter dem Bologna-Prozess eine ganze Reihe von Maßnahmen überflüssiger nationaler Reformen verbirgt, die mit dem Prozess nichts Gemeinsames haben und die hinter dem Rücken des vereinten Europa den Universitäten nur das Leben komplizieren. Ich bin überzeugt, dass eine Bewältigung der Probleme der Zukunft, und zwar auch der universitären Probleme der nächsten Jahre und Jahrzehnte, ohne die intensive Zusammenarbeit der Partneruniversitäten bzw. aller europäischen und in der Perspektive aller Weltuniversitäten, ihrer Fakultäten und Teams ausgeschlossen wäre. Eine umfassende und funktionelle, sehr pragmatische Zusammenarbeit ist seit Ende des Kalten Krieges möglich und in der Mehrzahl der umfangreichen Projekte auch aus einer Reihe von Gründen quer durch ganz Europa notwendig.

Die Prager Karls-Universität ist aus den Jahrzehnten des Kommunismus zerrüttet und geschwächt hervorgegangen. Zwei Jahrzehnte ihrer in quantitativer und qualitativer Hinsicht bewundernswerten Entwicklung nach der Revolution sind verbunden mit enormer intensiver Expansion ihrer internationalen Zusammenarbeit in Europa und der ganzen Welt. Die zurzeit bestehenden zweihundert Partnerverträge der Universität beruhen auf Tausenden von gemeinsamen Forschungsprojekten und Kooperationen, auf dem gegenseitigen Austausch von Gastprofessoren und -studenten und auf gemeinsamen Aktivitäten mit Unterrichtscharakter. Obwohl die Karls-Universität durch ihre Wissenschaftsproduktion ein exzellentes Zentrum der Tschechischen Republik darstellt, ist sie keine Universität, die staatlicherseits verwöhnt wird: mehr als die Hälfte ihrer Mittel muss sie sich durch ihre Forschungs- und weit gefächerten Projektaktivitäten selbst erwirtschaften. Ohne ein weitreichendes Netz von Partnern und produktiven internationalen Kooperationen könnte sie diese Aufgabe nicht bewältigen.

Wir betrachten diese 800 Jahre dauernde gesamteuropäische Zusammenarbeit als selbstverständliche Umwelt der Universitäten, als Nährboden unserer Arbeit und verlangen von unseren fortgeschrittenen Studenten, dass sie diese Voraussetzung als Grundlage ihrer Bildung in sich aufnehmen. Die Karls-Universität spielte in der zweiten Hälfte des 14. Jahrhunderts die Rolle einer Mutter, die ihre „Kinder", Gruppen von Professoren und Studenten, in die umliegenden Länder entsandte, um dort in den Zentren der Macht und des Geistes neue Universitäten zu gründen. In Erfurt, Wien, Heidelberg, Krakow oder Leipzig entstanden auf diese Weise Zentren der freien akademischen Gelehrsamkeit, welche die universitären Ideale weithin ausstrahlten und Mitteleuropa durch ein Netz der gelehrsamen Zusammengehörigkeit verbanden. Die Beziehungen Prags und der tschechischen akademischen Gemeinde im Allgemeinen zur Leipziger Universität waren in der Vergangenheit immer wieder fest und von großer Bedeutung. Ich bin überzeugt, dass wir durch produktive Zusammenarbeit auch in Zukunft die Vielzahl von Aufgaben bewältigen werden, vor die uns die schnelle Entwicklung der globalisierten Welt stellt.

e2) Rektorův Projev pro Lipsko

„Evropské univerzitní společenství: Osm století svobodné kultivace intelektu a služby společnosti"

Vaše magnificence, vážený pane rektore, vážený pane ministerský předsedo, setkáváme se na půdě staroslavné lipské university v roce celoněmecky význačného kulturního jubilea: uplynulo 600 let od jejího založení. Jinými slovy: je to již 600 let soustavné akademické výuky, šest století vědecké excelence, šest století závažných impulsů saské i šíře středoevropské společnosti a také šest století středoevropských debat o tom, co je vlastně účelem university a co je cílem akademického vzdělání. To nejsou historické, ale mimořádně aktuální otázky: jak to vlastně, že na ně za tak dlouhou dobu ještě neznáme jasnou dopověď? Snad je to tím, že otázky se po staletí nemění, vždy znovu se však proměňuje společnost, v níž universita pracuje a při tom stále znovu obhajuje svoji akademickou nezávislost, pracně obnovuje obecné vědomí o svém enormním duchovním i praktickém významu pro stát i společnost. Diskuse o roli a úkolech university není saská nebo snad německá, byl a je to problém celoevropský a nejméně v posledních dvou staletích vlastně celosvětový.

Universita, tak jak se před osmi sty lety ustavila ve středověkých centrech evropského nezávislého teoretického myšlení – v Bologni, Oxfordu, Paříži, ale od poloviny 14. století i v Praze a od roku 1409 v Lipsku – je samosprávnou obcí těch, kdo touží po svobodném a otevřeném, co nejšíře založeném, co nejkomplexnějším vzdělání. Jeho předpokladem je porozumění širokým teoretickým předpokladům té které vědní oblasti a nadto pochopení skutečnosti, že lidské rozhodování a konání má i své důsledky, které se, někdy značně klikatými cestami, vracejí ke svým původcům. Odborná erudice se tu snoubí nebo alespoň podle starých tradic má snoubit s kultivací sociální kompetence. Universita je obec, která se od samého počátku své existence snažila a vždy znovu snaží obhájit své právo na svobodné tematisování věcí tabuisovaných, na účelovými hledisky neomezené hledání a promýšlení pravdy prostřednictvím akademické diskuse.

To není malý nárok. Vládci ovšem zakládali a podporovali university s pragmatickým přesvědčením, že právě toto je jejich vládě a státu zapotřebí. Někdy však není stát či moderní společnost ochotna respektovat něco tak výjimečného, jindy ani sama universita není práva slavné tradici a ve jménu tak či onak vymezeného pragmatismu omezí nároky na svoji duchovní nezávislost, na právo rozhovoru profesorů a studentů o pravdě či na své oprávnění zkoumat problémy v akademické a ne pouze v prakticky nutné šíři a komplexnosti. Každé takové omezení se vždy ex post vymstilo:

universitě i společnosti, která si ho vynutila. Universita přece není pouhé vysoce odborné učiliště, připravující mladé ženy a muže pro denní praxi a při tom nějak bokem produkující obchodně atraktivní soustečka aplikovaných výzkumů v oborech, které má přiděleny.

K dennímu životu universit samozřejmě mimo jiné patří: připravovat vědecky erudovanou, s aktuálním stavem bohaté škály oborů dobře obeznámenou, intelektuálně samostatnou, studia i vědeckého výzkumu schopnou generaci mladé inteligence. Lidé, vychovaní universitou, by měli – ať již jde o chemiky a fysiky, lékaře, lingvisty, politology nebo teology – chápat cenu svobody názoru, hodnotu nepředpojaté vědecké diskuse a něco vědět o pravdě jako předpokladu skutečné excelence. Měli by – a my víme, že mezi absolventy našich universit takoví lidé vždy byli a jsou – analysovat, anticipovat a s předstihem řešit problémy, které přijdou a nespokojovat se s možná lukrativním pouhým rozpracováváním principů, které zítra již mohou patřit ekonomické, sociální nebo ekologické minulosti.

Každá společnost velmi nutně potřebuje dobré zámečníky i malíře pokojů, neobejde se bez kompetentních techniků ani bez zdatných obchodníků. Každá společnost, která chce v 21. století přežít mezi světovou elitou rozvinutých států a společností, potřebuje ale také excelentní prostředí a mimořádné osobnosti, schopné myslet v šíři globálního horizontu a s náskokem několika let dopředu. Nestačí jen kvalifikovaně bojovat proti nemocem minulosti, i když i to je veliký a nesnadný sociální úkol, ale je třeba hledat a stavět cesty boje s nemocemi, které se teprve hlásí, formulovat problémy, které se možná zatím jen chystají zkomplikovat život naší stále komplikovanější, zranitelnější a zhýčkanější společnosti.

Příměr nemocí jsem tu použil proto, že jsem profesí fysiolog z lékařské fakulty. Pod pojmem „nemoc" si však umím představit i závažné a nadregionální problémy životního prostředí, celé populace blokující otázky nedostatku energie a pitné vody, stejně tak mnohé světadíly ochromující problémy mezinárodního práva či globální problém volného a svobodného přístupu k aktuálním informacím a technologiím. To všechno – a nebylo by obtížné vymyslet hrst dalších velmi komplikovaných výzev, které musí naše globální společnost v současnosti společně řešit – nelze tematisovat na pouhé úzce odbornické úrovni. Toto jsou problémové komplexy, s nimiž se mohou úspěšně vyrovnat jen lidé s široce založeným myšlením, lidé teoreticky vybavení a vycvičení k samostatnému, přitom sociálně vnímavému řešení komplexních problémů. Takové osobnosti mohou vychovávat jen university, protože jen jim je tradicí vštípen onen nárok na myšlení v širokém horizontu a na vnímání problémů v komplexnosti jejich zpětných – a to i sociálních – vazeb.

Co se stane, propadne-li společnost nekritickému technokratickému nadšení z báječných nových, v aktuálním případě finančních, produktů a zároveň podlehne vizi vývoje, směřujícího k trvalému úspěchu a zisku, to zažíváme právě nyní. A nikdo se jaksi nechce znát k duchovnímu otcovství finanční katastrofy, s níž teď bojuje celý svět. Je to ale jen další z řady nemocí, na níž je třeba najít léky, které – doufejme – vyléčí a při rozumném chování globálního pacienta snad i zamezí těžkým recidivám. Podobných „nemocí" současná doba nabízí lidstvu hned několik. Bez samostatných, svým způsobem nepragmatických, ale daleko dopředu hledících a zároveň nad vzdálenými důsledky svých návrhů a konceptů uvažujících akademických intelektuálů nebudou však tyto problémy moci být vyřešeny. Předpokladem nalezení společensky únosných a přitom účinných řešení je totiž právě ten universitní respekt k svobodné diskusi, k nezávislému hledání a ohledávání pravdy, ať to třeba i bolí a ať doporučená řešení nejsou levná, líbivá ani populární.

Universita je – jak říká nápis na nejstarší pražské universitní pečeti – společenstvím těch, kdo vyučují a těch, kdo se učí. Je to společenství zaujatých. A není to jen společenství jedné jediné university, nýbrž – nejpozději od počátku Bolognského procesu – společenství universit 46 zúčastněných zemí. Na adresu Bologny je možno slýchat četná kritická vyjádření. Vím však také, že se za Bolognským procesem schovává řada opatření a národních zbytečných reforem, které s ním nemají nic společného a které za zády spojené Evropy jen komplikují universitám život. Jsem přesvědčen, že by zvládání problémů budoucnosti, a to i universitních problémů příštích let a desetiletí, bylo vyloučené bez intensivní spolupráce partnerských, resp. všech evropských a výhledově světových universit, jejich fakult a týmů. Rozsáhlá a funkční, velmi pragmatická spolupráce je od konce studené války možná a ve většině rozsáhlých projektů i z řady důvodů nutná napříč celou Evropou.

Pražská Universita Karlova vyšla z desetiletí komunismu pošramocena a oslabena. Dvě desetiletí jejího – v kvantitativních i kvalitativních ohledech pozoruhodného – porevolučního rozvoje jsou provázena nesmírně intensivní expansí její mezinárodní spolupráce v Evropě i celém světě. Dnešní dvě stovky jejích partnerských smluv mají zázemí v tisících společných výzkumných projektů a kooperací, ve vzájemném hostování profesorů i studentů a ve společných akcích výukového charakteru. Universita Karlova, ač svojí vědeckou produkcí excelentní centrum České republiky, není universitou státně hýčkanou: více než polovinu svých prostředků si musí získat sama výzkumnými a šíře projektovými aktivitami. Bez rozsáhlé sítě partnerů a produktivních mezinárodních kooperací by to nedokázala.

Pokládáme tuto 800 let trvající celoevropskou spolupráci za samozřejmé životní prostředí universit, za živnou půdu naší práce a žádáme od našich pokročilých studentů, aby tento předpoklad vstřebali jako základ svého vzdělání. Karlovo vysoké učení sehrálo v druhé polovině 14. a na počátku 15. století roli matky, která vysílá své „děti", skupiny profesorů a studentů, do okolních zemí, aby tam v centrech moci a ducha zakládali nové university. V Erfurtu, Vídni, Heidelbergu, Krakově či Lipsku tak vznikala centra svobodné akademické učenosti, která dále vyzařovala universitní ideály a spojovala střední Evropu sítí učené sounáležitosti. Vztahy Prahy a obecněji české akademické obce k lipské universitě byly v minulosti opakovaně silné a významné. Jsem přesvědčen, že v produktivní spolupráci i v budoucnu zvládneme řadu úkolů, před které nás staví rychlý vývoj globalisovaného světa.

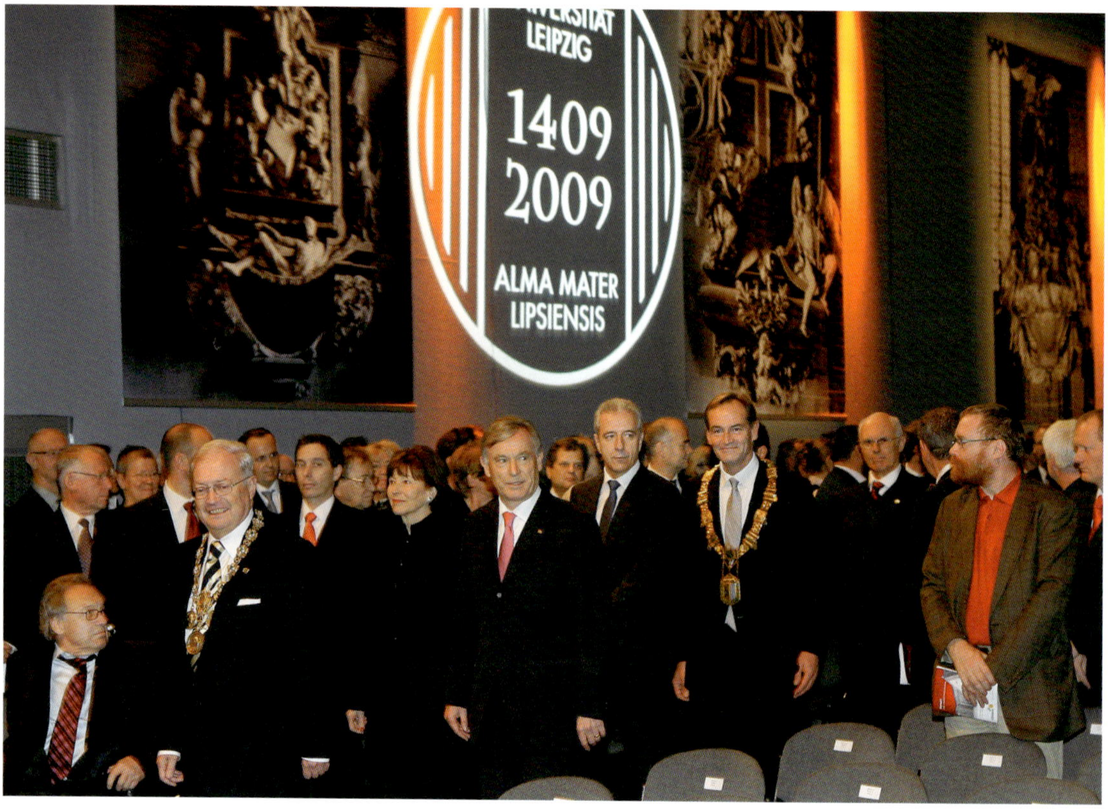
LEIPZIG
1409
2009
ALMA MATER
LIPSIENSIS

IV. FESTWOCHE

1. VORBEMERKUNG

Die Festwoche vom 30. November 2009 bis zum 6. Dezember 2009 konnte nicht so, wie von langer Hand geplant und vorbereitet, stattfinden. Dies war sehr bedauerlich. Die kurzfristig notwendige Umplanung stieß auf auch öffentlich geäußerte Kritik und kam vor allem in einem unerwarteten Einwurf eines Mitgliedes des Universitätschores im Festakt selbst zum Ausdruck. Deshalb sei hier in knappen Strichen das Geschehen im Vorfeld der Festwoche erläutert.

Geplant war ursprünglich, in dieser Woche bereits den Rohbau des Paulinums und des Neuen Augusteums für zentrale Veranstaltungen, nämlich drei Gottesdienste, die VIII. Universitätsmusiktage und den Festakt als Höhepunkt am 2. Dezember 2009 sowie einen abendlichen Ball zu nutzen. Die Idee, Veranstaltungen schon im Paulinum durchzuführen, ist aus der Diskussion im Jubiläumsbeirat[1] erwachsen. Selbstverständlich war damals nicht absehbar, dass der bauliche Zustand nur eine sehr eingeschränkte Nutzung gestatten würde; andernfalls wären die Planungen mit diesem Ziel zusammen mit der Sächsischen Immobilien- und Baumanagement GmbH (SIB) nicht aufgenommen worden. Die Universität ist mit den erheblichen Kosten der Rohbaunutzung erst zu einem sehr späten Zeitpunkt, warum auch immer, konfrontiert worden. Die Räumlichkeiten waren ihr vom Freistaat also noch nicht insgesamt zur Nutzung überlassen, und deshalb musste sie für die jeweilige Veranstaltung einzelne Nutzungsvereinbarungen mit der SIB schließen. Wegen besonderer Sicherheitsanforderungen und der damit verbundenen hohen Kosten sah der Freistaat sich entgegen ursprünglich erweckter Erwartungen nur im Stande, eine Vereinbarung für die Nutzung des Paulinum für den Festakt am 2. Dezember 2009 zu treffen. Diese Beschränkung brachte die Universität in die unangenehme Lage, die bereits vorbereiteten Veranstaltungen noch sehr spät absagen oder nach Ausweichlösungen suchen zu müssen. So fanden der ökumenische Festgottesdienst am Abend des 1. Dezember 2009 in der Thomaskirche und ein Gottesdienst zum 2. Advent unter der Leitung von Landesbischof Bohl am 6. Dezember 2009 in der Nikolaikirche statt. Ohne die Universität auch nur davon zu informieren, verhandelte das Finanzministerium freilich dann über eine Überlassung des Paulinum für den 6. Dezember 2009 mit einem privaten Verein, um einen Gottesdienst durchzuführen, und missachtete so das staatskirchenvertraglich vereinbarte Amt des Universitätspredigers.

---

1 Zu diesem Gremium vgl. Kapitel II.2.

Dem Universitätsprediger gelang es dann doch, die liturgische Verantwortung für diesen Gottesdienst am 6. Dezember 2009 zu erhalten, während die Universität die sicherheitstechnischen Voraussetzungen schuf. Dennoch verbreitete ein Teil der Medien wahrheitswidrig, die Universität habe versucht, diesen Gottesdienst zu verhindern, der dann nur Dank einer Intervention des Finanzministeriums habe stattfinden können.

Für die Aufführungen des Universitätschores stand der festlich ausgestaltete Aularohbau zwar zur Verfügung, sie mussten aber auf den 2. Dezember 2009, morgens und abends, konzentriert werden. Das Festkonzert am Abend wurde mit dem musikalischen Programm des Festaktes vom Vormittag durchgeführt. In den späten Abendstunden gaben die renommierten Ensembles aus Leipzig, die LeipzigBigBand, die Vocal Jazz Gruppe tonalrausch und das Pauliner Kammerorchester ein Jazzkonzert unter Leitung des Universitätsmusikdirektors David Timm. Dessen ungeachtet nahm ein Mitglied des Universitätschores im Festakt eigenmächtig die Gelegenheit und beschimpfte in einem Redebeitrag vor allem den Rektor als vermeintlich Verantwortlichen für die erforderlichen, aber nicht in seiner Hand liegenden Absagen. Wenn auch ungeplant, war diese studentische Intervention Teil des Festaktes, sodass wir auch diesen Redebeitrag hier abdrucken.[2]

Und dennoch, der Festakt am 2. Dezember war unzweifelhaft der Höhepunkt des Festjahres. Sprachlosigkeit und Ergriffenheit war vielen der etwa 800 geladenen Gäste ins Gesicht geschrieben, als sie an diesem Tag das Paulinum betraten. Sie alle waren Zeugen eines historischen Momentes: 41 Jahre nach dem barbarischen Akt der Sprengung der Universitätskirche St. Pauli wurde das Paulinum an gleicher Stelle – wenn auch nur für diesen Tag – von den Universitätsangehörigen und der Öffentlichkeit für eine festliche Veranstaltung schon einmal in Besitz genommen. Eine besondere Ehre erfuhr die Universität durch die Teilnahme des Bundespräsidenten Prof. Horst Köhler und seiner Gattin an der Festzeremonie im Paulinum, in der auch der Ministerpräsident des Freistaates Sachsen und der Leipziger Oberbürgermeister das Wort ergriffen.

Auch der geplante Jubiläumsball musste zum Leidwesen vieler ausfallen. Die bereits vorliegenden Anmeldungen hatten die räumlichen Kapazitäten um ein Vielfaches überstiegen, deshalb ein Auswahlverfahren erforderlich gemacht und so das große Interesse aufgezeigt. Vor diesem Hintergrund konnte man es sich nicht gut vorstellen, die Feier des 600. Jubiläums ohne eine ungezwungene Veranstaltung in geselliger Atmosphäre ausklingen zu lassen. Mit zahlreicher Unterstützung fand deshalb am Abend des 2. Dezember 2009 in der attraktiven neuen Mensa und in dem großzügigen Foyer des neugestalteten Hörsaalgebäudes ein Universitätsfest mit über 1.000 Teilnehmern statt.

---

2 Vgl. in Kapitel V.7.

2. EMPFANG AUSLÄNDISCHER GÄSTE IN DER VILLA TILLMANNS AM 1. DEZEMBER 2009

a) Die ausländischen Gäste

Der Einladung des Rektors zur Teilnahme an den Feierlichkeiten des Jubiläums im Dezember 2009 waren 33 internationale Gäste aus 16 Ländern gefolgt. Zu ihnen zählten 17 Rektoren und Prorektoren ausländischer Partnerhochschulen und Repräsentanten der Botschaften von Chile und Indonesien sowie des Leipziger Generalkonsulats der Vereinigten Staaten von Amerika. Sein erstes „Herzlich willkommen an der Universität Leipzig" richtete Rektor Häuser am Nachmittag des 1. Dezember 2009 an seine internationalen Gäste mit der nachfolgenden Begrüßungsrede.[1] Dieser Empfang am Vortag des Dies Academicus im Gästehaus *Villa Tillmanns* bildete somit den Auftakt für den Veranstaltungsrahmen rund um den Festakt vom 2. Dezember 2009. Im Anschluss an die Willkommensansprache nutzten die internationalen Gäste die Gelegenheit, Rektor Häuser die Glückwünsche ihrer Universitäten zum 600-jährigen Jubiläum der Universität Leipzig persönlich zu überbringen. Das geschah in der Reihenfolge ihrer Gründungsjahre, somit angeführt aus der Karls-Universität Prag durch Herrn Prof. Škrha, Prorektor für Internationales. Ein ganz besonderes Geschenk überreichten Prof. Polaschek, Prorektor der Karl-Franzens-Universität Graz, sowie Sabine Pendl, Leiterin des Internationalen Büros: einen Scheck für zwei Stipendien für einen Forschungsaufenthalt von Leipziger Nachwuchswissenschaftlern an der Grazer Universität. Damit wurde besonders unterstrichen, dass ein Jubiläum neben dem berechtigten Blick in die Vergangenheit vor allem aber auch zum Blick in die Zukunft genutzt werden sollte.

---

1 Dazu unten IV.2.b.

b) Rector's Speech of Welcome (Begrüßungsrede des Rektors)

Your Excellencies, Dear colleagues, Dear students, Dear honourable guests! The anniversary celebrations began on May 9 this year and they are about to culminate in the festive week which will start right now. We inaugurated the anniversary year together with our „mother university" from Prague in the Leipzig Gewandhaus concert hall. And we will introduce the festive week together with our international guests today. As you see, „international" ranks first when it comes to celebrating in Leipzig. That is why I would like to welcome you here most warmly in the University Guest House Villa Tillmanns.

We invited representatives of our international partner universities and foreign embassies. A heartly welcome to Your Excellencies first of all. We also invited students from partner institutions who currently study with us and I am happy that some followed our invitation. Among us are members of the university of Leipzig who are particularly active in the international arena. They will introduce themselves in personal talks afterwards, I am sure. How to find a sequence for our partners and friends? This is not an easy diplomatic task. Following the occasion, it was decided to use University seniority or the oldest founding date as the criterion to bring some order into the group of friends. I am pretty sure, however, that founding dates could also be questioned and you prove us wrong in a minute. I also noticed a major difference between a woman or a man and an „alma mater". Whereas „eternal youth" increasingly is a value with human beings, age and seniority is still a value for universities. We could contemplate on this apparent contradiction later on.

Anyway, thanks to the fact that a colleague from Bologna will arrive late tonight, I have no problem to welcome the three colleagues from Charles University in Prague in their role as our „mother university" here at the first place. Please feel home again. I know that Karl-Franzens University has a focus on south-eastern Europe, that is why I rely on your understanding when I would like to welcome Cluj-Napoca and Iasi, both apparently have some deeper roots as officially known, before Graz, followed by Eötvös Loránd University in Budapest (ELTE). Saint-Petersburg State University dates back to 1724 and is next in line – dabró poschálowatj.

We have quite an old partner in the United States – Ohio University was founded 1804 and qualifies as number 7 in the order of welcome. Ohio and Leipzig have been companions since the early 1990s on their way to a broad and deep university linkage. When I welcome the colleagues from Antwerp – who presumably will start discussing their founding date with me – I would also like to mention the Utrecht

Network. Like Antwerp and Leipzig, many universities present today are members of that European Network: Graz, ELTE, Iasi, Riga, Lille 1, Bratislava and Århus. A heartly welcome to our friends in that successful network. When I bid the University of Latvia welcome I would like to do that with particular gratitude. Universitas Latviensis celebrates 90 years of existence this year and initiated a publication called „Riga-Leipzig-Riga" which is devoted to the long-lasting relationship between the two university towns. The University of Arizona in Tucson is an example of how fruitful a relationship can grow when there is quality in research and commitment by both partners. A joint doctoral programme illustrates that success story which started after German unification. Welcome Arizona. Germany's closest political friend – France – is represented by two universities, Lyon 2 and Lille 1, both founded in the year 1896. Lyon and Leipzig share not only a good university partnership but a very successful twin-city relationship as well. Soyez les bienvenus!

Two institutions founded in the year 1919 lead us to our neighbours in Slovakia, welcome Comenius University Bratislava. And a bit further east, to our friends in Minsk. I am happy to welcome you here. An institution we owe much gratitude was founded 1925 as a student initiative. The German Academic Exchange Service, better known as DAAD, is represented by its President, Professor Hormuth. Herzlich willkommen, sehr geehrter Herr Kollege. Tampere and Århus are our welcome guests from the North. I hope you will enjoy the next days with us. Tervetuloa and velkommen. More guests will arrive tomorrow, and more and longer speeches will be held. That is why I have some reason to cut myself short.

I would like to thank you again for joining us in these historic days and I do hope that we can build a small „family of the friends of Leipzig" and you will leave Leipzig in two days with an even stronger commitment to our collaboration. Before we will have a chance to get to know each other individually, I would like to propose a toast to the friendship between our universities. Thank you for your friendly attention.

3. ÖKUMENISCHER FESTGOTTESDIENST IN DER THOMASKIRCHE AM 1. DEZEMBER 2009

Peter Amberg
Grußwort der Thomaskirchengemeinde

„Siehe Dein König kommt zu Dir, ein Gerechter und ein Helfer"
(Sach 9,9)

Mit dem Wochenspruch aus dem Sacharjabuch im 9. Kapitel begrüße ich Sie im Namen des Vorsitzenden des Kirchenvorstandes und ersten Pfarrers der Thomaskirche, Pfarrer Christian Wolff, und der Evangelisch-Lutherischen Kirchengemeinde St. Thomas sehr herzlich zu dem ökumenischen Gottesdienst aus Anlass des 600-jährigen Bestehens der Universität Leipzig. Ich danke Ihnen, sehr geehrter Herr Landesbischof, lieber Bruder Bohl, dass Sie in diesem Gottesdienst predigen. Wir sind dankbar, dass in der Thomaskirche, als Teil des Gründungsortes unserer Universität heute am Tage vor dem Gründungsdatum Gott gedankt und gelobt wird. Wir sind voller Freude, dass die neue Universitätskirche St. Pauli im Rahmen der Jubiläumsfeierlichkeiten am morgigen 2. Dezember erstmals im akademischen und musikalischen Rahmen Bedeutung gewinnt. Die Kirchgemeinde, der Kirchenvorstand, wir Pfarrer, die Mitarbeiter und Mitarbeiterinnen freuen sich, dass am 6. Dezember der erste Universitätsgottesdienst in dem neu entstandenen Kirchenraum gefeiert werden wird.

Dies erfüllt mich auch ganz persönlich mit großer Dankbarkeit, da mein Vater Ernst-Heinz Amberg als damaliger Dekan der Theologischen Fakultät und der damalige erste Universitätsprediger Prof. Heinz Wagner wenige Tage vor der Sprengung der mittelalterlichen Paulinerkirche, die Agenten, Lektionare und vasa sacra aus dem durch die barbarische Zerstörungswut der kommunistischen Diktatur dem Tode bestimmten Gotteshaus trugen. Doch Gott sei gedankt, in diesem Jahr wird nun ein neuer Anfang möglich. So kann für die Gottesdienste heute und am Sonntag gelten: soli deo gloria – Gott allein die Ehre.

Rüdiger Lux
Begrüßung der Festgemeinde durch den Dekan der
Theologischen Fakultät Leipzig

Liebe Universitätsgemeinde, verehrte Gäste, meine Damen und Herren,
es ist mir eine große Freude, Sie in so großer Zahl zu diesem Ökumenischen Festgottesdienst aus Anlass des 600-jährigen Bestehens der Universität Leipzig begrüßen zu können. Mein besonderer Gruß gilt Ihnen, Magnifizenz, sowie dem Landesbischof der Evangelisch-Lutherischen Landeskirche Sachsens, Jochen Bohl, dem Bischof des Bistums Dresden-Meißen, Joachim Reinelt, den Staatsministerinnen für Wissenschaft und Kunst und für Soziales und Verbraucherschutz des Freistaates Sachsen, Frau Prof. Sabine von Schorlemer und Frau Christine Ursula Clauß als Vertreterinnen der Landesregierung, sowie dem Oberbürgermeister der Stadt Leipzig, Burkhard Jung. Dass Sie alle am Vorabend des 600. Geburtstages der Universität diesen Gottesdienst mit uns gemeinsam feiern, ist für uns ein deutliches Zeichen der Verbundenheit mit der Leipziger Universitätsgemeinde.

Wir danken der Thomaskirchengemeinde, dass wir bei ihr, am Gründungsort unserer Alma Mater, zu Gast sein dürfen. Und wir danken ganz besonders dem Thomanerchor unter Leitung von Thomaskantor Prof. Georg Christoph Biller, der uns mit seinem Singen zur Ehre Gottes eines der schönsten Geburtstagsgeschenke macht.

Wenn die Geschichte der Universitätsgemeinde im 20. Jh. einen anderen Weg genommen hätte als dies der Fall war, dann hätten wir uns heute Abend sicherlich in der altehrwürdigen Universitätskirche St. Pauli am Augustusplatz versammelt. Sie alle wären bei uns zu Gast in der Universität und ihrer Kirche gewesen und nicht wir bei ihnen. Mit der Sprengung dieser Kirche am 30. Mai 1968 wollte man ja nicht nur ein Gotteshaus, sondern vor allem auch diese Gemeinde zerstören, die sich Sonntag für Sonntag in ihm versammelte.

Der heutige Gottesdienst, der wachsende Neubau der Universitätskirche am Augustusplatz sowie der kommende Gottesdienst am 2. Advent auf der Baustelle, sind für mich ein Anlass zu großer Freude und Dankbarkeit. Freude darüber, dass es nicht gelungen ist, diese Gemeinde aus dem Buch der Geschichte zu streichen. Freude darüber, dass sie in absehbarer Zeit wieder an ihren angestammten Ort am Augustusplatz zurückkehren wird, um dort im Herzen der Universität ihre Gottesdienste zu feiern und das Gespräch mit den Wissenschaften zu pflegen.

Das Wort, das nach einem erschütternden Familiendrama am Ende der Josefsgeschichte steht, kann daher auch ein Wort für die im 20. Jh. schwer geprüfte Leipziger

Universitätsgemeinde sein: „Ihr gedachtet es böse mit mir zu machen, aber Gott gedachte es gut zu machen." Lasst uns diesen Gottesdienst in großer Dankbarkeit und im Geiste der gegenseitigen Verständigung und Versöhnung miteinander feiern.
Im Namen des Vaters und des Sohnes und des Heiligen Geistes, Amen.

Franz Häuser
Grußwortes des Rektors der Universität Leipzig

Sehr geehrter Herr Landesbischof Bohl, sehr geehrter Herr Diözesanbischof Reinelt, sehr geehrte Staatsministerinnen von Schorlemer und Clauß, sehr geehrter Herr Oberbürgermeister Jung, meine sehr verehrten Damen, meine Herren, verehrte Festgemeinde!

Heute Abend wollen wir uns mit einem ökumenischen Festgottesdienst erwartungsfroh auf den 600. Gründungstag unserer Universität einstimmen, den wir morgen mit einem Festakt feierlich begehen. Der Bundespräsident wird uns die Ehre seiner Teilnahme geben sowie zahlreiche Gäste aus dem In- und Ausland. Vertreter ausländischer Universitäten konnte ich heute Nachmittag bereits begrüßen.

Der Festakt wird in einem etwas ungewöhnlichen Ambiente stattfinden, nämlich in dem Rohbau des Paulinums. Leider ist die Situation dort noch so, dass die zukünftige architektonische Gestaltung des Innenraumes mit ihren verbindenden Elementen und ihren beiden Nutzungsschwerpunkten, nämlich Aula und Universitätskirche, nur beispielhaft verdeutlicht werden kann. Kein Zweifel besteht allerdings, dass die Universität mit diesem Bau eine zentrale Versammlungsstätte wiedergewinnt, in der spannende, auch öffentlich geführte Diskurse über alle Fragen unseres modernen Wissenschaftssystems stattfinden können; eine Stätte, an der die Leipziger Universitätsmusik traditionsgemäß einen angemessenen und würdigen Platz erhält; und nicht zuletzt einen Kirchenraum, in dem die einst vertriebene, aber nicht ausgelöschte Universitätsgemeinde für ihre sonntäglichen Gottesdienste wieder eine Heimstatt findet.

Den Jubiläumsgottesdienst heute Abend in der Thomaskirche zu feiern, sollte aber wahrlich nicht als eine Notlösung aufgefasst werden, sondern eher als ein Akt von hoher symbolischer Bedeutung. Denn im Refektorium des Augustiner Chorherrenstifts St. Thomas, also in diesem Grundstückskomplex, wurde vor 600 Jahren mit der Verlesung der Ordnung der Hohen Schule und der Wahl des ersten Rektors die Alma mater Lipsiensis offiziell gegründet. Und unter den Gebäuden, die durch die Moritzsche Schenkung etwas mehr als 100 Jahren später an die Universität fielen, befand sich auch die Paulinerkirche des im Zuge der Reformation aufgelösten Dominikanerklosters, seit der Predigt von Martin Luther im Jahr 1545 Universitätskirche St. Pauli, in der am Vormittag des 29. Juli 1909 der Jubiläumsgottesdienst stattfand, wie es die damalige Festordnung ausweist. Diese historische Verbindung stellt heute der Paulineraltar her, der vor der barbarischen Sprengung der Universitätskirche im Jahre 1968 gerettet werden konnte und seit einigen Jahren im Chorraum von St. Thomas ein befristetes Gastrecht genießt.

Solche Universitätsjubiläen mit einem Gottesdienst einzuleiten, besitzt Tradition, wie der Hinweis auf 1909 zeigt. Aber nicht nur wegen eines Herkommens haben wir uns heute abend zusammengefunden, sondern weil gläubige Christen denkwürdige Anlässe, wie den 600. Gründungstag unserer Universität, „im Bewusstsein ihrer Verantwortung vor Gott" begehen, wie es in der Präambel des Grundgesetzes so trefflich formuliert ist. Der gläubige Mensch ist also nicht nur dem Diesseits, den irdischen Dingen wie einem säkularen Festakt zugewandt, sondern er lebt auch aus der sinnstiftenden Heilsgewissheit der biblischen Botschaft, eben dem Evangelium und seiner Verkündigung in einem Gottesdienst. Und so ist es mir eine besondere Freude, Sie alle zu diesem Ökumenischen Festgottesdienst mit dem Thomanerchor im Namen der Universität begrüßen zu dürfen. Dass wir diesen Gottesdienst zusammen mit zwei Oberhirten unserer Kirchen feiern können, ehrt uns sehr.

Wir wären keine Universität, würde uns nicht auch vor Augen stehen, dass Wissenschaft und christliche Religion auf ein spannungsvolles Miteinander zurückblicken. Hebräisches Denken, griechische Philosophie und christliche Religion gingen vielfältige Verbindungen miteinander ein und prägten die Geistesgeschichte unserer westlichen Zivilisation, die ohne den Dekalog, die Bergpredigt oder das Höhlengleichnis Platons als Ausdruck seiner Ideenlehre kaum denkbar ist. Man kann auch zwischen der Freiheit der Wissenschaft und der »Freiheit eines Christenmenschen« einen Zusammenhang sehen, eben als Ausprägungen des gemeinsamen Freiheitsgedankens, muss sich aber auch eingestehen, dass die Wissenschaft sich im Zuge der Aufklärung erst dahin entwickeln konnte, wo sie heute ist, als sie sich auch von einengenden kirchlichen Vorgaben löste; solches aufklärerische Denken eröffnete freilich auch innerhalb der Theologie den Weg zum kritischen Diskurs.

Vor allem die beiden verhängnisvollen Diktaturen des 20. Jahrhunderts haben gezeigt, dass dann, wenn der Freiheit des Glaubens sowie religiöser und weltanschaulicher Überzeugungen Gefahr droht, auch die Freiheit der Wissenschaft unter die Räder kommt; beide stehen also in einer Art Schicksalsgemeinschaft. Der beschämenden Vertreibung namhafter jüdischer Gelehrten in der Zeit des Nationalsozialismus folgte nach 1945 die Gängelung und Vertreibung christlicher Studierender und Wissenschaftler bis hin zu kritischen Marxisten aus dieser Stadt und dieser Universität. Auch diese Phasen der Geschichte sind uns in diesem Jahre wieder bewusst geworden. Die Sprengung der Universitätskirche St. Pauli am 30. Mai 1968 war Höhepunkt und Ausdruck einer bedrückenden Geisteshaltung, welche die Freiheit des Denkens, die Freiheit der Wissenschaft sowie die Religionsfreiheit gleichermaßen unter Generalverdacht stellte und zu unterdrücken suchte. An der Überwindung der Folgen dieser Geschichte des 20. Jahrhunderts trägt diese Universität noch heute. Diese Vorgänge unserer jüngeren Geschichte ergeben für uns eine bleibende Verpflichtung, mit der wieder gewonnenen Freiheit des Denkens, der Wissenschaften sowie des religiösen Bekenntnisses sorgsam und tolerant umzugehen und sie vor allen Angriffen zu schützen.

Deshalb ehren wir mit diesem ökumenischen Gottesdienst das Andenken all jener und schließen sie in unser Gebet ein, die sich an dieser Universität mutig für die Freiheit des Geistes und des Glaubens eingesetzt haben.

Joachim Reinelt
Grußwort des Bischofs des Bistums Dresden-Meißen

Verehrter Herr Landesbischof, lieber Bruder Bohl, Magnifizenz, verehrte Ministerinnen und lieber Herr Oberbürgermeister, meine sehr verehrten Damen und Herren, liebe Schwestern und Brüder. Es ist für mich eine große Freude mitzuerleben, wie man vor einer so bedeutsamen Feier, 600 Jahre Universität Leipzig, zunächst zusammen das Wort Gottes hört und gemeinsam betet. Das hat Zukunftsbedeutung und ist für eine Universität von diesem Format, wie wir sie in dieser Stadt haben, glaube ich, von historischer Qualität. Das ist nicht nur eine bürgerliche Gewohnheit, das ist für uns, die wir die DDR erlebt haben, doch immer noch etwas ganz Neues, ein Aufbruch, eine Chance, eine Möglichkeit – endlich aufzuhören mit der Verbannung der Sinnfrage aus dem Denken eines intelligenten Menschen. Endlich die Chance zu nutzen, Wissenschaft und Glaube in eine positive Konfrontation zu bringen. Wir müssen das tun, es ist fällig. Es tut der jungen Generation Not, es ist nicht eine Frage des Geschmacks oder der Feierlichkeit, sondern es brennt unter den Nägeln. Die Sinnfrage aus dem Wesen des Menschseins abzukoppeln erniedrigt den Menschen, macht ihn nicht größer. Das ist nicht Befreiung sondern Fesselung an das, was für den Menschen zu wenig ist. Und ich bin sehr, sehr dankbar, dass das alles wieder so möglich ist. Ganz besonderen Dank der Universitätsgemeinde zu Leipzig. Es ist gut, dass Sie hier wach und lebendig sind und ich spüre das Echo in unsere Gemeinden hinein, ganz besonders auch bei der Studentengemeinde.

Heutige Studenten, Studentinnen dieser Tage sind interessiert an dem Wesentlichen des Menschseins, an dem Wesentlichen der Aufgabenstellungen, die eine Gesellschaft hat und deswegen auch an den wesentlichen Fragen, die über ein technisches oder kulturelles Wissen hinausführen. Ich will wissen, warum ich bin, woher ich bin und wohin mein Weg geht. Und wir sollten die Rückschrittlichkeit der vergangenen Machtsysteme endlich abkoppeln, und zwar radikal.

Ich darf an dieser Stelle an hebräisches Denken erinnern, das vor 600 Jahren in Prag und danach in Leipzig das Denken geprägt hat. Hebräisches Denken im Buch Kohelet: „Ich habe mein Wissen unaufhörlich vergrößert" – das ist ein Zitat aus einem sehr alten biblischen Buch. Oder: „Wissen ist für den Gebildeten ein stärkerer Schutz als zehn Machthaber zusammen." Das haben auch sehr viele kluge Studenten und lebendige Professoren in der damaligen Zeit der DDR gewusst. Ich habe hier Professor Sommerlath heimlich gehört. Als katholischer Theologe durfte ich eigentlich nicht an einer staatlichen Universität sein. Es war für mich ein Erlebnis. Es war ein wesentlicher Schritt zu einer wirklichen Ökumene. Eine mutige evangelische Studentin hatte uns katholische Theologiestudenten aus Erfurt heimlich in die evangelische Theologische Fakultät geschleust. Universität Leipzig für uns heute so wie auch damals ein Begriff – wir waren schon etwas neidisch auf manches, was hier möglich war, und was wir damals in Erfurt nicht erleben konnten.

„Wissen ist besser als Waffen" – Kohelet. Lange Zeit wusste man das. Ich bin fest davon überzeugt, der Geist unserer Universitäten würde noch mehr mit dieser Weisheit bewirken. Und zum Schluss noch einmal – Jesus Sirach: „Kehrt bei mir ein, ihr Unwissenden. Verweilt in meinem Lehrhaus," – verweilt in der Weisheit Gottes. Ein starkes, tiefes biblisches Wort. Es möge Segen bringen in diese Alma mater Lipsiensis.

Jochen Bohl
Predigt des Bischofs der Evangelisch-Lutherischen Landeskirche Sachsens

„Denn wir vermögen nichts wider die Wahrheit, sondern nur etwas für die Wahrheit."
   (2. Korinther 13,8)

Liebe Gemeinde,
seit 600 Jahren wird an der Alma mater Lipsiensis geforscht und gelehrt; ist die Universität in der Mitte der Stadt ein Ort der Suche nach Erkenntnis und des Mühens um Orientierung. Darin liegt eine kaum zu fassende Kontinuität. Denn welche Brüche haben die Jahrhunderte gebracht, wie sehr unterscheidet sich unser postmodernes Leben von den Lebensvollzügen, den Perspektiven und Begrenzungen am Anfang des 15. Jahrhunderts. Dennoch mag in dem Anfang jener Zeit etwas gefunden werden wie ein „ferner Spiegel" (B. Tuchman), in dem wir Heutigen uns wieder erkennen. Denn in allem Wandel ist doch Konstanz – die Gründer der Leipziger Universität waren Menschen, wie wir es sind; sie haben versucht, nicht anders als wir es tun, die Erscheinungen der Welt zu verstehen, die Natur der Dinge zu begreifen. Sie haben sich mit den religiösen Grundproblemen auseinandergesetzt, vor denen die Menschen in der vielgestaltigen und widersprüchlichen Welt stehen, sie suchten nach Wahrheit und dem inneren Zusammenhalt der Welt. Warum, zu welchem Sinn oder Ziel leben wir? Was erwartet uns am Ende der Zeit, unserer Lebenszeit? Wie können wir in Gefahren bestehen und wie können wir es durch unser Verhalten vermeiden, sie heraufzubeschwören? Wie das Leben schützen? Welchen Werten dienen?

So ist der Gründungsimpuls des Jahres 1409 von unveränderter Bedeutung; es waren Suchende, die die Universität gründeten, und darin unterschieden sie sich weder von uns Heutigen, noch von denen, die vor ihnen waren. Man kann ja nicht sagen, wann die Suche nach Wahrheit begonnen hätte; schon das Höhlengleichnis Platons markiert nicht den Anfang, sondern einen Höhepunkt, indem es von dem Aufstieg des Menschen in die Welt der Ideen handelt.

Die Geschichte des Geistes ist die Jahrhunderte hindurch bestimmt von einer Vielfalt des Denkens und der Suchbewegungen, in denen eben das zur Sprache kommt, was in unveränderter Weise auch uns moderne Menschen beschäftigt. Seit Kant können wir wissen, wo die Grenzen unserer Vernunft liegen und wo der Bereich des möglichen Erfahrungswissens aufhört. Wir verdanken ihm die Einsicht, dass die Vernunft die metaphysischen Ideen nicht beweisen, aber auch nicht widerlegen kann – so dass Raum ist, zu glauben und der Gottesgedanke auch vor dem Forum der Vernunft seinen Platz hat. Und wer wollte nach den Erfahrungen des 20. Jahrhunderts ihm widersprechen, dass der Mensch „Krummes Holz" sei?

Die Suche nach Wahrheit hört auch in der Moderne nicht auf; Ludwig Wittgenstein sah sich nicht als religiösen Menschen, konnte „aber nicht anders, als jedes Problem unter einem religiösen Blickwinkel zu betrachten".

Wenn auch die Rede von der Rückkehr der Religion verschwommen, unscharf ist, so haben sich in diesen Tagen doch die Prognosen von ihrem Ende, vom Tod Gottes und von einer vollendeten Säkularisierung als verfehlt erwiesen. Neue Erwartungen richten sich, gerade auch in der Philosophie, auf die Potentiale religiöser Sinnstiftung und die Kraft zur Orientierung, die ihnen innewohnt.

Liebe Gemeinde,
all unser Bemühen um Wahrheit mündet in die stets wiederkehrende Einsicht, dass es Stückwerk bleibt. Das gilt auch, obwohl wir modernen Menschen nach einem jahrhundertelangen Prozess der Wissensvermehrung so unendlich viel mehr wissen als die Gründer der Leipziger Universität. Welches staunenswerte Maß an Kenntnissen und Fertigkeiten ist in den Fakultäten zusammengetragen worden und wie selbstverständlich wird es angewandt in Industrie, Kommunikation, Landwirtschaft; wie dankbar sind wir denen, die in der Lage sind, unsere Krankheiten zu heilen, die Spanne unseres Lebens zu verlängern.

Allerdings sind darüber manchen die Grenzen der Erkenntnis und das nach wie vor unübersehbare Feld des Nichtwissens aus dem Blick geraten, und sie verhalten sich so, als gäbe es sie nicht. Das kann zur Verblendung führen, große Gefahren heraufbeschwören und alles Leben gefährden.

Für wissenschaftlichen Hochmut gibt es aber keinen Anlass, denn in Wirklichkeit ähneln alle Forschenden jenen, denen es nach langem Mühen gelungen ist, eine verschlossene Tür zu öffnen und einen unbekannten Raum zu betreten – um schon bald in dem neu gewonnenen Raum der Erkenntnis weitere Türen zu entdecken, die wiederum in verschlossene Räume führen.

Es gibt Grenzen, die jedem Bemühen gesetzt sind und nicht überschritten werden können – zu komplex, vielgestaltig und verborgen ist die Welt, in der wir leben. Ihre Entzauberung, die einmal das Programm der Wissenschaft war, hat nicht stattgefunden, vielmehr erschließen sich die Schönheit und der Reichtum der guten Schöpfung Gottes mit jedem neu gewonnenen Baustein der Erkenntnis umso eindrücklicher. Wie sehr wir auch das Wissen vermehren, so bleibt es doch bruchstückhaft, irrtumsverhaftet. Wer genauer hinsieht, wird im Rückblick auf einen 600-jährigen Abschnitt der Wissenschaftsgeschichte zahlreiche Gründe zu einer Haltung der Demut finden. Es sind gerade 20 Jahre, die vergangen sind seit der Zeit zwischen 1933 und 1989; und es kann keine Rede davon sein, dass wir Klarheit hätten über die Wechselwirkungen von Ideologie und Wissenschaft.

Aber – selbstverständlich muss aus Anlass des Jubiläums einer Universität gesagt werden, dass es für die Suche der Menschen keine willkürlich gesetzten Schranken geben soll. Es ist gut, dass wir neugierig sind, und immer darauf bedacht, die Rätsel der Welt zu ergründen, in die wir gestellt sind. Es ist gut, sich um Erkenntnis zu bemühen und das Wissen zu vermehren. Die Freiheit der Wissenschaft ist ein hohes Gut, das es zu verteidigen gilt.

In der Bibel werden wir ausdrücklich aufgefordert, die Welt zu verstehen, ihre Geheimnisse zu ergründen, sie uns nutzbar zu machen. Der Gedanke, dass Gott es uns verwehren würde, dem Reichtum seiner Schöpfung nachzugehen, ist dem Glauben der Christenheit fremd. Wenn die Kirche zu dieser Einsicht auch erst finden musste, sich gegen sie gesperrt hat, so sind der Aufschwung und die Freiheit aller Wissenschaft ja doch ein Kennzeichen der durch das Christentum geprägten Kultur des Abendlandes. Wir Christenmenschen dürfen wissen, was unserer Erkenntnis zugänglich ist – und je mehr wir wissen, desto staunender stehen wir vor dem Wunder, welche Fülle uns gegeben ist. Der „blaue Planet" in der unendlichen Weite und lebensfeindlichen Kälte des Alls, die unübersehbar zahlreichen und komplexen Voraussetzungen, die erfüllt sein müssen, damit wir atmen und leben, suchen und finden können – welch ein Geschenk.

Liebe Gemeinde,
die Zeiten hindurch ist das universitäre Leben der Suche nach Wahrheit gewidmet. In Leipzig begann sie im Raum der Kirche, im Thomaskloster, und die Gründungsfakultät war die Theologie. Der Apostel Paulus, die Universitätskirche trägt seinen Namen, schreibt an die Gemeinde in Korinth: „Denn wir vermögen nichts wider die Wahrheit, sondern nur etwas für die Wahrheit."

Mit seinen Möglichkeiten wollte Paulus der Wahrheit dienen, zu der er gefunden hatte – der Offenbarung Gottes in Jesus Christus. Diese Wahrheit hat er sich nicht konstruiert, sondern sie wurde ihm gegeben, er hat sie empfangen als ein Geschenk. Sie ist über ihn gekommen, er hat es so gesehen, dass niemand – wer immer er oder sie auch sei – gegen sie etwas ausrichten kann, sie setzt sich durch. Sie befreit den Menschen aus der Selbsttäuschung, er verdanke sein Leben sich selbst und könne ihm aus eigener Kraft einen bleibenden Sinn verleihen. Sie gründet das Menschenleben in der Wirklichkeit Gottes und somit in einer Macht, die das menschliche Maß, das Bruchstückhafte und allzeit Gefährdete übersteigt. Paulus beschreibt immer wieder, wie er von der göttlichen Wahrheit „ergriffen" wurde, als sie ihm begegnete; und wie sie ihn veränderte, zu welchem Antrieb sie ihm wurde. Darüber wurde er nicht nur zu einer zentralen Figur des christlichen Glaubens und der Theologie, sondern zu einem der wirkmächtigsten Intellektuellen der Weltgeschichte überhaupt; viele bedeutende Philosophen hat er beeinflusst. Er war überzeugt, dass der Gebrauch der Vernunft um der biblischen Wahrheit willen nötig sei, dass sie ihr zu dienen habe. Denn der Glauben will angeeignet, also verstanden sein; und in dieser Überzeugung schreibt er seine Briefe an die ersten Gemeinden. Fides quaerens intellectum. Der Glaube sucht nach Verstehen, nach Einsicht. Aber auch umgekehrt braucht die Vernunft den Glauben als ein kritisches Korrektiv, damit sie ihre Möglichkeiten nicht überschätzt und sich nicht selbst überhöht, nicht das menschliche Maß verlässt; in diesem Sinn sucht sie nach Glauben. Paulus ist die Bejahung und die Entfaltung der Vernunft zu danken, von der die Lebenswelten der Kirche Jesu Christi geprägt sind. In einem gewissen Sinn wurde erst so die „Erleuchtung der Welt" möglich, und auch die Aufklärung hat die Verbindung von Vernunft und Glauben nicht gelöst. Gebe Gott, dass Forschung und Lehre an der Universität Leipzig der Suche nach Wahrheit verpflichtet bleiben und dem Wohl der Menschen dienen: „Denn wir vermögen nichts wider die Wahrheit, sondern nur etwas für die Wahrheit."

Amen.

4. GÄSTEEMPFANG AM VORABEND DES 1. DEZEMBER 2009 IN AUERBACHS KELLER

a) Begrüßungsrede des Rektors

Sehr geehrte Frau Staatsministerin von Schorlemer, sehr geehrte Frau Generalbundesanwältin Harms, sehr geehrter Herr Oberbürgermeister Burkhard Jung, sehr geehrter Herr Landesbischof Jochen Bohl, sehr geehrter Herr Diözesanbischof Joachim Reinelt, verehrte Mitglieder des diplomatischen und konsularischen Corps, Magnifizenzen und Alt-Magnifizenzen, Ehrenbürger und Ehrensenatoren, Mitglieder des Akademischen Senats, des Jubiläumsbeirats und des StudentInnenRats, Freunde und Förderer der Universität Leipzig und des Jubiläumsjahres, verehrte Gäste aus dem In- und Ausland, meine sehr verehrten Damen, meine Herren.

Mit einem vielfältigen und anspruchsvollen Programm erinnert die Universität Leipzig über dieses Jahr hinweg an ihre Gründung vor 600 Jahren und blickt gemeinsam mit Gästen aus Deutschland und der ganzen Welt auf ihre spannungsreiche Geschichte zurück. Der morgige 2. Dezember, der offizielle Gründungstag der Universität, markiert mit dem Festakt im provisorisch, aber gleichwohl festlich hergerichteten Paulinum am neuen Campus Augustusplatz den Höhepunkt und ermöglicht zusammen mit dem Bundespräsidenten zugleich einen Ausblick auf die Zukunft der Alma mater Lipsiensis. Um uns gemeinsam auf dieses in der Geschichte unserer Universität besondere Ereignis vorzubereiten, begrüße ich Sie alle sehr herzlich heute Abend in Auerbachs Keller, dessen Geschichte seinerseits eng mit derjenigen unserer Universität Leipzig verbunden ist. Denn der Universitätsprofessor und Arzt Heinrich Stromer von Auerbach (1482–1542), ein Gegenspieler von Paracelsus und bemerkenswerterweise schon als Student auch einmal zum Rektor gewählt, hat im Jahre 1525 im Weinkeller seines Hauses diese Gaststätte eingerichtet, und zwar als Ausschank für Studierende, weil – ich zitiere – „Wein ein vorzügliches Prophylaktikum gegen vielerlei Gebrechen ist, wenn man ihn denn richtig anwendet". Dieses medizinische Anliegen sollte sich als sehr erfolgreich erweisen – der Keller entwickelte sich zu einem der beliebtesten Weinlokale der Stadt. Seine weltweite Bekanntheit verdankt Auerbachs Keller jedoch zweifellos Johann Wolfgang von Goethe. Er weilte während seines Leipziger Jurastudiums von 1765 bis 1768 hier oft und verewigte das Lokal in seiner Faustdichtung.

Meine sehr verehrten Damen und Herren, ich freue mich außerordentlich, dass Sie meiner Einladung in diese historischen Räume gefolgt sind, um sich mit uns auf den 600. Gründungstag der Alma mater Lipsiensis einzustimmen. Einen ersten Schritt haben wir zuvor mit dem ökumenischen Gottesdienst in der Thomaskirche getan – im Refektorium des Chorherrenstifts St. Thomas überreichten die Landesherren vor 600 Jahren die Gründungsdokumente und wählte man den ersten Rektor. Das Thema der Jubiläumsausstellung, die wenige Meter von hier entfernt noch bis zum 6. Dezember ins Alte Rathaus zu Leipzig einlädt, ist mit den Worten überschrieben: „Erleuchtung der Welt". Dies kennzeichnet unsere Alma mater Lipsiensis als einen europäischen Geburtsort der modernen Wissenschaften, von Wissenschaften, die sich von Land zu Land ausbreiteten und heute den gemeinsamen Grundstock von universitärer Lehre und Forschung weltweit bilden.

In diesem Sinne freut es mich besonders, dass heute auch Botschafter und Konsuln, Rektoren und Direktoren, Professoren, Freunde und Kollegen aus 17 Nationen zu unseren Gästen zählen: aus Belgien, Chile, Dänemark, Finnland, Frankreich und Indonesien, aus Italien, Kuwait, Litauen, Österreich, der Republik Weißrussland, aus Rumänien, aus Russland, der Slowakischen Republik, der Tschechischen Republik, aus Ungarn und den Vereinigten Staaten von Amerika sind Sie nach Leipzig gereist, um diesem besonderen Moment des 600. Jubiläums der Universität Leipzig beizuwohnen. Solche Reisen sind Ausdruck der Verbundenheit und gemeinsamer Ziele für eine gute Zukunft des Wissens in unserer Welt. Ich danke Ihnen allen und wünsche uns einen angenehmen Abend mit anregenden Gesprächen. Es wäre mir eine große Freude, wenn den einen oder anderen von Ihnen im Laufe dieses Abends die Worte aus Goethes Faust überzeugen könnten: „Zum Augenblicke dürft' ich sagen: Verweile doch, du bist so schön!"

b) Remarks for Executive Vice President and Provost Dr. Pam Benoit
Leipzig University, 600-Year Celebration

Magnifizenz Prof. Dr. Häuser and distinguished guests and colleagues, thank you for allowing me to address you this evening. It is a signal honor. I aim with all due brevity to tell you something about Ohio University, about our partnership with Leipzig, and to offer some reflections on the significance of academic alliances in general. Ohio University is one of the oldest universities in the United States of America. We are proud of our heritage as we came into being directly as part of the great republican experiment designed by the likes of James Madison, Thomas Jefferson, George Washington, and Benjamin Franklin. But even at 205 years of age, we cannot begin to lay claim to the history and the heritage that belongs to Leipzig University.

When Leipzig University was founded in 1409, the area where Ohio University is located was still home to the Fort Ancient Native American society, which built the spectacular earthworks on the beautiful ridge-tops and wooded valleys of Southern Ohio. It was not until some 395 years after Pope Alexander V issued the papal bull that established a studium generale at Leipzig, that Ohio University would begin its work as an institution of higher education. 188 years after the founding of Ohio University and 583 years after the founding of Leipzig University, we began what has become nearly two decades of fruitful academic cooperation. But long before we established our formal partnership, we knew of you – for who could not – as Leipzig had justly earned the reputation of being one of the world's great universities. In the 1880s, that reputation attracted two future Ohio University faculty members, John P. Gordy and James E. Le Rossignol, to Leipzig University. They studied with the psychologist Wilhelm Wundt who founded the field of experimental psychology and were proud recipients of doctorates from Leipzig University. The small seed of deep affection that two men held for their alma mater was planted at Ohio University. It would take many years to germinate, but in time a flourishing partnership would take root.

There are so many individuals who played a role in nurturing that partnership. I would like to take a moment to mention some of the many who have contributed:

- Rector Häuser as well as former Rector Volker Bigl, who is missed by Ohio University colleagues just as he is missed by his esteemed colleagues here in Leipzig.
- Prorector Günther Wartenberg played a key role in the development of this union, just as he did in the transformation of Leipzig University in the months and years following the Peaceful Revolution.
- Many faculties at Leipzig have made significant contributions to the shared academic efforts that exist between our institutions, and a debt of gratitude is owed to them. I would like to offer particular thanks to Prof. Dr. Ruediger Steinmetz of the Institute for Media and Communication Studies, Prof. Guenter Heydemann from the History Department, and Dr. Svend Poller and the staff of the Akademisches Auslandsamt.
- I would also like to acknowledge and thank individuals at Ohio University for their work in establishing and nurturing our partnership: Presidents Emeriti Charles Ping and Robert Glidden; Provost Emeritus Jim Bruning, former Provosts Sharon Brehm, and Kathy Krendl; and Ohio University faculty such as Chester Pach from

the History Department and Bob Stewart from the E.W. Scripps School of Journalism.

Seated around the room are delegates from many other institutions that have enjoyed productive partnerships with Leipzig University. As with Ohio University, the ties formed with Leipzig have created a chance for each university to strengthen its own mission by braiding together the work of its students, faculty, and staff with their counterparts here. Gathered together tonight are institutions that have educated thousands upon thousands of students and have pushed the boundaries of knowledge farther than human imaginations were capable of stretching. That we can do these critically important tasks in a way that nothing else can is the genius of the great university. There is no better illustration of that genius than Leipzig University. You have reached out to all of us in this room so that together we might do better, greater, and mightier things for our students and for the world. All of us must strive to be worthy of our own unique histories, but the future is something that we must build together. With the affection that binds us to our valued Leipzig friends, let us pledge to be ever more to each other and to the cause of good, of truth, of compassion, and of beauty.

To Rector Häuser, and the faculty, staff, and students of this remarkable institution I offer congratulations on the 600th anniversary of your founding. It is humbling and inspiring to be here, at an institution that has borne witness to the triumphs and tragedies of history as well as the everlasting need for education.

c) Grußwort des Präsidenten der Akademie gemeinnütziger Wissenschaften zu Erfurt Werner Köhler
Übergabe der Festschrift anlässlich der 600-Jahr-Feier der Universität Leipzig

Magnifizenz, meine sehr verehrten Damen und Herren! Die 255-jährige Akademie gemeinnütziger Wissenschaften zu Erfurt entbietet der 600-jährigen Universität Leipzig ihren Gruß, und es ist mir und unserem Vizepräsidenten Klaus Manger eine Ehre, Ihnen, Magnifizenz, mit der Gratulation auch eine Festschrift unserer Akademie unter dem Titel „Leipzig – Erfurt" zu übergeben. In dieser wird einerseits die transdisziplinäre Arbeit unserer Societät dokumentiert und andererseits die wechselseitige akademische Verbundenheit über die sächsisch-thüringische Grenze hinweg vom Anbeginn bis zum heutigen Tage bezeugt. Universitäten und Akademien ergänzen und befruchten einander auf glückvolle Weise. Im Aufklärungsjahrhundert waren die Begriffe von Universität und Akademie vielfach Synonym. In beiden Institutionen ist die Universalität beheimatet und angesichts der zunehmenden Separierung und Abschottung einzelner Disziplinen voneinander sind die solcher Kompartimentalisierung entgegenwirkenden Kräfte gefragt. Das Wort der Zeit sollte „Transdisziplinarität" lauten, wie es sich besonders auch die Erfurter Akademie zu ihrer vordringlichsten Aufgabe gemacht hat.

Um die Universität Leipzig als einen Hort der Wissenschaft entwickelten sich – wie schon zuvor um Erfurt – wissenschaftliche, kulturelle, soziale, ökonomische Einrichtungen. Beide Universitäten pflegten bereits jahrhundertelang Kontakte untereinander und waren wiederholt wissenschaftlich und administrativ durch Personen verbunden. Auch zwischen der Erfurter Akademie und der Universität Leipzig lässt sich eine rege Kooperation nachweisen. Im Mitgliederverzeichnis der 1754 gegründeten „Churfürstlich-Mayntzische Academie oder Gesellschaft nützlicher Wissenschaften", der später Königlich Preußischen Akademie und der jetzigen Akademie gemeinnütziger Wissenschaften zu Erfurt finden sich bis zum heutigen Tage die Namen von zahlreichen Gelehrten, die als Professoren oder Privatdozenten an der Leipziger Universität lehrten. Hätten wir diejenigen hinzugerechnet, die in Leipzig studierten oder den Grad eines Magisters oder Doktors erwarben, dann hätten wir zwar den berühmtesten Leipziger Studenten, unser Mitglied GOETHE anführen können, aber die Liste der Mitglieder und ihrer Biographien in der Festschrift wäre zu umfänglich geworden. Vier Leipziger waren 1754 Gründungsmitglieder der Erfurter Akademie, die Philosophen und Theologen CRUSIUS und GOTTSCHED und die Mediziner HUNDERTMARK und KRAUSE. Bis zu der fast 100 Jahre später erfolgten Gründung der Sächsischen Akademie in Leipzig hatten 32 Leipziger Gelehrte ihre Akademie-Heimstatt in der thüringischen Erfurter Akademie gefunden.

Wir dürfen Ihnen nun, Magnifizenz, im Namen des Präsidiums, des Senats und der Mitglieder der Akademie gemeinnütziger Wissenschaften unsere Verbundenheit bezeugen, Ihnen die Festgabe der Akademie überreichen und der Alma mater Lipsiensis ein *ad multos annos* zurufen.

d) Grußadresse der Bürgerinitiative „Für eine weltoffene, weltliche und autonome Universität Leipzig" (ProUNI)

Magnifizenz, sehr geehrte Anwesende, als Vertreter der „Bürgerinitiative für eine weltoffene, weltliche und autonome Universität Leipzig" bedanke ich mich für die Einladung und die Möglichkeit, uns in diesem Rahmen vorstellen und über die Geschichte der Initiative und ihr Anliegen informieren zu können. Wir betrachten die Einladung auch als Anerkennung unserer Bemühungen, in schwierigen zurückliegenden Auseinandersetzungen der Universität nützlich sein zu wollen. Als einige Leipziger am 22. Oktober 2008 zur Gründungsversammlung der Bürgerinitiative einluden, waren sie selbst von dem großen Echo überrascht. Mehr als hundert Leipziger und Leipzigerinnen waren gekommen, weil sie sich im Sinne des Aufrufs angesprochen fühlten. Der Tenor fast aller Auffassungen war, dass sehr viele Leipziger die Haltung der Universitätsleitung zum neuen Campus und Paulinum teilen und diese deshalb unterstützen wollen. Ablehnung jeglicher Versuche, die mühsam errungene Balance zwischen universitären und kirchlichen Belangen zu verändern, Wahrung der Autonomie der Universität auch gegenüber so mächtigen Partnern wie dem Land und Zurückweisung der Bestrebungen außeruniversitärer Kräfte, Einfluss auf die Gestaltung und Organisation insbesondere des Paulinums zu nehmen, wurden zum Grundanliegen auch der Bürgerinitiative. Schon ihr Name „Bürgerinitiative für eine weltoffene, weltliche und autonome Universität" und der in Erwiderung von Thesen anderen Sinnes kreierte und plakatierte trotzige Spruch „EINE UNIVERSITÄT IST EINE UNIVERSITÄT IST EINE UNIVERSITÄT" zeugen davon.

Zum Zeitpunkt der Gründung lief eine Unterschriftensammlung zur Unterstützung der Universitätsleitung innerhalb der Universität. Durch die Bürgerinitiative konnte diese Aktion in die Stadt hinein erweitert werden und erhielt in kurzer Zeit mehrere tausend Zustimmungen. Damit wurde erreicht, dass eine Mehrzahl der Leipziger Bürger ein Podium für ihre Auffassungen erhielt und den Kräften in der Universität, die sich für die Durchsetzung der gefundenen Kompromisse engagierten, der Rücken gestärkt wurde. In unserer heute übergebenen und von vielen Leipzigern unterzeichneten Grußbotschaft – die Sie übrigens auch in der LVZ nachlesen können – formulieren wir Hoffnungen und Wünsche der Leipziger gegenüber ihrer Stadt und ihrer Universität. So sollte die Ausstrahlung der Universität in die Stadt noch weiter wachsen, und umgekehrt, die Stadt ihre Universität noch mehr fördern und fordern. In diesem Sinne will sich die Bürgerinitiative auch in der kommenden Zeit engagieren und alle Kräfte innerhalb und außerhalb der Uni im Rahmen ihrer Möglichkeiten unterstützen, die für eine weltoffene, weltliche und autonome Universität eintreten.

e) Grußadresse des Prorektors der Karls-Universität Prag Prof. Jan Skrha

Dear Prof. Häuser, Distinguished Guests, Dear Colleagues, Ladies and Gentlemen, it is my great honor, on behalf of rector of Charles University in Prague, to express a few words at this festive occasion. We are today at the end of the jubileum's year passing so quickly since we met here in May. It has been 600 years from foundation of honored University Leipzig, 600 years of systematic academic development, of scientific excellence and of important impulses in the middle European society. Every society has its own history, the roots forming and influencing its being and especially the goals which may determine its further way. However, the university has to have still more signs – it has a mission to create specific values – educating the students, forming the thoughts, developing academic community and scientific research. All these activities have been commemorated during the past months when celebrating your university.

Academic rights and freedom have been differently accepted under various regimes, more or less under pressure, but they survived and remained alive for the future. And this is a significant role of university - to create new ideas, to look for unrecognized fields and not only to evaluate the past activities although very impressive and stimulating. We are now living in conditions of new Europe where some bridges have been closed in the past but now are again reopened of newly formed. Communication between the countries has been facilitated both at political and economical levels. The universities have to have an important role based also on their close relationship. The international dimensions of their partnership agreements provides platform for student and academic exchange. Joint degree of double degree programs improve mutual relations, deepen the understanding of different cultures and increase scientific development. Universities are then more flexible and may therefore develop more dynamically. Such situation is brought by global world and cannot be restricted to Europe only. On the contrary, dynamic development of universities outside Europe significantly enforces the needs of similar changes at universities of our „old Europe", especially at our old universities.

Allow me to wish to University Leipzig all the best for the future, a lot of talented students, enthusiastic academicians, great scientific success and friendly atmosphere in close international contacts with other universities throughout the world. Again, we from Charles University in Prague are pleased to be with you at this anniversary!

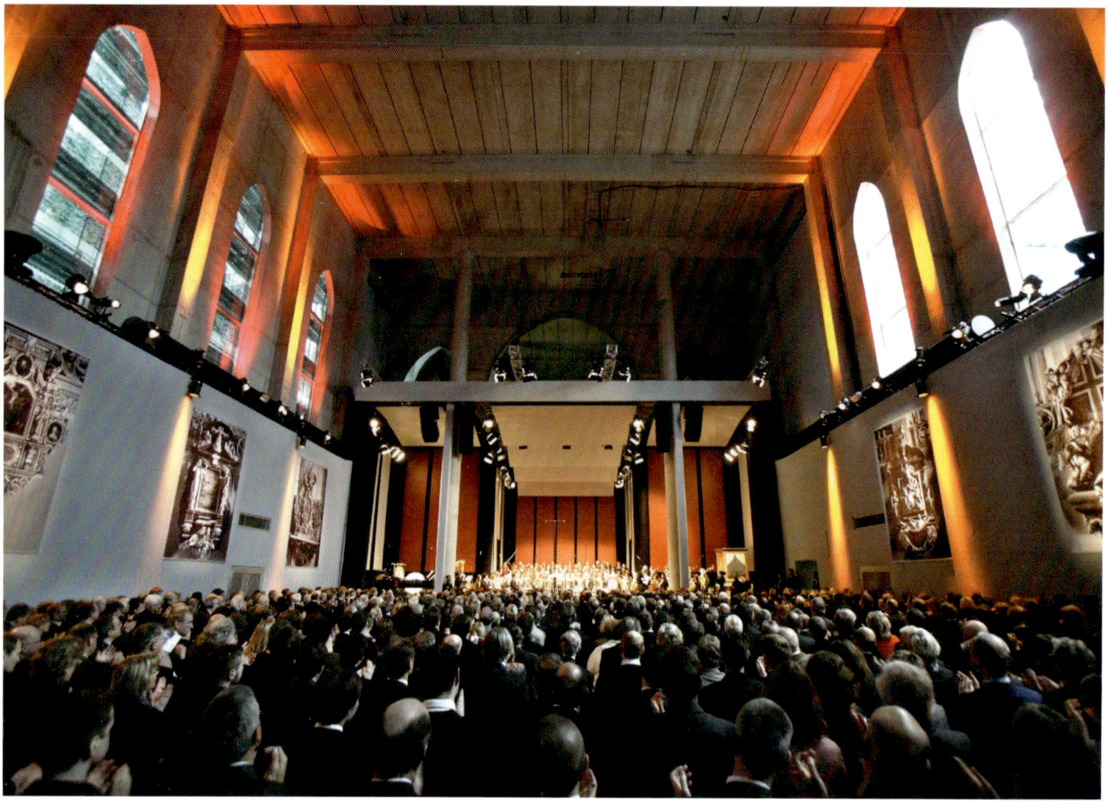

V. FESTAKT
AM 2. DEZEMBER 2009

1. OFFIZIELLES PROGRAMM DES FESTAKTES 600 JAHRE UNIVERSITÄT LEIPZIG

2. Dezember 2009 – 11 Uhr Paulinum – Aula/Universitätskirche St. Pauli

PROGRAMM

Einzug des Bundespräsidenten Prof. Dr. Horst Köhler und des Akademischen Senats

Bernd Franke (*1959)
„MEMORIAM – TEMPO E TEMPI"
Uraufführung Auftragswerk der Universität Leipzig zu ihrem 600-jährigen Bestehen

Begrüßung durch den Rektor der Universität Leipzig Prof. Dr. iur. Franz Häuser
Ansprache des Bundespräsidenten Prof. Dr. Horst Köhler

Felix Mendelssohn Bartholdy (1809–1847) „LOBGESANG" Sinfonie-Kantate
1. Sinfonia

Grußworte des Ministerpräsidenten des Freistaates Sachsen und Vorsitzenden des Jubiläumsbeirats Stanislaw Tillich

Grußworte des Oberbürgermeisters der Stadt Leipzig Burkhard Jung

Felix Mendelssohn Bartholdy (1809–1847)
„LOBGESANG"
Sinfonie-Kantate
2. Chor und Sopransolo

Rede des StudentInnenRats der Universität Leipzig

Festrede des Rektors der Universität Leipzig Prof. Dr. iur. Franz Häuser
„Aus Tradition Grenzen überschreiten"

Felix Mendelssohn Bartholdy (1809-1847)
„LOBGESANG"
Sinfonie-Kantate
6. Arie und Rezitativ
7. Chor
8. Choral
9. Duett
10. Schlusschor

Auszug des Bundespräsidenten Prof. Dr. Horst Köhler und des Akademischen Senats

URAUFFÜHRUNG DER AUFTRAGSKOMPOSITION
Leipziger Universitätschor
Mendelssohnorchester Leipzig
Leitung: David Timm

6. REDE DES SPRECHERS DES STUDENTINNENRATES DER UNIVERSITÄT LEIPZIG SIMON SCHULTZ VON DRATZIG

Vážený pane spolkový prezidente, Vážený pane ministerský předsedo, Vážený pane primátore, Vaše Magnificence, Milí studenti, Čtění hosté z politiky a spolestnosty! Omlouvám se, že vás nevítám všechny jménem. Je pro mě potěšením, vás muže, zde při této pro ná ne právě radostné příležitosti vidět – se veselým obličejem. Z celého srdce vám k tomu blahopřeji.

Wer des Tschechischen mächtig ist, wird bemerkt haben, dass ich explizit nur Sie, meine Herren, begrüßt habe. Damit stehe ich leider in guter Tradition, denn erst 1906 wurden Frauen für ein Studium zugelassen und damit auch auf hochschulöffentlicher Ebene als denkende Wesen anerkannt. Inwiefern diese Anerkennung in unserer Gesellschaft schon vollständig abgeschlossen ist, werden Sie bei einem Blick auf die heutige Rednerliste bemerken. Meinen Fauxpas möchte ich sogleich berichtigen: Sehr geehrte Frau Staatsministerin von Schorlemer, liebe Studentinnen, sehr geehrte Damen, werte Menschen.

Nicht nur auf der Universitätshomepage ist zu lesen, dass die Anfänge der Geschichte der Universität Leipzig außerhalb dieser Stadt zu suchen sind, auch kollektives Joggen und Rad fahren zwischen Leipzig und Prag haben das körperbetont in Erinnerung gerufen. Beschränken wir uns hier jedoch auf das Internet – es spiegelt als entscheidendes Medium den herrschenden Diskurs am ehesten wieder. Sowohl in der alten Version der Webseite als auch in der zum Jubiläum neu erstellten, ist der Auszug aus Prag nachzuvollziehen. Grund für diesen war das auf Tschechisch verfasste Kuttenberger Dekret, welches die damals herrschenden religiösen Konflikte verschärfte.

Wir feiern nun das 600-jährige Jubiläum dieses Auszugs – der Gründung der Alma mater Lipsiensis – der Hochschule, die sich auch einmal Karl-Marx-Universität nannte. Ernst Bloch[1] schreibt in „Avicenna und die Aristotelische Linke": „Nur jenes Erinnern ist fruchtbar, das zugleich erinnert, was noch zu tun ist". Lassen wir die bewegte Geschichte dieser Institution noch einmal an uns vorüberziehen, geben wir dem Jubiläum die Chance, das zu sein, was es ist: ein feierlicher Zeitpunkt um innezuhalten – um

---

1 *Ernst Bloch*: Avicenna und die Aristotelische Linke, Berlin 1952, S. 64.

kritisch zu reflektieren – um die Vergangenheit postum in ihren Höhen und Tiefen zu betrachten. Die Feierlichkeit ist notwendig, um die aktuelle Situation im historischen Kontext zu analysieren – sie ist unabdingbar, um die zukünftige Entwicklung sinnvoll und mit Bedacht zu gestalten.

Die Erinnerung birgt ein großes Potential. Doch jedes Potential ist gleichzeitig ein Risiko. Wie steht es nun um unsere Bereitschaft als Festgesellschaft zur Aufarbeitung der eigenen Historie? Passen wir uns der eindimensionalen, eventorientierten Geschichtsauffassung an oder bevorzugen wir doch eine tiefere Auseinandersetzung mit kritischen Tönen. „Ex alio lux" oder doch „etiam si omnes non ego". Machen wir eine Bestandsaufnahme, wie das Existierende und das Vergangene im Rahmen des Jubiläums thematisiert werden. Die akademische Aufarbeitung der eigenen Geschichte hat Potential. Stellvertretend für verschiedenste Publikationen seien hier die „Beiträge zur Leipziger Universitätsgeschichte" genannt. Vorbildlich werden unterschiedliche Aspekte v. a. der jüngeren Geschichte aufmerksam analysiert. Neben Beiträgen zu universitätsübergreifenden Diskursen wie etwa dem Fall der Universitätskirche St. Pauli wird auch das Schaffen innerhalb der Fakultäten, wie z. B. der Ethnologie oder der Wirtschaftswissenschaften unter einem kritischen Blickwinkel betrachtet. Die fünfbändige Geschichte der Universität Leipzig ist insofern nennenswert, da sie einen Gesamtabriss über die 600-jährige Geschichte der Universität bietet und hierbei bisherige Lücken zu schließen versucht.

Aber Jubiläen sind zum Glück auch zum Feiern da. Die akademische Aufarbeitung scheint abgeschlossen, das Jubiläumsprogramm soll ein Wohlgefallen sein. Außerdem sind wissenschaftliche Beiträge viel zu komplex, um Genusslektüre zu sein. Erinnern wir uns also etwas komfortabler. Machen wir es uns doch einfach bequem und streichen einige Passagen aus der Universitätsgeschichte. „Der NS-Studentenbund erreicht bei den Wahlen zum Allgemeinen Studentenausschuss die absolute Mehrheit. 1933 unterschreiben über 100 Professoren einen Aufruf zur Wahl Adolf Hitlers." – Dieser Auszug wurde aus dem offiziellen Geschichtsteil der überarbeiteten Universitätshomepage getilgt; die dort übrig gebliebene Geschichtsdarstellung wird auf den reinen Opferaspekt reduziert; nicht nur zwischen 1933 und 1945. Drei Beispiele sollen an dieser Stelle genügen, um die Verharmlosung von Geschichte im Rahmen dieses Jubiläums darzulegen:

1. Das einzig Erwähnenswerte in der Zeit des NS-Regimes war an der Universität Leipzig das Leiden und der Verlust: zuallererst litten die Studierenden, dann die Professoren und spätestens durch den Krieg auch Gebäude und Bücher. Weiterhin ist ein äußerst passender Ausspruch Rektor Gadamers ausgesucht worden; ich zitiere: „Die

Nazis waren Barbaren, die uns verachteten. Das hat uns Freiräume gegeben". Freiräume, in denen die Lehrenden das nationalsozialistische System stützten, wie etwa Rektor Golf, der es in einer seiner Reden als „eine wahrhaftige Erlösung gefunden [hat], dass uns endlich der Führer wurde"? Und Barbaren mit Freiraum sind also „bürgerlich"? und damit an Verbrechen nicht beteiligt?

2. Die dank der angeblichen Freiräume übrig gebliebene so genannte „Bürgerlichkeit" der Universität und ihrer Mitglieder wurde danach laut offizieller Homepage von etwas der NS-Herrschaft gleich Geartetem bedroht. Diese Bedrohung manifestierte sich in einem „barbarischen Akt" an der Paulinerkirche, an deren ehemaligem Standort wir uns gerade befinden. Unter einem sprachlichen Aspekt interessant ist die Veränderung am Verschriftungsverfahren des Textes. Aus der nüchternen „Sprengung der im Krieg unversehrt gebliebenen Universitätskirche", so die ursprüngliche Homepage, wird ein „barbarische[r] Akt [durch den]die im Kriege unversehrt gebliebene Universitätskirche St. Pauli [...] weichen [muss]". Bei einer allgemeinen Kürzung des Textes wird ein Ereignis mythologisierend überhöht und sprachlich dem politischen Willen nach Eindeutigkeit angepasst. Das Bauwerk wird so heute zum Märtyrer der an ihr hängenden Universität und der Opfer der gesellschaftlichen Zustände. Es wird sich auf der überarbeiteten Homepage nicht mit den Geschehnissen der DDR befassen; die DDR wird nicht einmal namentlich erwähnt. Stattdessen wird allein ein moralisierter Stellvertreterkonflikt aufgezeigt. Dies ist befremdlich und bedenklich.

3. „Das Universitätsleben blieb bis zur friedlichen Revolution von 1989 [...] durch eine politische Instrumentalisierung der Wissenschaft und Einschränkung der akademischen Selbstverwaltung geprägt." Ergo hat es die Staatsführung geschafft, die damalige Universität zu durchsetzen und extern zu leiten. Die beteiligten Universitätsangehörigen an den politischen Systemen werden nicht thematisiert. Es werden Namen auferlegt, es wird instrumentalisiert. Der Unterschied zwischen den beiden angesprochenen Herrschaften liegt laut öffentlicher Universitätsdarstellung dort, wo die Ideologisierung der Nationalsozialisten erfolglos gewesen sei. Ex falso quodlibet – aus dem Falschen folgt das Beliebige.

Sehr geehrte Damen und Herren, die medienwirksame Jubiläumsgeschichte passt sich den aktuellen Trends an. Nicht nur, dass das offizielle Jubiläumsprogramm voll ist mit Aufarbeitungsveranstaltungen über die Geschehnisse 1989, was richtig und wichtig ist. Allerdings überstrahlen die friedliche Revolution und die Erleuchtung der Welt andere bedeutende Ereignisse fast vollständig. An Jubiläen verändert sich der Umgang mit Geschichte. Es wird gewichtet, gewertet, durchdekliniert, herausposaunt, heruntergeredet, verschwiegen. Eine Kontinuität, eine Tradition wird konstruiert, nur um eine

Einheitlichkeit zu schaffen, die als Fundament für eine glorreiche Zukunftsvision dienlich ist. Des Pudels Kern ist jedoch brüskierend: Die heraufbeschworene Einheitlichkeit existiert nicht. Da eine Universität keine Geschichte außerhalb von Gesellschaft besitzt, sondern nur innerhalb der Gesellschaft existieren kann, war und ist die Universität immer an Zeitgeist und Trends gebunden.

Der Zeitgeist vor einem Jahrhundert wurde vom damaligen Jubiläumsrektor Karl Binding in seiner erst 1920 zusammen mit Alfred Hoche verfassten Schrift gut getroffen. Der Titel „Die Freigabe der Vernichtung lebensunwerten Lebens" lässt Böses ahnen; die ungehemmte Freiheit der Forschung hatte sicherlich Einfluss auf die ethische Politik der folgenden Dekaden. Heute geht der Jubiläums-Trend zusehends in Richtung Protestbewegung und friedliche Revolution. Diese Erinnerung ist sehr bequem: sie ist zeitlich nah, in Gedanken noch lebendig und zusätzlich positiv belegt – hat jedoch wenig mit der Universität zu tun. Im gleichen Atemzug wird die Zeit vor '89 dämonisiert. Die Darstellung nivelliert die Gefahren für die Freiheit von Forschung und Lehre zur Zeit der DDR und zur Zeit des Nationalsozialismus. Die Kriegs- und Zwischenkriegszeit wird fast vollständig verschwiegen, obwohl gerade diese der öffentlichkeitswirksamen Aufarbeitung bedarf; bemerkenswert: Dieses Thema wird neben einer einzigen Überblicksveranstaltung nur im Vortrag „Kamerad Pferd – Das Pferd im Giftkrieg" angerissen.

Sehr geehrte Damen und Herren, bleiben wir auf dem Boden der Tatsachen und sehen, dass sich diese Universität in der Vergangenheit genauso viel oder so wenig mit Ruhm bekleckert hat wie jede andere Institution auf dieser Erde. Wir müssen unser Jubiläum nicht an eine marktorientierte Verwertungslogik anpassen. Viel wichtiger wäre, erst recht unter einem wissenschaftlichen Anspruch, eine kritische und vor allem öffentliche Aufarbeitung aller Geschehnisse des vergangenen Säkulums und vor allem die eigene Involvierung in Taten und Untaten. Eine reine Opferlogik und die komplette Tilgung der eigenen Täterschaft ist ein Geschichtsrevisionismus, der fehl am Platz ist; erst recht zu einem Jubiläum. Es ist betrüblich, dass die Möglichkeiten zur Schaffung einer reflektierenden Erinnerungskultur, die ein Jubiläum und die schon vorhandene akademische Aufarbeitung bieten, ausgeschlagen werden. Jetzt, wo wir in der Erinnerung an die Vergangenheit schon einiges vergessen haben, möchte ich Blochs Warnung ernst nehmen: „Nur jenes Erinnern ist fruchtbar, das zugleich erinnert, was noch zu tun ist".

Danke für Ihre Aufmerksamkeit! Tedy dobrý den!

7. UNGEPLANTER EINWURF DES CHORMITGLIEDES FRAU LEINHOS

Feste sollen ja gefeiert werden wie sie fallen. So auch in diesem Jahr, in dem die Leipziger Universität an ihr 600-jähriges Bestehen erinnert. Was fehlt, ist eine kritische Auseinandersetzung mit der Vergangenheit und ein klares Bekenntnis zur Gegenwart. Zur Gegenwart studentischen Engagements und der zentralen Stellung, die die Musik an dieser Universität einnimmt. Bewiesen hat dies das Rektorat durch seine Absage der VIII. Leipziger Universitätsmusiktage. In zweijähriger Vorbereitung ist es der Universitätsmusik gelungen, namhafte Ensembles wie das Gewandhausorchester und den Thomanerchor für dieses Ereignis zu gewinnen, das noch vor wenigen Wochen als der „Höhepunkt der Jubiläumsfestwoche" angekündigt war. Monatelang haben sich Studierende der drei Klangkörper auf ihre Konzerte vorbereitet, die aus Geldmangel ausfallen sollten. Nur durch große Anstrengungen seitens der Universitätsmusik ist es gelungen, das öffentliche Festkonzert des Leipziger Universitätschores zu retten und Universitätsorchester und Unibigband mit der Feier in der Mensa am Park eine Möglichkeit zum Auftreten zu geben.

Ich möchte betonen, dass es sich bei dem Festkonzert, das ursprünglich am 3. Dezember stattfinden sollte, um das einzige öffentliche Konzert des Leipziger Universitätschores im Rahmen der Jubiläumsfeierlichkeiten handelt. Offensichtlich war der Universitätsleitung nicht daran gelegen, eine Möglichkeit für Leipziger Bürger und Studierende zu bieten, das Jubiläum feierlich zu begehen. Lediglich an der Aufrechterhaltung des Festaktes für geladene Gäste bestand Interesse.

Bislang hat das Rektorat kein Bedauern gegenüber den Mitwirkenden und OrganisatorInnen der VIII. Leipziger Universitätsmusiktage über deren Absage ausgedrückt. Die Art und Weise, wie an dieser Universität mit kulturell engagierten Studierenden und MitarbeiterInnen umgegangen wird, ist skandalös. Den traurigen Höhepunkt bildet der Ausschluss der Mitwirkenden an der Feier in der Mensa am Park.

Ansprechen möchte ich hier und heute jedoch auch die anwesenden Mitglieder der Staatsregierung. Mehrfach hat das Rektorat darauf hingewiesen, dass seine Entscheidung, die VIII. Leipziger Universitätsmusiktage abzusagen, auch auf Druck der Staatsregierung erfolgt ist. Haben Sie bedacht, was diese Entscheidung für die Mitwirkenden und OrganisatorInnen bedeutet? Haben Sie auch nur kurz darüber nachgedacht, dass z. B. Werbemittel für die Universitätsmusik endgültig verloren sind? Haben Sie bedacht, welche Kosten bei der Absage der geplanten Konzerte auf die Universitätsmusik zukommen würden?

Magnifizenz, Ihre Idee war es, diese Jubiläumsfestwoche im Paulinum stattfinden zu lassen, obwohl bereits letztes Jahr abzusehen war, dass es bis zu deren Beginn am 2. Dezember nicht fertig gestellt sein würde. Dass die Kosten des einwöchigen Betriebs dieser Baustelle zu hoch sind, um von der Universität Leipzig bewältigt zu werden, hätte nicht erst sechs Wochen vor den VIII. Leipziger Universitätsmusiktagen klar sein müssen und ich bin mir sicher: Das war es auch. Nicht rechtzeitig auf die Umstände reagiert zu haben, liegt in Ihrer Verantwortung und der des Rektorats. Ich fordere Sie auf, Magnifizenz und Spektabilitäten und Sie, die zuständigen Mitglieder der Staatsregierung, öffentlich Stellung zu beziehen wie es zu dieser beschämenden Fehlentwicklung kommen konnte. Ich fordere Sie auf, sich gegenüber den Mitgliedern und MitarbeiterInnen der Universitätsmusik zu rechtfertigen und zu entschuldigen. Ich fordere Sie außerdem auf, Magnifizenz und Spektabilitäten, sich zur Gegenwart der Leipziger Alma mater zu bekennen, die ohne das kulturelle Engagement vieler Studierender und MitarbeiterInnen viel ärmer wäre.

8. FESTREDE DES REKTORS[1]

Wenn wir heute an die Gründung der Universität Leipzig vor 600 Jahren erinnern, dann möchten wir mit Blick auf diese lange Zeitspanne nicht nur auf die nicht überall anzutreffende Überlebenskraft einer einzelnen Universität hinweisen, sondern zugleich und beispielhaft die bemerkenswerte Kontinuität einer besonderen, im mittelalterlichen Europa entstandenen Bildungsinstitution hervorheben. Einige Gründungen sind Leipzig vorausgegangen, viele folgten. Von den Universitäten, die man schon früher gegründet hatte, wurden einige später zeitweilig oder auch endgültig wieder geschlossen. Unter den deutschen Universitäten kann nur Leipzig hinter Heidelberg auf einen so langen und ununterbrochenen Lehrbetrieb über die Jahrhunderte hin verweisen.

Eine Universität, die wie die unsere auf 600 Jahre zurückblickt, steht aber nicht allein und ausschließlich für Kontinuität, sondern sie musste sich immer wieder auch auf veränderte gesellschaftliche, politische und geistesgeschichtliche Herausforderungen einstellen. Während man andernorts dann so genannte Reformuniversitäten gründete, bestand die Aufgabe der Universität Leipzig darin, sich selbst zu reformieren, was schwieriger ist, vor allem im Ringen mit Beharrungskräften, die sich im Bisherigen auskömmlich, wie sie meinten, eingerichtet hatten. So hält *Wilhelm Wundt* in seiner Festrede vor 100 Jahren durchaus kritisch Rückschau, was er damals umso leichter tun konnte, weil Leipzig 1909 nur mit Berlin und München um den Spitzenplatz unter den deutschen Universitäten konkurrierte, also nach heutigem Sprachgebrauch eine Eliteuniversität war. Für die ersten Jahrhunderte konstatiert *Wundt* eine durchgängig konservative Haltung; die Universität öffnete sich also neuen Ideen sowohl zu den Lehrinhalten als auch zu Universitätsstrukturen nur zögerlich. Man leistet Widerstand gegen den eindringenden Humanismus, übernimmt die Reformation erst, als der Landesherr sich 1539 dafür ausspricht; zieht sich gegen Naturwissenschaften und Philosophie hinter das Bollwerk der aristotelischen Physik und Metaphysik zurück. Erst 1830 gibt man die alte, der mittelalterlichen Universität nach Pariser Modell entsprechende Zuordnung der Professoren und Studenten in landsmannschaftlich geprägte

---

1 Eingangs seiner Festrede antwortete der Rektor auf den „ungeplanten Einwurf" eines Chormitglieds und wies erläuternd darauf hin, dass die Durchführung der Festwoche sich für die Universität wegen der baulichen Situation des Paulinums kurzfristig schwieriger darstellte als erwartet worden war. Dazu auch IV.1.

Nationen auf, und erst im selben Jahr ändert man den Namen von der universitas scholastica in den der neuen universitas litterarum. Traditionsbewusstsein hält auch Ausnahmepersönlichkeiten nieder. So verweigert man 1663 dem 17-jährigen Leibniz trotz hervorragend bestandener Promotion den Doktortitel, weil er noch zu jung sei. Und als Christian Thomasius 1687 erstmals eine Vorlesung in deutscher Sprache ankündigt, löst dies heftige Proteste aus, was ihn nach Halle an eine moderne Reformuniversität, antischolastisch, freier und toleranter, wechseln lässt.

Seit 200 Jahren sieht sich auch unsere Universität der neuhumanistischen Humboldtschen Universitäts- und Wissenschaftsidee verpflichtet. Deshalb verbindet sie unter ihrem Dach wissenschaftliche Forschung und akademische Lehre miteinander. Ein Forscher ist immer auch akademischer Lehrer und in dieser Funktion lässt er auch die Studierenden an der Forschung teilhaben und vermittelt ihnen so das spannende Charakteristikum von wissenschaftlicher Forschung, nämlich ihre Unabgeschlossenheit. Solche forschungsgeleitete und dadurch in ihrer Qualität idealiter gesicherte Lehre sollte auch die Zukunft unserer Universität bestimmen, und deshalb die vom Wissenschaftsrat vor einiger Zeit angeregte Differenzierung zwischen bloßer Lehruniversität und Forschungsuniversität auch unter den Bedingungen der aktuellen Studienreform nicht aufgegriffen werden.

Das Kapitel der Universitätsgeschichte zu den letzten 100 Jahren füllt einen eigenen Band unseres großen Geschichtswerks; er belegt, dass insbesondere in dieser Zeitspanne das Schicksal auch unserer Universität mit der politischen Geschichte unseres Landes eng verwoben war, so mit den verheerenden Folgen zweier Weltkriege und auch der nach wie vor irritierenden Korrumpierung durch zwei Diktaturen. Auch damit haben wir uns in diesem Jahr im Einzelnen auseinandergesetzt.

Die friedliche Revolution des Jahres 1989 und die dadurch eingeleiteten strukturellen und inhaltlichen Veränderungen auf allen Ebenen von Staat und Gesellschaft erstreckten sich auch auf die Universität Leipzig als einer der damals größten in Ostdeutschland. Der notwendige Umbau in den 1990er Jahren bedeutete eine herkulische Herausforderung. Aus einer staatlichen Einrichtung, abhängig von bestimmten wissenschaftsfeindlichen ideologischen Vorgaben einer Einparteien-Diktatur, wurde alsbald wieder eine von ihren Mitgliedern getragene, selbstverwaltete Körperschaft, diesmal mit grundrechtlich geschützter Freiheit von Forschung und Lehre und dem Anspruch auf größtmögliche Autonomie. Heute, 20 Jahre nach der friedlichen Revolution, lässt sich konstatieren, dass in dieser Zeit Beachtliches geleistet worden ist. Die Universität Leipzig sieht sich aber noch nicht wieder dort, wo sie nach ihrem Selbstverständnis und den Vorbildern aus ihrer Geschichte stehen sollte.

Meine Damen und Herren, vor einigen Jahren hat die Universität sich unter das anspruchsvolle Motto gestellt: „Aus Tradition Grenzen überschreiten". Was hat der Akademische Senat mit diesen Worten ausdrücken wollen? Lässt sich daraus gar eine Perspektive für die Zukunft auf der Grundlage des Erreichten ableiten?

Die Aussage ist ambivalent, fallen einem dabei doch zwei Figuren mit unterschiedlichen Eigenschaften ein. Die eine ist der Provokateur, dem nichts heilig ist und der alles daran setzt, aufzufallen. Dieser Menschenschlag versteht die Grenzüberschreitung als Selbstzweck, sonnt sich am Skandal, den er auslöst, und ist frustriert, wenn ihn niemand zur Kenntnis nimmt. Alles in allem: ein pubertäres Verhaltensmuster, das Leute an den Tag legen, die nicht merken, dass sie aus dem Alter heraus sind. Über den Verdacht, diesem Ideal nachjagen zu wollen, ist die Universität schon deswegen erhaben, weil ihr das eigene Alter sehr wohl vor Augen steht. Außerdem: 600 Jahre Provokation – das hält keine Institution aus.

Leipzigs Grenzüberschreitungen messen sich an einer anderen Gestalt: dem Pionier, dessen Urbild jene amerikanischen Siedler sind, die im 19. Jahrhundert den so genannten „wilden" Westen Nordamerikas für sich erschlossen und die Grenze der Zivilisation – ihrer eigenen jedenfalls – immer weiter verrückt haben. Der Vergleich mit einem Pionier scheint mir in doppelter Hinsicht für unser Motto sinngebend. Erstens, weil sich Wissenschaft ebenfalls darum bemüht, die Grenzen des Wissens weiter und weiter hinauszuschieben; die Suche nach der unbekannten Wahrheit ist nicht weniger rast-, aber auch rücksichtslos als der Drang, sich ungenutztes Land anzueignen. Aufschlussreich ist der Vergleich auch deswegen, weil in dem Augenblick, als der Zug der Siedler in den Westen an sein natürliches Ende, den Pazifischen Ozean, gekommen war, das amerikanische Selbstverständnis in eine beispiellose Krise geriet. „The frontier is closed", diese Feststellung schien damals das Ende des amerikanischen Traums zu signalisieren, so wie dieser Satz auch das Ende jeder Wissenschaft bedeuten würde. Wir wissen inzwischen, dass sich Amerika von dem Schock erholt und einfach neue Ziele erfunden hat. Dass dabei bis heute die Wissenschaft eine wesentliche Rolle spielt, verdeutlicht noch einmal den engen Zusammenhang. Ganz allgemein gesagt: Pioniere stoßen auf der Suche nach dem Unbekannten immer wieder auf Grenzen, die sie überschreiten können. In dieser Hinsicht kann sich eine Tradition der Grenzüberschreitung herausbilden – und dieser Tradition fühlt sich die Universität Leipzig verpflichtet. Das gewählte Motto war für sie von enormer Bedeutung, um nach einer langen Zeitspanne, in der Wahrheiten meistens schon feststanden und Innovationen schnell als Irrtümer gebrandmarkt wurden, das riskante Wissen auch symbolisch aufzuwerten.

„Aus Tradition Grenzen überschreiten" – was bedeutet dies nun konkret für die wissenschaftliche Forschung und die Förderung des wissenschaftlichen Nachwuchses? Welche Pionier- und Schrittmacherfunktion kommt ihnen auch mit Blick auf die Zukunft zu? Auf zukunftsträchtigen und hier forschungsstark vertretenen Gebieten befördern unsere Profilbildenden Forschungsbereiche disziplin- und universitätsübergreifende Kooperationen mit außeruniversitären Forschungseinrichtungen. „Von Molekülen und Nanobjekten zu multifunktionalen Materialien und Prozessen", „Mathematik in den Naturwissenschaften", „Molekulare und zelluläre Kommunikation", „Gehirn, Kognition und Sprache", „Umstrittene Ordnungen", „Veränderte Umwelt und Krankheit", so lauten die Themen. Einerseits werden diese Profilbereiche von Forschungsverbünden getragen, andererseits gehen neue aus ihnen hervor. Sie bilden auch die Basis unserer Beteiligung an Exzellenzinitiativen.

Pionierleistungen für das besonders wichtige Anliegen, nämlich die Förderung des wissenschaftlichen Nachwuchses, erbringt die im Jahre 2006 eröffnete Research Academy Leipzig (RAL). Sie führt fakultäts- und universitätsübergreifend alle strukturierten Promotionsprogramme der Universität zusammen, darunter als Beispiele die Graduiertenschule „Leipzig School of Natural Sciences – Building with Molecules and Nano-objects" und drei Internationale Max Planck Research Schools. Fast 30 % der Doktorandinnen und Doktoranden der RAL kommen bereits aus dem Ausland, finden sie doch hier neben exemplarischen Arbeitsbedingungen ein dichtes Netz internationaler Kooperationen vor. Die Research Academy bietet schon heute eine optimale interdisziplinäre Infra- und Forschungsstruktur, möchte aber über die herkömmlichen Modelle hinausgehen und einen inhaltlich neuen Weg beschreiten. Eine Forschungsakademie kann nämlich im Sinne eines „Experimentes gemeinsamen Verstehens", wie Wolfgang Lepenies es genannt hat, noch mehr leisten, in dem sie den intergenerationellen Austausch zwischen international renommierten Wissenschaftlern und dem wissenschaftlichen Nachwuchs in einer Lerngemeinschaft auf Zeit eröffnet und hierfür die institutionellen Rahmenbedingungen schafft. Ohne arbeitsteilige Kooperation mit der außeruniversitären Forschung gestalten sich solche Pionierleistungen zusätzlich als schwierig. Deshalb haben wir im Jahre 2008 das Leipziger Forschungsforum gegründet. Es pflegt die enge Kooperation mit den zahlreichen hier ansässigen außeruniversitären Forschungseinrichtungen, darunter drei Max-Planck-Institute, zwei Leibniz-Institute, das Helmholtz-Zentrum für Umweltforschung, drei Fraunhofer-Institute, und zwar über die schon erwähnte Zusammenarbeit in den Profilbereichen und der Research Academy hinaus, auch etwas im Sinne eines Leipziger Wissenschaftspatriotismus. Die besondere Aufgabe des Forschungsforums liegt in der Förderung und Koordinierung langfristiger Forschungsaktivitäten und auch Graduiertenförderung, in der Empfehlung weiterer Maßnahmen auf diesen Feldern und der Begutachtung der Profilbildenden Forschungsbereiche.

„Aus Tradition Grenzen überschreiten" – was kann das Motto schließlich für Lehre und Studium bedeuten? Vor allem: Was kann es in einer Situation bedeuten, in der sich heute alle Beteiligten, von der Bundesministerin in Berlin bis hinunter zum Fachschaftsvertreter in Passau, darüber einig zu sein scheinen, dass zumindest eine Grenze schon überschritten sei: die Grenze des Zumutbaren nämlich. Gerade erst war Leipzig der Schauplatz eines denkwürdigen Zusammentreffens: auf der einen Seite Dutzende von Hochschulrektoren, auf der anderen Tausende von Studierenden – und beide ernsthaft darum bemüht, das strapaziöse Geschäft des reformierten Studierens gründlich zu sanieren. An den Grenzüberschreitungen vulgo „Auswüchsen" der Studienreform leiden offenbar alle gemeinsam. Auch diese Universität leidet – freilich mit einem eigenen Akzent, wenn man so will. Uns bekümmert vor allem, dass die vielen schlechten Neuigkeiten eine noch schlechtere verdecken: Der Bologna-Prozess hat zu lahmen begonnen, bevor die entscheidende Grenze überhaupt ins Visier geraten konnte. Ich meine den Durchbruch zu Bachelor-Abschlüssen, die mehr sind als zertifizierte Studienabbrüche und die den Absolventen intakte Berufschancen eröffnen. Es ist, als ob sich alle Akteure, wenn auch aus unterschiedlichen Motiven, verschworen hätten, dieses heikle Thema nicht anzurühren. Man kann den Eskapismus vielleicht sogar verstehen, denn im Zuge dieser Grenzüberschreitung könnten sich Verwerfungen ergeben, gegen die sich das momentane Tohuwabohu wie ein sanftes Plätschern ausnimmt. Trotzdem führt kein Weg daran vorbei, wenn man die Reise nach Bologna nicht vorzeitig abbrechen will. Diese Universität ist ihrem Motto auch hier treu geblieben und hat immerhin versucht, mit dem Anspruch Ernst zu machen: Ihre Studierenden sollen auf den Arbeitsmarkt vorbereitet sein. Schön wäre es natürlich, wenn ich Ihnen heute mitteilen könnte, dass wir im Jahre unseres Jubiläums den großen Durchbruch geschafft haben. Dem ist nicht so, sonst hätten Sie davon sicher schon erfahren. Wenigstens gibt es eine Leipziger Landkarte der Reform, die den schnellsten Weg nach Bologna beschreibt. Auf ihr ist auch eingetragen, wo welcher Wegezoll zu entrichten ist und an welchen Stellen die üblichen Wegelagerer lauern. Anders gesagt: Wahrscheinlich wissen wir heute besser als andere, an welchen Stellen, von welchen Tätern und mit welchen Mitteln die Reise nach Bologna gestoppt werden kann. Auf dem Felde der Lehre von Leipzig lernen heißt daher: zu lernen, mit welchen Traditionen gebrochen werden muss, wenn man die Grenze zu einer richtungsweisenden Studienreform überschreiten will. Diese Lektion müssen alle zusammen lernen – oder sie wird nicht gelernt.

Meine Damen und Herren! Erinnern wir uns an den Gemeinspruch: *Universitas semper reformanda*; deshalb altert auch unsere Universität selbst nach 600 Jahren nicht. Es möge ihr vergönnt sein, mit einem Selbstvertrauen wie dem ihrer Gründer und dem beschriebenen Pioniergeist die genannten und die noch unbekannten Herausforderungen heute und in der Zukunft zu bewältigen. Vielen Dank!

ERLEUCHTUNG DER WELT
SACHSEN UND DER BEGINN DER MODERNEN WISSENSCHAFTEN

VI. DIE JUBILÄUMS-AUSSTELLUNG

„Erleuchtung der Welt.
Sachsen und der Beginn der modernen Wissenschaften"
vom 9. Juli bis 6. Dezember 2009

1. VORBEMERKUNG

Zum Zustandekommen dieser Ausstellung, die größte und ambitionierteste historische Sonderausstellung der letzten Jahrzehnte in Leipzig, sind einige erläuternde Bemerkungen vorauszuschicken. Überlegungen, das 600jährige Universitätsjubiläum auch mit einer großen Ausstellung zu begleiten, reichen zurück bis in die Amtszeit des vormaligen Rektors Professor Bigl. Die von ihm ins Leben gerufene „Rektoratskommission 2009"[1] thematisierte schon im Oktober 2002 den Wunsch nach einer großen Ausstellung aus Anlass des Jubiläums, und im Sommer 2003 beauftragte man den Kustos der Kunstsammlung der Universität Leipzig, Herrn Privatdozent Dr. Rudolf Hiller von Gaertringen, sich um die Realisierung dieser Ausstellung zu bemühen. Anfangs strebte man eine Landesausstellung an. Alsbald zeigte sich, dass auch die Stadt Leipzig über ein solches Ausstellungsvorhaben nachdachte und dass das Alte Rathaus der geeignete Platz dafür sein würde. So konnte die Stadt als erster Kooperationspartner gewonnen werden. Im Dezember 2003 kam es zu Kontakten mit Professor Dr. Dr. Detlef Döring von der Sächsischen Akademie der Wissenschaften zu Leipzig, der als einer der beschlagensten Kenner der Aufklärungszeit gelten darf. Und so wurde die Kooperation um die Sächsische Akademie erweitert.

Im Sommer 2004 formulierten Prof. Dr. Dr. Döring, Dr. Hiller von Gaertringen und Dr. Rodekamp (Stadtgeschichtliches Museum) gemeinsam ein Ausstellungskonzept, um es bei der Staatsregierung des Freistaates Sachsen einzureichen. Die prägnante Formulierung des Ausstellungsthemas: „Erleuchtung der Welt. Sachsen und der Beginn der modernen Wissenschaften" geht auf einen Vorschlag von Dr. Rodekamp zurück. Als Landesausstellung ließ sich das Vorhaben nicht durchsetzen; der Freistaat nahm insoweit Rücksicht auf Görlitz, das im Wettbewerb um die Kulturhauptstadt 2010 keinen Erfolg hatte. Als Ausgleich für Leipzig befürwortete dann Ministerpräsident Milbradt eine Jubiläumsausstellung, nunmehr mit einer stärkeren Fokussierung auf die Leipziger Universität. Und Ministerpräsident Milbradt verband damit auch die Zusage der Finanzierung. Im Sommer 2007 bestätigt das Rektorat Herrn Dr. Hiller von Gaertringen als Projektleiter und stellte Frau Dr. Cecilie Hollberg als Ausstellungskuratorin ein. Zeitgleich wurde der wissenschaftliche Beirat gegründet und unter die Leitung von

---

1 Vgl. dazu Kapitel II.1 in diesem Band.

Prof. Dr. Dr. Döring gestellt. Die Ausstellung ist also ein Gemeinschaftsprojekt von Stadt, Sächsischer Akademie und Universität. Sie beruht auf intensiven Diskussionen über das geeignete Format, die inhaltliche Ausrichtung unter Berücksichtigung möglicher Adressatengruppen und der geeigneten Örtlichkeiten. So hat das ursprüngliche Konzept im Laufe der Arbeiten vielfältige Konkretisierungen erfahren. Der Löwenanteil der Arbeit wurde in ca. zwei Jahren vollbracht. Im Folgenden zeigen wir die komplexe Organisationsstruktur der Ausstellung auf, geben den konzeptionellen Überlegungen von PD Dr. Hiller von Gaertringen und Prof. Dr. Dr. Döring als den für die inhaltliche Ausrichtung der Ausstellung verantwortlichen Personen Raum und dokumentieren die Eröffnungsveranstaltung.

Leiter des Wissenschaftlichen Beirats der Jubiläumsausstellung
Dr. Volker Rodekamp, Direktor des Stadtgeschichtlichen Museums Leipzig
Frau Christina Barofke, Leiterin Geschäftsstelle 2009
Frau Dr. Simone Schulz, Öffentlichkeitsarbeit der Kustodie
Frau Ursula Dworák, Externe Beraterin PR und Museumspädagogik

Zeitweilige Gäste:
Frau Kerstin Gerland-Hain, Universität Leipzig, Dezernat 4
Ausstellungsarchitekten der Firma Raumfabrik in Halle/Saale, Frau Prof. Dorothea Vent
Museumspädagogen der Kustodie, Herr Florian Halbauer und Frau Kathrin Stern
Aufgaben:
- Übergreifende Koordinations- und Projektsteuerungsaufgaben
- Gesprächskreis für Fragen der Vermittlung und der PR
- Koordinationsfragen Universität und Stadt Leipzig.

Wissenschaftlicher Beirat
Mitglieder:
Prof. Dr. Dr. Detlef Döring, Sächsische Akademie der Wissenschaften zu Leipzig (Vorsitz)
Prof. Dr. Helmuth Albrecht, TU Bergakademie Freiberg, Lehrstuhl für Technikgeschichte und Industriearchäologie, Geschäftsführender Direktor des Instituts für Wissenschafts- und Technikgeschichte
Prof. Dr. Enno Bünz, Universität Leipzig, Lehrstuhl für Sächsische Landesgeschichte Geschäftsführender Direktor des Instituts für Sächsische Geschichte und Volkskunde e. V.
Prof. Dr. Menso Folkerts, Ludwig-Maximilians-Universität München, Lehrstuhl für Geschichte der Naturwissenschaften
Prof. Dr. Daniel Fulda, Martin-Luther-Universität Halle-Wittenberg, Lehrstuhl für Neuere deutsche Literaturwissenschaft, Geschäftsführender Direktor des Interdisziplinären Zentrums für die Erforschung der Europäischen Aufklärung
Prof. Dr. Ulrich von Hehl, Universität Leipzig, Lehrstuhl für Neuere und Neueste Geschichte
Prof. Dr. Bernd-Rüdiger Kern, Universität Leipzig, Lehrstuhl für Bürgerliches Recht Rechtsgeschichte und Arztrecht
Prof. Dr. Max Kunze, Präsident der Winckelmann Gesellschaft e. V., Stendal

Prof. Dr. Klaus Manger, Friedrich-Schiller-Universität Jena, Lehrstuhl für Neuere deutsche Literatur

Dr. Thomas Müller-Bahlke, Direktor der Franckeschen Stiftungen zu Halle

Prof. Dr. Dr. Ortrun Riha, Universität Leipzig, Lehrstuhl für Geschichte der Medizin, Direktorin des Karl-Sudhoff-Instituts für Geschichte der Medizin und Naturwissenschaften

Prof. Dr. Manfred Rudersdorf, Universität Leipzig, Lehrstuhl für die Geschichte der Frühen Neuzeit, Vorsitzender der Senatskommission zur Erforschung der Leipziger Universitäts- und Wissenschaftsgeschichte, seit 2007

PD Dr. Uwe Schirmer, Direktor des Universitätsarchivs Leipzig von 2006 bis 2009

Prof. Dr. Ulrich Johannes Schneider, Direktor der Universitätsbibliothek Leipzig

Prof. Dr. Thomas Topfstedt, Universität Leipzig, Lehrstuhl für Kunstgeschichte unter besonderer Berücksichtigung der Kunst des 19. und 20. Jahrhunderts

Prof. Dr. Dr. Dr. h. c. Günther Wartenberg †, Universität Leipzig, Lehrstuhl für Kirchengeschichte; Vorsitzender der Senatskommission zur Erforschung der Leipziger Universitäts- und Wissenschaftsgeschichte, bis 2007

Prof. Dr. Frank Zöllner, Universität Leipzig, Lehrstuhl für Mittlere und Neuere Kunstgeschichte

Aufgaben:
- Wissenschaftliche Beratung im Hinblick auf die Konzeption
- Verfassen von Aufsätzen für den Essayband oder Vermittlung anderer geeigneter Autoren
- Hinweise auf mögliche Leihgaben und Vermittlung von Kontakten zu den entsprechenden Sammlungen
- Vorschläge für Redner im Rahmen des Begleitprogramms.

Kustodie

mit sämtlichen festen und befristeten Mitarbeitern (vgl. Ausstellungskatalog) Aufgaben:
- praktische Umsetzung des Ausstellungsvorhabens, darunter Restaurierung zahlreicher interner und externer Objekte, Anfertigung neuer Fotografien, Erstellung der Begleitpublikationen, Presse- und Öffentlichkeitsarbeit sowie Marketing, Konzeption und Umsetzung museumspädagogischer Angebote, Abwicklung des Leihverkehrs inklusive der Kunsttransporte, Organisation der Besucherführungen, Auf- und Abbau der Exponate im Ausstellungsraum.

(Rudolf Hiller von Gaertringen)

3. BERICHTE UND RESÜMEE

a) Bericht des Mitorganisators Prof. Dr. Dr. Detlef Döring

Intention, Konzeption und Aufbau der Jubiläumsausstellung

Die Ausrichtung einer Ausstellung gehört seit wenigstens einhundert Jahren zum traditionellen Programm anläßlich von universitären Jubiläumsfeiern. So hat es in den letzten Jahren beispielsweise 2006 in Greifswald (550. Jubiläum), 2007 in Gießen (400. Jubiläum) und in Freiburg/Br. (550. Jubiläum) Ausstellungen unterschiedlicher Dimensionen und Ansprüche gegeben. Am anspruchsvollsten war sicher die Exposition zur 500. Gründungsfeier der Universität Halle/Wittenberg, die vom April bis September 2002 unter dem Titel „Emporium" als Landesausstellung des Landes Sachsen-Anhalt zu besichtigen war. Diese feste Verankerung von Ausstellungen innerhalb der Jubiläumsprogramme kommt nicht von ungefähr. Solche Veranstaltungen bieten eine Möglichkeit, eine breitere Öffentlichkeit für das eher etwas spröde Thema Universitäts- und Wissenschaftsgeschichte interessieren zu können. Damit unterstreichen sie publikumswirksam zugleich die heutige besondere Bedeutung von Bildung und Wissenschaft innerhalb der Gesellschaft. Andererseits ist ein solches Vorhaben nicht nur publikumsträchtig, sondern trägt durchaus auch zur Förderung der wissenschaftlichen Erschließung der Vergangenheit unserer Hochschulen bei. Das bezeugen nicht zuletzt die oft recht anspruchsvollen Katalog- bzw. Essaybände, die in der Regel als Begleitpublikationen zu den Ausstellungen erscheinen und für die folgenden Jahre oder gar Jahrzehnte zur einschlägigen Forschungsliteratur zählen.

In Leipzig hat es schon zur Feier des 500. Gründungstages der Universität (1909) eine Ausstellung gegeben, die damals (wie auch einhundert Jahre später) in den Räumen des Alten Rathauses zu sehen war, das gerade erst zu einem Museum für Stadtgeschichte umgebaut worden war. Zu sehen waren in der Hauptsache zahlreiche Zimelien aus dem Besitz der Universität (Zepter, Medaillen, Sigel u. a.). Einen besonderen Schwerpunkt bildete die Person Johann Wolfgang Goethes, der als „größter Sohn der Alma mater Lipsiensis" gefeiert wurde und mit einer entsprechend hohen Zahl von Exponaten präsent war. Der Katalog zu dieser Ausstellung beschränkte sich, den damaligen allgemeinen Gepflogenheiten entsprechend, auf eine weitgehend kommentarlose Auflistung aller Exponate. Zu einer größeren zentralen Exposition zum Thema Universitätsgeschichte ist es nach 1909 nicht mehr gekommen. Daß es anläßlich des 600. Jahrestages der Gründung der Universität wieder zu einer Ausstellung kommen müsse, war unter den Organisatoren der Jubiläumsfeierlichkeiten einhellige Auffassung. Ebenso unangefochten war die Überzeugung, diesmal mehr als eine Präsentation von Schaustücken bieten zu wollen. Schwieriger war die Entscheidung über die einzuschlagende konkrete thematische Ausrichtung. Eine Orientierung auf die Darbietung von Universitätsgeschichte in ihrer Totale hätte zu kaum überwindbaren Schwierigkeiten geführt. Die Entwicklung einer Hochschule berührt in ihren Dimensionen u. a. Fragen der allgemeinen Geschichte, der Wirtschaft, des Alltags, des Bildungswesens, der Wissenschaften in ihrem gesamten Spektrum, der Kunst und Kultur, der Politik, des Rechtswesens. Eine sozusagen flächendeckende Berücksichtigung aller dieser zweifellos wichtigen Aspekte hätte zur Überforderung der Aufnahmefähigkeiten der Besucher, aber auch der Gestaltungsfähigkeiten der Ausstellungsmacher geführt. Es wurde daher die Entscheidung getroffen, das Thema Entwicklung der Wissenschaften in den Mittelpunkt zu stellen und sich dabei wiederum auf eine Epoche zu konzentrieren – die der Zeit der Aufklärung. Das sind die knapp einhundertfünfzig Jahre vom späten 17. bis zum frühen 19. Jahrhundert. Eine Universität steht zuerst und vor allem für Ausbildung und Forschung, alle anderen Dimensionen ihrer Geschichte sind diesen Aufgaben letztendlich doch nachgeordnet. Das erklärt die Wahl des Themas. Die Wahl der Epoche ist teilweise auf die ursprünglich gefaßte und in die Diskussion eingeführte Idee zurückzuführen, die Jubiläumsschau als dritte Landesausstellung des Freistaates Sachsen zu gestalten. Die beiden ersten Landesausstellungen in Marienstern und in Torgau hatten die mittelalterliche Kirche (bzw. den Katholizismus in Sachsen) und die Reformation zum Schwerpunkt gehabt. Die Zeit der Aufklärung kann mit gutem Recht als eine dritte Epoche der überregionalen Ausstrahlung Sachsens verstanden werden und hätte sich daher als Inhalt der nächsten Landesausstellung angeboten. Das Thema fand auch die Zustimmung der sächsischen Landesregierung in Dresden, allerdings nicht als Motto einer Landesausstellung, sondern als Inhalt einer „normalen" Ausstellung. Es gibt aber noch eine andere, den eigentlichen Ausschlag gebende Ursache für die Wahl der Aufklärung, die in der Wissenschaftsgeschichte begründet ist. Was wir heute als moderne Wissenschaften samt dem sie tragenden Apparat begreifen, das hat in jener Zeit seine Anfänge genommen. Darauf wird gleich noch einzugehen sein. Schließlich und endlich ist zu berücksichtigen, daß eine Ausstellung ihren ganz eigenen Gesetzen unterliegt. Sie muß, will sie ein breiteres Publikum erreichen und ansprechen, Exponate mit einem gewissen Schauwert aufweisen können. Solche Stücke vermag eher das barocke 17. oder 18. Jahrhundert bereitzustellen als z. B. eine im Vergleich dazu nüchtern wirkende Dokumentation der wissenschaftlichen Entwicklungen um 1900, als Leipzig zweifellos Weltbedeutung besessen hat.

Die Einschätzung der wissenschaftlichen Leistungskraft der deutschen Universitäten in der Zeit der Aufklärung ist in der gängigen Historiographie fast bis auf den heutigen Tag in überwiegendem Maße negativ orientiert gewesen. Die Professoren hätten sich allein der Lehre gewidmet, und diese wiederum wäre auf die mehr oder minder stupide Rekapitulation überholter Lehrbuchaussagen beschränkt geblieben. Erst das Eingreifen des Staates (Stichwort Humboldtsche Reformen) habe diese Verkrustungen aufbrechen und die Entwicklung der Hochschulen in die Moderne in die Wege leiten können. Die zentrale Kernaussage der Leipziger Ausstellung steht in Kontrast zu dieser Auffassung, denn sie versucht den Nachweis zu führen, daß die Universitäten und ihre Gelehrten selbst entscheidenden Anteil an jene Modernisierungsprozesse genommen haben. Der Staat war nicht unbeteiligt, aber er ist nicht als alleiniger Motor zu betrachten. Eine andere Intention bestand in der Illustration der engen Verbindung zwischen der Universität und ihrem städtischen Umfeld, was allerdings für das Deutschland jener Zeit eine gewisse Besonderheit bildete. Im Unterschied nämlich zu fast allen anderen Universitätsorten war Leipzig keine beschauliche, etwas im Abseits liegende Landstadt, sondern eine große Handelsstadt mit weltweiten Verbindungen und einem weltgewandten, kulturell aufgeschlossenen und nicht zuletzt gut betuchten Bürgertum. Das blieb nicht ohne Einfluß auf die konkrete Entwicklung der Wissenschaften.

Die außerordentliche Komplexität des darzustellenden Themas erforderte bei der Darstellung der einzelnen wissenschaftlichen Disziplinen die Konzentration auf jeweils einige wenige aussagekräftige Exponate. Es sollte verdeutlicht werden, wie sich bei allen universitären Fächern die Tore zur Moderne des 19. und 20. Jahrhunderts öffneten. An dieser Stelle können lediglich Andeutungen geboten werden. Die Philosophie, um mit einem Prozeß von grundlegender Bedeutung zu beginnen, emanzipierte sich von der Theologie, der sie bisher als „Magd" zugeordnet gewesen war. Dahinter steht als neues Grundprinzip des Philosophierens die grundsätzliche Infragestellung bzw. Überprüfung aller Überlieferungen. Letzter Maßstab ist die Vernunft, mit deren Instrumentarium alles Geschehen in Natur und Geschichte gedeutet wird. In Leipzig steht am Beginn dieser Entwicklung der Jurist Christian Thomasius mit einer Signalwirkung für ganz Deutschland. Dann ist es der Kreis um den Logikprofessor Johann Christoph Gottsched, der wiederum weit über die Grenzen der Stadt hinaus für diese neue Philosophie steht, deren Schulhaupt jetzt Christian Wolff in Halle ist.

Auch die Theologie, an der Universität von jeher die erste Fakultät, samt der ihr zugrundeliegenden Offenbarungsreligion wird jetzt der Kritik unterzogen. Ein

Ergebnis dieses Prozesses bildet die Entstehung der modernen Bibelexegese, die sich in ihrer Textinterpretation an den Regeln orientiert, die bei der klassischen Philologie der Zeit Einzug gehalten hatten. Führender Kopf ist hier der Wolffianer Johann August Ernesti, erst Professor an der Philosophischen, dann an der Theologischen Fakultät. Im Bereich der Jurisprudenz vollzieht sich im 18. Jahrhundert eine Humanisierung des Strafrechtes, die mit dem Beginn einer generellen Modernisierung des überkommenen Rechtswesens verbunden ist. Der Leipziger Jurist Karl Ferdinand Hommel hat hier Maßgebliches geleistet. Ein Fach, in dem Leipzig schon im 16. Jahrhundert Brillanz aufwies, war die Philologie. In der Zeit der Aufklärung beschränkt sich diese nicht mehr allein auf die klassischen antiken Sprachen, sondern es treten die orientalischen Sprachen hinzu und vor allem die eigene Muttersprache, also das Deutsche. Johann Jakob Reiske ist der bedeutendste Arabist der Epoche, und Gottsched legt die Grundlagen für die wissenschaftliche Erschließung deutscher Literatur und Sprache. Sein Wirken zeigt, daß bereits lange Jahre vor der Einrichtung von Lehrstühlen für Germanistik bzw. Literaturwissenschaft der Stoff dieser Fächer in der Forschung, aber auch in der Lehre an der Universität bereits präsent war. Das gilt gleichfalls für nicht wenige andere Disziplinen.

Die Medizin umfaßte damals noch die Botanik und die Chemie, die sich jedoch nun als eigenständige Disziplinen zu emanzipieren begannen. Für die Entwicklung der Chemie ist die große Bedeutung von Einfluß gewesen, die in Sachsen der Bergbau und damit die Montanwissenschaften spielten. Letztere werden seit 1763 in Freiberg/Sachsen unterrichtet, wo die erste Bergakademie der Welt gegründet wurde. Jahrzehnte zuvor ist geologisches und bergbaukundliches Wissen bereits an der Leipziger Hochschule vermittelt worden. Die Medizin selbst wird erst im 19. Jahrhundert revolutionierende Entwicklungen erfahren, dennoch sind die vorbereitenden Leistungen der Zeit der Aufklärung nicht zu unterschätzen. Die medizinische Ausbildung erhält einen stärkeren Praxisbezug (z. B. durch Einrichtung eines Anatomischen Theaters), und es entwickeln sich, wenigstens in den Ansätzen, neue Teildisziplinen. So hat Leipzig einigen Anteil an der Herausbildung der Gerichtsmedizin und der Gynäkologie. Zu Beginn des 19. Jahrhunderts entwickelt Samuel Hahnemann in Leipzig die Prinzipien der Homöopathie, die bis heute, wenn auch nicht unumstritten, weltweite Verbreitung finden.

Die Naturwissenschaften (abgesehen von Botanik und Chemie) bleiben bis ins 20. Jahrhundert in dem Gefüge der Philosophischen Fakultät eingebunden. Trotz dieser heute irreführend erscheinende Etikettierung und trotz der noch lange beibehaltenen an Aristoteles orientierten altertümlichen Benennung der Lehrstühle beginnen auch hier Entwicklungen, die in die Zukunft weisen. Als besonders spektakulär erschien den

Zeitgenossen die Forschung zur Elektrizität. Pionierleistungen erbrachte hier Johann Heinrich Winkler, der damit sogar Aufnahme in die Royal Society fand. Bei entsprechenden Experimenten, die oft in der Öffentlichkeit durchgeführt wurden, konnte man mitunter Mitglieder der kurfürstlich/königlichen Familie erblicken. Zur Errichtung einer Sternwarte ist es nach Überwindung unendlicher Schwierigkeiten erst 1794 gekommen; astronomische Beobachtungen wurden aber schon lange zuvor durchgeführt. Dass hier Laien beachtenswerte Ergebnisse vorlegen konnten, zeigt das Beispiel des Bauernastronomen Christoph Arnold, der Ende des 17. Jahrhunderts von seinem in der Nähe von Leipzig gelegenen Gehöft aus Finsternisse, Planetenkonjunktionen u. a. mit Teleskopen beobachtete. Fernrohre wurden z.T. in Leipzig selbst hergestellt, wie überhaupt der Bau technischer Instrumente aller Art Konjunktur hatte. Der ehemalige Theologe Jakob Leupold betrieb eine Manufaktur, die ganz Deutschland belieferte, z. B. mit Vakuumpumpen. Das besondere Verdienst Leupolds bestand jedoch darin, gemäß der berühmten von Leibniz aufgestellten Forderung Theorie und Praxis zu vereinigen. Sein vielbändiges Monumentalwerk „Theatrum machinarum generale" bot eine minutiöse Darstellung aller damals bekannten technischen Geräte.

Der zweite Hauptkomplex der Ausstellung widmete sich, wie schon angedeutet, dem städtischen Umfeld der Universität. Hier gelangten z. B. die öffentlichen Bibliotheken (Universitätsbibliothek, Ratsbibliothek), aber auch die mitunter sehr bedeutenden Privatbibliotheken zur Darstellung. Neben dem Handel und der Hochschule war das Verlagswesen das sozusagen dritte Standbein, auf dem Leipzigs nationales und internationales Ansehen beruhte. Die ersten und dann auch die meisten wissenschaftlichen Periodika Deutschlands erschienen in dieser Stadt. Die Universität stellte den Verlegern ganze Scharen von Autoren, Übersetzern, Herausgebern, Rezensenten und Korrektoren zur Verfügung. Nur in dieser Verbindung, finanziell potente Verlage und eine Vielzahl von Gelehrten, konnten große Projekte in Angriff genommen werden, wie eben Zeitschriften oder aufwendige Nachschlagewerke. Zedlers Lexikon mit 67 000 Seiten ist der absolute Gigant unter diesen Verlagsprodukten. Auch die Tatsache, daß Leipzig in der Mitte des 18. Jahrhunderts die literarische Hauptstadt Deutschlands bildete, läßt sich aus jenem Nebeneinander von Verlagen, Universität und Urbanität erklären. Eine eigene Abteilung widmete sich Persönlichkeiten wie Christian Reuter, Johann Christian Günther, Lessing, Klopstock, Novalis, Jean Paul und natürlich Goethe.

Besondere Bedeutung im Prozeß der Ausbreitung der Aufklärung und der neuen wissenschaftlichen Erkenntnisse kam den Sozietäten zu. In Leipzig zählen sie seit der Mitte des 17. Jahrhunderts zu den Hauptträgern des intellektuellen und kulturellen Lebens. Die „Deutsche Gesellschaft" z. B. hat einen ganz neuen und eigenen Typus von Sozietäten begründet, die sich mit der deutschen Sprache und Literatur beschäftigten. An die dreißig weitere Deutsche Gesellschaften wurden im Laufe mehrerer Jahrzehnte zwischen Bern und Königsberg nach Leipziger Vorbild gegründet. Der eher lockeren Unterhaltung waren Salons und Kaffeehäuser gewidmet. Dennoch oder gerade deshalb waren sie von Einfluß auf die Prägung des Geistes der Zeit. Ein schier unendliches Kapitel bietet die Musikgeschichte, die in Leipzig aufs engste mit der Universität verbunden gewesen ist. Das berühmte Gewandhaus beispielsweise ist studentischen Ursprungs; und allgemein bekannt ist, daß Bach auch für die Universität komponierte. In den dreißiger Jahren des 18. Jahrhunderts setzt in Leipzig die bis heute nachwirkende große Reform des Theaters ein, die für immer mit den Namen Gottscheds und der Theaterprinzipalin Friedricke Neuber verbunden bleibt. Das Interesse am Theater ist unter den Studenten zu allen Zeiten groß gewesen, entweder als eifrige Besucher der Aufführungen oder auch als Schauspieler und Stückeschreiber. Lessing ist hier der berühmteste Namen; sein erstes Stück *Der junge Gelehrte* wurde in Leipzig von der Neuberin zur Aufführung gebracht.

Nach Ende des Siebenjährigen Krieges (1763) wird in der dem Landesherrn gehörenden Pleißenburg eine Kunstakademie gegründet. Sie bietet in Ergänzung zum universitären Unterricht die Möglichkeit einer akademischen Ausbildung im Bereich der bildenden Künste. Unter anderem das Verlagswesen hat, was Typographie und Buchillustration anlangt, von der Existenz der Kunstakademie profitiert. Deren berühmtester Schüler war der Student Goethe.

Sammlungen zu den bildenden Künsten, zu den Bereichen der Naturkunde, zur Ethnologie u. a. gehören heute zu den selbstverständlichen Einrichtungen einer Universität. Im 18. Jahrhundert gab es diese Institutionen bestenfalls in Ansätzen. Dennoch konnte man in Forschung und Ausbildung auf solche Sammlungen zurückgreifen, denn nicht wenige der finanziell gut ausgestatteten Bürger der Stadt hatten solche Kollektionen zusammengetragen, die auch universitären Nutzern zur Verfügung standen. Die Themen Forschungs- und Bildungsreisen und schließlich der meist unterschätzte Anteil des Adels an der Entwicklung der Wissenschaften beenden als letzte Abteilungen die Ausstellung.

DIE JUBILÄUMSAUSSTELLUNG

Organisation, Verlauf und Begleitprogramm
Die inhaltliche Gestaltung und die äußere Organisation der Ausstellung oblagen der Arbeitsgemeinschaft aus Vertretern der Universität, der Stadt Leipzig und der Sächsischen Akademie der Wissenschaften (SAW). Dieses Zusammenwirken widerspiegelt das über alle Jahrhunderte hinweg bestehende enge Ineinander von Stadt und Universität sowie die Nähe der 1846 gegründeten Gelehrtensozietät zur Hochschule, aus der die meisten ihrer Gründungsmitglieder kamen. Innerhalb der Universität leisteten zahlreiche, hier aus Raumgründen nicht in aller Ausführlichkeit aufzuzählende Einrichtungen und Gremien Unterstützung. Erwähnt seien die Sammlungen der Universität (z. B. Universitätsbibliothek, Medizinhistorische Sammlung des Karl-Sudhoff-Institutes, Museum für Musikinstrumente) und die Geschäftsstelle 2009. Eine zentrale Bedeutung kam der Kustodie zu, nicht allein wegen der zahlreichen von ihr bereitgestellten Exponate, sondern weil bei ihr die Fäden der gesamten Organisation zusammenliefen. Projektleiter war PD Dr. Rudolf Hiller von Gaertringen, der Kustos der Universität Leipzig. Wesentlich unterstützt wurde er von der Ausstellungskuratorin Frau Dr. Cecilie Hollberg. Zu ihrer Aufgabe gehörten u. a. die Verhandlungen mit den insgesamt 79 Leihgebern, die zusammen knapp 700 Exponate zur Verfügung stellten. Die Stadt bot mit dem Alten Rathaus nicht nur den geeigneten Raum für die Ausstellung. Ohne die Exponate des Stadtgeschichtlichen Museums und ohne die Ausstellungserfahrungen dieser Einrichtung hätte das Vorhaben der Universität kaum gelingen können. Dafür stehen zuerst der Direktor des Museums, Dr. Volker Rodekamp und seine Stellvertreterin, Frau Doris Mundus. Daß die Ausstellung fünf Monate in den Räumen des Museums gezeigt und vom Personal dieser Einrichtung betreut wurde, sei nur angemerkt. Den dritten Partner, die SAW, vertrat vor allem Prof. Dr. Dr. Detlef Döring. Er ist seit Jahrzehnten mit den Forschungen zur Aufklärung vertraut und leitet im Rahmen der Akademie eine Projektgruppe, die sich mit der Edition der Korrespondenz des Leipziger „Erzaufklärers" Johann Christoph Gottsched beschäftigt. Mit diesen Voraussetzungen konnte Herr Prof. Dr. Dr. Döring wesentlich zur Konzeption der Ausstellung beitragen und bei der Auswahl der Exponate beratend wirken.

Begleitet wurde die Vorbereitung der Ausstellung durch zwei Gremien. Dem in größeren Abständen tagenden, von Dr. Eva-Maria Stange (Staatsministerin für Wissenschaft und Kunst) geleiteten Kuratorium gehörten Prof. Dr. Franz Häuser (Rektor der Universität), Burkhard Jung (Oberbürgermeister der Stadt Leipzig), Prof. Dr. Pirmin Stekeler-Weithofer (Präsident der SAW), Hans-Jürgen Goller (Geschäftsführer der Tourismus Marketing Gesellschaft Sachsen mbH) und Walter Christian Steinbach (Präsident der Landesdirektion Leipzig) an. Bei der Ausstellungsvorbereitung im

Einzelnen konnte auf die Unterstützung eines Wissenschaftlichen Beirates zurückgegriffen werden. Geleitet wurde er von Prof. Dr. Dr. Detlef Döring. Zu seinen 17 Mitgliedern gehörten in erster Linie Professoren der Leipziger Universität. Erweitert wurde dieser Kreis durch Professoren der Universitäten Freiberg/Sachsen, Halle-Wittenberg, Jena und München sowie durch die Leiter von Einrichtungen, die sich thematisch mit der Aufklärung befassen. Hier sind besonders die Franckeschen Stiftungen in Halle hervorzuheben. Letztendlich freilich war der Erfolg der Ausstellung abhängig von der Unterstützung der schon erwähnten insgesamt 79 Leihgeber, u. a. aus Berlin, Dresden, Frankfurt/M., Hannover, München, Nürnberg, Stockholm und Weimar. Die wohl größte Zahl auswärtiger Exponate kam aus Waldenburg/Sachsen, wo sich heute eine der großen Leipziger Naturaliensammlungen des 18. Jahrhunderts befindet (Sammlung Linck). Die Ausstellungsarchitektur und -graphik wurde durch die „RAUMFABRIK Halle" besorgt. Besonders in der Schlussphase des Aufbaus der Exposition, die unter einem enormen Termindruck erfolgte, wurde die Leistungskraft der „RAUMFABRIK", aber auch der anderen unmittelbar Beteiligten, aufs Äußerste gefordert.

Die Eröffnung der Ausstellung erfolgte am Abend des 8. Juli 2009. In Vertretung des kurzfristig am Kommen gehinderten Ministerpräsidenten des Freistaates Sachsen, Stanislaw Tillich, sprach Frau Dr. Eva-Maria Stange, Sächsische Staatsministerin für Wissenschaft und Kunst. Weitere Ansprachen bzw. Grußworte folgten von Prof. Dr. Franz Häuser, Rektor der Universität, Burkhard Jung (OBM der Stadt Leipzig), Prof. Dr. Pirmin Stekeler-Weithofer (Präsident der SAW) und PD Dr. Rudolf Hiller von Gaertringen (Kustos der Universität). Zur Ausstellung erschienen im Sandstein Verlag Dresden ein Essayband und ein Katalogband (384 und 479 Seiten). Die im Auftrag des Rektors herausgegebenen Bände beschreiben nicht nur sämtliche Exponate, die überdies durchweg als Abbildungen geboten werden, sondern versuchen vor allem durch die Essays in die jeweiligen Themen einzuführen und dies in einer auch für Nichtfachleute verständlichen Sprache.

In der fünfmonatigen Laufzeit der Ausstellung wurde nicht nur ein aufwendiges Führungsprogramm angeboten, es fanden zudem auch zahlreiche Veranstaltungen statt, die hier nicht alle aufgeführt werden können. Herauszuheben ist jedoch das erhebliche Engagement, das auf dem Gebiet der Museumspädagogik entfaltet wurde. Eine eigene Abteilung ermöglichte es Jugendlichen, sich auf spielerischem Wege Themen zu nähern, die in der Ausstellung behandelt wurden (z. B. Reisen und Erforschung der Elektrizität). Ab Ende August 2009 wurde die Ausstellung von einer wissenschaftlichen Vortragsserie „Erleuchtende Stunden" begleitet, organisiert von der Universität und der SAW. Die jeweils am Donnerstagabend im Festsaal des Alten Rathauses gehaltenen Vorträge sollten einem breiteren Publikum Themen und Persönlichkeiten näher bringen, die in der Ausstellung durch Exponate zwar präsent sind, über die aber mehr gesagt werden kann, als dies in Gestalt einiger Ausstellungsstücke möglich ist. Die Referenten kamen aus Leipzig, aber auch aus anderen deutschen Universitätsstädten. In insgesamt 14 Vorträgen wurden Persönlichkeiten porträtiert (u. a. Christian Thomasius, Chistian Fürchtegott Gellert und Johann Christoph Gottsched), die Geschichte einzelner Disziplinen dargestellt (z. B. Botanik und Medizin), einzelne Ereignisse geschildert (so die Gründung der Universität) oder Sachthemen behandelt, wie Schul- oder Musikgeschichte. Einige Vorträge sind im Heft 4 des Publikationsorgans der SAW (Denkströme. Journal der Sächsischen Akademie der Wissenschaften) publiziert worden.

(Detlef Döring)

b) Resümee des Projektleiters Priv.-Doz. Dr. Rudolf Hiller von Gaertringen und der Öffentlichkeitsarbeit der Kustodie der Universität

Allgemeines
Die Jubiläumsausstellung hat die Universität zusammen mit der Stadt Leipzig und der Sächsischen Akademie der Wissenschaft zu Leipzig als eine Ausstellung konzipiert, die sich nicht nur an ein Fachpublikum wendet, sondern eine möglichst breite Öffentlichkeit erreicht. Sie war daher das wichtigste, über einen längeren Zeitraum frei zugängliche Angebot im Jubiläumsjahr. Die „Erleuchtung der Welt. Sachsen und der Beginn der modernen Wissenschaften" war eine tragende Säule des gesamten Jubiläumsprogramms. Thema war die Leipziger Wissenschaftsgeschichte der Aufklärung, eine Zeit des Aufbruchs, deren natürliches Zentrum die Stadt und ihre Universität darstellten und die europaweite Ausstrahlung besaß. Ziel war, Bildung und Wissen als Voraussetzung für den Erfolg moderner Gesellschaften zu vergegenwärtigen. Im Hauptsitz des Stadtgeschichtlichen Museums Leipzig im ehrwürdigen Alten Rathaus aus dem 16. Jahrhundert wurden vom 9. Juli bis 6. Dezember 2009 ca. 700 Objekte auf ca. 1.400 Quadratmetern gezeigt, darunter zahlreiche selten zu sehende Leihgaben unterschiedlichster Provenienz. Besondere Aufmerksamkeit wurde auf die museumspädagogische Aufbereitung und Begleitung verwendet, die maßgeblich zum Erfolg

des Vorhabens beitrug. Die Ausstellung erfuhr eine erfreulich positive Medien- und Besucherresonanz, die sich partiell auch mit Hilfe einer Besucherbefragung in der Ausstellung greifen lassen.

Vorgeschichte und Themenfindung

Die Beauftragung der Kustodie, sich um die Ausrichtung einer großen Sonderausstellung für das Jubiläumsjahr 2009 zu bemühen, reicht zurück in das Rektorat von Prof. Dr. Volker Bigl, der 2002 eine erste Rektoratskommission 2009[2] ins Leben gerufen hatte, und wurde unter dem Rektorat von Prof. Dr. Franz Häuser erneuert. Ab 2003 wurden Gespräche in Sachen Themenwahl und Realisierungsperspektiven geführt. Ein Hauptproblem bildete die Raumfrage, da die Universität keine geeigneten Räumlichkeiten vorhält. Primärer städtischer Ansprechpartner war von Anfang an das Stadtgeschichtliche Museum, wo schon 1909 die Jubiläumsausstellung aus Anlaß des 500jährigen Bestehens der Universität Leipzig gezeigt wurde. Am Anfang stand die Idee, dem Freistaat Sachsen die Integration des Vorhabens in die Serie der Landesausstellungen vorzuschlagen.

Bei der Themenwahl waren zahlreiche, teilweise widerstreitende Kriterien zu berücksichtigen. Einerseits mußte das Thema einen universitären Bezug aufweisen und das „Kerngeschäft" der Universität, Lehre und Forschung, betreffen. Andererseits sollte eine für die Entwicklung der Gesellschaft zentrale Weichenstellung mit Auswirkungen auf Gegenwart und Zukunft thematisiert werden. Grundlegend war eine der Universität entsprechende, wissenschaftliche Herangehensweise, weitere Kriterien bildeten das Vorhandensein anschaulicher Exponate und die Möglichkeit populärer Aufbereitung für ein breites Publikum. Außerdem sollte die Ausstellung wissenschaftlich innovativ sein und sowohl dem Wissenschaftler als auch dem interessierten Laien Neues bieten.

Nachdem die zweite sächsische Landesausstellung „Glaube und Macht" in Torgau die Reformation im 16. Jahrhundert thematisiert hatte, lag die Idee nahe, in der Folge das 17. und 18. Jahrhundert, mithin die Aufklärung in Sachsen in den Blick zu nehmen. Erste Vorgespräche, u. a. mit Prof. Dr. Dr. Günther Wartenberg († 2007), bestätigten das Potential dieses Themas: Wie bislang wissenschaftlich zu wenig gewürdigt wurde, stellt Leipzig mit seiner Universität ein weithin ausstrahlendes Zentrum der Aufklärung dar. Die Anliegen der Aufklärung hingegen sind von zeitloser Relevanz.

---

2 Vgl. Kapitel II.1

Wissenschaftsgeschichtlich vollzieht sich im 17. und 18. Jahrhundert die Ausdifferenzierung einer Vielzahl heute üblicher Disziplinen, wobei Leipzig in vielen Bereichen Motor der Entwicklung gewesen ist. Da dieser Vorgang sowohl die geistes- als auch die naturwissenschaftlichen Fächer betraf, versprach die Ausstellung, eine große Bandbreite von Besucherinteressen anzusprechen. In vieler Hinsicht repräsentiert die Epoche der Aufklärung eine Phase des Aufbruchs und eine Weichenstellung in Richtung Moderne. Im Zusammenwirken mit der Bürger- und Handelsstadt Leipzig bildete die Universität einen Kristallisationspunkt für die Aufklärung in Mitteldeutschland. Zugleich profitierte die Universität von ihrer Symbiose mit der prosperierenden Messestadt, wobei die hier verfaßten Schriften über das entwickelte Verlagswesen schnell gedruckt wurden und über die Messen rasche Verbreitung fanden.

Nachdem die Staatsregierung eine Realisierung des Vorhabens als Landesausstellung abgelehnt und statt dessen eine Umsetzung als Jubiläumsausstellung der Universität in Aussicht gestellt hatte, wurde das Konzept stärker in Richtung Leipzig adaptiert, der Schwerpunkt im 17. und 18. Jahrhundert jedoch beibehalten.

Strukturen und Gremien

Die Realisierung der Ausstellung erfolgte unter Federführung der Kustodie, zugleich war klar, daß die Universität das Projekt allein nicht bewältigen konnte. Es wurden demnach Kooperationen mit der Stadt Leipzig, insbesondere dem Stadtgeschichtlichen Museum Leipzig, und mit der Sächsischen Akademie der Wissenschaften zu Leipzig etabliert. Als wissenschaftlicher Kopf des Projektes konnte der ausgewiesene Aufklärungsforscher Prof. Dr. Dr. Detlef Döring gewonnen werden. An der Erarbeitung eines Konzeptionspapiers für die Landesausstellung als Entscheidungsgrundlage für die Staatsregierung wirkte ferner Dr. Volker Rodekamp, Direktor des Stadtgeschichtlichen Museums Leipzig, mit. Ihm ist auch der Ausstellungstitel zu verdanken. Das Konzept wurde im Herbst 2004 mit einem Anschreiben des Oberbürgermeisters Tiefensee und des Rektors der Universität Leipzig, Prof. Dr. Franz Häuser, beim Sächsischen Ministerium für Wissenschaft und Kunst (SMWK) in Dresden eingereicht.

Außerdem war klar, daß für die Realisierung eines so umfangreichen Ausstellungsvorhabens zusätzliche Kräfte angeworben werden mußten, zumal bestimmte normale Aufgaben der Kustodie, insbesondere die Restaurierungsvorhaben für den Neubau, weiterhin betreut werden mußten. Im Frühjahr 2007 konnte dann in der Person von Frau Dr. Hollberg eine Ausstellungskuratorin eingestellt werden, mit dem Auftrag, sich hauptamtlich um Exponatauswahl, Leihverhandlungen, Begleitpublikationen sowie Fragen der Ausstellungsarchitektur zu kümmern.

In der Folge wurden wöchentliche Arbeitssitzungen eingerichtet, an denen gemeinhin Prof. Dr. Dr. Döring, Dr. Rodekamp, PD Dr. Hiller von Gaertringen sowie Frau Dr. Hollberg teilnahmen. Hier wurden alle die Ausstellung betreffenden Fragen erörtert, darunter die Exponatrecherche, die Erstellung der Publikationen, die Gründung weiterer Gremien, Marketing und PR, Gestaltung, sowie die baulichen Vorbereitungen der Ausstellungsflächen.

Für sinnvoll erachtet wurde die Gründung zweier begleitender Gremien, erstens eines wissenschaftlichen Beirats als Diskussionsforum für Konzeptions- und Detailfragen, zur Unterstützung bei Leihverhandlungen und zur Suche von Katalogautoren, wo nötig, und zweitens eines kleinen, hochkarätig besetzten Kuratoriums. Der wissenschaftliche Beirat, dem 17 Mitglieder angehörten (s. o.), tagte insgesamt fünfmal, erstmalig im Sommer 2007 und letztmalig im Januar 2009. Das Kuratorium unter Vorsitz der Staatsministerin für Wissenschaft und Kunst, Frau Dr. Eva-Maria Stange, dem ferner der Rektor, der Oberbürgermeister der Stadt Leipzig, der Präsident der Sächsischen Akademie der Wissenschaften zu Leipzig und andere angehörten (s. o.), tagte zweimal, erstmalig im Januar 2008 sowie letztmalig im Januar 2009.

Beitrag der Universität und freiberufliche Leistungen
Das organisatorische Rückgrat der Ausstellung bildete die Kustodie, deren feste und temporäre Mitarbeiterinnen und Mitarbeiter wichtige Aufgaben im Bereich Recherche, Restaurierung, Fotografie, Rahmung von Grafiken sowie Presse- und Öffentlichkeitsarbeit übernahm. Die Stammbelegschaft wurde erweitert um die erwähnte Kuratorenstelle, eine volle Redakteursstelle, eine Redakteursstelle für die Endredaktion, eine Sekretariatskraft sowie um zwei Museumspädagogen. Hinzu kamen studentische und wissenschaftliche Hilfskräfte sowie eine Vielzahl freiberuflicher Restauratoren in den Bereichen Malerei und Papier. In der Eröffnungsphase wurde auch die Pressearbeit durch freiberufliche Kräfte unterstützt. In der Person des Kustos stellte die Kustodie ferner den Projektleiter, dem die Steuerung des Gesamtprozesses und nicht zuletzt der Budgetfragen oblag. Einen wesentlichen Beitrag erbrachten naturgemäß die Kuratorin Dr. Cecilie Hollberg sowie Prof. Dr. Dr. Döring als Fachwissenschaftler. Die Belange der Öffentlichkeitsarbeit schulterte mit großen Engagement Dr. Simone Schulz. Hier ist unter großem Zeitdruck Eindrucksvolles geleistet worden.

Wesentliches zum Gelingen des Vorhabens trug ferner die Zentralverwaltung der Universität bei. Das Dezernat für Haushalts- und Wirtschaftsangelegenheiten, insbesondere Frau Snicinski-Grimm, betreute zahlreiche Ausschreibungen, darunter die Verlagsausschreibung und die Kunsttransporte, sowie die Buchhaltung, das Dezernat für Personal unterstützte Bewerbungsverfahren für eine Vielzahl von Stellen, das Dezernat Planung und Technik, vor allem Steffen Braun und Kerstin Gerland-Hain, half bei der Ausschreibung und Abnahme der Ausstellungsarchitektur und der Vitrinenausstattung, die Betriebstechnik bei der Einrichtung der externen Exponatbeleuchtung, das Dezernat für Öffentlichkeitsarbeit und Forschungsförderung, vor allem dessen Leiter Dr. Ralf Schulze, beförderte die Belange Marketing, Presse und Vermittlung, insbesondere in Form der von ihm geleiteten Steuerungsgruppe, der Pressesprecher Tobias Höhn war ein verläßlicher Partner bei der Pressearbeit. Die ebenfalls diesem Dezernat angegliederte Geschäftsstelle 2009 unter Leitung von Christina Barofke unterstützte ebenfalls in den Bereichen Marketing, Budgetverwaltung sowie Veranstaltungsmanagement. Das Justitiariat, hier besonders der Justitiar Oliver Grimm, betreute die juristische Begutachtung aller Arten von Verträgen, darunter die Leihverträge und insbesondere den Kooperationsvertrag mit der Stadt Leipzig, der wichtige Passagen zur Klimatisierung enthielt. Ohne diese Unterstützung wäre das Projekt nicht zu bewerkstelligen gewesen.

Zahlreiche weitere Leistungen mußten auf dem freien Markt gesucht werden, wobei teilweise beträchtliche Summen auszuschreiben waren. Im Sommer 2007 galt es zunächst einen Verlag für die Publikation der Begleitbände zu finden. Die Ausschreibung gewann der Sandstein Verlag Dresden, der auch das unternehmerische Risiko übernahm. Im Herbst 2007 wurde ein Gestalter für das Erscheinungsbild der Ausstellung gesucht, den Ideenwettbewerb vom Dezember 2007 entschied die Agentur Homan Güner Blum aus Hannover für sich. Im Sommer 2008 wurde die Ausstellungsarchitektur ausgeschrieben und an die Agentur Raumfabrik aus Halle vergeben, deren Gesamtkonzept ästhetisch und wirtschaftlich überzeugte. In Fragen des Ausstellungsmarketings profitierte das Projekt von der Beratung durch MuseoConsult. Die Ausschreibung der Kunsttransporte entschied die Firma DB Schenker für sich. Mit dem Einführungsfilm zur Ausstellung wurde die Urban Filmproduction Berlin betraut, die Audioguides und Hörstationen produzierte die Firma Tonwelt, ebenfalls Berlin.

Allgemeine Rahmenbedingungen
Wichtig erscheint die Aussage, daß das Ausstellungsvorhaben nicht nach Eigengesetzlichkeiten gestaltet werden konnte, sondern sich innerhalb komplexer Rahmenbedingungen bewegte. Dazu gehört zuvorderst die Tatsache, daß die Finanzierung zu 100%

vom Freistaat sichergestellt wurde, ohne die das Vorhaben nicht zustande gekommen wäre. Allerdings erfolgte die schriftliche Bewilligung erst im Juni 2008, dreizehn Monate vor Ausstellungseröffnung. Erst ab diesem Zeitpunkt konnten die Leihgaben verbindlich angefordert, Ausstellungsarchitektur und Vitrinen geplant und in größerem Umfang das dafür notwendige zusätzliche Personal eingestellt werden. Auch der von der Stadt Leipzig ins Werk gesetzte Umbau des zweiten Obergeschosses des Alten Rathauses hing von dieser Zusage ab und wurde unter diesen Bedingungen erst in letzter Minute im Frühjahr 2009 abgeschlossen.

Die Laufzeit der Ausstellung war ebenfalls auf Belange des Jubiläumsjahres bezogen, indem sie auf jeden Fall zum Höhepunkt und Abschluss des Jubiläumsjahres am 2. Dezember 2009 zugänglich sein sollte. Die Bindung an die Haushaltsjahre 2008 und 2009 verhinderte eine – im Hinblick auf die Besucherzahlen sicher günstigere – Terminierung über den Jahreswechsel bis in den Januar oder Februar 2010. Vor dem Hintergrund einer maximal fünfmonatigen Ausstellungsdauer, die sich aus der üblichen Leihfrist für sensible Exponate ergab, mußte die Ausstellung also im Sommer 2009 eröffnet werden und startete somit in den Sommerferien. Im Herbst hingegen zog die zwanzigjährige Wiederkehr der friedlichen Revolution des Jahres 1989 die Öffentlichkeit in ihren Bann. Im universitären Bereich war das Jubiläumsjahr, und hier abermals das für die Ausstellung zentrale Zeitfenster im Herbst, durch die massiven Proteste gegen die Studienreform überschattet. Unter dem Motto „Es gibt nichts zu feiern" war der Blick der Studierenden auf die Studienbedingungen gerichtet, das Jubiläum und damit auch die Ausstellung wurden weitgehend boykottiert. Einer Imageanalyse von 2007 zufolge wird die Hochschule vielfach kritisch gesehen, so daß von dieser Seite für die Jubiläumsausstellung auch nur eingeschränkte positive Effekte zu erwarten waren. Die Rahmenbedingungen für das Ausstellungsprojekt dürfen demnach als schwierig bezeichnet werden.

Gliederung und Inhalt der Ausstellung
Organisiert in 32 Abteilungen zeigte die Ausstellung ca. 700 Objekte auf ca. 1.400 Quadratmetern. Eine historische Ausstellung von vergleichbarem Anspruch war in Leipzig seit langem nicht zu sehen gewesen. Im Alten Rathaus, dem Hauptsitz des Stadtgeschichtlichen Museums Leipzig, standen dafür Teile des ersten Obergeschosses sowie die Gesamtfläche des zweiten Obergeschosses zur Verfügung, welches dafür eigens mit einem neuen Medienboden und mit Klimatechnik ausgestattet wurde. Hier wurde für die Ausstellung eine komplette Innenarchitektur, die mittels Vitrinenbändern insbesondere für die Präsentation von Büchern gestalterisch und konservatorisch ideale

Bedingungen boten, geschaffen. Hinzu kamen zahlreiche freistehende Vitrinen für herausragende Einzelobjekte.

Die Ausstellung wies folgende Abteilungen auf: Im ersten Obergeschoß wurden einführend die historischen Universitätsbauten und anhand eines eigens angefertigten Modells deren Lage in der Stadt thematisiert. Im zweiten Obergeschoß schloß sich ein großer Rundgang an, beginnend mit der Gründungsepoche und der Geisteswelt des frühen 16. Jahrhunderts, insbesondere Reformation und Humanismus. Der Themenkomplex Schulwesen und Pädagogik betraf dann schon die Voraussetzungen der Aufklärung, anschließend wurde die Entwicklung einzelner Disziplinen aufgezeigt, darunter Theologie, Philosophie und Jurisprudenz, von denen sich Fächer wie die Geschichtswissenschaft, die Klassische Philologie, die Orientalistik, die deutsche Literatur und die Archäologie emanzipierten. Das folgende Kapitel thematisierte den Aufstieg der Naturwissenschaften, aus alten Fächern wie Mathematik und Astronomie entwickelten sich Technik, Ökonomie und Montanwesen, aus der Medizin Chemie und Botanik. Die Schnittstellen mit der Gesellschaft beleuchteten Abschnitte zu Bibliotheken, Verlags- und Zeitschriftenwesen, dem Bereich Internationales, ferner die Themen Sozietäten, Salon, Musik, Theater, Kunstakademien, Sammlungen, Reisen und Adel. Leitobjekte, wie die 1709 in Leipzig von Jakob Leopold geschaffene Vakuumpumpe, wurden herausgehoben inszeniert.

Wesentliche Aspekte konnten mit den reichen Sammlungsbeständen der Universität Leipzig bestritten werden, darunter die Sondersammlungen der Universitätsbibliothek Leipzig, das Universitätsarchiv und die Kustodie. Zu den Leipziger Leihgebern zählten das Stadtgeschichtliche Museum, das Museum für Bildende Künste Leipzig, das Grassi-Museum für angewandte Kunst sowie das Museum für Druckkunst. Auch das Sächsische Staatsarchiv Dresden, die Sächsischen Kunstsammlungen Dresden, hier vor allem der Mathematisch-Physikalische Salon und die Gemäldegalerie Alte Meister, ferner die Hochschule für Bildende Künste Dresden stellten Leihgaben zur Verfügung. Für die aus Leipzig stammende naturkundliche Sammlung der Apothekerfamilie Linck war das Naturalienkabinett Waldenburg von Bedeutung. Zu den nationalen Leihgebern gehörten die Theaterwissenschaftliche Sammlung der Universität Köln, das Observatorium Niemegk und die Universität Göttingen, um nur einige zu nennen. Die erste Tageszeitung der Welt, gedruckt in Leipzig, konnte von der Schwedischen Nationalbibliothek in Stockholm entliehen werden.

Restaurierung, Klimatisierung sowie Auf- und Abbau der Ausstellung

Als besonders arbeitsintensiv erwies sich auch die restauratorische und konservatorische Betreuung der Ausstellungsobjekte. Nachdem im Februar 2008 eine erste Exponatliste vorlag, erstellte die hauseigene Restauratorin der Kustodie Dipl. Rest. Sibylle Nöth umgehend entsprechende Konservierungs- bzw. Restaurierungskonzepte und kalkulierte den erforderlichen Zeitaufwand. Unter ihrer Leitung wurden die Objekte in der Folge in der Studiensammlung zusammengezogen und im Rahmen konzertierter Restaurierungsaktionen mit Unterstützung externer Restauratoren in einen ausstellungsfähigen Zustand gebracht. In Einzelfällen wurden auswärtige Leihgaben vor Ort bearbeitet (Schulpforte, Grimma, Schloss Reinharz). Wesentliches leistete die Restaurierung ferner bei der Optimierung der Klimasituation im Alten Rathaus und deren Überwachung während der Ausstellung. Im Vorfeld des Ausstellungsaufbaus wurde für jedes der knapp 700 Exponate ein Zustandsprotokoll vorbereitet und ausgefüllt. Der eigentliche Aufbau, an dem die Ausstellungskuratorin, fünf Restauratorinnen, je ein Techniker der Kustodie und des Stadtgeschichtlichen Museums sowie zwei Mitarbeiter der Spedition Schenker mitwirkten, fand dicht gedrängt und unter großem persönlichem Einsatz in der Zeit vom 15. Juni bis zum 6. Juli 2009 statt. In diesem Zusammenhang wurden auch Buchstützen und Passepartouts gefertigt. Nach der Eröffnung wurden die Aufsichten eingewiesen und auf neuralgische Punkte der Raumsituation aufmerksam gemacht. Der Ausstellungsabbau, in dessen Verlauf auch noch ein Wassereinbruch zu bewältigen war, begann unmittelbar nach Ausstellungsende am 6. Dezember 2009 und wurde – trotz Behinderung durch den Weihnachtsmarkt – im wesentlichen vor den Feiertagen abgeschlossen.

Ausstellungsarchitektur

Das Erscheinungsbild der Ausstellung wurde in hohem Maße von der Ausstellungsarchitektur bestimmt, welche von der Firma Raumfabrik in Halle an der Saale gestaltet wurde. Angesichts des ungewöhnlich reichhaltigen und komplexen Ausstellungskonzepts bildeten sowohl die Korrelation von Raum und Objekt als auch der hohe Anteil an Büchern eine Schwierigkeit. Der unter dem Dach gelegene Raum des zweiten Obergeschosses mit Schrägen und verschiedenen Stützen stellte eine zusätzliche Herausforderung dar. Die Lösung war charakterisiert durch große Eleganz und Funktionalität und bot 30 Abteilungen, zumeist mit langen Vitrinenbändern für Bücher und Grafik, unterbrochen durch Hängeflächen für Gemälde, sowie exponierte Ganzvitrinen für die Schlüsselobjekte. Zumeist graue Wandflächen und innen farbig ausgelegte Vitrinenböden lenkten die Aufmerksamkeit auf die Exponate und schufen eine gediegene Atmosphäre. Die einzeln regelbare, dimmbare Vitrinenbeleuchtung trug den individuellen konservatorischen Anforderungen der Exponate in idealer Weise Rechnung. Über den Vitrinenbändern führten konzise Texte in die Thematik der jeweiligen Nische ein. Eine aus den Möglichkeiten des neuen Fußbodens entwickelte Besonderheit waren von unten beleuchtete Bodentanks in der Größe einer Bodenfliese, welche einen Kurzhinweis auf das Thema der Nische anbot und den Betrachter einstimmen sollte.

Begleitpublikationen
Dem Usus ambitionierter Sonderausstellungen folgend sollte für die Ausstellung eine zweibändige Begleitpublikation bestehend aus Essay- und Katalogband erarbeitet werden. Die Herausgabe der Werke übernahm der Dresdener Sandstein Verlag. Der Essayband enthielt insgesamt 40 Aufsätze mit ca. 220 Abbildungen zu den Themen Grundlagen und Vorgeschichte der Aufklärung sowie die Aufklärung in Sachsen, die historische Überblicke und vertiefende Einblicke in die Entwicklung einzelner Disziplinen erlauben. Als Autoren der Aufsätze konnte eine Vielzahl von Spezialisten gewonnen werden, darunter neben Prof. Dr. Dr. Döring auch zahlreiche weitere Mitglieder des wissenschaftlichen Beirats. Der Katalogband enthielt 684 Katalognummern, organisiert in 30 Abteilungen und vielfach verfaßt von den Wissenschaftlern in den Sammlungen. Jeder Abteilung war eine prägnante thematische Einführung auf einer Druckseite vorangestellt. Beide Bände sind reichhaltig und durchgehend in Farbe illustriert.

Museumspädagogik
Die Ausstellung richtete sich nicht allein an ein wissenschaftliches Fachpublikum, sondern sollte eine breite Öffentlichkeit ansprechen. Aufgabe der Museumspädagogen war es, das komplexe wissenschaftsgeschichtliche Thema insbesondere für die Zielgruppen der Kinder, Familien und Schulklassen zu erschließen und anschaulich zu vermitteln. Dies umfaßte einerseits die Konzeption eines Hands-on-Bereichs in der Ausstellung und andererseits die Entwicklung von Vermittlungsangeboten für verschiedene Zielgruppen. Ein besonderes Angebot ermöglichte der „Grüne Salon", dem an die Ausstellungsfläche angrenzenden museumspädagogischen Aktionsraum. Zielgruppen waren Kinder zwischen 8 und 12 Jahren, die mit ihrer Familie die Ausstellung besuchten, und Schulklassen der Grundschulen ab der dritten Klasse, ferner Mittelschulen und Gymnasien/Berufliche Gymnasien bis zur Klassenstufe 10 bzw. 12.

Experimentierstationen als Hands-On Bereiche

Das Thema der Ausstellung mag auf den ersten Blick für Kinder und Jugendliche schwer zugänglich scheinen. In Wirklichkeit boten zahlreiche Themengebiete und Exponate, vor allem wissenschaftliche Instrumente und Modelle, gute Anknüpfungspunkte für die Entwicklung einer weiterführenden Vermittlungsebene. Ausgehend von Exponaten und Themen der Ausstellung wurden 13 interaktive Experimentier-Stationen (Hands-on) entwickelt, die zur eigenen Auseinandersetzung anregen sollten. Dies war insofern besonders sinnreich, als im Zeitalter der Aufklärung das Experiment als wissenschaftliche Methode in den Naturwissenschaften eingeführt wurde. Nachgestellte Experimente sollten zum Ausprobieren, Tüfteln und Nachdenken anregen. Unter Ansprache aller Sinne wurden die Kinder dazu angeregt, sich auf die Spuren Leipziger Wissenschaftler zu begeben. Die Hands-on waren so konzipiert, dass sie von Kindern ab 8 Jahren mit Hilfe von Anleitungen selbständig benutzt werden konnten. In der Regel dauerten die Experimente maximal 5 Minuten. Die Stationen wurden zusammenhängend in die Ausstellung integriert und behandelten folgende Themen: Orientalistik, Archäologie, Verlagswesen, Mathematik, Astronomie, Reisen, Kunstakademie, Elektrisiermaschine, Doppelkegel, Vakuumpumpe, Botanik, Optik und Mikroskopie. Sie waren in unmittelbarer Nähe zu den historischen Exponaten angeordnet und wiesen auf die Bedeutung dieser Erfindungen, Entdeckungen und Ideen bis in die Gegenwart hin. Besucher konnten selbst gedruckte Lesezeichen, gestempelte Hieroglyphen oder Schattenrisse mit ihrem Profil mit nach Hause nehmen.

Ideen-Werkstatt

Ein weiteres Vermittlungsangebot für 8 bis 12-Jährige und für Familien war die Ideen-Werkstatt im „Grünen Salon". Ziel des Angebots war es, in Form von Workshops über eigenes und gemeinsames Tun an die Themen der Ausstellung heranzuführen. Über originale Exponate wurden historische Entwicklungen vermittelt und anschließend handlungsorientiert mit der Gegenwart des jeweiligen Faches in Beziehung gesetzt. Experten aus den entsprechenden Disziplinen leiteten die Besucher an. Die Workshops fanden an jedem letzten Sonntag im Monat von 11 bis 16 Uhr statt und behandelten folgende Themen: „Abenteuer Archäologie", „Vorhang auf! Willkommen zur Theater-Werkstatt", „Karambola – Früchte aus aller Welt", „Druckerschwärze und Buchstabensalat – die Druckwerkstatt", „Erfinderkinder – Fragen, Ausprobieren und Verstehen". Die Museumspädagogen führten mit einer 20-minütigen dialogischen Kurzführung anhand von Exponaten in das Thema ein. Anschließend gestalteten die Experten und Museumspädagogen im „Grünen Salon" die eigentliche Werkstatt.

Herbstferienprogramm

Auch das Herbstferienprogramm regte zu einer kreativen Auseinandersetzung mit den Inhalten der Ausstellung an und sollte einen Einblick in den historischen Buchdruck vermitteln. Ausgehend von der Entwicklung moderner Kommunikationsmedien – wie Zeitschriften und Tageszeitungen im Zuge der Aufklärung – wurde das Format der Druckwerkstatt konzipiert. „Kluge Köpfe und erleuchtende Ideen" – die Druckwerkstatt wendete sich an Kinder im Alter von 6 bis 12 Jahren, welche die Werkstatt mit ihrer Hortgruppe oder eigenständig besuchen konnten. Über die Methoden des kreativen Schreibens und bildnerischen Arbeitens sollten sie angeregt werden, auf Basis ausgewählter Ausstellungsthemen eigene Ideen zu entwickeln. Ein Exponat der Ausstellung – die erste Tageszeitung der Welt, gedruckt 1650 in Leipzig – sollte für die Kinder Ausgangspunkt sein, sich mit einem weiteren ausgewählten Ausstellungsthema kreativ auseinander zu setzen und Beiträge für eine eigene Ausstellungszeitung zu gestalten. Unterschiede zwischen dem historischen Exemplar und heutigen Tageszeitungen sollte herausgearbeitet und verschiedene Drucktechniken ausprobiert werden. Nach einer dialogischen Kurzführung wurden drei Themen der Ausstellung bearbeitet: Reisen und Expeditionen/Erfindungen und Entdeckungen/Botanik und Sammlungen.

Angebote für Schulklassen

Die zweite museumspädagogische Zielgruppe stellten Schulklassen dar. Auf der Basis des Lehrplans der Grundschulen, Mittelschulen und Gymnasien aus Sachsen und Sachsen-Anhalt wurden fächerübergreifende Angebote konzipiert. Die Gliederung der Ausstellung in die Bereiche Gründung, Geisteswissenschaften, Naturwissenschaften, sowie Universität und Stadt wurde aufgegriffen. Das vielfältige Themenspektrum der Ausstellung bot zahlreiche Anknüpfungspunkte an den sächsischen und den sachsen-anhaltinischen Lehrplan, sowohl der naturwissenschaftlichen als auch der geisteswissenschaftlichen Schulfächer. Bereits vor der Ausstellungseröffnung wurden die Schulen über museumspädagogische Angebote und Lehrerfortbildungen informiert, um Besuche mit den eigenen Klassen vorzubereiten. Anknüpfungspunkte zwischen den Themen der Ausstellung und dem Lehrplan fanden sich in den Fächern Deutsch, Geschichte, Sachkunde, Physik, Mathematik und Biologie sowie Kunst.

Neun Schulklassenangebote mit verschiedenen inhaltlichen Schwerpunkten wurden erarbeitet. Für die Grundschule wurden die Angebote „Kluge Köpfe – Entdeckungen und Erfindungen an der Leipziger Universität", „Mit Brief und Siegel", „Am Anfang war die Initiale" und „Experimente bitte! Probier's doch mal aus …" konzipiert. Für

Mittelschulen, Gymnasien und berufliche Gymnasien standen die Angebote „Was ist Aufklärung?", „Ein neues Bild von der Welt – Naturwissenschaften im Zeitalter der Aufklärung", „Dass ich erkenne, was die Welt im innersten zusammenhält …" – Johann Wolfgang von Goethe, Faust I", „Phantasieren, experimentieren, präsentieren", „Erleuchtung der Welt" – Überblicksführung zu Ideen und Entwicklungen der Leipziger Universität im Zeitalter der Aufklärung, „Mit Brief und Siegel und am Anfang war die Initiale" und „Experimente bitte! Probier's doch mal aus …" zur Auswahl.

Unterschiedliche Methoden wie dialogische Führung, Gruppenarbeit mit Aktivblättern, „Schüler führen Schüler" und praktische Übungen boten die Möglichkeit, den unterschiedlichen Altersgruppen und Schularten gerecht zu werden und die Schüler bei der handlungsorientierten und selbstständigen Aneignung von Inhalten zu unterstützen. Wichtiger Bestandteil waren hierbei die Hands-on bzw. Experimentierstationen, die eine Möglichkeit forschenden Lernens boten und auch jüngeren Schülern das komplexe Thema erschlossen. Aktivblätter dienten der eigenständigen Erarbeitung der Inhalte in Kleingruppen und sollen somit teamorientierte Lernprozesse und Schlüsselkompetenzen fördern. Das Vermittlungsangebot zur Ausstellung „Erleuchtung der Welt" sollte Lehrern und Schülern über die Begegnung mit originalen Objekten die Geschichte der Universität Leipzig im 17. und 18. Jahrhundert näher bringen.

Schülerwettbewerb
Darüber hinaus forderte ein Wettbewerb, konzipiert von MuseoConsult, Schüler im Alter zwischen 10 und 16 Jahren zum kreativen Umgang mit dem Thema Erfindergeist im 18. Jahrhundert auf und regte den Bau einer eigenen „Wunderding-Maschine" an. Die Schüler sollten sich anhand der Erfindungen des Leipziger Universalgelehrten Gottfried Wilhelm Leibniz die Bedeutung von Wissensdurst und Erfindergeist für die damalige und heutige Zeit bewußt machen und eigene Ideen entwickeln. Ziel war der Bau einer Maschine für alle Sinne, die sich durch Kreativität, Erfindungsreichtum und Funktionsfähigkeit auszeichnen sollte. Zusammen mit den Informationen zu museumspädagogischen Angeboten wurden die Wettbewerbsunterlagen an die Schulen versandt. Nach 5 Monaten erfolgten Anfang Oktober 2009 Präsentation und Bewertung der Wettbewerbsbeiträge durch eine Jury aus Wissenschaft, Kultur und Bildung. Anfang November wurden fünf Wettbewerbsteilnehmer feierlich durch den Rektor der Universität Leipzig im Festsaal des Alten Rathauses prämiert. Die Gewinner erhielten Geldpreise, die restlichen Teilnehmer Sachpreise. Die eingereichten Arbeiten wurden für die Dauer von zwei Wochen der Öffentlichkeit im Neubau des Stadtgeschichtlichen Museums Leipzig präsentiert.

len Pressereisen eingeladen. Die bundesweite Pressearbeit umfasste die persönliche Einladung überregionaler Kulturjournalisten zu einer Pressereise im Rahmen der Ausstellungseröffnung und eine persönliche Einladung der Chefredakteure aller Tages- und Wochenzeitungen sowie von Funk und Fernsehen zur Pressekonferenz am 7. Juli.

Entsprechend gut war die Resonanz. Zur Ausstellungseröffnung erschienen Beiträge in allen großen nationalen Medien, Print, Funk und TV: Sämtliche nationalen Zeitungen, darunter die Frankfurter Allgemeine Zeitung, Die Zeit, die Süddeutsche Zeitung und Die Welt berichteten ausführlich und positiv über die Ausstellung. TV-Beiträge liefen auf ARD Aktuell in den Tagesthemen sowie auf MDR aktuell übergreifend in den ostdeutschen Bundesländern sowie im Sachsenspiegel. Der begleitende Ausstellungsfilm, produziert als Einführung und in einem separaten Raum am Beginn der Ausstellung zu sehen, wurde ebenfalls im MDR ausgestrahlt. Rundfunksendungen wurden auf Deutschlandradio bundesweit und über MDR Figaro, MDR 1 Radio Sachsen, MDR Info in ganz Mitteldeutschland ausgestrahlt. ARD und MDR berichteten auch auf ihren Internetportalen. Auch Regionalmedien im Bundesgebiet, darunter die Kölnische Rundschau, der Tagesspiegel, OWL am Sonntag, Rheinischer Merkur sowie der Südwestrundfunk SWR 1 berichteten ebenso wie die mitteldeutschen Tages- und Wochenzeitungen: Sächsische Zeitung, Dresdner Neueste Nachrichten, Mitteldeutsche Zeitung, Leipziger Volkszeitung, Magdeburger Volksstimme, Ostthüringische Zeitung, Lausitzer Rundschau. Die lokalen Medien begleiteten das Geschehen über die gesamte Laufzeit mit Ankündigungen und aktuellen Veranstaltungshinweisen (Wochenkurier, Sachsen Sonntag, Leipziger Rundschau, Bild Leipzig, Amtsblatt Leipzig, Kreuzer, Frizz, Zeitpunkt, Hallo Leipzig), die lokalen Fernseh- und Radiosender, wie Radio Leipzig, Mephisto, Leipzig Fernsehen, Leipzig Info TV, sendeten Beiträge. Im Internet berichten Weltexpress und l-iz.de, die Leipziger Internetzeitung.

Besonders fruchtbar war die Zusammenarbeit mit der Leipziger Volkszeitung, auch im Rahmen von Sondermaßnahmen: eine Jubiläumsbeilage der LVZ im Mai 2009, eine ganze Seite über die Jubiläumsausstellung am 8. Juli 2009, übernommen auch von den Dresdner Neuesten Nachrichten für den 10. Juli 2009, sowie eine Serie zur Jubiläumsausstellung mit 10 Presseartikeln auf je einer halben Zeitungsseite im Leipzig-Teil, in der ausgewählte Ausstellungsobjekte und Persönlichkeiten vorgestellt wurden. Auch die kostenlosen Anzeigenblätter, der Wochenkurier, die Leipziger Rundschau sowie auch das Amtsblatt zeigten eine rege Resonanz. Die Magazine der Leipziger Tourismus- und Marketing Gesellschaft beteiligten sich mit Ankündigungen im Leipzig Express und im Tourismusmagazin Näher Dran sogar mit dem Titelthema. Das Stadtmagazin Kreuzer berichtete ebenso wie medizinische Fachmagazine, etwa die Pharmazeutische

Zeitung, die Deutsche Apothekerzeitung oder das Ärzteblatt Sachsen, ferner auch Unternehmensmagazine, wie Energie Plus/Magazin der Stadtwerke Leipzig sowie das Magazin der Universität Halle. Die universitätsinternen Publikationen, wie das Uni-Journal Leipzig, die Alumni Zeitung, Alumni International brachten ebenfalls regelmäßig Beiträge. Die Unterstützung der Ausstellung durch regionale Medien in Form einer sehr engagierten Berichterstattung darf als überdurchschnittlich bezeichnet werden.

Kommunikations- und Werbemaßnahmen
Die Pressearbeit wurde durch vielfältige und anhaltende PR-Maßnahmen flankiert.

Flyer
Die Ausstellung wurde intensiv mit einer Vielzahl von zielgruppenspezifischen Flyern beworben. Im März 2008 entstand ein 6-seitiger Flyer, im April 2009 folgte eine Neuauflage als 12-seitiges Heft. Verteilt wurden 250.000 deutsche und 10.000 englische Exemplare. Für das museumspädagogische Programm wurden 200.000 separate Flyer für Kinder und Familien erstellt, ferner 20.000 Hefte für die Begleitveranstaltungen. Für Flyersampling wurde zusätzlich ein Handzettel im Format DIN lang in einer Auflage von 10.000 Exemplaren produziert.

Über einen eigens erarbeiteten Verteiler wurde ein bundesweiter Versand an Vereine, Museen, Kultur- und Bildungseinrichtungen vorgenommen, im November 2008 an 2.000 Adressen, im Mai/Juni 2009 an 5.000 Adressen. Auch auf Veranstaltungen des Jubiläumsprogramms, wie Kongressen, Symposien und Konzerte, wurden Flyer verteilt. Im Dezember 2008 versandten die Geschäftsstelle 2009 und das akademische Auslandsamt 10.000 deutsche und 6.000 englischsprachige Flyer. Universitätsangehörige und die Studentenschaft erhielten ebenfalls Mailings. Über die Firma Culturtraeger wurde überregional in 4 Staffeln über die gesamte Laufzeit der Ausstellung der mitteldeutsche Raum zwischen Dresden, Erfurt, Magdeburg und Chemnitz bespielt. Über die Firma Gangart wurden gezielt Jugendliche und Studenten beworben, vor allem Kultureinrichtungen für ein junges Publikum, Studentenwohnheime, Schulen etc. Die Verteilung erfolgte als Vorankündigung ab Mai sowie zum Semesterbeginn. Über externe Promoter wurde Flyersampling zu ausgewählten kulturellen Events, so zur Buchmesse (März), zum Classic Open (7.–16. August), auf dem Campus-Fest der Universität (6./7. Juni), dem Studentischen Campus-Fest (17./18. Juni), zum „Tag der Architektur" (27.6.) sowie zu Semesterbeginn im Oktober vor der Zentralmensa betrieben. Der Flyer wurde folgenden Printmedien beigelegt: Der „Leipziger Volkszeitung", den „Dresdner Neueste Nachrichten", dem „Tagesspiegel" Berlin und den „Potsdamer

Neueste Nachrichten", der „Kunstchronik" und dem Magazin „Regjo – Das Regional-Journal für Leipzig und Halle". Der Flyer für Kinder und Jugendliche lag dem „Wochenkurier" bei.

Anzeigen

Regional und national wurden in ausgewählten Printmedien Anzeigen geschaltet. Es erschienen 10 Anzeigen in jeder zweiten Ausgabe von „Die Zeit" sowie jeweils 10 Anzeigen in den Monaten Juli bis September im Faltblatt „Ihr Reiseplan" der Deutschen Bahn in den ICE-Zügen Berlin-München, Berlin-Innsbruck und Dresden-Wiesbaden. Weiterhin wurde in touristischen Publikationen, etwa den Magazinen der Leipzig Tourismus Marketing GmbH „Näher dran" und „Leipzig Express", geworben. Auch in Touristikführern, wie dem „Kultur- und Stadtführer Leipzig 2009", den Publikationen des Leipziger Stadtplanverlags, dem Veranstaltungskalender „Leipzig im ..." wurden Anzeigen geschaltet, ebenso in Fachpublikationen, wie der „Kunstzeitung", der „Kunstchronik", dem Programm des Deutschen Kunsthistorikertages oder des Deutschen Historikertages.

Regional lag der Schwerpunkt auf Werbung in der Tagespresse, vor allem der „Leipziger Volkszeitung", in der 20 Textteilanzeigen auf den Kulturseiten sowie 6 Streifenanzeigen geschaltet wurden. Weiterhin wurde in regionalen und lokalen Zeitschriften und Stadtmagazinen („Kreuzer", „Zeitpunkt", „Blitz", „Frizz", „Kunststoff" etc.) geworben. Mit einer Schaltung von insgesamt 15 Stoppern und 6 Streifenanzeigen lag der Fokus auf der Ankündigung von Sonderveranstaltungen (Ideen-Werkstatt der Museumspädagogik sowie Konzerte). Die Zielgruppe der Studierenden sollte durch Anzeigen in den Sonderheften „U:Boot" (Studentenführer der Kreuzer Medien GmbH) und „Zeitpunkt Studentenführer" erreicht werden. Anzeigen erschienen ferner in universitätseigenen Publikationen, wie dem Universitätsjournal oder dem Taschenkalender/Zimelienkalender, sowie in Kunst- und Ausstellungskalendern, darunter der Kunstindex, Kunst in Leipzig, Kunst in Mitteldeutschland, M-Art etc.

Neue Medien

Der Internetauftritt „www.erleuchtung-der-welt.de" wurde im März 2009 eingerichtet und wöchentlich mit aktuellen Meldungen versehen. Ab Juni 2009 war die Ausstellung mit einer Seite in dem Newsletter „wissenswert", herausgegeben von der Geschäftsstelle 2009, vertreten. Über die Homepage der Ausstellung wurde auch ein Gewinnspiel durchgeführt. Bildschirmwerbung erfolgte in den Leipziger Straßenbahnen der LVB (Fahrgast TV) mit einer Schaltdauer von 40 Tagen im Zeitraum Juli bis November.

Auch über das Studentenwerk konnte über Bildschirme in Mensen und Cafeterien sowie über die Universitätsverwaltung im Hauptgebäude geworben werden. Am Hauptbahnhof Leipzig wurde das Video-Board in der ersten Ausstellungswoche gebucht.

Plakatierung

Vor Ausstellungsbeginn wurde eine großräumige Plakatkampagne durchgeführt. Eine Großflächenplakatierung erfolgte über das Unternehmen Ströer in den größten Städten Mitteldeutschlands mit insgesamt 263 Flächen. Ergänzend wurden im Stadtraum Leipzig die hinterleuchteten Citylight Boards (73 Standorte) angemietet, zu Beginn der Ausstellung, zum Ende der Sommerferien und zum Beginn der Herbstsaison. Zwischen diesen beiden Plakatstaffeln wurden über das Kulturamt der Stadt Leipzig die ebenfalls hinterleuchteten Citylight Poster im August mit 240 Plakaten belegt, sowie nochmals im September. Plakate wurden im Format A1 in einer Auflage von 5.000 Exemplaren für Allgemeinstellenplakatierung gedruckt, ferner für den Aushang die Formate A3 (Auflage 1.000) und A2 halb (Auflage 1.000). Eine Plakatierung der Allgemeinstellen im Format DIN A1 wurde in den mitteldeutschen Städten Leipzig (einschließlich Markkleeberg, Borna, Taucha), Dresden, Halle und Merseburg, Dessau, Magdeburg, Wittenberg, Chemnitz und Erfurt und Weimar für eine Dekade im Juli mit knapp 2.200 Plakaten durchgeführt. Zusätzlich wurde im Herbst eine Dekade in Leipzig plakatiert. In Kultureinrichtungen der Stadt Leipzig wurde eine Indoor-Plakatierung in 3 Formaten (A1, A3 und A2 halb) in 3 Staffeln in Auftrag gegeben, Rahmenbelegung sowie freie Plakatierung mit einer jeweiligen Belegzeit von 2 Wochen. Plakate in den Formaten A3 und A2 halb wurden zum Aushang an Einrichtungen in Leipzig, Sachsen und gesamten Bundesgebiet (Museen, Universitäten, Bibliotheken, Ämter, Bildungseinrichtungen, auch Einzelhandel) versandt. An ausgewählten Stellen in der Universität erfolgte eine Plakatierung im Format A0, vor der Zentralmensa wurde eine Stellwand installiert.

Gebäude- und Gehwegwerbung

An verschiedenen universitären und städtischen Gebäuden (Rektoratsgebäude, Kroch-Haus, Alte Börse etc.) konnten Werbeplanen ohne Mietgebühr angebracht werden. Über die gesamte Laufzeit hing ein großes Blow-Up am Völkerschlachtdenkmal im Format 6 x 18 m. Am Alten Rathaus, dem Ausstellungsort, warb über die gesamte Laufzeit ein PVC-Banner am Turm im Format 18 x 1,9 m sowie am Balkon im Format 6 x 0,7 m. Am Alten Rathaus wurden ferner Schilder und Wegweiser angebracht. Vom 20.07. bis 21.08.2009 hing ein Großbanner mit Maßen von 15 x 10 m am Neubau des

Stadtgeschichtlichen Museums in der Böttchergasse. In der ersten Ausstellungswoche machte im Rahmen des Bahnhofsfestes ein großes PVC-Banner am Hauptbahnhof auf die Ausstellung aufmerksam.

Zwei doppelseitig bedruckte Überspanner wurden zu Ausstellungsbeginn und im Oktober als Straßenwerbung über die Hainstraße und die Nikolaistraße gehängt. Mit Genehmigung des Dezernats Stadtentwicklung und Bau der Stadt Leipzig wurden im öffentlichen Raum 13 Asphaltaufkleber plaziert. Die runden, orangefarbenen Aufkleber mit dem Motiv der Ausstellung waren an Verkehrsknotenpunkten, an Kreuzungen und viel frequentierten Straßen, auf dem Gehweg angebracht (Dittrichring, Hainstraße, Burgplatz, Universitätsstraße/Schillerstraße, Goethestraße/Grimmaische Straße, Grimmaische Straße/Nikolaistraße, Goethestraße/Richard-Wagner-Straße, Katharinenstraße, Marktplatz und Thomasgasse).

Werbeevents
Gemeinsam mit der Leipzig Tourismus Marketing GmbH wurde das Reiseangebot „Leipzig und seine Wissenschaften" entwickelt; vorgestellt u. a. auf der ITB-Messe in Berlin. Hier gab es auch einige speziell angefertigte Merchandising-Produkte wie Kugelschreiber, T-Shirts und Buttons. Auf der Leipziger Buchmesse bot die Präsentation des Essaybandes die Möglichkeit, die Ausstellung werbewirksam vorzustellen, in der Stadt wurden in diesem Zeitraum Flugblätter verteilt. Im Rahmen der Museumsnacht „Nachschicht" am 25. April waren im Stadtgeschichtlichen Museum an einem Informationsstand mit Quiz Freikarten zu gewinnen. Der Stand auf dem Campusfest der Universität am 6./7. Juni bot die Möglichkeit, einige Experimentierstationen kennen zu lernen. In der ersten Öffnungswoche wurde auf dem Bahnhofsfest (9. bis 18. Juli) mittels eines Präsentationsstandes (Quiz und Buttonmaschine) auf die Ausstellung aufmerksam gemacht. Zu Anfang des Wintersemesters wurde an einem Info-Stand vor der Zentralmensa ein Ausstellungsquiz mit Freikarten-Gewinnspiel durchgeführt. Über die Medien wurden während der gesamten Laufzeit der Ausstellung Freikarten verlost.

Die Ausstellung wurde breit und vielfältig in Print- und digitalen Medien kommuniziert. Der Medienmix war auf die einzelnen Zielgruppen zeitlich und räumlich optimal ausgerichtet. Gemeinsam mit Kooperationspartnern wurde versucht, ein Höchstmaß an Synergien zu erreichen, um möglichst viele potentielle Besucher anzusprechen. Das Budget für die Kommunikationsmaßnahmen war von vornherein auskömmlich angesetzt, durch Sponsorenleistungen und die Bereitschaft der Partner Stadt Leipzig und Leipzig Tourist konnten darüber hinaus weitere regionale und überregionale Möglichkeiten ausgeschöpft werden.

Besucherresonanz

Um die Resonanz der Kommunikationsbemühungen und der Ausstellung selbst beim Besucher zu ermitteln, wurde während der gesamten Ausstellungslaufzeit eine Befragung durchgeführt. Neben allgemeinen Fragestellungen wurden insbesondere drei Aspekte untersucht: die Wahrnehmung der Presse- und Werbemaßnahmen, die Effizienz einzelner Werbemaßnahmen sowie die Einschätzung der Ausstellung.

Die Befragung war als Interview zum Selbstausfüllen angelegt. Der Fragebogen bestand aus neun Fragen, von denen zwei offen gestellt waren, d. h. die Besucher mußten ihre Antworten selbst formulieren. Für das Ausfüllen wurden nicht mehr als drei Minuten benötigt. Im ersten Teil wurden die Besucher befragt, auf welchem Weg sie von der Ausstellung erfahren hatten und mit wem sie gekommen waren. Die Kommunikationsmaßnahmen waren stark nach Zielgruppen differenziert; für Studenten, Familien und Kinder, Schulkassen etc. waren unterschiedliche Werbemedien entwickelt worden. Der zweite Teil befaßte sich mit der Ausstellung und der Präsentation der Objekte. Die Abfrage nach einer Schulnote zur Gesamtbewertung wurde zur Selbstreflexion gestellt, die beiden anschließenden offenen Fragen sollten die besonders positiven bzw. negativen Eindrücke wiedergeben. Hier wurde ausdrücklich nur nach besonderen Eindrücken gefragt. Erfreulicherweise wurden diese Fragen von etwa 90% der Antwortenden beantwortet.

Der letzte Abschnitt sollte die sozio-demografischen Merkmale untersuchen. Aus Gründen der Anonymität und Vertraulichkeit wurden nur Altersstruktur, Geschlecht und die Postleitzahl abgefragt. Insgesamt lagen 1.000 Fragebögen aus, ausgewertet wurden 964. Von insgesamt 22.700 Besuchern haben 964 einen Fragebögen ausgefüllt. Dies entspricht einer Quote von etwa 4,25 Prozent. Die Auswertung nach der Altersstruktur ergab folgendes Bild:

Eine Auswertung zeigt, dass der Anteil der 21- bis 40-jährigen Besucher etwas höher ist als derjenige der beiden nachfolgenden Altersgruppen. Gerade bei dieser Gruppe stiegen die Besuche ab Ende Oktober und vor allem im Monat November an, was vermutlich darauf zurückzuführen ist, daß zu dieser Zeit die Studenten intensiv beworben und mit Freicoupons in die Ausstellung eingeladen wurden. Ab dieser Zeit verzeich-nete die Ausstellung ein erhöhtes Besucheraufkommen, das sich bis zum Ende der Laufzeit weiter steigerte. Der Anteil der Besucher in der Altergruppe jenseits von 40 Jahren liegt im allgemeinen Trend von Ausstellungsprojekten dieser Art. Sie bilden die stärkste Besuchergruppe. Die beiden ersten Gruppen der unter 12- bis 20-Jährigen dürfte sich vor allem aus Schulklassen generieren, die im Fokus der museumspädagogischen Arbeit standen.

der Ausstellungsobjekte, der Informationsgehalt sowie die klare Gliederung und Übersichtlichkeit. Negative Bewertungen nannten am häufigsten die geringe Beleuchtung, die freilich konservatorisch bedingt war, gefolgt von Kritik an der Beschriftung bezüglich Lesbarkeit und Höhe der Anbringung. An dritter Stelle der Kritik stand die Vielzahl der Objekte, die zu viel „Flachware", also Bücher, Dokumente und Urkunden, bzw. Bücher und Gemälde umfasst habe. Schließlich wurde das Klima entweder als zu kalt oder als zu warm empfunden. Im Endergebnis standen 170 negative Auffälligkeiten 434 positiven Bewertungen gegenüber.

Während der gesamten Laufzeit der Ausstellung lag am Ende des Rundgangs ein Besucherbuch aus, in dem die Eindrücke und Anmerkungen über die Ausstellung gesammelt wurden. Die Einträge, bis zu fünf Stück pro Tag, sind durchweg positiv und stimmen in den gemachten Aussagen mit den oben abgefragten Eindrücken überein.

„Toller Querschnitt, macht 600 Jahre Uni Leipzig erlebbar ..." 28.7.2009
„Eine Ausstellung, die überzeugt, begeistert und bestens informiert!" 5.8.2009
„Wunderbare Ausstellung – leider sind die meisten Texte unter den Objekten nicht lesbar." 4.9.2009
„Es war schön und lustig", „es war cool und hat Spaß gemacht", Vanessa und Nancy, beide Klasse 4a
„Sehr gute Ausstellung, vor allem die Experimente sind für Kinder sehr ansprechend" 20.10.2009
„Eine gelungene, sehr umfangreiche und umfassende Ausstellung. Besonders erfreulich durch die aktive Einbeziehung der Kinder und Jugendlichen (und deren Betreuung)! Danke auch für das umfangreiche Informationsmaterial." 20.11.2009
„Eine atemberaubende Ausstellung, besonders für die Kids richtig faszinierend. Man lernt sehr viel über Leipzig kennen usw. Leider viel zu wenig Licht und Informationen der Gerätschaften. 20.11.2009
„Hi Leute, es war so ziemlich schön! Die Experimente waren cool! Wir waren mit der Schule hier! Leipzig Gymnasium 7a" 4.12.2009
„Wunderbar: Vielen Dank dafür! 6.12.2009 (letzter Eintrag)

Die Jubiläumsausstellung richtete sich inhaltlich an ein breites Zielpublikum. Die historische Betrachtung der Universität im Zeitalter der Aufklärung beinhaltete eine Themenvielfalt, die gleichermaßen für wissenschaftlich und geschichtlich interessierte Besucher attraktiv war. Darüber hinaus wurden zu einzelnen Themen der Ausstellung interaktive Stationen angeboten, die insbesondere Kinder und Jugendliche spielerisch und experimentell in die Thematik einführten. Diese Stationen wurden auch von den erwachsenen Besuchern gern ausprobiert.

Insbesondere die Zielgruppen Familien und Kinder wurden durch spezielle Angebote und Veranstaltungen angesprochen, was dem Anliegen der Ausstellungsverantwortlichen entsprach. Die Ausstellung wurde durch ein umfangreiches Begleitprogramm ergänzt, darunter eine Vortragsreihe namhafter Wissenschaftler zu Persönlichkeiten und besonderen Ereignissen des 18. Jahrhunderts, Konzerte und Lesungen sowie Aktionstage für Familien und Kinder. Auch Einzelveranstaltungen wie eine „Nacht der Erleuchtung" und die Vorführung des Nachbaus der Rechenmaschine von Leibniz wurden gut angenommen. Das Ziel, ein breit gefächertes Publikum anzusprechen, wurde erreicht. Der Anteil der 40- bis 60-Jährigen liegt bei etwa 55 Prozent, der Anteil der 20- bis 40-Jährigen bei etwa 30%.

Was die einzelnen Kommunikationsmaßnahmen angeht, haben in erster Linie Werbung sowie Presse- und Öffentlichkeitsarbeit gegriffen. Alle weiteren Maßnahmen wie Internet, Multiplikatoren und Tourismuseinrichtungen blieben weit unter ihren Möglichkeiten. Warum trotz der hohen Besucherzufriedenheit, um nicht zu sagen Begeisterung, eine persönliche Weiterempfehlung nahezu ausblieb, hat Gründe, über die nur Vermutungen angestellt werden können. Ein Grund könnte in der aus Kapazitätsgründen erst spät initiierten Werbekampagne liegen. Auch ist der Ausstellungsbeginn Anfang Juli als eher ungünstig anzusehen, da aufgrund der Sommerferien und des schönen Wetters Museen und Ausstellungen insgesamt weniger besucht werden. Beide Faktoren zusammen erklären die schleppende Anfangsphase der Ausstellung, bevor dann ab September, vor allem aber im Oktober und November ein deutlicher Anstieg der Besucherzahlen einsetzte. Ein weiteres Argument ließe sich in Bezug auf das Gesamtthema anführen. Die Universität im Zeitalter der Aufklärung war kein eingeführtes, gängiges Thema, das in der Öffentlichkeit bereits angekommen ist, die Faszination des Themas entfaltete nicht die massenwirksame Breitenwirkung. Zwar zeigte die Ausstellung zahlreiche „Highlights", nicht aber die im Geschäft mit Sonderausstellungen immer wichtigeren „Superlative". Den Besuchern, die kamen, hat es sehr gut gefallen, aber die Besucherzahlen hätten noch höher ausfallen können.

Fazit
Faßt man die hier gesammelten Erkenntnisse zusammen, so kann man folgendes Fazit ziehen: Mit insgesamt knapp 23.000 Besuchern erreichte die Ausstellung ein achtbares Ergebnis, blieb aber auch ein Stück weit hinter den – möglicherweise nicht realistischen – Erwartungen zurück. Erfreulich ist die extrem hohe Besucherzufriedenheit, die

im Verein mit der überaus positiven Medienresonanz als Indikator für die erreichte hohe Qualität angesehen werden darf. Der eindrucksvolle Pressespiegel in Kombination mit einer bundesweit flächendeckenden Werbestrategie legt nahe, daß die Gründe für das erreichte Ergebnis ein Stück weit außerhalb der Ausstellung gesucht werden müssen.

Die durch äußere Faktoren bestimmte Terminierung der Laufzeit, die bislang eingeschränkte touristische Zugkraft Leipzigs in den Sommermonaten, die Konkurrenz durch die zwanzigjährige Wiederkehr der friedlichen Revolution im Herbst 2009, die Proteste gegen die Studienreform, die nicht fristgerechte Fertigstellung des neuen Campus am Augustusplatz, die dem Jubiläum ein Stück weit den Raum nahm, sowie Image und innerer Zusammenhalt der Hochschule sind offensichtlich Faktoren, die sich in ihrer Summe hemmend ausgewirkt haben. Andererseits kann kein Zweifel daran bestehen, daß die Ausstellung im Verein mit dem Universitätsjubiläum das Ansehen der Hochschule gefördert hat. Daher wäre es von Interesse zu sehen, wie sich das Image inzwischen gegenüber der letzten Analyse von 2007 entwickelt hat. Diese Untersuchung freilich ist bislang nicht angestellt worden. Besucherzahlen sollten in diesem Zusammenhang jedenfalls keineswegs das alleinige Kriterium darstellen. Eine historische Sonderausstellung diesen Zuschnitts hat Leipzig seit langem nicht gesehen. Anschaulich wird dies in der zweibändigen Begleitpublikation, die dem Projekt Dauer verleiht und von der hier erbrachten Leistung kündet.

(Rudolf Hiller von Gaertringen, Simone Schulz)

4. ERÖFFNUNGSVERANSTALTUNG ZUR JUBILÄUMSAUSSTELLUNG „ERLEUCHTUNG DER WELT. SACHSEN UND DER BEGINN DER MODERNEN WISSENSCHAFTEN" AM 8. JULI 2009 IM FESTSAAL DES ALTEN RATHAUSES

a) Rede des Rektors

Sehr geehrte Frau Staatsministerin Dr. Stange, sehr geehrter Herr Oberbürgermeister Jung und sehr geehrter Herr Präsident der Sächsischen Akademie der Wissenschaften zu Leipzig, Professor Stekeler-Weithofer, liebe Kolleginnen und Kollegen, liebe Studierende!

Ja, meine sehr verehrten Damen, meine Herren, ich kann meine Rede mit dem beglückenden Ausruf beginnen: Es ist so weit! Mit großer Freude heiße ich Sie im Namen der Universität Leipzig zur Eröffnung der Jubiläumsausstellung sehr herzlich willkommen, einer Ausstellung, die unter der anspruchsvollen Überschrift steht: Erleuchtung der Welt. Sachsen und der Beginn der modernen Wissenschaften.

Es freut mich wirklich, dass die Universität auch im Jahre 2009 wie schon vor einhundert Jahren mit einer Ausstellung in den schönen Räumen des Stadtgeschichtlichen Museums im Alten Rathaus der Stadt Leipzig zu Gast sein darf. Dem Oberbürgermeister der Stadt Leipzig, Burkhard Jung, und allen Personen und städtischen Gremien, die diese Nutzung ermöglicht haben, was angesichts moderner klimatischer Anforderungen an die Räume für solche Ausstellungen nicht selbstverständlich ist, gebührt daher mein herzlicher Dank. Ich danke dem Ministerpräsidenten des Freistaates, der aus einem dringenden Anlass leider kurzfristig wieder nach Dresden zurückfahren musste, dafür, dass er die Schirmherrschaft über die Ausstellung übernommen, und auch dafür, dass der Freistaat die nicht geringe Finanzierung sichergestellt hat. Frau Staatsministerin Dr. Stange, Ihnen danke ich, dass sie dem Ausstellungsbeirat vorgesessen haben, und zwar nicht nur irgendwie protokollarisch, sondern als aktiv mitwirkendes und gestaltendes Mitglied, immer mit wohlwollend kritischen Nachfragen und konkreten Anregungen zur Verbesserung. Und um die Runde zu vervollständigen, richtet sich mein Dank noch einmal an den Oberbürgermeister und an den Akademiepräsidenten, beide als Repräsentanten unserer Kooperationspartner der Ausstellung.

Es ist dies, wie ich schon eingangs erwähnt habe, bereits das zweite Mal, dass die Universität eine Jubiläumsausstellung hier im Alten Rathaus zeigen darf: Schon zu ihrem 500jährigen Bestehen im Jahre 1909 präsentierte sie im – damals gerade gegründeten – Stadtgeschichtlichen Museum im Alten Rathaus eine repräsentative Jubiläumsausstellung. Innerhalb des qualitätsvollen und vielfältigen diesjährigen Jubiläumsprogramms von Mai bis Dezember ist die heute zu eröffnende Jubiläumsausstellung einer der öffentlichkeitswirksamsten Programmpunkte, steht sie dem interessierten Publikum doch für den genannten Zeitraum von über fünf Monaten offen. Man kann sie also durchaus auch mehrmals besuchen. Als Themenschwerpunkt aus der sächsischen Wissenschaftsgeschichte fokussiert sich die Ausstellung auf die Zeit der Aufklärung, also das 17. und 18. Jahrhundert, doch soll die Faszination der Wissenschaft insgesamt erlebbar gemacht werden. Das Augenmerk auf die Epoche der Aufklärung innerhalb der sechshundertjährigen Geschichte der Universität zu lenken, liegt deshalb nahe, weil in dieser Zeit die Weichen in Richtung Moderne gestellt wurden und weil, wie bislang zu wenig gesehen wird, Leipzig mit seiner Universität auf diesem Weg einen wichtigen Beitrag geleistet hat. Schon in dieser Epoche wurde an der Universität Leipzig nicht nur, wie andernorts üblich, gelehrt, sondern in zahlreichen Disziplinen auch geforscht, mithin die Humboldtsche Forderung gewissermaßen „avant la lettre" realisiert. Im Gegensatz zu mancher anderen Universität der Zeit stand der Leipziger Hohen Schule schon damals eine vergleichsweise große, prosperierende und weltläufige Handelsmetropole zur Seite. Dass sich aus den Synergien zwischen Geist und Kommerz auch Impulse für die Wissenschaft ergeben, kommt in der Ausstellung an vielen Stellen zum Ausdruck. Zugleich erscheint uns die zentrale Forderung der Aufklärung in der Definition von Immanuel Kant, nämlich Aufklärung zu verstehen als den „Ausgang des Menschen aus seiner selbstverschuldeten Unmündigkeit", und der Ergänzung: „Unmündigkeit ist das Unvermögen, sich seines Verstandes ohne Leitung eines anderen zu bedienen", sprich die Forderung nach dem emanzipierten Individuum, von zeitloser Aktualität. So lässt sich diese Forderung der Aufklärung auch an die dramatischen politischen Verwerfungen im 20. Jahrhundert als Projektionsflächen herantragen, und so ist es uns wichtig, dass im Vortragsprogramm der Ausstellung unter anderem auch die Leipziger Universität in der Zeit des Nationalsozialismus, in der DDR und ihre Rolle während der politischen Wende von 1989, dies in der Wahrnehmung von Zeitzeugen, beleuchtet werden.[3]

---

3   Siehe dazu Kapitel X in diesem Band.

Meine Damen und Herren, wenn ein solches Großprojekt in die Tat umgesetzt wird, hat es natürlich – vor allem im Erfolgsfall – immer viele Väter und auch Mütter. Ich denke, jeder und jede, die bei der Vorbereitung beteiligt war, hat seine jeweilige hohe Kompetenz eingebracht und zwar immer mit dem primären und gemeinsamen Ziel, eine Ausstellung zu konzipieren, die sowohl bei Fachleuten auf Interesse stößt als auch in der Lage ist, einen größeren Kreis von Besuchern anzusprechen, um ihn für Wissenschaftsgeschichte und damit auch für unsere Universität zu interessieren. Auf Seiten der Sächsischen Akademie war und ist vor allem Prof. Dr. Dr. Döring beteiligt, der seine fachliche Expertise in die Konzeption der Ausstellung eingebracht hat. Seit langem forscht und publiziert er nämlich über die Geschichte der Geistes- und Naturwissenschaften im Zeitalter der Aufklärung und vertritt das Fach Universitäts- und Wissenschaftsgeschichte im Historischen Seminar der Universität. Prof. Dr. Dr. Döring hat auch entscheidenden Anteil sowohl an dem Essay- als auch dem Katalogband zur Ausstellung. Den inhaltsreichen Essayband konnten wir ja schon aus Anlass der Buchmesse in diesem Jahr der Öffentlichkeit präsentieren. Lassen Sie mich daher die Gelegenheit nutzen, um Herrn Prof. Dr. Dr. Döring für sein fruchtbares Mitwirken zu danken.

Danken möchte ich auch der Kuratorin, Frau Dr. Hollberg, die das Zustandekommen der Ausstellung maßgebend befördert hat. Sie hat zusammen mit ihren Mitarbeitern die nicht einfache Umsetzung der Konzeption und besonders die Organisation geschultert. Last but not least richtet sich mein immerwährender Dank an den Kustos der Universität, Herr Dr. Hiller von Gaertringen, dem diese Ausstellung und ihre Vorbereitung, wie ich denke, einige schlaflose Nächte bereitet hat. Frau Dvorak zeichnet für das Marketing verantwortlich, auch dafür herzlichen Dank.

Die – wie ich bereits sehen konnte – erfolgreiche Verwirklichung des Vorhabens erfüllt mich mit Stolz, zumal sein Gelingen unter den nicht einfachen Umständen keineswegs selbstverständlich war. Mein Dank gilt noch einmal allen, die dazu beigetragen haben, und Ihnen für Ihre Aufmerksamkeit.

c) Rede des Oberbürgermeisters

Sehr geehrter Herr Ministerpräsident, sehr geehrte Frau Staatsministerin, Magnifizenz, lieber Herr Prof. Häuser, sehr geehrter Herr Präsident, lieber Prof. Stekeler-Weithofer, meine Damen und Herren! Ich darf Sie alle hier in den geschichtsträchtigen Räumen des Leipziger Stadtgeschichtlichen Museums zur Eröffnung der Jubiläumsausstellung „Erleuchtung der Welt. Sachsen und der Beginn der modernen Wissenschaften" herzlich willkommen heißen. Diese Ausstellung ist ein Gemeinschaftswerk der Universität Leipzig, der Stadt Leipzig und der Sächsischen Akademie der Wissenschaften zu Leipzig. Dies sagt sich so leicht. Aber jeder, der die Tücken einer solchen Kooperation kennt, weiß um die Mühen der Alltagsarbeit. Von daher gilt mein erster Dank den vielen Händen und Köpfen, die – an welcher Stelle auch immer – den heutigen Tag vorbereitet haben.

Im gleichen Atemzug freue ich mich zu sagen: Diese Ausstellung wäre nicht möglich gewesen ohne die großzügige Unterstützung des Freistaates Sachsen. Ich darf mich daher bei Ihnen, verehrte Frau Dr. Stange, herzlich für Ihr Engagement bedanken. Sie haben sich in ungewöhnlich großzügiger Weise um unsere Jubiläumsausstellung verdient gemacht. Dass sich die Bundesrepublik Deutschland – am heutigen Mittag wurden die Sonderbriefmarke und die Gedenkmünze zum Universitätsjubiläum der Öffentlichkeit übergeben – und der Freistaat Sachsen am selben Tag hier in Leipzig zu diesem Ereignis zusammenfinden, belegt die weit über unsere Stadtgrenzen hinausreichende Bedeutung der Universität Leipzig. Und wenn ich dies sage, ist dies Zustandsbeschreibung wie ein Wunsch in die Zukunft hinein: Der Freistaat Sachsen und die Stadt Leipzig brauchen im 21. Jahrhundert eine starke Universität Leipzig, eine Universität, die sich mit ihrer Stadt und ihrer Region identifiziert, und eine Universität, mit der sich ihre Mitarbeiter und die außeruniversitären Öffentlichkeiten identifizieren.

Meine Damen und Herren, im Rahmen dieses Jubiläumsreigens ist schon so unendlich viel über die so lang andauernde Beziehung zwischen unserer Stadt und ihrer Universität gesprochen worden. Es fällt schwer, sich der Wiederholungen zu enthalten und Noch-nicht-Gesagtes ins Wort zu heben. Daher nur so viel: Wir alle wissen, dass diese enge Verbindung, ja vielleicht kann man sogar sagen „Symbiose", zwischen Stadt und Universität für beide Seiten von hohem Gewinn war. Leipzig war nie – so wie Heidelberg, die älteste Universität auf deutschen Boden, oder Freiburg – ausschließlich eine Universitätsstadt. Aber mit unserer Universität hat Leipzig ein Profil gewonnen, das die geistige Erscheinung unserer Stadt nachdrücklich geprägt hat. Die durch die Jahrhunderte erworbenen Beinamen – „Buchstadt", „Messestadt", „Musikstadt" – sind aus diesem Zusammenspiel von Stadt und Universität erwachsen. Und wenn diese Ausstellung eines zeigt, dann, aus welch starker lokaler Verwurzelung und gleichzeitiger kosmopolitischer Ausrichtung dieser Leipziger Geist entstand. Es war diese besondere Melange aus Gelehrten und Kaufleuten, aus Aufklärern und Händlern, aus Akademikern und Kommunalpolitikern, also in einem Wort: die Trias von Geist, Geld und Macht, die das moderne Leipzig seit dem 17. Jahrhundert entscheidend geprägt hat. Wenn es einen „Genius loci" dieses Ortes gibt – und viele schreiben ihn Leipzig zu – dann verdankt er sich in besonderem Maße dieser glücklichen Fügung.

Meine Damen und Herren! „Erleuchtung der Welt" ist daher mit vollem Recht der Titel der heute eröffneten Jubiläumsausstellung. Mit diesem Namen verbindet sich eine doppelte Vorstellung des Fortschritts. Das wissenschaftliche Denken wird von uns Zeitgenossen oft mit großen technischen Neuerungen und Entdeckungen verbunden. Davon wird auch diese Ausstellung einiges zeigen. Aber dieser Fortschritt ist bestenfalls die Hälfte der Wahrheit.

Was uns die Ausstellung auch zeigt, ist ein zweiter und ebenso wichtiger Teil. Er trägt den Namen: „Die Welt anders denken." Unsere Welt durch genaue Beobachtung und akribische geistige Arbeit im Kopf neu zu erfinden, auch das war und ist eine Aufgabe des wissbegierigen Geistes. Unsere Wahrnehmungen, Vorstellungen und Urteile auf den Prüfstand des kritischen Geistes zu legen, darin liegt mehr denn je eine wichtige Aufgabe unserer Wissenschaften.

„Erleuchtung der Welt" bedeutet daher stets auch: „Entzauberung der Welt". Und vielleicht ist das eine ohne das andere gar nicht zu haben. Denn wo sich das Licht in die Finsternis des Ignorantentums wirft, wird es hell. Und wo es leuchtet, verschwinden die Schatten des Unwissens und der Halbbildung. Diesem dialektischen Erbe der Aufklärung werden wir wohl kaum entkommen können. Und dass diese Art des Denkens in Leipzig und in Sachsen einen ihrer europäischen Geburtsorte hatte, darüber dürfen wir an diesem Tag auch einmal zu Recht stolz sein.

d) Rede von Dr. Rudolf Hiller von Gaertringen, Kustos der Kunstsammlung und Projektleiter der Jubiläumsausstellung

Sehr verehrte Frau Staatsministerin Dr. Stange, Magnifizenz, Spectabiles, meine sehr verehrten Damen und Herren! Ich freue mich sehr, Ihnen in meiner Eigenschaft als Projektleiter heute Abend einige einführende Erläuterungen zu Thema und Zustandekommen der Jubiläumsausstellung der Universität präsentieren zu dürfen. Für mich persönlich schließt sich heute Abend ein Kreis: Die Wurzeln des Vorhabens – Magnifizenz hat es schon gesagt – reichen zurück bis in das Jahr 2002, sieben Jahre ist dies her. Von den ersten Diskussionen zur Themenfindung bis zum Einbau der letzten Exponate in diesen Tagen liegt ein eindrucksvoller Prozeß hinter uns. Daß die Ausstellung nun Wirklichkeit ist und in wenigen Minuten eröffnet wird, erscheint mir noch immer schwer faßlich. Zugleich erfüllt es mich mit Stolz, daß wir diese Herausforderung gemeistert haben.

Folgende Mitstreiter gilt es an dieser Stelle zu erwähnen. Das Universitätsjubiläum unter anderem auch mit einer großen Ausstellung zu begehen, ist der Traum eines Mannes, der gemeinhin im Verborgenen wirkt: Dr. Ralf Schulze, Dezernent für Öffentlichkeitsarbeit der Universität Leipzig. Er hat auch noch in jenen Momenten an das Zustandekommen geglaubt, als die Probleme unüberwindbar schienen. Der wissenschaftliche Kopf des Vorhabens ist, es wurde schon gesagt, Prof. Dr. Dr. Detlef Döring von der Sächsischen Akademie der Wissenschaften zu Leipzig, dessen jahrzehntelange Beschäftigung mit sächsischer Bildungsgeschichte der Aufklärungszeit die Basis des Ausstellungskonzeptes darstellt. Auch der Direktor des Stadtgeschichtlichen Museums, Dr. Volker Rodekamp, war ein Mann der ersten Stunde: Seiner Unterstützung ist nicht allein der Ausstellungsraum im Herzen Leipzigs zu verdanken, er war auch an der Erarbeitung des Ausstellungskonzepts beteiligt und er ist der Erfinder des eindrücklichen Ausstellungstitels Erleuchtung der Welt. Für die Umsetzung des Konzeptes konnten wir Frau Dr. Cecilie Hollberg als Ausstellungskuratorin gewinnen: Sie konkretisierte die Exponatauswahl, betreute die Begleitpublikationen und übernahm zahlreiche wesentliche Arbeitsschritte bis hin zum Ausstellungsaufbau. Die Ausstellungsarchitektur schuf das Büro für Innenarchitektur „Raumfabrik" aus Halle/Saale. Eine Steuerungsgruppe beriet ab Herbst 2008 in Sachen Vermittlung und Marketing, ihr gehörten an Prof. Dr. Ulrich Brieler, Referent des Oberbürgermeisters, Frau Christina Barofke, Leiterin der Geschäftsstelle 2009 der Universität, sowie Frau Ursula Dworak von der Firma MuseoConsult. Für die Kustodie, die zu leiten ich die Ehre habe, war das

Vorhaben eine Herausforderung: Die Jubiläumsausstellung ist das mit Abstand größte Ausstellungsvorhaben ihrer Geschichte.

Kommen wir zu den Ausstellungsinhalten. Warum wurde die Aufklärung als Themenschwerpunkt für die Jubiläumsausstellung gewählt? Die Antwort darauf könnte etwa so lauten: Weil es sich dabei um eine richtungsweisende Epoche der Wissenschaftsgeschichte handelt, in der Leipzig und seine Universität Wegweisendes zur europäischen Entwicklung beigetragen haben.

Zwischen dem späten 17. und dem frühen 19. Jahrhundert vollzieht sich die Herausbildung der modernen Wissenschaften. Alles Wissen wird grundlegend überprüft und neu überdacht. Heute als unverzichtbar geltende Methoden des Forschens etablieren sich, z. B. die textkritische Methode in der Philologie oder das Experiment. Auch tritt die Empirie in dieser Zeit ihren Siegeszug an. Die Geisteswissenschaften werden von einer Aufbruchsstimmung erfaßt, der Aufstieg der Naturwissenschaften beginnt. Die tradierte Fächerstruktur differenziert sich: Nicht wenige heute gängige Disziplinen erlangen damals ihre Selbständigkeit, andere entstehen gänzlich neu. Die Universität wird zunehmend auch Ort der Forschung. Zugleich bilden sich Instrumentarien des modernen Wissenschaftsbetriebes aus, die Entstehung wissenschaftlicher Zeitschriften fällt in diese Zeit, Bibliotheken und Sammlungen aller Art erblühen, gelehrte Gesellschaften werden gegründet, grenzübergreifende Korrespondenzen gepflegt. Der Bau wissenschaftlicher Geräte nimmt seinen Aufschwung. Die Philosophie fordert die Emanzipation des Individuums, Frauen beteiligen sich zunehmend am wissenschaftlichen Diskurs.

Welche Rolle spielten Leipzig und seine Universität in diesem Prozeß? Kurz gesagt: eine tragende. Alle diese die Aufklärung insgesamt kennzeichnenden Prozesse lassen sich in Mitteldeutschland vielfältig belegen, bei genauerer Betrachtung wird hingegen deutlich, daß Leipzig und seine Universität vielfach zu den Wegbereitern der Entwicklung gehören. Zeigen läßt sich dies zum Beispiel an der Jurisprudenz, die zu den Gründungsfakultäten der Universität Leipzig gehört und mithin in die Zeit um 1409 zurückreicht. Nachdem im 17. Jahrhundert Benedikt Carpzow, u. a. Ordinarius der Juristenfakultät und Vorsitzender des Schöppenstuhls, Grundlagen für die Herausbildung eines nationalen deutschen Strafrechts gelegt hatte, leistete im späteren 18. Jahrhundert Karl Ferdinand Hommel, ebenfalls Ordinarius der Juristenfakultät, Wegweisendes für die Humanisierung des Strafrechts.

DIE JUBILÄUMSAUSSTELLUNG

Eine tragende Rolle spielte von Anbeginn an die Leipziger Philologie, u. a. mit Joachim Camerarius, Freund Melanchthons und Verfechter der Leipziger Reformbemühungen der 1540er Jahre. Nachdem Philologen lange Zeit auch die historischen Fächer vertreten hatten, wurde 1699 die erste Professur für Geschichtswissenschaft eingerichtet und mit dem bedeutenden Polyhistor Burckhard Mencke besetzt. Im 18. Jahrhundert war der Leipziger Altphilologe Johann Friedrich Christ der wohl wichtigste Vorreiter der Klassischen Archäologie als Universitätsfach in Deutschland. Auch die Abspaltung der Orientalistik als Universitätsfach, die zunächst unter dem Dach der Theologie betrieben worden war, vollzog sich in dieser Zeit in Leipzig. So wurde hier u. a. die erste Professur für Arabistik eingerichtet. In der Mathematik zählt der in Leipzig geborene und von dem hiesigen intellektuellen Klima geprägte Gottfried Wilhelm Leibniz zu den bahnbrechenden Neuerern. Seine Überlegungen zur Infinitesimalrechnung publizierte er in den in Leipzig herausgegebenen „Acta Eruditorum", der ersten wissenschaftlichen Zeitschrift Deutschlands, gegründet 1682. Später entwickelte Leibniz eine Rechenmaschine und publizierte grundlegend zum Binärcode, Grundlage heutiger Computertechnik. Überhaupt erstaunen die weitgespannten Interessen mancher Forscher. So zählt der Leipziger Professor für Mathematik Christian August Hausen zu den Begründern der Elektrizitätsforschung in Deutschland. Obwohl die medizinische Lehre im 18. Jahrhundert von traditionellen Vorstellungen und Methoden bestimmt blieb, entwickelten sich unter ihrem Dach neue Wissenschaften. Michael Horn beispielsweise, der bereits seit längerem eine ordentliche Professur für Medizin innegehabt hatte, erhielt 1668 eine außerordentliche Professur für Chemie. Auch die Botanik ging aus der Medizin hervor, wobei der Botanische Garten, der erste seiner Art in Europa, auf den Klostergarten des einstigen Paulinerklosters zurückging.

Leipzigs Rolle als ein weit ausstrahlendes Zentrum der Aufklärung von europäischem Niveau fußte in erheblichen Teilen auf Synergieeffekten aus dem Zusammenwirken von Stadt und Universität: Keiner anderen deutschen Universität stand eine so prosperierende und dynamische Metropole zur Seite wie der Alma mater Lipsiensis. Leipzig war Messestandort und Zentrum des Buchhandels, das hier lebende kaufmännische Bürgertum war Wissenschaft und Kunst gegenüber aufgeschlossen und förderte sie in jeder Hinsicht. Diese für Deutschland einmaligen Rahmenbedingungen machten Leipzig in der Tat zu einem Ort der „Erleuchtung der Welt" durch Erkenntnis und Kommunikation.

Welch überraschende Wege dies im Einzelfall gehen konnte, zeigt das Beispiel Jakob Leupolds: Um sein Theologiestudium zu finanzieren, hatte er Laien Unterricht in technischen Fächern erteilt. Dabei war seine Begabung als Instrumentenbauer zutage getreten. Einige Leipziger Handelsleute ermutigten ihn zu einer Firmengründung und unterstützten ihn mit „venture capital". Ein besonders spektakuläres Ergebnis ist seine Vakuumpumpe, die Leupold 1709 – vor genau dreihundert Jahren – für August den Starken anfertigte: Sie ist, soweit ich sehe, für diese Ausstellung erstmals wieder nach Leipzig zurückgekehrt. Kennzeichnend für Leipzig sind darüber hinaus die ungewöhnlich reichen Sammlungen unterschiedlichster Art, die öffentlichen und privaten Bibliotheken, die Rolle als Zentrum des Verlagswesens, gesellschaftliche Netzwerke wie Sozietäten und Salons und schließlich Theaterbühnen und Konzertsäle für die Aufführung aufklärerischer Theaterstücke und Singspiele. Beleuchtet werden ferner der Aufschwung der Bildungs- und Forschungsreisen sowie die Rolle des Adels im Bereich der Forschung. Leipzigs Bedeutung als Zentrum der Aufklärung tritt ganz selbstverständlich zutage.

Was genau ist in der Ausstellung zu sehen? Die Ausstellung ist die wahrscheinlich größte historische Sonderausstellung, die Leipzig je gesehen hat. Gezeigt werden knapp 700 Objekte auf ca. 1.400 Quadratmetern. Größere Prozentsätze entstammen universitären Sammlungen, darunter der Kustodie der Universität Leipzig, der Universitätsbibliothek, dem Musikinstrumentenmuseum der Universität und dem Universitätsarchiv. Besondere Unterstützung gewährten aber auch zahlreiche andere Leipziger Museen, darunter das Stadtgeschichtliche Museum Leipzig, das Grassi-Museum für Angewandte Kunst und das Museum für Bildende Künste Leipzig, um hier wenigstens einige zu nennen. Nicht wenige Werke wurden für die Ausstellung restauriert und neu fotografiert, so daß selbst Kenner der Materie manche Neuentdeckung erwarten dürfen. Eine abgerundete Darstellung des Themas wäre aber nicht möglich gewesen ohne Leihgaben auswärtiger Sammlungen, die besondere Glanzpunkte bieten. Die Leupoldsche Luftpumpe ist eine Leihgabe des Mathematisch-physikalischen Salons in Dresden, die Nationalbibliothek in Stockholm entlieh eine Ausgabe der ersten Tageszeitung der Welt, der Einkommenden Zeitungen von 1650, die Staatsbibliothek Unter den Linden stellt Autographen Johann Sebastian Bachs bereit. Die naturkundliche Sammlung der Leipziger Apothekerfamilie Linck hat sich im Naturalienkabinett in Waldenburg erhalten, ein seltener Glücksfall. Die Vorreiterrolle Sachsens im Montanwesen veranschaulichen Leihgaben der Bergakademie Freiberg, darunter einmalige Modelle technischer Geräte. Das Ergebnis ist eine Zusammenstellung von Objekten, wie es sie zu diesem Thema in diesem Umfang und dieser Vollständigkeit noch nicht gegeben hat und vermutlich auf lange Zeit nicht wieder geben wird. Sie beleuchtet eine Glanzzeit der sächsischen Bildungsgeschichte, die in jener Zeit Bestandteil einer europäischen Bewegung war. Zur Nachhaltigkeit dieser Ausstellung zählen nicht allein

DIE JUBILÄUMSAUSSTELLUNG

die Begleitpublikationen in Form von Essayband und Katalogband, sondern die zu erwartende größere Publizität verschiedener sächsischer Sammlungen, die teilweise noch im Verborgenen blühen.

Gezeigt werden soll, wie Wissenschaft das Licht der Erkenntnis in die Welt trägt. Diese im 18. Jahrhundert aufgestellte These gilt auch heute noch und soll Ansporn für die Zukunft sein. So wird am Beispiel einer vergangenen Epoche die zentrale Bedeutung der Wissenschaften für die Prosperität einer Gesellschaft vor Augen geführt. In einem ressourcenarmen Land wie Deutschland ist eine hochqualifizierte Bevölkerung der wichtigste Standortfaktor. Daß man die Bedeutung des Bildungswesens in Sachsen früh erkannt, das Schul- und Hochschulwesen konsequent gefördert hat, belegt anschaulich die 600jährige Geschichte der Universität Leipzig. Der Neubau am Augustusplatz und die großzügige Förderung dieser Ausstellung zeigen, daß Bildungspolitik im Freistaat Sachsen weiterhin Priorität genießt und daß eine neuen Blüte des Wissenschaftsstandortes Sachsen unmittelbar bevorsteht.

Eine solche Ausstellung ist natürlich das Ergebnis der gemeinsamen Anstrengung einer Vielzahl von Menschen, deren Beitrag im Rahmen einer solchen Rede leider nicht im Entferntesten gewürdigt werden können. Nachdem dem Freistaat und den Projektpartnern bereits durch Magnifizenz gedankt worden ist, gilt mein erster Dank den Museen und Sammlungen, die uns bereitwillig ihre Schätze zur Verfügung gestellt haben: Ohne sie wäre die Ausstellung nicht zustande gekommen. Mein zweiter Dank gilt den wissenschaftlichen Unterstützern des Ausstellungsvorhabens, den Mitgliedern des wissenschaftlichen Beirats sowie den Essay- und den Katalogautoren, die bereitwillig ihr Wissen zur Verfügung stellten. Das Büro für Innenarchitektur Raumfabrik aus Halle an der Saale schuf eine ebenso ansprechende wie funktionale Ausstellungsarchitektur, welche die Objekte schön und fachgerecht zur Geltung bringt. Dem Sandstein-Verlag aus Dresden gebührt Dank für die Herstellung der Begleitpublikationen, die ich Ihnen an dieser Stelle nochmals sehr ans Herz legen möchte. Detlef Urban von Urban Filmproduction aus Berlin schuf einen ansprechenden Einführungsfilm, den Sie im ersten Ausstellungsraum im nördlichen Bereich des Festsaals sehen können. Ein besonderer Dank gilt Magnifizenz Prof. Häuser, der das Projekt über Jahre hinweg wohlwollend gefördert und über nicht wenige Klippen gesteuert hat. Dank gilt auch der Zentralverwaltung unter Leitung des Kanzlers Dr. Frank Nolden, den beteiligten Dezernaten und Stabsstellen, sowie der Geschäftsstelle 2009. Mein tief empfundener Dank gilt auch allen Mitarbeitern der Kustodie, den Mitarbeitern des Stadtgeschichtlichen Museums Leipzig und den externen unterstützenden Restauratoren, die alle Kräfte aufgeboten haben, die Ausstellung termingerecht fertig zu stellen.

Abschließend nochmals mein Dank an die Mitstreiter: Dr. Rodekamp, Prof. Dr. Dr. Döring, Frau Dr. Hollberg – ich denke das Ergebnis der gemeinsamen Bemühungen kann sich sehen lassen. Last, but not least, danke ich meiner Frau Judith und meiner Tochter Carlotta für die Unterstützung in diesen in mancher Hinsicht entbehrungsreichen Monaten.

Lassen Sie mich mit folgendem Gedanken schließen: Das Gelingen der Ausstellung läßt sich dabei auch als Triumph der drei theologischen Tugenden deuten – Glaube, Hoffnung und Liebe.

- Der Glaube, daß das Thema gut gewählt ist und sich die Politik, die Leihgeber und natürlich die Bevölkerung davon begeistern lassen.
- Die Hoffnung, daß bei der Realisierung alle an einem Strang ziehen, um die zahllosen praktischen Probleme zu meistern.
- Die Liebe zu Leipzig und zu seiner Universität, die der Welt in der Tat schon viel gegeben haben und weiter vieles geben werden.

Möge die Ausstellung dazu beitragen, Leipzigs Rolle als Motor der Wissensgesellschaft wieder in den Köpfen und Herzen zu verankern, und möge sie als Ansporn für eine neue, weit ausstrahlende Blüte der Wissenschaft in dieser Stadt dienen.

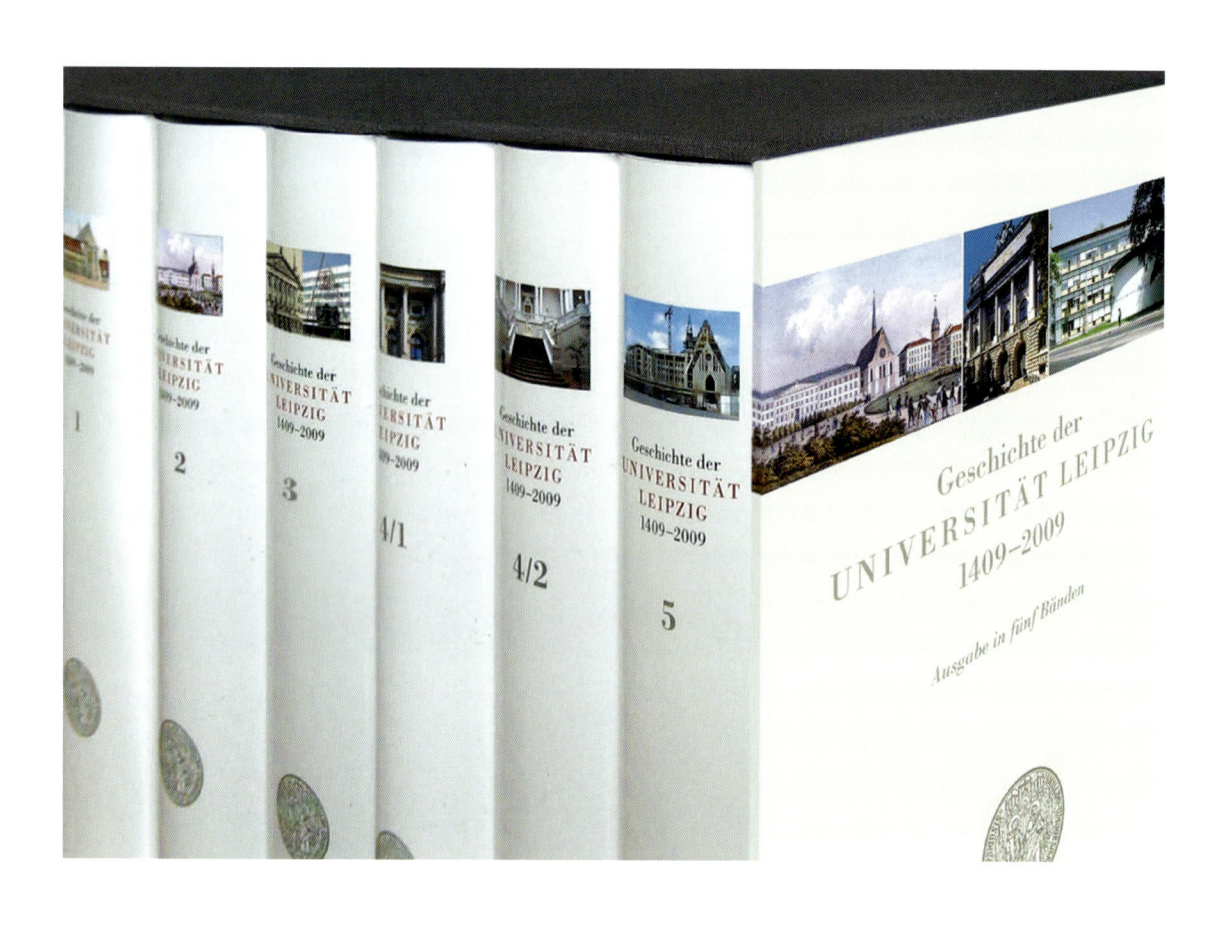

Geschichte der
UNIVERSITÄT LEIPZIG
1409–2009

Ausgabe in fünf Bänden

VII. GESCHICHTE DER UNIVERSITÄT LEIPZIG IN FÜNF BÄNDEN

Geschichte der Universität Leipzig – Biographie einer 600 Jahre alten Institution

1. VORBEMERKUNG

Universitätsgeschichte bildet einen Teil von Geschichte überhaupt – diese Leitmaxime des Gießener Allgemeinhistorikers Peter Moraw aus dem Jahr 1982 hat jenseits allen Spezialistentums auch heute noch, fast 30 Jahre danach, ein hohes Maß an Gültigkeit. Universitätsgeschichte bedeutet nicht nur Bildungs-, Kultur- und Wissenschaftsgeschichte, sondern sie strahlt ebenso interdisziplinär aus in die politische Geschichte, die Sozial- und Gesellschaftsgeschichte, die Verfassungs- und Verwaltungsgeschichte und ist deshalb zugleich ein wesentlicher Maßstab für die Bewertung gesellschaftlicher Wandlungsprozesse der Moderne und ihrer sozialen Trägergruppen. In auffälligem Kontrast zur anerkannten Bedeutung universitärer Bildung und Ausbildung insgesamt steht freilich noch immer die eher defizitär behandelte Erforschung der einzelnen Universitäten und der ihr vorgeschalteten höheren Bildungsanstalten. Auch wenn der Forschungsstand an empirischer Breite und Tiefe und dadurch auch an methodischem Profil gewonnen hat, so ist dies in der Regel – freilich nicht allein – Ausdruck anlaß- und standortgebundener Forschungstätigkeit, bedingt durch die Dignität von Jubiläen, Zentenarfeiern, institutionellen Zäsuren und den Jahresmarken besonderer Gelehrtenbiographien.

Auch die hier anzuzeigende zusammenhängende Gesamtgeschichte der sechshundert Jahre alt gewordenen Universität Leipzig gehört in diesen Kontext der jubiläumsbedingten Selbstdarstellung einer großen gelehrten Institution, die in ihrem intellektuellen Selbstverständnis über eine ununterbrochene lange Kontinuität in der Ausübung von Forschung und Lehre, von institutioneller Erneuerung und curricularer Reformanpassung verfügt. Um ein solches historiographisches Großunternehmen in angemessener Weise strukturieren und im vorgegebenen Rahmen zum Erfolg führen zu können, bedurfte es wie bei jeder monographischen Untersuchung auch hier methodischer, inhaltlicher und zeitlicher Prämissen, die es bei der Aufgaben- und Zielvorstellung von Anfang an konsequent zu beachten galt. Es sollte sich 2009 auf keinen Fall wiederholen, was hundert Jahre zuvor zum 500. Jubiläum der Universität nur notdürftig zustande gekommen war, nämlich eine fakultätsbezogene Verlegenheitslösung in segmentierten Einzeldarstellungen, die auf diese Weise das Scheitern der geplanten Gesamtgeschichte nur unzureichend aufzufangen verstand. Die vor mehr als acht Jahren neu gebildete universitätsgeschichtliche Kommission in Leipzig war sich daher im Grundsätzlichen einig über das methodische Verständnis einer modern verfaßten, an den Quellen orientierten Universitätsgeschichte, die in der Folge ganz wesentlich die Forschungsarbeit der Autoren geprägt und angeleitet hat. Nicht das kleine Format von Aufsätzen, sondern der Verbund größerer monographischer Darstellungen war das Ziel der Fachgelehrten, die für die große Aufgabe einer universitären Gesamtgeschichte gewonnen werden konnten.

- **Professor Dr. Dieter Michel**, Fakultät für Physik und Geowissenschaften
- **Professorin Dr. Dr. Ortrun Riha**, Medizinische Fakultät
- **Professor Dr. Manfred Rudersdorf**, Historisches Seminar
- **Professor Dr. Dr. Günther Wartenberg**, Theologische Fakultät
- **Professor Dr. Gerald Wiemers**, Universitätsarchiv
- **Professor Dr. Hartmut Zwahr**, Historisches Seminar

Den Vorsitz übernahm der bereits erwähnte Kirchenhistoriker Günther Wartenberg von der Theologischen Fakultät, seine Stellvertreter wurden Manfred Rudersdorf und Ulrich von Hehl vom Historischen Seminar der Universität. Bereits nach zwei Jahren erhielt der Status dieser ehrenamtlich tätigen Arbeitsgruppe – auf Grund der erzielten Fortschritte – eine gewisse universitätsinterne Aufwertung, indem der Akademische Senat die Arbeitsgruppe in den Rang einer „Senatskommission zur Erforschung der Leipziger Universitäts- und Wissenschaftsgeschichte" erhob. Die Kommission erhielt nun offiziell den Auftrag, anläßlich des Universitätsjubiläums 2009 an allen Fakultäten, Instituten und Einrichtungen der Universität Leipzig die universitätsgeschichtliche Forschung anzuregen und als Jubiläumsfestschrift eine mehrbändige „Geschichte der Universität Leipzig 1409–2009" vorzulegen.

Mit der Unterstützung des Sächsischen Staatsministeriums für Wissenschaft und Kunst in Form einer ansehnlichen Anschubfinanzierung sowie der Mittelausstattung durch das Rektoratskollegium der Universität organisierte die Kommission rasch umfassende Aktivitäten. Als festes organisatorisches Zentrum konnte noch im Jahr 2002 eine Koordinierungsstelle im Historischen Seminar mit einer wissenschaftlichen Mitarbeiterstelle eingerichtet werden, die zunächst von dem Theologen Dr. Andreas Gößner, nach dessen Ausscheiden Ende 2005 von dem Bildungshistoriker PD Dr. Jonas Flöter und dem Historiker Sebastian Kusche M. A. wahrgenommen wurde. Beide Mitarbeiter koordinierten und pflegten die Kontakte der Kommissionsleitung zu den Mitarbeiterinnen und Mitarbeitern an den Fakultäten, Instituten und Zentralen Einrichtungen der Universität, die als Autoren oder unterstützend an Band 4 beteiligt waren. Jonas Flöter war hierbei vor allem für die natur- und sozialwissenschaftlichen und Sebastian Kusche für die geisteswissenschaftlichen Fakultäten verantwortlich. Beide nahmen an den Autorensitzungen der Fakultäten teil, beteiligten sich an der Diskussion und berieten die Autorinnen und Autoren bei der Manuskriptgestaltung. Darüber hinaus verfaßten die Koordinatoren im Band 4 der Universitätsgeschichte einen einleitenden Beitrag, in dem die strukturelle Entwicklung der Universität Leipzig in ihrer 600-jährigen Geschichte von den vier Fakultäten zu den vierzehn Fakultäten der Gegenwart nachgezeichnet wird.

In enger Abstimmung mit dem Redakteur Uwe John organisierten die Koordinatoren ab 2007 die Bildredaktion für alle Bände der Universitätsgeschichte, betrieben Bildrecherchen und beschafften die Veröffentlichungs- und Abdruckrechte. Diesbezüglich arbeiteten sie eng sowohl mit dem Universitätsarchiv, der Universitätsbibliothek, der Kustodie sowie allen Universitätsinstituten, die Bildsammlungen besitzen, als auch mit dem Stadtmuseum Leipzig, dem Stadtarchiv Leipzig, der Deutschen Fotothek in Dresden und zahlreichen nationalen und internationalen Institutionen zusammen.

Ein besonderes Aufgabenfeld wuchs der Koordinierungsstelle seit 2007 zu. Zur Unterstützung der Forschungs- und Redaktionsarbeit für die fünfbändige Universitätsgeschichte beantragte die Senatskommission sieben ABM-Projekte mit insgesamt vierzehn jährlich wechselnden Mitarbeiterinnen und Mitarbeitern. Dafür konnten in den vergangenen dreieinhalb Jahren bei der Leipziger Agentur für Arbeit und der ARGE Drittmittel im Umfang von insgesamt rund 635.000 Euro eingeworben werden. Bei dieser Arbeit stimmten sich die Koordinatoren stets eng mit der Kommissionsleitung, mit dem Personaldezernat der Universität sowie der Agentur für Arbeit und der ARGE ab.

Anfang 2007 konnte der Historiker Uwe John gewonnen werden, der die wissenschaftliche Gesamtredaktion der fünfbändigen Universitätsgeschichte im Sinne einer umfassenden Schriftleitung übernahm. Dazu gehörten neben der engagierten Lektorierung aller Bände und den mühseligen Korrektur- und Angleichungsmaßnahmen auch die Beratung der Autoren und Herausgeber in stilistischen und inhaltlich-konzeptionellen Fragen. Darüber hinaus pflegte er aus seiner jahrelangen beruflichen Erfahrung heraus den Austausch zwischen der Senatskommission, dem Leipziger Universitätsverlag und allen beteiligten Institutionen.

Das Jahr 2007 brachte mit dem unerwarteten Ableben von Günther Wartenberg einen jähen Einschnitt. Mit ihm verlor die Kommission nicht nur ihren tatkräftigen Vorsitzenden, sondern auch einen der profilierten Kenner der Leipziger Universitätsgeschichte und noch dazu einen wichtigen Autor des geplanten Großprojekts. In Zusammenarbeit mit den Kollegen Detlef Döring, Ulrich von Hehl, Manfred Rudersdorf und Hartmut Zwahr hatte er ein erstes Konzept für eine mehrbändige „Geschichte der Universität Leipzig" entwickelt. Gleichzeitig war damit begonnen worden, die Fakultäten und Institute für die Aufarbeitung ihrer Geschichte zu gewinnen. Seiner unermüdlichen Vorarbeit ist es zu danken, daß im Band 4 alle an der Universität Leipzig vertretenen Fakultäten und Disziplinen präsentiert sind.

In dieser Situation erschien die Wahrung der Kontinuität und die möglichst effiziente Weiterführung der begonnenen Arbeit das Gebot der Stunde zu sein. Aus diesem Grunde rückte mit dem Frühneuzeithistoriker Manfred Rudersdorf einer der beiden Stellvertreter schon bald in die Position des Kommissionsvorsitzenden auf, der zweite Stellvertreter, Ulrich von Hehl, nahm sein Amt weiter wahr. Sehr viel drängender noch als diese personellen Fragen war das organisatorische Problem, die entstandene große Lücke im Autorenteam zu schließen. Die Lösung kam unter dem Druck der Vakanz schneller als erwartet: Mit dem Kirchenhistoriker Klaus Fitschen von der Theologischen Fakultät konnte sehr bald ein engagierter Kollege gewonnen werden, der es als innere Verpflichtung ansah, die Aufgabe des verstorbenen Fakultätskollegen ohne Zögern zu übernehmen und somit dem universitären Gesamtprojekt aus einer ernsten Notsituation herauszuhelfen. Herrn Fitschen sei dafür an dieser Stelle noch einmal gedankt.

Das so zusammengesetzte fächerverbindende Kollegium der beteiligten Hochschullehrer, dem seit 2006 auch der Kunsthistoriker Thomas Topfstedt angehörte, ermöglichte auf solider Grundlage die Berücksichtigung der Disziplinenvielfalt und der unterschiedlichen Fächerkulturen an der Universität. Die interdisziplinäre Herangehensweise an die Aufarbeitung der Geschichte entsprach von Anfang an dem Auftrag der Kommission. Als deren ursprüngliche Zielsetzung war zunächst die Erstellung einer neuen umfassenden Universitätsgeschichte mit dem Schwerpunkt auf dem 19. und besonders auf dem 20. Jahrhundert erwünscht. Insbesondere der Rolle der Universität „in den beiden totalitären Systemen 1933–1945 und 1949–1990", wie es im Senatsprotokoll vom 11. Januar 2000 hieß, sollte nach Auffassung des damaligen Rektoratskollegiums prioritäre Beachtung geschenkt werden. Dem wurde Rechnung getragen: Die Brüche und Neuanfänge des 20. Jahrhunderts sind von den geschichtswissenschaftlichen Kollegen von Hehl, Heydemann und Fitschen auf breiter empirischer Basis erforscht und differenziert dargestellt worden. Der Stellvertreter des Kanzlers und Leiter des Personaldezernats der Universität, Dr. Fritz König, konnte überdies gewonnen werden, auf der Grundlage der Auswertung der Protokolle der damaligen Struktur- und Planungskommissionen einen konzisen Überblick über die Entwicklung der Universität von der Friedlichen Revolution 1989/90 bis an die Schwelle des Jahres 2009 zu erstellen.

Darüber hinaus waren die Mitglieder der Senatskommission von Anfang an davon überzeugt, daß nicht nur die Universitätsgeschichte des 20. Jahrhunderts, sondern die gesamte sechshundertjährige Geschichte und Entwicklung der Universität Leipzig im Sinne des oben skizzierten Nachholbedarfs einer konkreten wissenschaftlichen Aufarbeitung bedurfte.

So entstand nach langen, teilweise kontrovers geführten Debatten die Konzeption einer umfassenden mehrbändigen Universitätsgeschichte, die sich zum Ziel gesetzt hatte, die universitäre Entwicklung über die Ebene der Fakultäten und Institute hinaus sowohl in einen gesamtgeschichtlichen Zusammenhang einzuordnen, als auch in ihren geistes- und wissenschaftsgeschichtlichen Bezügen darzustellen. Die fünfbändige Universitätsgeschichte ist wie folgt gegliedert:

Geschichte der Universität Leipzig in fünf Bänden, herausgegeben im Auftrag des Rektors von der Senatskommission zur Erforschung der Leipziger Universitäts- und Wissenschaftsgeschichte, Leipziger Universitätsverlag 2009/10.

Band 1: Enno Bünz, Manfred Rudersdorf, Detlef Döring:
Geschichte der Universität Leipzig 1409–2009. Spätes Mittelalter und Frühe Neuzeit 1409–1830.

Band 2: Hartmut Zwahr, Jens Blecher:
Geschichte der Universität Leipzig 1409–2009. Das 19. Jahrhundert 1830/31–1909.

Band 3: Ulrich von Hehl, Günther Heydemann, Klaus Fitschen, Fritz König:
Geschichte der Universität Leipzig 1409–2009. Das 20. Jahrhundert 1909–2009.

Band 4: Ulrich von Hehl, Uwe John, Manfred Rudersdorf (Hrsg.):
Geschichte der Universität Leipzig 1409–2009. Fakultäten, Institute und Zentrale Einrichtungen, zwei Halbbände.

Band 5: Michaela Marek, Thomas Topfstedt (Hrsg.):
Geschichte der Universität Leipzig 1409–2009. Geschichte der Leipziger Universitätsbauten im urbanen Kontext.

Während also die Bände 1 bis 3 chronologisch-strukturell einen epochenübergreifenden historischen Längsschnitt von 1409 bis 2009 präsentieren, umfaßt der Band 4 die Geschichte der einzelnen Fakultäten und Disziplinen, und Band 5 beschreibt kunst- und kulturhistorisch die Geschichte der Universitätsbauten vom Mittelalter bis in die Gegenwart. Mit dem fünfbändigen Werk liegt jetzt erstmals ein fundierter, auf Quellenstudien und zahlreichen wissenschaftlichen Vorarbeiten beruhender Überblick über die Geschichte der Leipziger Alma mater vor.

Der erste Band widmet sich den ersten 400 Jahren der Universität im Kontext der alteuropäisch-ständestaatlich geprägten Geschichte der Vormoderne. Ihn verantworten die Autoren Enno Bünz, Manfred Rudersdorf und Detlef Döring. Schwerpunkte bilden die Gründungsvoraussetzungen der Alma mater Lipsiensis, die Einstellung der Leipziger Gelehrten zur scholastischen Lehrmethode und zur Wittenberger Reformation, das Verhältnis von orthodoxem Luthertum und universalem Humanismus sowie die Bedeutung der Universität für die Aufklärung und die bürgerliche Gelehrtenwelt im Gefolge der Französischen Revolution. Im zweiten Band findet die klassische Universität des 19. Jahrhunderts, einer Hochzeit der Leipziger Hohen Schule, ihre Darstellung durch die Autoren Hartmut Zwahr und Jens Blecher, den neuen Leiter des Universitätsarchivs, der zur Mitarbeit an der Universitätsgeschichte gewonnen werden konnte. In einem Exkurs hat Gerald Wiemers die Beziehungen zwischen Universität, der Fürstlich Jablonowskischen Gesellschaft, der Sächsischen Akademie der Wissenschaften und der Historischen Kommission skizziert. Die durch zwei Kriege und zwei Diktaturen geprägte universitäre Entwicklung des 20. Jahrhunderts wird im dritten Band durch Ulrich von Hehl, Günther Heydemann und Klaus Fitschen behandelt. Für die Darstellung der jüngsten Entwicklung seit der Friedlichen Revolution konnte mit dem Personaldezernenten der Universität Fritz König schließlich ein Autor gewonnen werden, der Zeitzeugenschaft wie engste verwaltungsmäßige Begleitung des universitären Geschehens miteinander verbindet.

Band 4 umfaßt die Geschichte und Entwicklung der vierzehn Fakultäten und der alten traditionellen Zentralen Einrichtungen, wie der Universitätsbibliothek, der Kunstsammlung der Universität (Kustodie), dem Universitätsarchiv, dem Deutschen Literaturinstitut sowie dem Rechenzentrum. Mit diesem Band, der insgesamt 56 Beiträge von über 90 Autoren enthält, entstand ein eindrucksvolles Gemeinschaftswerk der heutigen *res publica litteraria* an der Leipziger Universität, das in seiner spezifischen Anlage, in seiner Breite und Vollständigkeit zweifellos einen Solitär in der deutschen Universitätslandschaft der Gegenwart darstellt.

Die Architektur und Baugeschichte der Universität Leipzig wird im Band 5 von zwölf Autorinnen und Autoren ausführlich präsentiert. In dem von Michaela Marek und Thomas Topfstedt unter Mitwirkung von Uwe John herausgegebenen Band wird erstmals die universitäre Baugeschichte im Kontext der städtebaulichen und architekturhistorischen Entwicklung der Stadt Leipzig dargestellt. Besondere Aufmerksamkeit verdient neben dem Aufsatzteil der umfangreiche Katalog aller Universitätsbauten, der eine Fülle von Informationen zur Architektur-, Bau- und Nutzungsgeschichte der einzelnen Gebäude stichwortartig darbietet.

Das Gesamtprojekt der fünfbändigen „Geschichte der Universität Leipzig" ist im Auftrag des Rektors Franz Häuser herausgegeben und von der Senatskommission verantwortet worden. Eine Ausnahme bildet Band 4, die Fakultäten- und Disziplinengeschichte, für die die jeweiligen Fachvertreter als Verfasser sowie die Dekane und Institutsvorstände verantwortlich zeichnen. Aus arbeitsökonomischen und herstellerischen Gründen erschienen die Bücher über die Jahre 2009 und 2010 verteilt. Die hohen Druckkosten übernahm in nobler Weise die Horst-Springer-Stiftung für Neuere Geschichte Sachsens. Alle fünf Bände wurden im würdigen inneruniversitären Rahmen und auf den Buchmesse-Akademien der Leipziger Buchmesse 2009, 2010 und 2011 öffentlich vorgestellt.

Eine von zahlreichen Autoren geschriebene Gesamtgeschichte der Universität Leipzig spiegelt naturgemäß die unterschiedlichen fachspezifischen und individuellen Darstellungsformen und Herangehensweisen wider. Diese zeigen nicht nur, wie vielfältig und vielseitig die Fächerkultur an der heutigen Alma mater ist, sondern lassen in Umfang und Stil auch die Individualitäten der einzelnen Autoren erkennbar werden. So erklären sich auch Disproportionen zwischen einzelnen Beiträgen, die angesichts der von den betreffenden Autoren beanspruchten Gestaltungsfreiheit nicht zu vermeiden waren. Daran konnten alle Bemühungen um ein einheitliches Erscheinungsbild der fünf Bände nichts ändern.

Die als wissenschaftliche „Festschrift" präsentierte fünfbändige Gesamtgeschichte ist bemüht, die vergangenen Ereignisse in das kollektive Gedächtnis der Universität zu rufen. Sie stellt keine unreflektierte oder gar eindimensionale, harmonisierende Jubiläumsschrift dar. Nüchternheit, Offenheit und Kritik prägen weithin das Bild. Die Bände spiegeln wider, daß zur sechshundertjährigen Geschichte der Universität neben den Höhepunkten und Erfolgen der wissenschaftlichen Entwicklung auch die dunklen Kapitel der Alma mater, so im 20. Jahrhundert in der Zeit des Nationalsozialismus und in der DDR-Zeit, gehören. Der Analyse der Brüche, der Bedrängnisse und der Fehlleistungen ist daher ausreichend Raum zugestanden worden.

Die kritische Auseinandersetzung mit der eigenen institutionellen Geschichte spiegelt gleichsam die gegenwärtige Entwicklung der Alma mater Lipsiensis. Diese befand sich stets in einem Wechsel von Kontinuitäten und Diskontinuitäten, sie ist als Gesamtinstitution Ausdruck von Beständigkeit und war zugleich doch tiefgreifenden Wandlungen unterworfen. Die vielfältigen universitätsgeschichtlichen Veranstaltungen, die beeindruckende Jubiläumsausstellung und die Bände der Universitätsgeschichte selbst präsentieren die großen Umbruchsphasen im europäischen Renaissance-Humanismus, in der Aufklärung, zur Zeit des Neuhumanismus Anfang des 19. Jahrhunderts und nicht zuletzt in der Glanzzeit der klassischen deutschen Universität um 1900. Aber auch die politisch-ideologisch motivierten Umbrüche des 20. Jahrhunderts im Gefolge der beiden Weltkriege sind Ausdruck eines extremen Wandels, eines dialektischen Widerspiels von Zäsur, Indoktrination, Überlebensräson und Neuanfang.

Ein anderer wichtiger Aspekt der Arbeit an dem Mammutprojekt der Universitätsgeschichte sollte freilich nicht zu kurz kommen. Fast alle beteiligten Autoren, bis auf die im Ruhestand befindlichen ehrenamtlich mitwirkenden Kollegen, realisierten diese Arbeiten zusätzlich zu ihren üblichen Lehrveranstaltungen und laufenden anderen wissenschaftlichen Forschungsprojekten.

Die Kommissionsmitglieder arbeiteten mit ihren Doktoranden und Hilfskräften seit nahezu zehn Jahren an der Leipziger Universitätsgeschichte im Kontext der Erforschung der mitteldeutsch-mitteleuropäischen Bildungslandschaft und haben in dieser Zeit beachtliche Forschungsergebnisse erzielen können, deren wichtigste in einer eigens vom Rektor eingerichteten und von der Kommission betreuten neuen Publikationsreihe, den „Beiträgen zur Leipziger Universitäts- und Wissenschaftsgeschichte" (kurz: BLUWiG genannt), seit 2002 veröffentlicht worden sind.

Die Ergebnisse dieser thematisch wie chronologisch breitgestreuten, innovativen und fächerübergreifenden Qualifizierungs- und Forschungsarbeiten, darunter eine Reihe von Dissertationen, die einen besonderen Anreiz für die wissenschaftliche Nachwuchsförderung darstellten, sind selbstverständlich in die sogenannte große Universitätsgeschichte eingeflossen, ebenso wie die publizierten Ergebnisse von wissenschaftlichen Tagungen und workshops. Bislang sind in den beiden Unterreihen von BLUWiG bei der Evangelischen Verlagsanstalt Leipzig insgesamt 25 stattliche Bände erschienen – weitere interessante Manuskripte sind in Bearbeitung.

Nachfolgend eine Übersicht über die erschienenen Bände:

**Beiträge zur Leipziger Universitäts- und Wissenschaftsgeschichte [BLUWiG],
im Auftrag des Rektors der Universität Leipzig herausgegeben von Enno Bünz,
Detlef Döring, Klaus Fitschen, Ulrich von Hehl, Günther Heydemann,
Bernd-Rüdiger Kern, Dieter Michel, Ortrun Riha, Manfred Rudersdorf,
Günther Wartenberg (†), Gerald Wiemers und Hartmut Zwahr,
Evangelische Verlagsanstalt Leipzig 2002 ff.**

BLUWiG Reihe A

Band A 1 – Katja Geisenhainer
„Rasse ist Schicksal"
Otto Reche (1879-1966). Ein Leben als Anthropologe und Völkerkundler
2002, 584 Seiten.

Band A 2 – Andreas Gößner (Hrsg.) unter Mitarbeit von Alexander Wieckowski
Die Theologische Fakultät der Universität Leipzig
Personen, Profile und Perspektiven aus sechs Jahrhunderten Fakultätsgeschichte
2005, 488 Seiten.

Band A 3 – Ulrich von Hehl (Hrsg.)
Sachsens Landesuniversität in Monarchie, Republik und Diktatur
Beiträge zur Geschichte der Universität Leipzig vom Kaiserreich bis zur Auflösung des Landes Sachsen 1952
2005, 592 Seiten.

Band A 4 – Detlef Döring (Hrsg.)
Universitätsgeschichte als Landesgeschichte
Die Universität Leipzig in ihren territorialgeschichtlichen Bezügen
2008, 504 Seiten.

Band A 5 – Markus Huttner (Hrsg. von Ulrich von Hehl)
Geschichte als akademische Disziplin
Historische Studien und historisches Studium an der Universität Leipzig
vom 16. bis zum 19. Jahrhundert
2007, 640 Seiten.

Band A 6 (in zwei Teilbänden) – Beate Kusche
„Ego collegiatus" – Die Magisterkollegien an der Universität Leipzig von 1409 bis zur Einführung der Reformation 1539
Strukturelle und personengeschichtliche Untersuchungen
2009, 979 Seiten.

Band A 7 – Rudolf Hiller vom Gaertringen (Hrsg.) in Zusammenarbeit mit Rainer Kößling, Doreen Zerbe
Ade Welt. Ich bin nun daraus
Memoriale Inschriften auf Grabsteinen und Epitaphien der Universitätskirche St. Pauli zu Leipzig
2011, 344 Seiten.

Band A 8 – Markus Hein, Helmar Junghans (Hrsg.)
Katalog der Professoren und Dozenten der Leipziger Theologischen Fakultät 1409–2009
2009, 363 Seiten.

BLUWiG Reihe B

Band B1 – Christina Leibfried
Sinologie an der Universität Leipzig
Entstehung und Wirken des Ostasiatischen Seminars 1878–1947
2003, 216 Seiten.

Band B 2 – Matthias Middell, Charlotte Schubert, Pirmin Stekeler-Weithofer (Hrsg.)
Erinnerungsort Leipziger Universitätskirche
Eine Debatte
2003, 160 Seiten.

Band B 3 – Thomas Töpfer
Die Leucorea am Scheideweg
Der Übergang von Universität und Stadt Wittenberg an das albertinische Kursachsen 1547/48. Eine Studie zur Entstehung der mitteldeutschen Bildungslandschaft
2004, 264 Seiten.

Band B 4 – Markus Wustmann
Die Gesellschaftswissenschaftliche Fakultät in Leipzig 1947–1951
Experimentierfeld kommunistischer Hochschulpolitik in SBZ und früher DDR
2004, 184 Seiten.

Band B 5 – Pia Richter
Frauen in der Wissenschaft
Die ersten Habilitandinnen an der Leipziger Medizinischen Fakultät (1925–1970)
2005, 160 Seiten.

Band B 6 – Hans-Georg Ebert, Thoralf Hanstein (Hrsg.)
Johann Jacob Reiske – Leben und Wirkung
Ein Leipziger Byzantinist und Begründer der Orientalistik im 18. Jahrhundert
2005, 224 Seiten.

Band B 7 – Holger Steinberg (Hrsg.)
Leipziger Psychiatriegeschichtliche Vorlesungen
2005, 240 Seiten.

Band B 8 – Frank Zöllner (Hrsg.) in Zusammenarbeit mit Benjamin Sommer
Speicher der Erinnerung
Die mittelalterlichen Ausstattungsstücke der Leipziger Universitätskirche St. Pauli
2005, 152 Seiten.

Band B 9 – Ulf Morgenstern
Anglistik an der Universität Leipzig
Das Englische Seminar in Kaiserreich, Weimarer Republik und Drittem Reich 1891–1945
2006, 190 Seiten.

Verwaltung (die keineswegs immer „eins" waren), den staatlichen Instanzen und den Künstlern nachgezeichnet. Man kann dabei zusehen, wie „künstlerische Entscheidungen" zustande kamen – und lernt nebenher auch, was alles die Universität heute missen muss: zum Beispiel eine landwirtschaftliche Idylle (für die Mensa) auf dem heutigen Leibnizforum oder, an gleicher Stelle, für die Professoren eine „Loggia zur Entgegennahme von Ovationen".

Ansprache von Herrn Professor Dr. Thomas Topfstedt, Institut für Kunstgeschichte der Universität Leipzig:

Magnifizenz, sehr geehrter Herr Horyna,
meine sehr geehrten Damen und Herren,

im Anschluß an die Ausführungen von Frau Kollegin Marek fahre ich mit der Vorstellung der Hauptkapitel des Buches fort. Ein umfangreicher Beitrag aus der Feder von Hartmut Mai ist der Universitätskirche St. Pauli gewidmet. Er umspannt den Zeitraum von 1229, der Niederlassung des Dominikanerordens in Leipzig, bis zur Vernichtung des als Gotteshaus, Ort der universitären Tradition und Baudenkmal gleichermaßen bedeutenden Bauwerkes im Jahre 1968. Anschaulich dargestellt und kunsthistorisch gewürdigt werden nicht allein der Kirchenbau und seine Ausstattung, sondern auch die Geschichte seiner Nutzungen durch mehr als sieben Jahrhunderte.

Breiten Raum nehmen in der vorliegenden Publikation die Klinik-, Forschungs- und Unterrichtsgebäude der Leipziger Universitätsmedizin ein. Ihre Entwicklung wird als großer historischer Längsschnitt von den Anfängen im späten Mittelalter bis zur Gegenwart in einem von Cornelia Becker und Christoph Böwing verfaßten Kapitel geschildert. Den Schwerpunkt bildet die mit der disziplinären Entwicklung der Medizinischen Fakultät aufs engste verbundene Planungs- und Baugeschichte des Medizinischen Viertels, die komplexe Einblicke in die funktionale Spezifik des Krankenhausbaus ermöglicht. Karsten Hommel hat mit seinem Beitrag „Die Architektur der naturwissenschaftlichen Institute außerhalb des Stadtkerns 1830–1918" eine ebenso verdienstvolle baugeschichtliche Aufarbeitung der in unmittelbarer Nachbarschaft zu den medizinischen Instituten gelegenen und einen eigenen Bezirk bildenden naturwissenschaftlichen Lehr- und Forschungseinrichtungen unternommen.

Es folgen die von Thomas Topfstedt verfaßten Längsschnitte durch die Baugeschichte und die wichtigsten Entwicklungsplanungen der Leipziger Universität nach dem Ersten Weltkrieg bis zum Jahr 2009. In einem den Zeitraum 1918 bis 1945 umgreifenden Kapitel werden die Planungs- und Bauaktivitäten während der Weimarer Republik und der NS-Diktatur dargestellt. Geschildert wird, wie nach dem kurzen hoffnungsvollen Aufschwung des universitären Bauens in der Mitte der 1920er Jahre das Baugeschehen in den 1930er Jahren stagnierte und wie auf die anmaßenden nationalsozialistischen Entwicklungsplanungen im Zuge des Zweiten Weltkrieges die weitgehende Zerstörung der Leipziger Universitätsbaulandschaft erfolgte. Als der Krieg beendet war, gab es in Leipzig von insgesamt 103 universitären Einrichtungen nur noch 16, die keine größeren Bauschäden aufwiesen. Das anschließende Kapitel setzt sich mit der baulichen Entwicklung der Universität Leipzig von 1946 bis 1989 auseinander. Es beginnt mit den schweren Nachkriegsjahren, in denen die unter extremem Raummangel leidende Universität ihre ersten neuen Institutsdomizile teils vorübergehend, teils dauerhaft in wiederhergestellten Altbauten bezog. Universitäre Neubauten entstanden erst wieder seit den frühen 1950er Jahren, vorzugsweise für den medizinischen und naturwissenschaftlichen Bereich. Ein eigenes Subkapitel befaßt sich mit der barbarischen Aktion der Sprengung der Universitätskirche, der historischen Universitätshauptgebäude 1968 sowie mit dem Bau des neuen, 1975 vollendeten Hauptgebäudekomplexes der Karl-Marx-Universität am damaligen Karl-Marx-Platz.

Umfänglich ist die Darstellung der baulichen Entwicklung der Leipziger Universität seit 1990 bis zur Gegenwart geraten. Es soll hier gar nicht erst versucht werden, diesen vielschichtigen Prozeß, an dessen Ende der Bau des neuen Universitätscampus am Augustusplatz steht, zu resümieren. Statt dessen sei nur die Tatsache hervorgehoben, daß sich die Leipziger Universität zu ihrem 600-jährigen Jubiläum in ihrer Bausubstanz als vollständig „runderneuert" präsentiert. Die seit den frühen neunziger Jahren aufgewendeten Bausummen haben ein weitaus größeres Volumen als alles zwischen 1918 und 1989 für die Leipziger Universität Gebaute zusammengenommen. Dabei muß in Rechnung gestellt werden, daß während der letzten zwei Jahrzehnte nicht allein eine große Zahl von Institutsgebäuden, Kliniken und ein erheblicher Teil des jetzigen Universitätscampus im Stadtzentrum völlig neu errichtet worden sind, sondern daß auch nahezu der gesamte Altbaubestand aus der Zeit vor 1989 grundsaniert, modernisiert und in seiner Ausstattung nahezu komplett erneuert wurde.

Der heute präsentierte Band 5 ist organischer Bestandteil der fünfbändigen Edition zur Universitätsgeschichte. Im universitätsgeschichtlichen Kontext legen die verschwundenen wie die bestehenden Bauten anschauliches Zeugnis von der Entwicklung der Universität durch die Jahrhunderte ab. Zugleich stellt die Geschichte dieser Bauten ein bislang nicht im vollen Umfang wahrgenommenes Kapitel der allgemeinen Architekturgeschichte der Stadt Leipzig dar. Nicht zuletzt ist die nun vorliegende Publikation ein Beitrag zu dem sich erst in den letzten Jahrzehnten international konturierenden Forschungsgebiet einer komparativen Geschichte der internationalen Universitätsarchitektur und folglich eng verzahnt mit der allgemeinen Architekturgeschichte. Das Buch endet mit dem Jahr 2009 an einem markanten Punkt der Leipziger Universitätsentwicklung. Selbstverständlich werden auch nach dem 600-jährigen Universitätsjubiläum weitere Gebäude entstehen und ältere Bauten umgenutzt werden, so es gewiß spätestens zur 700-Jahr-Feier der Universität eine neue Baugeschichte der Universität Leipzig geben wird. Für die nächsten Jahrzehnte aber wird sich, so hoffen die Herausgeber und die Autoren, die jetzige Publikation als Standardwerk bewähren.

Ansprache von Herrn Professor Dr. Mojmir Horyna, Prorektor der Karls-Universität zu Prag:

Magnifizenz, Spectabiles und Honorabiles, Cives academici,
Sehr geehrte Damen und Herren, liebe Gäste!

Die ersten mittelalterlichen Universitäten stellten in der Zeit ihrer Entstehung eine ganz neue Form der Gelehrsamkeitspflege dar. Die Etymologie des Wortes Universität ist nicht eindeutig. „In unum vertere" bedeutet vereinen und beschreibt die Idee der einheitlichen akademischen Gemeinde von Professoren und Studenten, und der Begriff „universum" exponiert die Aufgabe der akademischen Gemeinde, die gesamte Wirklichkeit zu studieren, zu erkennen, zu pflegen und zu beschützen.

Die mittelalterlichen Universitäten entstanden als Nachfolgerinnen der relativ abgegrenzten und geschlossenen Kloster- und Bischofsschulen. Im Rahmen der Universitäten war die Lehre nicht auf Geistliche beschränkt – obwohl diese nach wie vor die wichtigste Rolle spielten –, sondern wurde auch in die weltlichen Gesellschaftsschichten getragen.

Um diese wichtige kulturelle Rolle erfolgreich zu erfüllen, brauchten die Universitäten spezifische Rechte und Freiheiten. Das Patronat der kirchlichen Herrschaft – vorwiegend Bischöfe und Erzbischöfe – schützte die Universitäten vor der Willkür der weltlichen Mächte. In der Gründungsurkunde der Karlsuniversität sind es beide Mächte – die weltliche und die kirchliche –, die die Universitätsrechte und Freiheiten zu hüten geloben. Gerade der spätere Streit zwischen König Wenzel IV. und dem

Erzbischof Zbyněk von Hasenburg zu Beginn des 15. Jahrhunderts hatte für die Universität schicksalhafte Folgen.

Das alte Sprichwort „Stadtluft macht frei" drückt die spezifische mittelalterliche Vorstellung von Freiheit aus. Das Leben in den freien Städten wurde durch Gesetze reguliert, und gerade die Legalität bot Raum für Freiheit. Eine derartige Wechselbeziehung zwischen Gesetz und Freiheit galt auch für das Leben der akademischen Universitätsgemeinden. Und dieses Prinzip gilt bis heute.

Die Universitäten stellten einen wichtigen und charakteristischen Teil der Lebensstruktur der großen mittelalterlichen Stadtzentren dar. Ihre Bauten gehörten mitsamt den Universitätskirchen zur schönsten Architektur der Stadt. Als Beispiel sei das Carolinum in Prag erwähnt. Das Spezifische dieser Gebäudekomplexe bestand in den charakteristischen Zügen der Klosterarchitektur, denn die Studenten und Professoren haben nicht nur gemeinsam gearbeitet, sondern auch gewohnt. Das Zusammenleben der akademischen Gemeinde war damals enger als heute, die mittelalterlichen Universitäten waren wesentlich kleiner als heute.

Die neuzeitliche Säkularisierung der Wissenschaft brachte neue forschungsorientierte Methoden mit sich, die an die Stelle der alten hermeneutischen Interpretation der kanonischen Schriften traten. Es folgte nicht nur eine Neustrukturierung des Universitätslebens, sondern es wurden auch dementsprechende neue Bautypen entwickelt. Die Neuformulierung der Hauptaufgaben und des Charakters von Universitäten durch Wilhelm von Humboldt unterstützte die alten Universitätsprinzipien bei der Bewältigung der neuen Aufgaben, wie sie die neue Zeit und die neue Gesellschaft stellten. In der Epoche des Erkenntnisoptimismus und des unbegrenzten Fortschrittsglaubens wurden die Universitätsgebäude als Wissenschaftspaläste und Wissenschaftstempel konzipiert. Oft gehörten sie zu den aufwendigsten und repräsentativsten Bauten ihrer Zeit. Zugleich waren sie praktisch und funktional gelöst, denn die Architektur des 19. Jahrhunderts war fähig, die ästhetische Repräsentation mit vollkommener Funktionalität zu verbinden.

Die heutigen Universitätsbauten stellen keine Paläste und Tempel mehr dar, sondern akzentuieren vor allem die Funktionalität. Auch die ästhetischen Formen der Repräsentation sind vollkommen verschieden. Die Rückkehr der Universität in Leipzig an die Stelle des ehemaligen Klosters und die moderne Erneuerung der Dominante der ehemaligen Kirche sind architektonische Leistungen von tiefer symbolischer Bedeutung. Die Universität bekennt sich mittels dieser Architektur sowohl zur alten Tradition wie auch zu den neuen Aufgaben.

Architektur per se ist eine bemerkenswerte Aktivität des Menschen, die ihn durch die gesamte Geschichte begleitet. Die Etymologie des Wortes, das aus den Begriffen „arche" und „tecto" zusammengesetzt ist, lehrt uns die Architektur als einen grundlegenden Entwurf zu verstehen, als Artikulation der Raum- und Zeitstruktur, der Weltordnung. Sie gibt die Formen aller menschlichen Aktivitäten und Bedürfnisse vor. Diese formgebende Wirklichkeit ist einer der wichtigen Bestandteile der menschlichen Kultur. Die historische Reflexion der Architekturgeschichte birgt immer wichtige Erkenntnisse über die Menschheit in ihren konstanten Zügen wie auch in ihren geschichtlichen Metamorphosen.

Der fünfte Band der Monographie der Geschichte der Universität Leipzig, der den Universitätsbauten gewidmet ist, zeigt wichtige Momente und Aspekte der Geschichte der wissenschaftlich-pädagogischen Institution auf. Gestern Abend konnte ich dieses spannende Buch nur flüchtig durchblättern, doch ich freue mich zu Weihnachten Zeit zu finden, um es in Ruhe zu lesen.

1. DIE LEIPZIGER REKTORATSREDEN 1871–1933

Herausgegeben vom Rektor der Universität Leipzig, Professor Dr. iur. Franz Häuser, zum 600jährigen Gründungsjubiläum der Universität im Jahr 2009, Walter de Gruyter-Verlag Berlin, New York 2009

Am 19. März 2009 legte der Rektor der Universität Leipzig, Prof. Dr. Franz Häuser, als Herausgeber ein fast 1.800 Seiten umfassendes Werk vor, das im renommierten de Gruyter-Verlag erschienen ist. In dieser zweibändigen Edition „Die Leipziger Rektoratsreden von 1871 bis 1933" sind sowohl die beim jährlichen Rektoratswechsel vorgetragenen Berichte über das eigene abgelaufene Amtsjahr als auch die Antrittsreden des neu gewählten Rektors wiedergegeben. Ergänzt und erschlossen wird das in Halbleder gebundene Kompendium zur Leipziger Universitätsgeschichte durch einen einleitenden Aufsatz über das Rektorenamt (Jens Blecher) und ein umfangreiches Personen-, Orts- und Sachregister (Marcel Korge). Bereits kurz nach seinem Erscheinen wurde das Werk in einem Artikel in der renommierten Historischen Zeitschrift[1] herangezogen und wohlwollend annotiert sowie in der Zeitschrift für Germanistik[2] günstig rezensiert.

Die in Leipzig in der Regel am Reformationstag in der Universitätsaula erstatteten Jahresberichte und Fachvorträge bildeten einen rituellen Höhepunkt im Laufe des akademischen Jahres. Mündlich vorgetragen und bald darauf publiziert, enthalten die Berichte und Vorträge der Rektoren nicht nur einen wissenschaftshistorischen, sondern auch einen philosophisch-philologischen Schatz. Insbesondere werfen sie ein Schlaglicht auf die Verbindung zwischen Tradition und persönlicher Orientierung des Wissenschaftlers in einer modernen, sich stetig beschleunigenden und politisierenden Hochschulwelt. So finden sich in den Rektoratsreden die Überzeugungen, Ideen und Vorstellungen der ab- und antretenden Rektoren wieder, zumeist etwas vornehm

---

1 Langewiesche, Dieter: Die ‚Humboldtsche Universität' als nationaler Mythos. Zum Selbstbild der deutschen Universitäten in ihren Rektoratsreden im Kaiserreich und in der Weimarer Republik, in: Historische Zeitschrift, Band 290 (2010), S. 53-91.

2 Rezension von Myriam Richter, in: Zeitschrift für Germanistik (ZfGerm), Heft 2/2010. Neue Folge. XX. Jg.

zurückgenommen, aber auch offen als hochschulstrategische Planungen angesprochen und eingefordert. Die Antrittsreden spiegeln ebenso das Bemühen der einzelnen Professoren um Wissenschaftskommunikation wider. Die frisch gekürten Rektoren sahen in ihren Referaten wohl zugleich eine besondere Chance, vor der Gesamtuniversität und einem breiten Personenkreis aus hochrangigen Ehrengästen den Zugang zur eigenen Fachdisziplin zu eröffnen und den Stand des Faches öffentlich zu rekapitulieren. Karl Bücher berichtete bei seinem Amtsantritt 1903 aufschlussreich, dass schon die Beschäftigung mit dem bevorstehenden Rektoratsamt ihn zu einem Wandel in seiner inneren Einstellung führte, da man von dem ins Rektorat gewählten Fachgelehrten nunmehr ein übergreifendes Gemeinschaftsdenken verlange.[3]

Das Editionsprinzip für die Rektorreden ist von einem einfachen Gedanken geprägt: Um diesen rituellen Akt und den Stand der Universität in ihrer zeitpolitischen Dimension sichtbar werden zu lassen, wurde für jeden Rektoratswechsel sowohl die Rede des abtretenden als auch die des antretenden Rektors vollständig wiedergegeben. So wird es möglich, dem statischen Bild, das die Universität beim Rektoratswechsel im Oktober eines jeden Jahres zeigt, auch ein lebendiges Bild aus ihrer wissenschaftlichen Tätigkeit gegenüber zu stellen.

Die Leipziger Rektoratsreden von 1871 bis 1933 stellen ein Kompendium zur Universitätsgeschichte dar, das mit seinen umfangreichen Beurteilungen durch die agierenden Zeitgenossen, die persönlich wägend und zugleich wissenschaftlich objektivierend berichten, heute so kaum zu erarbeiten wäre. Das Spektrum der Antrittsreden zeigt für die Entwicklung der Leipziger Wissenschaftsdisziplinen eine hochinteressante Mischung, die 1871 mit dem Mediziner Carl Wunderlich und seinem Referat über die „Gesundheitsverhältnisse in den productiven Lebensaltern" beginnt. In den nächsten Jahren finden wir Beiträge zur interdisziplinären Entwicklung in den einzelnen Wissenschaftsgebieten und deren Ausstrahlung in die öffentliche Wahrnehmung, so von Rudolf Leuckart „Über die Einheitsbestrebungen in der Zoologie" (1877) zum Thema der Darwin'schen Lehre und der Rolle der modernen Physiologie oder von Wilhelm Wundt „Über den Zusammenhang der Philosophie mit der Zeitgeschichte" (1889). Besonders die Verbindung von Wissenschaft und Gesellschaft ist ein Thema, das die Referenten wiederholt in den Vordergrund rücken, sei es wie bei Theodor Brieger mit dem Vortrag über „Der Glaube Luthers in seiner Freiheit von menschlichen

---

3   Leipziger Rektoratsreden, S. 827.

Autoritäten" (1892) oder wie bei Paul Zweifel in seiner Antrittsrede „Kurzer Rückblick auf die Entwicklung der erklärenden Naturwissenschaften und der Medicin im XIX. Jahrhundert" (1900).

Die editierten Rektoratsreden enden mit dem Jahr 1933, fast zeitgleich mit Beginn der staatlichen Dekretierung des Führerprinzips, das, im Dezember 1933 auch in der Universität Leipzig eingeführt, die universitäre Selbstverwaltung beendete. Eine kommentierte Publikation der Rektoratsreden zwischen 1933 und 1989 ist geplant. Die Druckkosten der beiden Halbbände wurden übrigens weitgehend von der Walter de Gruyter-Stiftung übernommen, dafür sei an dieser Stelle noch einmal besonders gedankt.

2. LEIPZIGER PROFESSORENPORTRÄTS

Herausgegeben vom Rektor der Universität Leipzig, Professor Dr. iur. Franz Häuser, zum 600jährigen Gründungsfest der Universität im Jubiläumsjahr 2009, Leipzig 2009

In den letzten Jahrhunderten ist es in der Leipziger Universität zu einer schönen Übung geworden, Rektoren, Dekane und Professoren zu besonderen Erinnerungstagen als Porträts abzubilden. Anlässlich der Zentenarfeiern von 1809 und 1909 entstanden würdevolle Gemälde, und selbst das neue Medium Fotografie wurde vor einhundert Jahren schon bewusst für die Feierlichkeiten eingesetzt. An diese Vorbilder knüpft dieser Porträtband an, der mit seinen über 400 Abbildungen als Dokumentation und zur nachhaltigen Erinnerung dient.

Freilich ist diese Porträtsammlung nur ein Ausschnitt der universitären Wirklichkeit: rund 30.000 Studierende, nahezu 2.900 selbständig und unselbständig Lehrende wirken derzeit an unserer Alma mater. Für die Fotografien konnten daher ausschließlich die aktiven Professoren des Jahres 2009 in Betracht gezogen werden, die in einem Beschäftigungsverhältnis als C4/C3- oder W3/W2-Professoren mit der Universität Leipzig standen und im Jubiläumsjahr Lehrveranstaltungen anboten.

Der Porträtband ist in zwei Sektionen gegliedert. Zunächst erscheinen die Inhaber akademischer Wahlämter, der Rektor und die Prorektoren gemeinsam mit den Dekanen der einzelnen Fakultäten. Alle weiteren Professoren werden in alphabetischer Ordnung aufgeführt, unabhängig von ihrer Fakultätszugehörigkeit.

Insgesamt ist eine Übersicht mit 422 Porträts entstanden, die als dokumentarisches Zeugnis die wissenschaftliche Vielfalt und den disziplinären Facettenreichtum einer klassischen Universität mit breitem Fächerspektrum eindrucksvoll ausweist. Wie schon vor 100 Jahren, als die ersten fotografischen Aufnahmen der Professoren (damals waren es rund 150 Personen) entstanden, kommt in den versammelten Porträts auch der Verbund des Lehrkörpers über die einzelnen Fächer hinaus zum Ausdruck.

Eine solche große und illustre Schar von vielbeschäftigten Professorinnen und Professoren zu porträtieren, stellte die Fotografin, Frau Franziska Frenzel, vor eine nicht einfach zu lösende Aufgabe. So nahm die Verwirklichung dieses besonderen Jubiläumsprojekts fast zwei Jahre in Anspruch und war für alle Beteiligten auch eine logistische Herausforderung. Schon die Termine abzustimmen und die von den Fakultäten jeweils störungsfrei zur Verfügung zu stellenden Räume auszuwählen, war schwierig genug. Hinzu kam die von allen Bearbeitern zu leistende Sorgfalt bei der Zuordnung von Personen, Fotos und Daten, und zwar aus den verschiedenen Datenquellen des Personaldezernates und der Fakultäten. Die Zeit war von Anfang an die kritische Begleiterin des Vorhabens, das den künstlerischen Anspruch erhebt, neben der Ablichtung der Hochschullehrer auch einen Eindruck von deren Persönlichkeit zu vermitteln. Der Dank für die Verwirklichung dieses Projektes, das bis auf wenige Ausnahmen den beschriebenen Teil des Lehrkörpers der Universität umfasst, richtet sich an alle Professorinnen und Professoren, die sich bereitwillig den notwendigen organisatorischen Vorgaben unterwarfen und die Verwendung ihrer Porträts gestatteten oder eigene Fotos zusteuerten. Im Rahmen der Jubiläumsfeierlichkeiten hat das Rektorat dieses Vorhaben mit einer besonderen Priorität versehen, und das Universitätsklinikum Leipzig AöR hat es mit einer großzügigen Spende erheblich gefördert – dafür sei den seinerzeitigen Vorstandsmitgliedern des Universitätsklinikums, Herrn Professor Dr. Wolfgang E. Fleig und Herrn Dr. Matthias Wokittel, nochmals sehr herzlich gedankt.

(Jens Blecher)

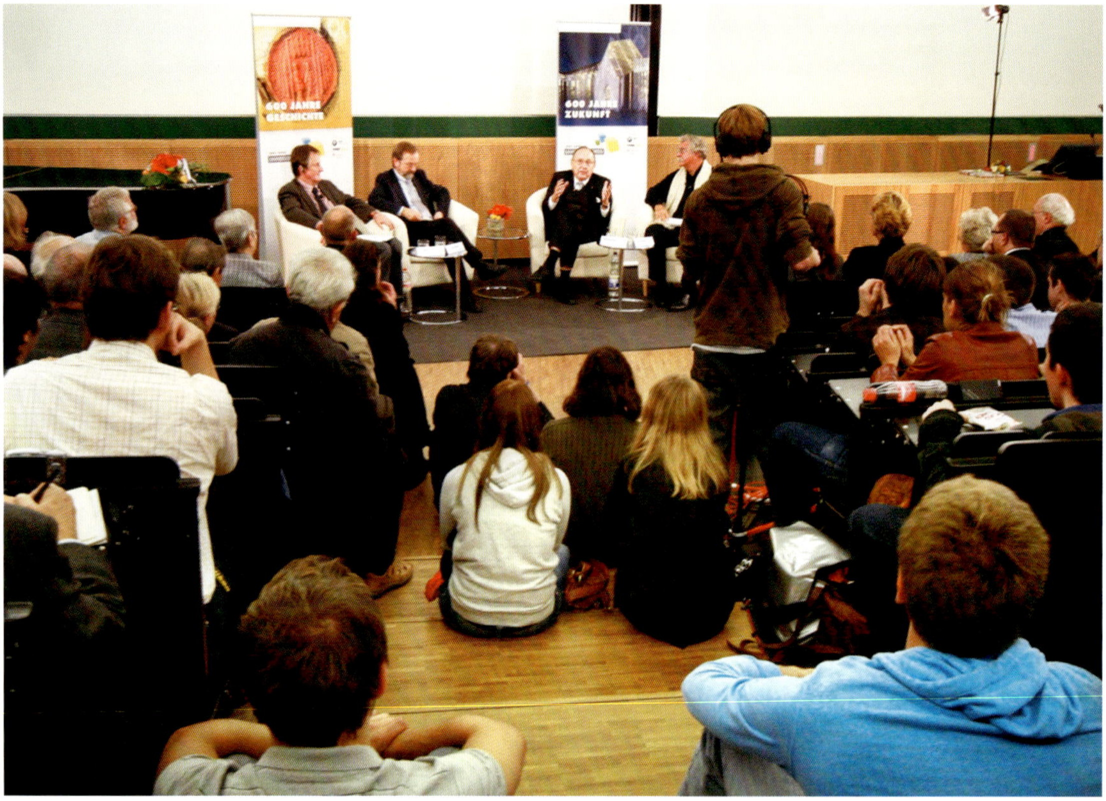
600 JAHRE
GESCHICHTE
600 JAHRE
ZUKUNFT

IX. ZENTRALE KONGRESSE

1. VORBEMERKUNG

Die Höhepunkte im Laufe des Jubiläumsjahres sollten sich nicht nur in öffentlichen Präsentationen erschöpfen, sondern mit ihnen sollten auch wissenschaftliche Leitkongresse mit universitärem Bezug einhergehen. Alsbald zeigte sich, dass die angedachten Themenkomplexe sich als Ausprägungen der übergreifenden Kategorie des „Wissens" verstehen ließen. Die Kongressverantwortlichen waren bemüht, auch international namhafte Fachvertreter zu gewinnen.

2. LEITKONGRESSE

a) „Wissen und Geist – Universitätskulturen" vom 11. bis 13. Mai 2009

Unmittelbar an die konzertante Eröffnung der Jubiläumsfeiern am 9. Mai 2009 schloss sich der erste Leitkongress unter dem Titel „Wissen und Geist – Universitätskulturen" an. Als einer der wissenschaftlichen Höhepunkte thematisierte das interdisziplinäre und international zusammengesetzte Symposium die Geschichte der Universität als einzigartige gesellschaftliche Institution und entwarf eine Vision für ihre Zukunft. Unter den drei Schlaglichtern Gründungskulturen, Gegenwartskulturen und Zukunftskulturen bauten führende Persönlichkeiten aus Wissenschaft, Politik, Medien und Fördereinrichtungen an drei Tagen eine Brücke von der alteuropäischen Universität des Mittelalters über die gegenwärtige Situation bis hin zur Universität der Zukunft. Dabei thematisierte man jahrhundertealte Konflikte um Autonomie, Kontrollinstanzen und Exzellenz der Universitäten ebenso wie visionäre Konzepte der Frühmoderne und der Gegenwart. Ziel der Veranstaltung war es, Konzepte und Visionen zur Rolle der Universität der Zukunft zu entwickeln.

Den Kongress „Wissen und Geist – Universitätskulturen" eröffneten am 11. Mai 2009 in der Alten Börse in Leipzig der Staatssekretär im Sächsischen Staatsministerium für Wissenschaft und Kunst Dr. Knut Nevermann gemeinsam mit dem Rektor der Universität Leipzig Prof. Dr. Franz Häuser. Die Leitung des Kongresses lag beim Prorektor für Forschung und wissenschaftlichen Nachwuchs der Universität Prof. Dr. Martin Schlegel. Die Porsche AG und der Deutsche Akademische Austauschdienst (DAAD) hatten den Kongress großzügig unterstützt.

Der erste Tag des Symposiums widmete sich der Geschichte der Universität Leipzig im späten Mittelalter, in der Zeit der Reformation und der Aufklärung. Der Eröffnungsvortrag gab einen Überblick über die großen Entwicklungslinien der neuzeitlichen Universitätsgeschichte im deutschen und internationalen Vergleich. Am Abend hielt der Präsident der Humboldt-Universität zu Berlin, Prof. Dr. Dr. h.c. Christoph Markschies, im Festsaal des Alten Rathauses den Festvortrag. Der zweite Tag thematisierte universitäre Gegenwartskulturen im Zeichen der Globalisierung, den ideellen und strukturellen Wandel von Wissenschaft. Am dritten Tag befasste sich eine Podiumsdiskussion mit der Zukunft des Humboldtschen Bildungsideals. Rektoren und Präsidenten einiger der ältesten europäischen Universitäten entwickelten anhand eines

Thesenpapiers Vorschläge für eine Universität der Zukunft. Dieses Thesenpapier hatte eine internationale Arbeitsgruppe unter der Leitung von Professor Dr. Ulrich Johannes Schneider, Direktor der Leipziger Universitätsbibliothek, ausgehend vom grundlegenden Wesen der Universität formuliert.

Nach Abschluss des Symposiums präsentierte man die Ergebnisse in der Landesvertretung des Freistaates Sachsen in Berlin vor einer breiten Medienöffentlichkeit und veröffentlichte in der Publikation „Leipziger Diskurs – Universitäten heute" die vorbereiteten Beiträge der Universidad de Salamanca, der Université Paul-Valéry Montpellier, der Universitäten Padua und Paris-Sorbonne, der Karls-Universität Prag, der Jagiellonen-Universität Krakow, der Universität Wien, der Université de Provence sowie der European Student's Union.

Über das gesamte dreitägige Symposium haben Prof. Dr. Manfred Rudersdorf, Prof. Dr. Wolfgang Höpken und Prof. Dr. Martin Schlegel im Leipziger Universitätsverlag einen ausführlichen Tagungsband mit den Grußworten, dem Festvortrag und den Vorträgen zu allen drei Themenkomplexen sowie den Beiträgen zum „Leipziger Diskurs" editiert.

Um einen detaillierteren Eindruck über die Vielfalt der auf dem Kongress beleuchteten Themen zu geben, sind im Folgenden das Inhaltsverzeichnis des Tagungsbandes und das Thesenpapier zum Leipziger Diskurs „Universitäten heute", verfasst von Antonia Birnbaum (Paris), Jonathan Rée (Oxford) und Ulrich Johannes Schneider (Leipzig), abgedruckt.

Tagungsband

1. **Vorwort der Herausgeber**
   Manfred Rudersdorf, Wolfgang Höpken und Martin Schlegel
2. **Grußworte von Franz Häuser und Knut Nevermann**

GRÜNDUNGSKULTUREN

3. *Rüdiger vom Bruch:* **Universitas semper reformanda; Grundzüge deutscher Universitäten in der Neuzeit**
4. *Enno Bünz:* **Die Universität Leipzig im alteuropäischen Kontext, Gründung 1409 – Tradition und Innovation**

5. *Manfred Rudersdorf:* **Die Universität Leipzig im alteuropäischen Kontext, Neuanfang 1539 – Reformation und Konfessionalisierung**
6. *Winfried Müller:* **Die Universität Leipzig im alteuropäischen Kontext, Zeit der Aufklärung – Konkurrenz und Reform**

Festvortrag

7. *Christoph Markschies:* **Woran krankt die deutsche Universität? Oder: Warum es sich lohnt, Universitätsgeschichte zu treiben**

GEGENWARTSKULTUREN

8. *Rudolf Stichweh:* **Universitäten im Zeitalter der Globalisierung**
9. *Richard Münch:* **Die Universität im Kampf um die besten Zahlen**
10. *Konrad H. Jarausch:* **Vorbild Amerika: Schwierigkeiten transatlantischen Borgens bei der Universitätsreform**
11. *Daniel Fallon:* **Universitäre Herausforderungen der Zukunft: Blickpunkt Leipzig**
12. *Pirmin Stekeler-Weithofer:* **1809 – 1909 – 2009, Zur Spannung zwischen Selbstverständnis und Realität akademischer Institutionen**

ZUKUNFTSKULTUREN

13. *Wilhelm Krull:* **Hat das Humboldtsche Bildungsideal noch eine Zukunft?**
14. *Günther Nonnenmacher:* **Hat das Humboldtsche Bildungsideal noch eine Zukunft? Notizen zur Podiumsdiskussion**

Leipziger Diskurs
Universitäten heute, Leipzig 2009

„Mein Leipzig lob' ich mir! Es ist ein klein Paris und bildet seine Leute." (Frosch, in Goethes Faust I)

Universitäten in ihrer heutigen Gestalt sind ein Element einer internationalen Kulturentwicklung, die sich im 20. Jahrhundert über die gesamte Welt verbreitete. Unabhängig von Glaubenssystemen oder Ideologien strebten nämlich jedes Land und jede Nation, jede Region und Stadt, die auf Anerkennung durch Andere Wert legten, nach einer eigenen Universität. Wenn künftige Historiker auf die Kultur unserer Zeit zurückschauen, könnten Sie vom Zeitalter der Universitäten sprechen.

Vor ihrer weltweiten Verbreitung war die Universität eine sehr eigenständige Institution des westlichen Christentums. Von Anfang an bewegte sich die christliche Erziehung in einem doppelten Spannungsfeld: (a) sie stand in Beziehung zu nichtchristlichen Kulturen, und (b) sie entwickelte ihr eigenes kulturelles Leben in Latein, das weder die ursprüngliche Sprache ihrer geheiligten Schriften noch die Muttersprache der meisten Gläubigen war. Das Christentum zeigte sich in einem bemerkenswerten Maß verpflichtet, nichtchristliche Traditionen und andere Sprachen zu beachten.

Etwa ab dem 12. Jahrhundert entstand in Europa ein Netzwerk höherer Schulen oder Universitäten, und zwar mit der Aufgabe, Lehrer für das gesamte System christlicher Erziehung auszubilden und zu graduieren. Diese doppelte Aufgabe, Verschiedenheit zu steuern und zugleich geistige Produktivität zu fördern, kennzeichnet noch heute die Universität.

*

Von Anfang an und durchgängig kritisierte man die Universitäten wegen verschiedener Arten des erzieherischen Versagens; der kritische Diskurs an ihrem Nutzen und an ihren Strukturen fand in großer Spannweite statt. Erst am Ende des 18. Jahrhunderts begannen Universitätsprofessoren, so etwas wie Autonomie für sich zu fordern: Es sollte von nun an niemand außerhalb der Universität als kompetent angesehen werden, Aufgabe und Natur der Universität festzulegen. Selbst wenn noch oft genug Universitäten von Kirche und Staat kontrolliert wurden, beanspruchten sie das Recht, ihre Ideale und ihre Aufgaben allein nach eigenem Verständnis zu bestimmen. In eben diesem Verständnis – mit einer nachdrücklichen Berufung auf die Idee geistiger Selbstbestimmung – gründete man Universitäten nach europäischem Muster auf der ganzen Welt.

Mit dieser Idee geistiger Selbstbestimmung verstehen sich Universitäten selbst als Orte, an denen (a) Lehrer eine tätige und schöpferische Beziehung zum Wissen haben, das sie den Studenten weitergeben, und (b) an denen Studierende als ihren Lehrern ebenbürtig behandelt werden können. Von daher sehen sich Universitäten ‚höher' als andere Bildungseinrichtungen.

Die Idee geistiger Selbstbestimmung stützt nachhaltig verschiedene Vorgehensweisen, von denen man annehmen kann, dass sie das Wissen erweitern. Niemand kann den nächstbesten Einfall vorhersagen, und also ist es am besten, wenn man der Lehre und Forschung die größtmögliche Freiheit lässt. Es kann sich sogar als klug erweisen, Forscher zum Risiko zu ermuntern: Auch wenn einige ohne Erfolg gearbeitet haben werden, erfinden andere etwas Wertvolles und Neues, ohne dass man vorhersagen könnte, wer so und wer anders endet.

*

Die Idee der geistigen Selbstbestimmung kann allerdings auch missbraucht werden: so können (a) Ideen wissenschaftlicher Disziplin und berufliche Kompetenz benutzt werden, um Gleichförmigkeit und Mutlosigkeit innerhalb der Universität zu verstärken, und es kann (b) die Berufung auf eine institutionelle Selbstbestimmung eingesetzt werden, um die Kritik von Personen in Frage zu stellen, die von ‚außerhalb' zu kommen scheinen: von Eltern, künftigen Studierenden oder kirchlichen und politischen Autoritäten. Hier besteht die Gefahr in dem Versuch, die Universität von der Gesellschaft abzusondern, als ob sie eine selbsttragende Wirklichkeit oder eine selbstgenügsame Idee wäre.

Universitäten sind seltsame, vielschichtige und nicht selten paradoxe Institutionen, aber sie nehmen ihre Aufgaben wahr: Sie befördern Innovation und Kreativität durch permanente Übertragung von Information, Vermittlung von Wissen und Transformation von Individuen.

Die Universitäten des 21. Jahrhunderts sind Teil einer globalen geistigen Kultur, zugleich sind sie fest in nationale Ausbildungssysteme einbezogen. Wie verschieden sie auch immer sein mögen, sie bleiben Erbe gemeinsamer Traditionen und werden Teil einer Zukunft sein, die sie weit überragt.

(Martin Schlegel)

b) „Wissen und Bildung. Herausforderungen für Bildung und Erziehung im 21. Jahrhundert" vom 18. bis 20. Juni 2009

Das dreitägige Symposium „Wissen und Bildung" thematisierte Bildung und Erziehung als Schlüsselthemen des 21. Jahrhunderts vor dem Hintergrund sich stetig wandelnder gesellschaftlicher Rahmenbedingungen. Die Veranstaltung eröffneten der Rektor Prof. Dr. Franz Häuser und der Kulturbürgermeister der Stadt Leipzig Michael Faber. Die Leitung des Kongresses lag in den Händen des Dekans der Erziehungswissenschaftlichen Fakultät Prof. Dr. Harald Marx und des Leiters des städtischen Jugendamtes Dr. Siegfried Haller. Großzügig finanziell unterstützt wurde das Symposium durch die Industrie- und Handelskammer zu Leipzig.

Drei Grundsatzreferate renommierter Bildungsforscher und Erziehungswissenschaftler bestimmten den ersten Tag: Prof. Dr. Martin Baethge vom Soziologischen Forschungsinstitut der Universität Göttingen umriss in seinem Vortrag die Problemzonen der deutschen Bildungssysteme und die Herausforderungen, vor denen sie in einer globalisierten Welt stehen. Zwingend erforderlich, um das deutsche „Bildungsschisma" zu überwinden, seien Ganztagsschulen, langsamer arbeitende Übergangssysteme für jene, die dem Tempo nicht gewachsen sind, ein Berufsabitur, um mehr Menschen in ein Hochschulstudium zu bringen, und der mittlere Schulabschluss als Mindestniveau für Schulabgänger. Prof. Dr. Hans Bertram von der Humboldt-Universität Berlin verwies darauf, dass Schulen die störenden Ungleichheiten in Bildungsbiographien weder allein verursachten noch auszugleichen in der Lage seien, weil sie weder auf die sozialen Risiken im Lebensalltag noch auf falsch gesetzte Transferleistungen des Wohlfahrtsstaates Einfluss nehmen können. Prof. Dr. Philipp Gonon von der Universität Zürich schließlich erörterte mögliche Bildungspotenziale von morgen.

Der zweite Tag widmete sich in drei Fachforen den Grundlagen, Systemen und Strukturen von Bildung und Erziehung. Dabei wurden Themen wie Begabungsförderung für alle, Gestaltung von Übergängen sowie lebenslanges Lernen, Bildung und Wirtschaft, Integration und Partizipation und interkulturelle Bildung behandelt.

Mit den „Leipziger Thesen für Bildung und Erziehung im 21. Jahrhundert" wurden am dritten Tag die Erkenntnisse und Fragen des Symposiums gebündelt und in einer abschließenden Podiumsdiskussion mit Vertretern aus Wissenschaft, Wirtschaft und Politik unter Leitung des Chefredakteurs der Leipziger Volkszeitung Bernd Hilder hinterfragt. Neben den drei Grundsatzreferenten beteiligten sich am Podium die Staatsministerin für Wissenschaft und Kunst Dr. Eva-Maria Stange und der Präsident des Stifterverbandes für die Deutsche Wissenschaft Dr. Arend Oetker.

c) „Wissen und Effizienz" Leitkongress „Ökonomisierung der Wissensgesellschaft. Wie viel Ökonomie braucht und wie viel Ökonomie verträgt die Wissensgesellschaft?" vom 3. bis 5. Dezember 2009

Vom 3. bis 5. Dezember 2009, in der zweiten Hälfte der Festwoche, fand in den neugestalteten Hörsälen der Universität der Kongress „Ökonomisierung der Wissensgesellschaft – Wie viel Ökonomie braucht und wie viel Ökonomie verträgt die Wissensgesellschaft?" statt. Ziel der Veranstalter Prof. Dr. Ralf Diedrich und Prof. Dr. Ullrich Heilemann von der Wirtschaftswissenschaftlichen Fakultät war es, die im Thema anklingende Entwicklung interdisziplinär zu beleuchten und die nationale und internationale Aufmerksamkeit auf die Universitätsstadt Leipzig zu lenken. Herausragende Persönlichkeiten aus Wissenschaft, Politik und Wirtschaft hielten an den drei Kongresstagen vor insgesamt ca. 400 Teilnehmern fünf Grundsatzreferate und 28 Einzelvorträge. Darüber hinaus fanden drei Podiumsdiskussionen statt.

Nach intensiven Diskussionen über Thema und Konzeption, die bis in den April 2007 zurückreichten, begann eine Arbeitsgruppe aus den Veranstaltern und Vertretern nahezu aller Fakultäten der Universität Leipzig mit der Auswahl und Ansprache von Referenten, Diskutanten und Moderatoren sowie der Ausgestaltung und Organisation des Kongressablaufes. Bereits im Oktober 2007 konnte das in Leipzig ansässige Unternehmen BMW als Hauptsponsor gewonnen werden. Bei der öffentlichkeitswirksamen Bekanntmachung des Kongresses unterstützte die Geschäftsstelle 2009 die Veranstalter tatkräftig.

Der Kongress startete am Donnerstag, dem 3. Dezember 2009. Im Anschluss an die Grußworte des Rektors, der Sächsischen Staatsministerin für Wissenschaft und Kunst, des Oberbürgermeisters der Stadt Leipzig und des Dekans der Wirtschaftswissenschaftlichen Fakultät eröffnete der Konstanzer Philosoph Prof. Dr. Jürgen Mittelstraß den Kongress mit einem beeindruckenden Grundsatzreferat. Die daran anschließenden Einzelvorträge von Wissenschaftlern verschiedener Disziplinen befassten sich unter der Überschrift „Funktionen der Wissensgesellschaft" in vier parallel laufenden Tracks mit Gedanken rund um die Themen Forschungsfinanzierung, Forschungsevaluation, Lehre, Bildung sowie Kultur und Sinngebung. Am späten Nachmittag beschloss Prof. Dr. Cornelius Weiss, vormaliger Rektor der Universität Leipzig, den ersten Kongresstag mit einem nach eigenen Worten „besorgten Zwischenruf" und legte Vorurteile und Missverständnisse offen, die in seinen Augen die Ökonomisierung der Wissensgesellschaft begleiten.

Den zweiten Kongresstag eröffneten Vorträge „Pro" und „Contra" zur Gestaltung der Wissensgesellschaft nach ökonomischen Kriterien. In einem sehr lebendigen Vortrag sprach sich Prof. Dr. Bruno Frey von der Universität Zürich grundsätzlich für eine weitergehende Einbeziehung ökonomischen Gedankengutes aus, wies aber auf zahlreiche Fehlentwicklungen hin, die nach seiner Analyse auf eine mangelnde Rezeption eben dieses Gedankengutes zurückzuführen sind. Prof. Dr. Bertram Schefold von der Universität Frankfurt/Main kam in einem nachdenklichen Vortrag zu einem eher kritischen Urteil. Die Ausführungen der beiden Wissenschaftler gaben den Anstoß für eine Podiumsdiskussion, in der das Thema in einen historischen Kontext gestellt und einzelne Aspekte der Ökonomisierung der Wissensgesellschaft aufgegriffen wurden.

Die Einzelvorträge am Nachmittag des zweiten Kongresstages beschäftigten sich mit dem Einfluss der Ökonomisierung auf die Institutionen der Wissensgesellschaft, auf Universitäten und Forschungsinstitute, Schulen, Bibliotheken, Medien sowie Normen, Regeln und Instrumente. Es folgte eine weitere Podiumsdiskussion, in der die verschiedenen bis dahin erörterten Einzelprobleme zusammengeführt und vor allem Probleme im Zusammenhang mit dem sogenannten Bologna-Prozess behandelt wurden.

Der dritte und letzte Veranstaltungstag war zunächst dem Thema „Ökonomie und Gesellschaft" gewidmet. Prof. Dr. Norbert Lammert, Präsident des Deutschen Bundestags, machte in seiner Rede auf das Spannungsverhältnis zwischen gesellschaftlichen Werten und den Zielen der Ökonomisierung aufmerksam. In einer abschließenden Podiumsdiskussion wurde unter dem Titel „Spitzensport zwischen Ökonomie und Moral" noch einmal ein aktuell vieldiskutiertes Thema aufgegriffen.

Der Kongress rief sowohl bei den Teilnehmern und den Mitwirkenden als auch in den Medien ein positives Echo hervor. Unisono wurden die Konzeption der Veranstaltung, die Auswahl der Referenten und die fruchtbaren Diskussionen gelobt. Die Reden, Standpunkte und Diskussionen sind als Dokumentation in einem Tagungsband, erschienen 2011 bei Duncker & Humblot, Berlin, zusammengefasst.

Im Folgenden ist das Inhaltsverzeichnis aufgeführt.

Vorwort der Herausgeber, Prof. Ralf Diedrich, Prof. Ullrich Heilemann
Grußworte

Grundsatzreferat
Prof. Dr. Jürgen Mittelstraß, Universität Konstanz,
Wie viel Ökonomie braucht und wie viel Ökonomie verträgt die Wissensgesellschaft?

Funktionen der Wissensgesellschaft

Forschungsfinanzierung
Prof. Dr. Frank Emmrich, Universität Leipzig,
Möglichkeiten und Grenzen Industrie-gesponserter Forschung in der Medizin

Prof. Dr. Annette G. Beck-Sickinger, Universität Leipzig,
Anja Landsmann, Universität Leipzig,
Forschungsfinanzierung in den Biowissenschaften. Das Beispiel Sachsen

Forschungsevaluation
Prof. Dr. Richard Münch, Universität Bamberg,
Verarmung des Wissens durch Evaluation? Effekte des Qualitätsmanagements in der Soziologie

Prof. Dr. Stefan Hornbostel, IFQ Institut für Forschungsinformation und Qualitätssicherung Bonn,
Zur Problematik der Forschungsevaluation

Lehre
Prof. Dr. Wolfgang Nieke, Universität Rostock,
Wissenschaftsdidaktik zwischen Kompetenzaufbau und Bildungsauftrag für die Übernahme der Verantwortung in der Gesellschaft

Prof. Dr. Dr. h.c. Johannes Wildt, Hochschuldidaktisches Zentrum der Technischen Universität Dortmund,
„Forschendes Lernen" als Hochform aktiven und kooperativen Lernens

Prof. Dr. Rolf Dubs, Universität St. Gallen,
Aspekte der Bildung eines allgemeinen Wirtschafts- und Gesellschaftsverständnisses

Bildung
Prof. Dr. Wolfgang Hörner, Universität Leipzig,
Zur Kapitalisierung des Bildungsbegriffs

Prof. Dr. Volker Schürmann, Deutsche Sporthochschule Köln,
Prof. Dr. Alfred Richartz, Universität Leipzig,
Körperliche Bildung zwischen Aufklärung und Gegenaufklärung

HD Dr. Andreas Poenitsch, Universität Koblenz,
„Die Sprachen der Bildung" – Chancen und Risiken semantischer Pluralität

Kultur und Sinngebung
Prof. Dr. Marcelo da Veiga, Rektor der Alanus Hochschule für Kunst und Gesellschaft Alfter,
Spiritualität oder ökonomisches Kalkül – was brauchen moderne Unternehmen und Führungskräfte?

Prof. Dr. Matthias Petzoldt, Universität Leipzig,
Sinn geben und/oder Sinn finden? Zur Orientierungssuche in der Wissensgesellschaft

Prof. Dr. Götz E. Rehn, Geschäftsleitung Alnatura Produktions- und Handels GmbH Bickenbach,
Wirtschaft neu denken – das Alnatura-Modell

Grundsatzreferat
Prof. Dr. Cornelius Weiss, Universität Leipzig,
Ökonomisierung der Wissensgesellschaft – eine Kette von Missverständnissen

Positionsvortrag
Prof. Dr. Dr. h.c. mult. Bruno Frey, Universität Zürich
Ökonomisierung der Wissensgesellschaft – pro

Positionsvortrag
Prof. Dr. Dres. h. c. Bertram Schefold, Johann Wolfgang Goethe-Universität Frankfurt/M.,
Ökonomisierung der Wissensgesellschaft – contra
Die Wissensgesellschaft zwischen Wissenswirtschaft und neuem Humanismus

Podiumsdiskussion I
Prof. Dr. Ullrich Heilemann, Universität Leipzig,
Prof. Dr. Johannes Fried, Johann Wolfgang Goethe-Universität Frankfurt/M.,
Dr. Elisabeth Niggemann, Die Deutsche Bibliothek, Frankfurt/M.,
Prof. Dr. Dres. h.c. Bertram Schefold, Johann Wolfgang Goethe-Universität Frankfurt/M.,
Moderation: Prof. Dr. Werner Meißner, Johann Wolfgang Goethe-Universität Frankfurt/M.,
Wie viel Ökonomie braucht und wie viel Ökonomie verträgt die Wissensgesellschaft?

Institutionen der Wissensgesellschaft

Universitäten und Forschungsinstitute
Prof. Dr. Tim Drygala, Universität Leipzig,
Die Aktiengesellschaft als Regelungsvorbild für die Universitätsverfassung

Prof. Dr. Ullrich Heilemann, Universität Leipzig,
Zur Industrialisierung der Empirischen Wirtschaftsforschung: Das Beispiel der amerikanischen „model shops"

Schulen
Prof. Dr. Manfred Weiß, Deutsches Institut für Internationale Pädagogische Forschung Frankfurt/M.,
Der Beitrag der Bildungsökonomie zur Schulqualitätsforschung –
eine kritische Würdigung

Prof. Dr. Klaus-Jürgen Tillmann, Universität Bielefeld,
Ökonomische Argumente in der Schulpädagogik – Kooperation oder Abgrenzung?

Prof. Dr. Matti Meri, Universität Helsinki,
Pisa-Erfolg Finnlands aus der Perspektive der Lehrerausbildung

Bibliotheken
Prof. Dr. Christian Berger, Thomas Busch, Universität Leipzig,
Der Zugang zu wissenschaftlicher Literatur in der Informationsgesellschaft – Lizenzgebühren oder „free flow of information"?

Oliver Jungen, FAZ GmbH, Redaktion Feuilleton – Literatur,
Die Aporie der Universalbibliothek: Das Open-Access-Problem der Wissenschaftswelt

Medien
Prof. Dr. Walter Hömberg, Katholische Universität Eichstätt-Ingolstadt,
Vom Wissen des Nichtwissens. Medien und Kommunikation in der „Wissensgesellschaft"

Prof. Dr. Wolfgang Seufert, Friedrich-Schiller-Universität Jena,
Das Mediensystem als Wissensportal der Gesellschaft – Eintritt nur für Zahlungskräftige?

Normen, Regeln, Instrumente
Prof. Dr. Lars Klöhn, Phillips-Universität Marburg,
Recht und Ökonomik – gestern, heute und morgen

Prof. Dr. Klaus Bente, Universität Leipzig,
Quantifizierte Stromlinienform oder diversifizierte Qualität.
Ein Beitrag – nicht nur – aus der Praxis

Prof. Dr. Michael Daxner, Universität Oldenburg,
Der Einfluss der Ökonomisierung auf Werte und Normen im Non-Profit-Bereich

Podiumsdiskussion II
Prof. Dr. Michael Daxner, Universität Oldenburg,
Dr. Karen Horn, Institut der Deutschen Wirtschaft Köln, Berliner Büro,
Prof. Dr. Hans Joachim Meyer, Sächsischer Staatsminister für Wissenschaft und Kunst a. D.,

Bastian Lindert, Universität Leipzig,
Prof. Dr. Rudolf Steinberg, Präsident der Johann Wolfgang Goethe-Universität Frankfurt/M.

Moderation: Prof. Dr. Günther Nonnenmacher, Frankfurter Allgemeine Zeitung,
Wie viel Ökonomie braucht und wie viel Ökonomie verträgt die Wissensgesellschaft?

Positionsvortrag
Prof. Dr. Norbert Lammert, Präsident des Deutschen Bundestages,
Ökonomie und Gesellschaft

Podiumsdiskussion III
Grit Hartmann, Leipzig,
Thomas Kistner, Süddeutsche Zeitung, Sportredaktion, München,
Sören Mackeben, Berlin,
Prof. Dr. Rudhard Klaus Müller, Brandis,
Dr. Jochen Zinner, Hochschule für Gesundheit und Sport Berlin,
Moderation: Peer Vorderwülbecke, MDR-Info Sportredaktion, Halle,
Spitzensport zwischen Ökonomie und Moral

(Ralf Diedrich)

d) „Wissen und Ordnung. Riskante Ordnungen – fremde Erfahrungen – ferne Hoffnungen" vom 20. Januar bis 19. Oktober 2009

Der als Veranstaltungsreihe konzipierte Leitkongress „Wissen und Ordnung" näherte sich in zehn Einzelveranstaltungen dem Thema der riskanten Ordnungen und stellte die Frage, inwieweit etablierte Ordnungselemente (Staat, Religion, Grundwerte) immer schon Risikofaktoren waren oder jedenfalls inzwischen geworden sind. In den Vorträgen international bekannter Philosophen, Soziologen, Religions- und Rechtswissenschaftler ging es dabei auch darum, ob andere, gemeinhin als „exotisch" deklassierte Gesellschaften Erfahrungen mit alternativen Ordnungsmustern gemacht haben, die für westliche Demokratien, in denen die „Exotik" bekanntlich auch angekommen ist, Lektionen (der Toleranz, Pluralität, Konfliktlösung) bereit halten könnten. Die Leitung der Veranstaltungsreihe lag bei Prof. Dr. Wolfgang Fach, Professor für Politikwis-

3. 20 JAHRE FRIEDLICHE REVOLUTION

Kongress „1989 in a Global Perspective"

Die revolutionären Ereignisse vom Herbst 1989 in Leipzig leiteten für Ost und West eine Epochenwende ein. Zwanzig Jahre später erinnerte daran erstmals ein Fachkongress. Er behandelte die enormen Veränderungen aus einer globalen Sicht. Die Experten konzentrierten sich auf Themen wie die Überwindung der europäischen Teilung nach 1989, die Veränderungen in Asien und Afrika zu Beginn der 1990er Jahre sowie das Verhältnis Süd- und Nordamerikas nach dem Fall des Eisernen Vorhangs. Am 15. Oktober eröffnete der Rektor Prof. Dr. Franz Häuser den Kongress. Bereits am Vortag hatte Bundesaußenminister a.D. Dr. Hans-Dietrich Genscher zum Thema: „Auf dem Wege zum und im Epochenjahr 1989" gesprochen. An der Veranstaltung im Zeitgeschichtlichen Forum nahmen Wissenschaftler aus aller Welt teil, unter ihnen Konrad H. Jarausch (Chapel Hil), Alexander Shubin (Moskau), Oldrich Tuma (Prag), Michael Geyer (Chicago), László Borhi (Budapest), Chris Saunders (Cape Town), Doug Bond (Cambridge/Massachusetts), Klaus Mühlhahn (Bloomington), John French (Durham), Mark Juergensmeyer (Santa Barbara), Scarlett Cornelissen (Stellenbosch), Jie-Hyun Lim (Seoul) und Mihai Manea (Bukarest). Die Einführung in das Kongressthema „Global structures and the events of 1989" erfolgte durch die Leipziger Professoren Ulf Engel, Frank Hadler und Matthias Middell. Unterstützt wurde die Veranstaltung durch die Bundesstiftung zur Aufarbeitung der SED-Diktatur.

Zu einer besonderen Veranstaltung in Erinnerung an den 20. Jahrestag der Friedlichen Revolution lud die Universität Leipzig für den Nachmittag des 9. Oktober ein. Bundesaußenminister a.D. Dr. Hans-Dietrich Genscher diskutierte im Hörsaal 3 zum Thema **„Revolution ohne Gewalt? – Rückblicke auf ein unwahrscheinliches Ereignis"** mit den Professoren Tom Lodge von der Universität Limerick in Irland und Gerhard Drekonja von der Universität Wien. Prof. Dr. Günther Heydemann von der Universität Leipzig und dem Hannah-Arendt-Institut für Totalitarismusforschung in Dresden moderierte die Podiumsdiskussion. Der Hörsaal platzte aus allen Nähten, als Hans-Dietrich Genscher detailliert über die Verhandlungen zur Vereinigung beider deutscher Staaten mit den USA, England, Frankreich und der Sowjetunion berichtete. Nach der Podiumsdiskussion nahm Hans-Dietrich Genscher am traditionellen Friedensgebet in der überfüllten Nikolaikirche teil. Anschließend versammelten sich auf dem Vorplatz der Oper Zehntausende Leipziger gemeinsam mit Ministerpräsident Stanislaw Tillich, Oberbürgermeister Burkhard Jung und Oberbürgermeister a.D. Wolfgang Tiefensee. Kurz nach 19 Uhr richteten der Leipziger Oberbürgermeister und der vormalige Gewandhauskapellmeister Kurt Masur Grußworte an die Versammelten. Danach bewegte sich der Zug der Hunderttausend auf den Innenstadtring, der an diesem Abend festlich illuminiert und von verschiedenen nationalen und internationalen Künstlern gestaltet worden war. Der ereignisreiche Tag fand seinen würdigenden Abschluss im Gewandhaus mit Werken von Felix Mendelssohn Bartholdy, Johann Sebastian Bach und einer Uraufführung von Steffen Schleiermacher.

Rector Words of Welcome – Conference „1989 in a Global Perspective", 15. Oktober 2009

Dear Mayor Prof. Fabian, dear colleagues and guests of the international conference „1989 in a Global Perspective". It is a great pleasure for me to welcome you all here in Leipzig at a conference which is co-organised by our *Global and European Studies Institute and the Research Centre for the History and Culture of East Central Europe*. We are very grateful to the Zeitgeschichtliches Forum which is always open to cooperation with the university. I would like to thank its director, Professor Eckert, who helps as an adjunct professor to educate our students at the Institute for Cultural Sciences and offers valuable opportunities for internships here at the museum to many of them. I would like to take the opportunity to express our gratitude to the *Forum* which is an important cultural institution in the city of Leipzig and one of the not only local players when it comes to the always ongoing re-negotiation of collective remembrance. You are visiting our city and our university at a crucial moment. Last week we celebrated the 20th anniversary of the peaceful revolution and throughout the year we are remembering the establishment of our university 600 years ago. It is an inspiring experience to see how close the university and the city go hand in hand by translating commemoration into action for the future. The Congress on Democracy and Democratization we are preparing for next week will be the first of its kind. Through this we hope to communicate our interest in the stimulation of a discussion on the strength of democracy as the fundamental organising principle of societies, but also on the need of its further improvement.

We expect to hold these conferences every two years and to make it a trademark of Leipzig. Clearly the political and moral authority to make Leipzig a privileged place for the debate on democracy stems from the most recent revolutionary experience in 1989, not to mention predecessors in 1848 or 1918/19. Last week's attention to the history of demonstrations in the streets of Leipzig in 1989 has inspired discussions about the specificities of a peaceful revolution. Any debate about specific features of historical events by definition is an invitation to comparison. The question that comes up immediately is the one about the scale to be applied. Since the demonstration of October 9 here in Leipzig prevented the regime from using weapons against the movement – it therefore was the first and decisive step to limit the power of the communist regime – the first and most logical level of comparison of course is the one with neighbouring countries which had experienced the same dynamics of a revolutionary overcoming of communist rule and Soviet hegemony.

Over the last ten years or so we have had a couple of examples where this perspective was tested – often at round tables or in smaller workshops. These yielded impressing results both with regard to the reconstruction of the entanglements between the various places under review and with regard to different policy outcomes. The place of 1989 in collective memory was discussed in a comparative way; and the treatment of the old elites in one particular country was confronted with the experience in other countries. We are far from having produced a conclusive history of the revolutions in Eastern Europe, but note with a certain satisfaction that we are right on the way towards a better understanding of the transnational character of 1989 in Eastern Europe as well as of its place in the collective memory. The GWZO which is an independent research institution funded by the Federal Ministry of Education and Research as well as by the Free State of Saxony and an *An-Institut* of our university has played a crucial role in that respect. As a research centre on the history and culture of the East-Central part of Europe it has developed a stable network of scientific contacts in the region. It has also managed to forge strong ties to scholars working all over the world on Poland, the Czech Republic, Slovakia, Hungary and other countries in the region.

This conference actually builds on these efforts. We are grateful to the GWZO for a co-operation which is not only fruitful, but also inspiring to the process of building research foci in the departments of humanities and social sciences at our university. But should one go further and look for comparisons at a global scale? Does 1989 qualify beyond the series of revolutions which happened in Eastern Europe and which turned down both the Iron Curtain and Communist rule over the region between East Germany and the Baltic states? How do we reconcile the fact that a seemingly regional event, the peaceful revolution in Germany, after 1989, led to the dominance of a new global discourse which emphasized a particular pattern of governance for the whole world?

For a couple of years we have intensified interdisciplinary research in the fields of area studies, new political geography and global history, and we were successful by attracting funding from various donors to establish a Master- and a PhD-Programme in „Global Studies" where people from departments as different as African Studies, Oriental Studies, Cultural Studies, History, East- and South-Asian Studies, American Studies, Political Sciences, and many others co-operate and attract students from all continents. Within the framework of a European Union funded Erasmus Mundus programme this Master's course is organised by a larger consortium, not only including our partner institutions in London, Roskilde, Vienna and Wroc_aw, but also universities in Dalhousie, New Delhi, Santa Barbara, Shanghai, Stellenbosch and Sydney. This consortium is an active member of the international Global Studies Consortium which officially was founded in Tokyo in 2008 – and we are very happy to welcome the members of this Consortium here in Leipzig both for the conference on 1989 and its second annual meeting.

The already mentioned Master's in „Global Studies" as a truly global programme raises a couple of questions both at the intellectual and organisational level since we have to rethink how to institutionalise the emerging transnational character of the university in the 21st century and to answer the question how this fits into the traditional patterns of a 600 years old institution. In 2008 we decided to create a Global and European Studies Institute which now serves as the backbone of the Master in „Global Studies" and cooperates with our Research Academy in running a couple of PhD programmes which are analysing global trends and interactions. The Global and European Studies Institute – called in short GESI – is not an isolated place, but the meeting point of overlapping networks:

- transnational ones with regard to cooperation in research and students' mobility,
- and interdisciplinary ones with regard to the departments involved.

In June this year the institute has organised its first bigger international conference with the European Conference in African Studies. And with this conference today the institute demonstrates its ability to raise interesting and stimulating questions anew. With the recently established Centre for Area Studies, which will receive funding for its research project „Cultural Encounters and Political Orders in a Global Age" from the Federal Ministry to the tune of EUR 3 million, we hope to strengthen further the already achieved profile in the study of globalisation at our university. A look at international calendars of conferences and workshops in 2009 shows that the global dimension of the events 20 years ago has appeared at the horizon of interest.

Many scholars have started working into that direction, they take inspiration from the ongoing debate on world or global history, they discuss the emergence of a now global order, they take a look at the mechanisms of entanglements between events which happened at clearly separate places. New book series have been launched. The first monographs and textbooks are dealing with a global 1989. But the conference here in Leipzig seems to be a special one. It is among the first ones which brings together specialists of so many and different areas of the world. And it also seem to have assembled scholars who share a common intention to look at what happened in 1989 from a new perspective – a perspective which is far from the imagination of a homogenous world. I wish you all an inspiring conference. I hope that you enjoy the city which became famous at a world-wide scale in 1989, and look forward to the result of your collective endeavour. Thank you very much for your friendly attention.

1. VORBEMERKUNG

Die Vortragsreihe zu dem Generalthema „Politische Wenden" begleitete die Jubiläumsausstellung „Erleuchtung der Welt" im Alten Rathaus, die mit ihren Exponaten fokussiert war auf die Zeit der Aufklärung als entscheidender Phase für die Ausprägung der modernen Wissenschaften im 19. Jahrhundert.[1] Diese thematische und zeitliche Ausrichtung war für eine Ausstellung zu einem 600jährigen Universitätsjubiläum wissenschafts- und damit eben auch universitätsgeschichtlich sicherlich überzeugend gewählt. Uns war allerdings von Anfang an auch bewusst, dass vielen mit Blick auf die wechselvolle Geschichte der Universität Leipzig deren Rolle in den beiden Diktaturen des 20. Jahrhunderts mehr auf den Nägeln brennt als ihr Stellenwert in der Zeit der Aufklärung. Um den damit verbundenen Erwartungen Rechnung zu tragen, führten wir parallel zur Ausstellung eine Vortragsreihe durch, die sich mit der Universität Leipzig sowohl im Nationalsozialismus als auch im Sozialismus befasste. Und als besondere dritte Veranstaltung konnte eine Podiumsdiskussion mit Zeitzeugen aus dem Umbruchsjahr 1989 organisiert werden. Deren persönliche Erinnerungen an den Herbst '89 sollten unsere Kenntnisse über dieses epochale Ereignis bereichern.

Der erste Vortrag rückte die Stellung der Universität Leipzig im Nationalsozialismus in den Mittelpunkt. In der zweiten Veranstaltung diskutierten kompetente Vertreter der Universität unter dem Titel „Meine Erinnerungen an den Herbst 89" miteinander. Und die dritte befasste sich mit dem Wandel nach dem Zweiten Weltkrieg, mit der Universität im Sozialismus, politischem Widerstand und religiöser Verfolgung. Allen drei Veranstaltungen war gemeinsam, dass sie politische und gesellschaftliche Umbrüche beschrieben, die nicht ohne Auswirkung auf die Universität geblieben sind. Im Anschluss an die Vorträge und die Podiumsdiskussion kam das Publikum mit Fragen und Diskussionsbeiträgen zu Wort.

---

1 Vgl. dazu Kap. VI.

2. DIE UNIVERSITÄT LEIPZIG IM NATIONALSOZIALISMUS

a) Grußwort des Rektors zum Vortrag von Professor Ulrich von Hehl am 15. September 2009 im Festsaal des Alten Rathauses

Meine sehr verehrten Damen, meine Herren,
ich begrüße Sie sehr herzlich hier im Festsaal des Alten Rathauses zur ersten Veranstaltung der Vortragsreihe zu dem Oberthema „Politische Wenden". Heute darf ich Professor von Hehl dafür danken, dass er uns die „Universität Leipzig im Nationalsozialismus" vor Augen führen wird.

Zweimal bin ich im Amt des Rektors mit der NS-Zeit als dem absoluten Tiefpunkt in der deutschen Geschichte konfrontiert worden: Einmal als Herausgeber der Rektoratsreden 1871 bis 1933, als es darum ging, ob wir auch die Reden nationalsozialistischer Rektoren in die Publikation aufnehmen sollten. Ich habe damals die Rede des Rektors Golf[2] aus dem Jahre 1933 gelesen und war der Meinung, dass man einen solchen Text nicht unkommentiert und nicht auf gleicher Stufe mit den vorausgegangenen veröffentlichen sollte. Zum anderen erreichte mich im letzten Jahr eine kommentarlose Zusendung der Jubiläumszeitung des Jahres 1909. Beigelegt waren Durchschriften von zwei Briefen, die Prof. Dr. O. Reche geschrieben hatte. Mit dem Brief vom 16.3.1935, adressiert an den Leiter des rassepolitischen Amtes der NSDAP Dr. W. Groß, bat er um Unterstützung bei der Bemühung, „in Leipzig und Umgegend Bastarde mit (?) Neger, Ostasiaten usw. statistisch und anthropologisch zu erfassen". Freiwillig würden diese Leute nicht kommen. „Die meisten fürchten selbstverständlich, dass die Folge einer solchen Untersuchung rassenpolitische Maßnahmen gegen sie sein würden. Ohne eine derartige Bestandsaufnahme bleibe ein ewiger Krebsschaden an unserer Rassepolitik." Der andere Brief vom 4.5.1939 war an das Auswärtige Amt in Berlin gerichtet. Reche regte – vier Monate vor dem Überfall auf Polen – an, im Wege einer „Flüsterpropaganda" in Polen den Gedanken zu verbreiten, „dass ein Anschluss Polens an England im Grunde genommen nichts anderes bedeutet, als eine Unterstellung des Polentums unter die politischen Absichten der jüdischen Plutokratie, da ja die sogenannten westlichen Demokratien im Grunde nichts anderes seien als Judendemokratien". Zerstörung der

---

2 Zu Arthur Golf vgl. das Kurzportrait bei Christian Augustin, in: Jubiläen 2008, S. 95.

seelischen Geschlossenheit eines Volkes sei – nicht zuletzt nach den Erfahrungen des Weltkrieges – eine der erfolgreichsten Waffen vor und während des Krieges.

Kürzlich bin ich darauf aufmerksam geworden, dass sich Katja Geisenhainer in ihrer Dissertation unter dem Titel „Rasse ist Schicksal", erschienen 2002 in den Beiträgen zur Leipziger Universitäts- und Wissenschaftsgeschichte, ausführlich mit Otto Reche befasst hat.

Meine Damen und Herren, ich habe Ihnen diese beiden Briefe aus der Frühphase der Naziherrschaft, wenn auch verkürzt, vorgestellt, um deutlich zu machen, dass die Nationalsozialisten bei dem einen oder anderen Professor unserer Universität leider keine besondere Überzeugsarbeit für ihr mörderisches Gedankengut leisten mussten.

b) Vortrag von Professor Ulrich von Hehl

Die Universität Leipzig im Nationalsozialismus*

Jubiläen, namentlich solche altehrwürdiger Institutionen, die wie im Falle der Universität Leipzig auf eine 600jährige ununterbrochene Tradition zurückblicken können, verleiten leicht dazu, die Vergangenheit in ein rosiges Licht zu tauchen und sie als eine ausgesprochene Erfolgsgeschichte zu interpretieren. Der mit der Universitätsgeschichte hinreichend Vertraute urteilt da ungleich nüchterner: Er weiß um die Höhen und Tiefen der universitären Geschicke und wird daher nicht geneigt sein, unbestreitbare Glanzzeiten für das Allgemeine zu halten, unliebsame Entwicklungen oder Zeiten der geistigen Knebelung dagegen mit Schweigen zu übergehen. Zu letzteren zählen die „bewußten zwölf Jahre" der NS-Diktatur. Sie sind keine Glanzzeit der deutschen Universitätsgeschichte und professoralen Bekennertums. Nach dem Zusammenbruch wurden sie zunächst vielfältig beschwiegen, bis die in den 1960er Jahren aufkommende gesellschaftliche Unruhe zumindest im Westen Deutschlands Abhilfe schuf. Zeitweise konnte es gar den Anschein haben, als lieferten historische Enthüllungen oder moralisierende Verurteilungen nur Argumente, um die radikale Umgestaltung der überkommenen Ordinarienuniversität zu fordern. „Hinter den Talaren Muff von 1.000 Jahren!" – wie eine bekannte Parole damals lautete.

---

* Die Vortragsform bleibt gewahrt, auf Literaturhinweise und den Nachweis der Zitate wird daher verzichtet. Der interessierte Leser kann die Belege unschwer in meinem Beitrag im Band 3 der Geschichte der Universität Leipzig 1409–2009 finden.

Im historischen Rückblick erweist sich, daß die revoltierende Studentengeneration der späten 1960er und frühen 1970er Jahre mit ihrem Veränderungsbegehren weit erfolgreicher war als ihre studentischen Vorgänger von 1932/33, doch von letzteren wird erst noch zu sprechen sein. Aber jedenfalls kam durch den Protest der „68er" auch die Erforschung der jüngeren Universitätsgeschichte in Gang, sie gelangte allmählich in ruhigeres Fahrwasser und hat inzwischen, national wie international, zu einer Fülle neuer Einsichten geführt. Für die Mitglieder der Senatskommission zur Erforschung der Leipziger Universitäts- und Wissenschaftsgeschichte war es daher eine blanke Selbstverständlichkeit, den Geschicken der Alma mater Lipsiensis im Jahrhundert zweier Weltkriege und zweier Diktaturen besondere Aufmerksamkeit zuzuwenden, zumal die Friedliche Revolution von 1989 auch in Mitteldeutschland die für freie Forschung unverzichtbaren Voraussetzungen geschaffen hat.

Wichtige Ergebnisse der Untersuchungen möchte ich Ihnen heute Abend vorstellen, freilich in der hier gebotenen Auswahl und Kürze. Ich gehe dabei in fünf Schritten vor, indem ich *erstens* den allgemeinen Rahmen der nationalsozialistischen Hochschulpolitik schildere, sodann *zweitens* „Machtergreifung" und „Gleichschaltung" an der Universität Leipzig verfolge und *drittens* einen besonderen Blick auf den „Motor" dieser Entwicklung werfe, nämlich die Studenten. Die Sondersituation im Zweiten Weltkrieg soll uns dann in einem *vierten* Abschnitt beschäftigen, ehe (*fünftens*) ein knapper Bilanzierungsversuch meine Ausführungen beschließt.

I. Der allgemeine Rahmen

Die Herrschaft des Nationalsozialismus setzte auch für das universitäre Leben in Deutschland gründlich veränderte Rahmenbedingungen. Während das Reich in den auf den 30. Januar 1933 folgenden anderthalb Jahren mit atemberaubender Geschwindigkeit und anscheinend unaufhaltbarer Kraft in einen autoritären „Führerstaat" umgebaut wurde, wurden die Universitäten wie alle gesellschaftlichen Einrichtungen oder Großgruppen von einem bis dahin unbekannten totalitären Erfassungsanspruch überzogen. Von seinem Selbstverständnis als quasi-religiöse Heilsbewegung her wollte der Nationalsozialismus politische Weltgestaltung und wissenschaftliche Welterklärung in neuer Synthese vereinigen. Der Wert der Wissenschaft und der Universität bemaß sich also danach, inwieweit sie diesem Ziele dienlich waren.

Freilich gab es keine klar umschreibbare nationalsozialistische Hochschulpolitik. Das Parteiprogramm der NSDAP erwähnt die Universitäten nicht einmal, und in Hitlers „Mein Kampf" finden sich allenfalls Gemeinplätze oder Forderungen wie: „Auch in der Wissenschaft hat der völkische Staat ein Hilfsmittel zu erblicken zur

Neben den politischen „Säuberungen" des Lehrkörpers ist die Einführung des „Führerprinzips" der augenfälligste Eingriff in das korporationsrechtliche Gefüge der Universität. Es zeichnete sich seit dem Herbst 1933 ab, als mit dem Professor für Tierzuchtlehre und koloniale Landwirtschaft Arthur Golf der einzige unter den Leipziger Ordinarien, der schon vor 1933 der NSDAP beigetreten war, das Rektoramt übernahm. Golfs „Wahl" stellte jedoch nur noch eine Fiktion dar. Freilich hatte schon sein Vorgänger, der Kirchenhistoriker Hans Achelis, eine gewisse Bereitschaft zur „Selbstgleichschaltung" erkennen lassen, indem er bekannte, die Universität selbst habe ihre Pforten geöffnet, „um den Geist der neuen Zeit in breiten Strömen einfluten zu lassen". Golf ging noch weiter: Er bezeichnete sich selbst, den Rektor im „braunen Ehrenkleid", als Bürgen dafür, „daß die Universität Leipzig ihr Bestes tun wird, treue Arbeit im Geiste Adolf Hitlers zu leisten". Golfs Nachfolger wurden schon nicht mehr „gewählt", sondern vom Reichserziehungsministerium ernannt, aber sie hatten ungeachtet ihrer formalen Machtfülle nicht nur im Machtdreieck Hochschule, Reichserziehungsministerium und Dresdner Ministerium für Volksbildung zu agieren, sondern gegebenenfalls auch die Wünsche der örtlichen und regionalen Parteihierarchie mit zu berücksichtigen. Hieran scheiterten nicht allein Golf, der sich als wenig standfest erwies, sondern auch seine Nachfolger Felix Krueger und Artur Knick. Krueger stolperte über eine philosemitische Äußerung, Knick, obwohl er sich als „alter Nationalsozialist" verstand, bat 1939 mit allen Anzeichen der Resignation um seine Entpflichtung. Er hatte sich im Gestrüpp konkurrierender NS-Instanzen bald hoffnungslos verfangen, vergeblich vor einer Überforderung der Studierenden durch außerfachliche Dienste gewarnt und sich am Ende den herrschsüchtigen Gauleiter Mutschmann selbst zum Feind gemacht.

Die vielfach beschriebene Ämter-Anarchie im Nationalsozialismus und die Konkurrenzen verschiedenster staatlicher und parteiamtlicher Stellen bekamen indes nicht nur die Universitätsleitungen zu spüren; auch die Hochschullehrer sahen sich mannigfachen Zumutungen ausgesetzt, ihr überkommenes Selbstbild oder Selbstverständnis im Sinne der neuen Machthaber kritisch zu überprüfen. Die angestrebte „Führer-Universität" wurde als eine auf „Führung und Gefolgschaft" gründende „Gemeinschaft der Lehrenden und Lernenden" verstanden, in der nationalsozialistische „Menschenführung" den Vorrang vor der fachlich-intellektuellen Ausbildung beanspruchte. Nichts anderes war auch mit dem Seminar für politische Erziehung in Leipzig intendiert, bei dessen Gründung am 24. November 1933 Gauleiter Mutschmann höchstselbst die Eröffnungsrede hielt. Mit diesem Seminar wurde eine im NS-Studentenbund schon 1932 erhobene Forderung nach weltanschaulicher Schulung von

Studenten aufgegriffen, allerdings in einer Weise, die dem Ministerium für Volksbildung die Prärogative überließ, auch wenn Studenten an der praktischen Arbeit des Seminars beteiligt waren. Die Oberleitung wurde Hans Freyer übertragen, der sich durch seine Schrift „Das politische Semester" für diese Aufgabe gleichsam selbst empfohlen hatte.

Die hochgespannten Erwartungen wurden jedoch bald enttäuscht. Zum einen war die Schnellebigkeit des NS-Staates, die damit verbundene institutionelle Ausformung und personelle Auszehrung kontinuierlicher Arbeit nicht günstig; zum anderen wurde 1935 dem NS-Studentenbund das weltanschauliche Erziehungsmonopol übertragen. Schließlich kam es auch mit Hans Freyer zu Auseinandersetzungen, der seit 1938 als Gastprofessor in Budapest wirkte. So krankte die weitere Arbeit des Seminars an Auszehrung, bis sie im Krieg, schon wegen der vielen Einberufungen, ganz eingestellt wurde.

Auf den ersten Blick erfolgreicher war das Regime dagegen bei der Ausbildung des Dozentennachwuchses, da die Eingriffe in das Habilitationsverfahren sich einschneidend auf die künftige Zusammensetzung der Hochschullehrerschaft auswirken mußten. „Den Zielen des neuen Staates entsprechend", hatte das Ministerium für Volksbildung den Dekan der Philosophischen Fakultät belehrt, „wird hierbei Gewicht darauf gelegt werden, daß der Bewerber nicht nur Wissenschaftler ist, daß er vielmehr vor allem als Persönlichkeit geeignet ist, Vorbild und Führer der deutschen Hochschuljugend zu sein. Darum wird von ihm gefordert werden, daß er seine Volksverbundenheit durch Teilnahme an einem Arbeitslager oder am Geländesport und an politischer Schulung dargetan hat." Darüber hinaus hatten die Kandidaten bereits bei Eröffnung ihres Verfahrens den Nachweis „arischer" Herkunft und „rückhaltlosen Eintretens" für den nationalsozialistischen Staat zu erbringen. Für Leipzig ist sogar ein Fall überliefert, wonach ein von seiner jüdischen Ehefrau rechtskräftig geschiedener Bewerber sich vom Reichserziehungsministerium vorhalten lassen mußte, durch die Eheschließung und die Zeugung eines „halbarischen" Sohnes „ein solches Maß an völkischer Instinktlosigkeit bewiesen [zu haben], daß Zweifel an seiner politischen Zuverlässigkeit angezeigt [erschienen]".

Durch die Unterscheidung zwischen der eigentlichen Habilitation und der Verleihung der facultas docendi hatte der NS-Staat eine weitere Sicherung eingebaut, um politisch unliebsame Kandidaten aus der Hochschullehrerschaft fernzuhalten. Der Fakultät verblieb nur das Recht, sich fachlich über die wissenschaftliche Qualifikation der Habilitanden zu äußern.

Dennoch hinterläßt eine kritische Sichtung der Leipziger Habilitationsakten den Eindruck, daß in der weit überwiegenden Mehrzahl der Fälle die wissenschaftlichen Standards selbst dann gewahrt blieben, wenn enge Parteibindungen des Kandidaten oder Wünsche vorgesetzter Dienststellen eine andere Entscheidung nahelegten. Zwar ist eine Politisierung der Verfahren unübersehbar, doch haben sich nachweisliche Eingriffe von Staats- und Parteistellen auf wenige Einzelfälle beschränkt. So sind dem NS-Regime letztlich nur partielle Erfolge in diesem zentralen Bereich der Hochschulautonomie gelungen.

Dagegen vermochte das Ministerium für Volksbildung schon um die Jahreswende 1933/34 eine Änderung der Leipziger Promotionsordnungen durchzusetzen, wonach der Doktortitel künftig aus politischen oder rassischen Gründen entzogen werden konnte, „falls sich der Promovierte als dieser Würde unwürdig erwiesen hat". Kritische Stimmen dagegen aus den Fakultäten sind nicht aktenkundig geworden, sofern man nicht die demonstrative Passivität herausragender Köpfe wie Frings, Korff oder Litt als solche werten will, über die Dekan Münster, einer der entschiedensten NS-Parteigänger in der Philosophischen Fakultät, tadelnd feststellte, daß sie „in den letzten Semestern unentschuldigt in sämtlichen Fakultätssitzungen gefehlt hätten". Von den 184 Depromotionsverfahren, die in Leipzig für den Zeitraum von 1887 bis 1945 nachweisbar sind, fallen 174 in die Jahre 1935–1945. Die rassenideologische bzw. politische Motivation steht also außer Zweifel.

Anscheinend widerspruchslos war 1934 im Zuge der Einführung des „Führerprinzips" an der Philosophischen Fakultät auch eine Änderung des Doktoreides durchgewunken worden, und zwar auf maßgebliches Betreiben des damaligen Dekans Berve. Hatte die alte Fassung dem Kandidaten auferlegt, „nach [s]einen Kräften der Wahrheit und der menschlichen Gesittung [zu] dienen", so schien Dekan Berve dies nicht mehr „zeitgemäß". In der neuen Fassung hieß es lediglich noch: „Ich will nach meinen Kräften der Wahrheit dienen; für die Freiheit der Wissenschaft und ihrer Lehre will ich eintreten." „Menschliche Gesittung" war künftig nicht mehr gefragt. Welche Konsequenzen damit verbunden sein konnten, dürfte den wenigsten vor Augen gestanden haben.

III. Die Studierenden

An der Universität Leipzig wie anderswo begegnete die Mehrheit der Studentenschaft der „Machtergreifung" Hitlers mit großen Erwartungen und unverkennbarem Zuspruch. Gerade die Wochen und Monate nach den Märzwahlen 1933 waren von nationaler Begeisterung und einer Aufbruchsstimmung geprägt, wie sie zuletzt in den Augusttagen 1914 spürbar gewesen war. Freilich hatten auch die auf Abrechnung drängenden nationalsozialistischen Studentenschaftsfunktionäre nie eine größere Machtfülle als in dem Halbjahr von März bis August 1933. Entsprechend dreist und anmaßend war ihr Auftreten, was keineswegs nur die entlassenen Dozenten zu spüren bekamen. „Der einzelne Student, der Privatmensch an der Hochschule hat kein Recht mehr zu existieren", bekamen die Leipziger Kommilitonen zu hören, und weiter heißt es: „Für uns Studenten gibt es in diesem Semester nur eine Aufgabe: Jenem Frühlingssturm Tor und Tür unserer Alma mater zu öffnen, daß er die Stickluft bürgerlich-liberalistischer Bedenklichkeit hinausfegt." „Wir sehen uns mit genau derselben Frechheit, wie einst als SA-Leute auf der Straße, heute im Hörsaal um und entscheiden, ob ein Professor bleiben kann oder nicht." Die hiermit verbundene Willkür fand erst ein Ende, als das aus vorübergehender Lethargie erwachte Ministerium für Volksbildung seit dem Spätsommer 1933 wieder energisch seine personalpolitische Entscheidungskompetenz betonte.

Dagegen konnte der Leipziger NS-Studentenbund ein anderes Ziel uneingeschränkt erreichen; nämlich die Einführung des „Führerprinzips" in der studentischen Interessenvertretung. Damit war auch die studentische Wirtschaftsselbsthilfe in die Hände der Nationalsozialisten gelangt und wurde künftig für deren Zwecke instrumentalisiert. Ein zentrales Anliegen war auch die Säuberung der Studentenschaft von politisch und vor allem rassisch unerwünschten „Elementen". Sie führte zu einem dramatischen Rückgang jüdischer Studierender. Den Verbleibenden wurde ein gelber Studentenausweis ausgehändigt, während die „arischen" Studenten beziehungsreich einen braunen erhielten. Die schrittweise Verdrängung der jüdischen Kommilitonen ist allerdings vor dem Hintergrund eines allgemeinen Rückgangs der Einschreibungen zu sehen, der sich bis zum Wintersemester 1938/39 auf mehr als 70 Prozent belief und erst in den Kriegsjahren einer gegenläufigen Entwicklung Platz machte.

Angesichts des studentischen Aktionismus im Frühjahr 1933 überrascht es, daß die an vielen deutschen Universitäten am 10. Mai durchgeführten Bücherverbrennungen in Leipzig nicht stattgefunden haben. Über die Gründe läßt sich nur spekulieren. Sie liegen womöglich in heftigen Kompetenzkonflikten zwischen der Deutschen Studentenschaft, dem Initiator der Autodafés, und dem NS-Studentenbund, die erbittert um die Vorherrschaft bei der „Erfassung" der Studierenden rangen. Lachender Dritter war einstweilen die SA, die, wie erinnerlich, am 9. September 1933 von Hitler mit der Schulung der Studierenden beauftragt wurde. Die damit auch in Leipzig auf die Studenten zukommenden zeitlichen Belastungen (15-20 Stunden pro Woche zuzüglich vier bis fünf Stunden politischer Schulung) waren immens, und die Auswirkungen auf die Studienleistungen waren mit Händen zu greifen. Entsprechend unbeliebt waren diese Dienste bei den Betroffenen: Ohnehin hatte die Euphorie des Machtergreifungsjahres schon im Folgejahr deutlicher Ernüchterung Platz gemacht.

Der latent vorhandene Unmut fand Mitte der 1930er Jahre neue Nahrung durch das Vorgehen gegen die studentischen Verbindungen, denen alle Zugeständnisse an den Zeitgeist nichts genutzt hatten. Sie verfielen der Selbst- oder Zwangsauflösung, ohne daß dies Wasser auf die Mühlen des NS-Studentenbundes geleitet hätte. Immerhin gelang durch die Zusammenführung von Deutscher Studentenschaft und NS-Studentenbund eine gewisse Beruhigung, und der neuen Reichsstudentenführung war auch daran gelegen, die Altherren-Verbände der früheren Korporationen an die an den Universitäten bestehenden „Kameradschaften" – in Leipzig waren dies zehn – heranzuführen. Namentlich während der Kriegsjahre ergab sich hierdurch ein Wiederaufleben des alten Verbindungslebens durch die Hintertür, indem die „Kameradschaften" sich stark den früheren Korporationen anglichen.

So fällt auch die Bilanz des Kameradschaftswesens aus nationalsozialistischer Perspektive zwiespältig aus: An der Universität Leipzig waren „nur" ein gutes Viertel der Studenten erfaßt (1937/38). Rektor Knick führte das auf die mancherlei Unvollkommenheiten und die zu starke zeitliche Belastung der Studenten zurück. Am Ende der 30er Jahre mußten die Studentenfunktionäre zur Kenntnis nehmen, daß ein großer Teil der Studierenden zwar den Nationalsozialismus begrüßte, aber nicht mit überzogenen politischen und wehrsportlichen Anforderungen belästigt werden wollte. Von verschwindend geringen Ausnahmen abgesehen, wurde das Regime allerdings nicht grundsätzlich in Frage gestellt, weder in den „Friedensjahren" noch während des Krieges.

Viele der eben geschilderten Rahmenbedingungen betrafen auch das Frauenstudium. Es war in Leipzig durch eine starke „Abschwungsphase" gekennzeichnet, die mit Beginn der NS-Herrschaft einsetzte und bis zum Sommer 1939 anhielt (14,6: 8,6 Prozent). Auch hier gilt freilich, daß diese Entwicklung einem allgemeinen Rückgang der Immatrikulationen parallel lief. Auf keinen Fall darf die zeitweilig verfügte Quotierung der Frauen auf maximal 10 Prozent der Studienberechtigten überschätzt werden; sie wurde schon im Februar 1935 wieder aufgehoben. Selbst ideologische Vorstellungen von der „besonderen" Rolle der Frau als Mutter scheinen geringere Wirkung entfaltet zu haben, als man annehmen möchte. Längstens mit Beginn des Zweiten Weltkrieges waren Frauen an der Universität wieder hochwillkommen, da sie ihre eingezogenen Kommilitonen ersetzen mußten.

Im übrigen unterlag auch das Frauenstudium starken politisch-ideologischen Vereinnahmungen, die den Studienablauf erheblich belasteten. Seit dem Wintersemester 1933/34 war den Studentinnen ein „Pflichtenheft" auferlegt, in das ihre für die „Volksgemeinschaft" erbrachten Leistungen eingetragen wurden. Zu diesen Pflichten gehörten der sogenannte Frauendienst, die Winterhilfe und die Gemeinschaftspflege. Um die politische Schulung kümmerte sich neben der Deutschen Studentenschaft die Arbeitsgemeinschaft nationalsozialistischer Studentinnen, das weibliche Pendant zum NS-Studentenbund, der freilich keineswegs gesonnen war, die Studentinnen als gleichberechtigte Partner anzuerkennen. Als die bei den Studentinnen besonders unbeliebte politische Schulung 1936 kurzerhand abgeschafft wurde, geschah das mit der bezeichnenden Begründung, „daß zu viel intellektuelle Arbeit ohnehin der Frau nicht ‚wesensgemäß' sei".

1935 wurde den neuimmatrikulierten Studentinnen eine dreisemestrige hochschulsportliche Grundausbildung zur Pflicht gemacht, die über die Zulassung zum 4. Semester mitentschied. Der sich anschließende „Frauendienst" (4.–6. Semester) brachte eine Fülle von Einsatzmöglichkeiten, die sich höchst zeitraubend auswirkten. Letztlich diente die im Krieg noch wachsende politisch-ideologische Vereinnahmung dem Ziel, eine „Studentin neuen Typs" heranzubilden, die ebenso politisch bewußt wie fachlich versiert ihren Platz in der nationalsozialistischen Volksgemeinschaft einnehmen sollte.

IV. Die Universität Leipzig im Zweiten Weltkrieg

Der Beginn des Zweiten Weltkriegs stellt nach der nationalsozialistischen „Machtergreifung" die zweite entscheidende Zäsur der NS-Zeit dar. Mit ihm begann für die Universität Leipzig ein fünfeinhalbjähriger Ausnahmezustand, an dessen Ende der Zusammenbruch des Dritten Reiches und die zeitweilige Schließung der Universität stehen. Im allgemeinen Durcheinander der Septembertage 1939 zählte Leipzig jedoch zu denjenigen Universitäten, die alsbald den Lehrbetrieb wiederaufnehmen sollten (11. September), während etliche Nachbaruniversitäten vorübergehend geschlossen blieben. Auch wurden die Semester auf Trimester umgestellt, um den akademischen Nachwuchs rascher verfügbar zu haben. Diese Regelung bewährte sich allerdings nicht, sie wurde 1941 wieder abgeschafft.

Dies alles führte in Leipzig zunächst zu einem gewaltigen Anstieg der Immatrikulationen. Eine Ausnahme bildet lediglich die Theologische Fakultät, der auf Druck Gauleiter Mutschmanns bis in den Januar 1940 hinein die Wiederaufnahme des Lehrbetriebs untersagt blieb. Ein weiterer Versuch Mutschmanns, die Theologische Fakultät ganz zu schließen, konnte 1942/43 nur mit Mühe abgewehrt werden, bezeichnenderweise unter Ausnutzung des für das NS-Regime so kennzeichnenden Kompetenzgerangels.

Generell gilt, daß die Studierenden während des Krieges, sofern sie nicht einberufen waren und daher als „beurlaubt" geführt wurden, in immer stärkerem Maße mit außerfachlichen Diensten belastet wurden. Anfang 1940 wurde eine allgemeine studentische Dienstpflicht eingeführt, mit der in der (Rüstungs-)Industrie, in der Landwirtschaft, in Verwaltung oder Lazarettwesen, aber auch im „Kriegspropaganda-Einsatz" jene Lücken geschlossen werden sollten, die durch die Einberufungen gerissen worden waren. Seit September 1944 war die Universität vom „totalen Kriegseinsatz" betroffen; die noch Studierenden, darunter zahlreiche Kriegsversehrte, wurden rigoros auf ihre Einsatzfähigkeit „durchkämmt". Nach den schweren Luftangriffen im Dezember 1943, die einen Großteil der Universitätsgebäude zerstört hatten, fand der Studienbetrieb nur noch unter Ausnahmebedingungen statt.

Schon zu Beginn des Krieges waren die Studenten auf kommende Herausforderungen eingeschworen worden: „Deutscher Student", war als „1. Gesetz" im „Studentenbuch der Leipziger Hochschulen" zu lesen, „es ist nicht nötig, daß du lebst, wohl aber, daß du deine Pflicht gegenüber deinem Volk erfüllst!" Offenbar fühlten sich gerade regimenahe Studenten hierdurch beim Portepée gefasst. Jedenfalls wurden die meisten Studentenschaftsfunktionäre eingezogen, was im örtlichen NS-Studentenbund zu eklatantem Nachwuchsmangel führte. Da auch die 1941 vornehmlich aus Medizinstudenten gebildeten Studentenkompanien disziplinarisch der Wehrmacht unterstanden, ging der Einfluß des NS-Studentenbundes stark zurück.

Ungeachtet des allgemeinen Frequenzanstieges während des Krieges, an dem auch die Universität Leipzig partizipierte, ist doch nicht zu übersehen, daß sie im Verlauf des Dritten Reiches ihre ehemals exponierte Stellung als drittgrößte unter den deutschen Hochschulen nicht behaupten konnte, sondern vom dritten auf den sechsten Rang zurückfiel (nach Berlin, München, Heidelberg, Münster und Freiburg). Hierfür hat sich bisher keine befriedigende Erklärung finden lassen, zumal das politisch gewollte hohe Schrumpfungsniveau für alle Universitäten gleichermaßen galt.

Unter formalem Aspekt läßt sich die Leipziger Studentenschaft der Kriegsjahre in sechs Hauptgruppen einteilen: 1. die noch nicht zum Wehrdienst eingezogenen Studienanfänger; 2. die rasch wachsende Anzahl studierender Frauen; 3. die Wehrmachtsangehörigen, die zeitweise zum Studium abkommandiert oder beurlaubt waren; 4. die Kriegsversehrten; 5. die Wehruntauglichen; 6. die Ausländer. Besonders auffällig ist die Zunahme der Studentinnen; ihr Anteil bei den Erstimmatrikulationen betrug im ersten Trimester 1941 59,4 Prozent, wobei ihre Verteilung auf die Philosophische und die Medizinische Fakultät ins Auge sticht. Hierfür dürften nicht zuletzt grundlegend verbesserte Berufsaussichten für Frauen im schulischen und medizinischen Bereich ausschlaggebend gewesen sein. Die gleichfalls stark steigenden Beurlaubtenzahlen gehen natürlich in erster Linie auf die Einberufungen zurück; die Beurlaubung <u>vom</u> Studium wurde jedoch seit 1941, wie schon erwähnt, durch die meist auf ein Semester begrenzte Beurlaubung <u>zum</u> Studium ergänzt.

Wie schon in den mitdreißiger Jahren drückte die enorme außerfachliche Beanspruchung der Studierenden auf die Stimmung; auch mehrten sich Klagen im Lehrkörper über einen (nur zu erklärlichen) Rückgang des Leistungsniveaus. Abhilfe war freilich nicht in Sicht. Die in der zweiten Kriegshälfte sich rapide verschlechternde Lage löste nur neue Mobilisierungsschübe aus, darunter auch ein befristetes Erstimmatrikulationsverbot.

Während des Krieges wurde die Universität Leipzig von drei Rektoren geleitet, dem seit 1937 amtierenden Mediziner Artur Knick, der freilich 1939 wegen ständiger Konflikte mit Gauleiter Mutschmann um Entpflichtung bat, dem Althistoriker Helmut Berve, der bis zu seiner Wegberufung nach München 1943 amtierte, und dem Ordinarius für Landwirtschaftliche Betriebslehre Wolfgang Wilmanns, der 1945 den rigiden sowjetischen Entnazifizierungsmaßnahmen zum Opfer fiel. Von diesen dreien ist Berve die interessanteste Gestalt; an ihm lassen sich die Anfechtungen wie Möglichkeiten eines Hochschullehrers im Dritten Reich beispielhaft verdeutlichen.

Helmut Berve, der 1927, erst 31jährig, auf den Lehrstuhl für Alte Geschichte berufen worden war, hatte sich rasch über Leipzig hinaus einen Namen gemacht und überdies durch seinen Parteieintritt im Mai 1933 gleichermaßen Anpassungsbereitschaft und Karrierebewußtsein gezeigt. Damit ordnete er sich jener zahlenmäßig nicht einmal kleinen Gruppe hochbefähigter meist jüngerer Hochschullehrer zu, die den künftigen Gang der Dinge selbstbewußt mitzubestimmen suchten, aber auch wesentliche eigene Vorstellungen vom NS-Regime erfüllt sahen. Berve selbst hat sich im Banne konservativ-völkischer Ordnungsvorstellungen gesehen, die er durch die „nationale Revolution" verwirklicht glaubte. Dabei hatte er „die Bausteine einer vitalistischen, rassistischen und aristokratisch-elitären Betrachtung der Antike" schon vor Hitlers „Machtergreifung" zu einem „eindrucksvollen Gebäude zusammengefügt, das unverkennbare Affinitäten zur nationalsozialistischen Weltanschauung aufwies", ohne freilich mit ihr deckungsgleich zu sein. 1934 hatte Berve seine Abhandlung „Antike und nationalsozialistischer Staat" veröffentlicht, über politisches Führertum in Vorträgen über „Kaiser Konstantin" und „Alexander den Großen" sinniert und war im Folgejahr mit einem Beitrag über „Rasse und Geschichte" hervorgetreten – allesamt Themen, die Gelegenheit boten, das Erbe der Antike für aktuelle Bedürfnisse fruchtbar zu machen. „Echte humanistische Bildung", belehrte er seine Hörer, „erzieht nicht zum Individualisten, zum geistigen Privatmann, sondern zum politischen Menschen (…) Sie erzieht, wenn sie recht betrieben wird, zu den Tugenden, die der nationalsozialistische Staat braucht."

Kein Zufall auch, daß Berve bei Antritt seines Rektorats in seiner Rede über „Perikles" erneut die Größe antiken Führertums beschwor und den unbeugsamen

Willen des Perikles unterstrich, „das Volk der Athener in allen seinen Schichten politisch zu aktivieren und zu einer wahren staatlichen Lebensgemeinschaft zusammenzuschweißen". Er erinnerte freilich auch daran, daß es allein „die brutale Macht Athens und der harte Wille seines Führers gewesen" seien, „welche jene Wunderwerke des Parthenon und der Propylaeen auf dem Burgfelsen haben erstehen lassen, die noch in ihren Ruinen zu den erhabensten Zeugen menschlicher Schöpferkraft zählen". Auf nahezu jeder Seite ist expressis verbis oder angedeutet der Bogen zur kriegerischen Gegenwart geschlagen. Der abschließenden Warnung vor „billiger" Gleichsetzung mit „unserer nationalsozialistischen Gegenwart, ihrem Führer und ihren einmaligen eben noch nicht dagewesenen Schöpfungen" hätte es nicht bedurft. Auch so zeigte sich der sächsische Volksbildungsminister Göpfert hoch zufrieden: „Diese Rede war mehr als eine akademische Vorlesung. Sie war die nationalsozialistische Tat eines deutschen Hochschullehrers." Solche wie weitere von Berve vertretene Positionen – etwa auch die Parallelisierung von Thukydides' Geschichtswerk mit Adolf Hitlers „Mein Kampf" – sind es, die das Urteil nahelegen, hier spreche jemand nicht aus Opportunismus und schon gar „nicht unter Zwang, sondern aus Überzeugung".

Dies schloß keineswegs aus, daß Berve an hohen, ja höchsten wissenschaftlichen Standards festgehalten und das institutionelle Gefüge der Universität gegen nationalsozialistische Vereinnahmungsversuche geschickt verteidigt hat. Hans-Georg Gadamer rühmte nach seiner Übersiedlung nach Leipzig 1939 in einem Brief an den exilierten Karl Löwith den „unpolitisch-konservativ[en]" Charakter der Philosophischen Fakultät, die nur drei Parteimitglieder habe. Hiermit war offenkundig auf den Altrektor Arthur Golf, den ehrgeizigen Vollblutnazi und Zeitungswissenschaftler Hans-Amandus Münster und den Indogermanisten Heinrich Junker angespielt. Dem ebenso dezidierten Nicht-Nationalsozialisten Karl Reinhardt, einem hochrenommierten Altphilologen, der 1942 dank tatkräftiger Fürsprache Berves nach Leipzig berufen worden war, erschien die Universität gar als die „damals wohl intakteste der deutschen Hochschulen". Auf Berves Wirken in diesem Sinne hat nach Kriegsende neben Gadamer auch Werner Heisenberg hingewiesen. Letzterer hat ihm sogar, assistiert von Friedrich Klingner und Bernhard Schweitzer, eine „demokratische Grundhaltung" bescheinigt, was allenfalls darin seine Erklärung finden kann, daß sie seine Schriften nicht gelesen hatten. Auch waren sie ihm im Freundeskränzchen „Coronella" verbunden gewesen. Daß Berve „mit Wissen seiner Freunde" in die Partei eingetreten sei, „um die Universität nicht ganz dem braunen Ungeist zu überlassen", ist wenig glaubhaft und entspricht einer nachgerade typischen ex-post Selbstwahrnehmung. Daß er 1935 als Dekan den Protest von vier Fakultätskollegen gegen die Entlassung der renommierten jüdischen Gelehrten

Benno Landsberger, Friedrich Levi, Joachim Wach und Fritz Weigert geduldet hat, darf nicht im Sinne grundsätzlicher Opposition gedeutet werden. Zwei der Protestierer, Werner Heisenberg und der Nordist Konstantin Reichardt, aber auch einer der Entlassenen, der Religionswissenschaftler Joachim Wach, waren Mitglieder des o. g. Professoren-Kränzchens. Auch die bislang nicht näher greifbaren Konflikte Berves mit Gauleiter Mutschmann entsprangen eher der Verteidigung universitärer Autonomie „gegen parteipolitische Infiltration" als prinzipiellem oder politischem Dissens. Überaus entlarvend ist dagegen sein geschildertes Verhalten bei der Veränderung des Doktoreides. Als Dekan, Prorektor und Rektor nutzte Berve den Spielraum, den das Kompetenzgerangel des NS-Staates ihm bot, und zwar durchaus im Sinne des überkommenen Selbstverständnisses der Universität. Ein NS-Gegner war Berve deshalb noch nicht.

Wie die Studenten, so unterlagen auch die Dozenten der Universität Leipzig der Wehrpflicht, sofern sie nicht jenseits der Altersgrenze lagen oder „Uk" gestellt waren. Im Durchschnitt der Jahre 1942–1945 waren etwa 30 Prozent des Lehrkörpers eingezogen. In der mathematisch-naturwissenschaftlichen Abteilung der Philosophischen Fakultät und in bestimmten Bereichen der Medizinischen Fakultät gab es wegen „kriegswichtiger Forschungen" besonders viele „Uk"-Stellungen. Rektor Berve verwies 1942 namentlich auf die Fächer Chemie und Physik, „ohne deren Erfindungen und Erkenntnisse ein großer Teil der Kriegsführung (…) undenkbar wäre". Entsprechende, durch begehrte Drittmittel unterstützte Forschungen wurden zumeist im Auftrag der Wehrmacht oder der (Rüstungs-)Industrie durchgeführt; ihre Ergebnisse waren gleichermaßen zivil wie militärisch nutzbar. Aber auch hier wirkte sich ein eklatanter Mangel an Mitarbeitern hemmend aus. Daß sich auch der schon 60jährige Rassenkundler Otto Reche während des Krieges in die praktische Besiedlungspolitik der eroberten Ostgebiete einzubringen suchte – übrigens mit dem umwerfenden Argument: „Wir brauchen ja Raum, aber keine polnischen Läuse im Pelz" –, sei der Kuriosität halber angemerkt. Für Himmlers „Volkstumspolitik" waren indessen „Kämpfer" anderen Kalibers gefragt.

Zu den bedrückendsten Kapiteln zählt die Involvierung der Universitätskinderklinik unter dem Direktorat Werner Catels in die nationalsozialistische Vernichtungspolitik. Catel hatte während des Krieges eine spezielle „Kinderfachabteilung" zur Tötung behinderter Kinder eingerichtet, für die er „Sonderzuwendungen" aus der „Kanzlei des Führers" erhielt. Die „Rechtsgrundlage" hierfür war jene bekannte Globalermächtigung Hitlers vom 1. September 1939, wonach „unheilbar Kranken bei kritischster Beurteilung ihres Krankheitszustandes der Gnadentod gewährt werden kann". Zuvor schon hatte ein streng vertraulicher Runderlaß des Reichsinnenministeriums verfügt, daß „mißgestaltete" Neugeborene und Kinder unter drei Jahren zu melden waren. Catel wurde 1939 in den „Reichsausschuß zur wissenschaftlichen Erfassung erb- und anlagebedingter schwerer Leiden" berufen und zählte zu jenen drei Gutachtern, die im Umlaufverfahren auf der Grundlage vorliegender Meldebögen über Leben und Tod zahlloser Patienten entschieden. Bis 1945 sind schätzungsweise 5.000 Kinder diesen Voten zum Opfer gefallen und durch Luminal oder hohe Morphiumdosen umgebracht worden, zahlreiche auch in Leipzig. Ein Unrechtsbewußtsein hat Catel bis zu seinem Tod 1981 stets entrüstet von sich gewiesen. Ob auch die Neurologisch-Psychiatrische Klinik der Universität in die Euthanasiemorde einbezogen war, scheint eher unwahrscheinlich, doch erschweren kriegsbedingte Aktenverluste ein klares Urteil.

Als die militärische Lage immer aussichtsloser wurde, sah sich ein Großteil der in Leipzig verbliebenen Professorenschaft im Herbst 1944 im „Deutschen Volkssturm" zum „Kampfeinsatz" aufgerufen. Ein Nazi der ersten Stunde, der Direktor des Psychologisch-Pädagogischen Instituts Hans Volkelt, bemühte sich erfolgreich darum, im zweiten Aufgebot eingruppiert zu werden. Er mochte sich der Heineschen Verse erinnern: „Leben bleiben wie das Sterben für das Vaterland ist süß." Die schweren Kriegszerstörungen der Jahre 1943/45, die nur 16 der 103 Universitätseinrichtungen weithin unbeschadet überstanden hatten, konnten nicht oder nur unzureichend behoben werden. Vieles, darunter wertvollste Institutsbibliotheken, war unwiederbringlich dahin. Auch zahllose Professorenwohnungen waren zerstört; ihre Bewohner mußten meist außerhalb Leipzigs in Notunterkünften untergebracht werden. Daß unter diesen Umständen nur ein Notbetrieb aufrecht erhalten werden konnte, überrascht nicht. Eine in Berlin erwogene Schließung wußte die Universitätsleitung, diesmal im Benehmen mit Gauleiter Mutschmann, abzuwehren.

V. Schlußbilanz

Das Ende des Dritten Reiches kam für die Universitätsangehörigen nicht plötzlich und unerwartet. Institutionell war die Universität bis zuletzt funktionsfähig geblieben, wenn auch mit vielerlei Einschränkungen. Baulich war sie dagegen eine Trümmerwüste, und was sich etliche ihrer Angehörigen geistig oder moralisch vorzuwerfen hatten, steht auf einem anderen Blatt. Wenn besonders systemnahe Professoren wie der Indogermanist Heinrich Junker, der Zeitungswissenschaftler Hans Amandus Münster, der Ordinarius für Pflanzenbaulehre Josef Knoll oder der Mediävist Erich Maschke möglichen Rechtfertigungsproblemen dadurch zuvorzukommen suchten, daß sie ihre Personalakten säuberten, spricht das jedenfalls für sich. Im großen Ganzen jedoch, als Korporation und als eine auf ihr Niveau bedachte wissenschaftliche Einrichtung, hatte die Universität Leipzig die vielerlei Zumutungen durch den Nationalsozialismus und die ihr zugefügten Verwundungen erstaunlich intakt überstanden. Sie war 1945 aus dem Stand in der Lage, sich eine neue, politisch unbelastete Leitung zu geben.

Eine andere Frage lautet dagegen, ob die Universität Leipzig, ob die deutsche Universität insgesamt und ihre Professoren dem hohen ethischen Anspruch genügt hatten, den sie in ruhigeren und ungefährlicheren Zeiten so gern für sich reklamierten. Ein Hort des Widerstands, gar letzter, entschlossener Hingabe im Dienste der eigenen Ideale war die Universität Leipzig jedenfalls nicht – in ihren Lehrenden (von Akten rühmlicher Selbstbewahrung abgesehen) nicht und in ihren Studierenden schon gar nicht. Von einer der „Weißen Rose" in München vergleichbaren studentischen Widerstandsgruppe finden wir in Leipzig nichts. So bleibt am Ende ein skeptisches Fazit. Man könnte es mit Worten aus Werner Bergengruens 1935 erschienenem Roman „Der Großtyrann und das Gericht" formulieren: „Es ist in diesem Buch zu berichten von den Versuchungen der Mächtigen und von der Leichtverführbarkeit der Unmächtigen und Bedrohten. Und es soll davon auf eine solche Art berichtet werden, daß unser Glaube an die menschliche Vollkommenheit eine Einbuße erfahre. Vielleicht, daß an seine Stelle ein Glaube an des Menschen Unvollkommenheit tritt." Dies, so scheint mir, ist auch die Lehre, die die Geschichte der deutschen Universität im Dritten Reich und somit auch die Geschichte der Universität Leipzig für uns bereithält.

3. MEINE ERINNERUNG AN DEN HERBST '89: EINE DISKUSSION MIT ZEITZEUGEN DER UNIVERSITÄT LEIPZIG

a) Grußwort des Rektors zur Diskussion am 29. September 2009 im Alten Rathaus

Meine sehr verehrten Damen, meine Herren, ich begrüße Sie sehr herzlich zur zweiten Veranstaltung der Reihe „Politische Wenden". Wieder dürfen wir Gast im Alten Rathaus sein, wofür wir uns sehr herzlich bei dem Oberbürgermeister als dem für die Vergabe ausschließlich Zuständigen bedanken. Heute hören wir keinen Vortrag, sondern nehmen teil an einer Diskussion zwischen Zeitzeugen der Universität Leipzig, die dankenswerterweise Professor Hans Joachim Meyer moderieren wird. In den Vorüberlegungen zur Veranstaltungsreihe „Politische Wenden" stand diese Diskussionsrunde am Anfang, lag es doch zwanzig Jahre nach der friedlichen Revolution vor allem in Leipzig nahe zu fragen, wie man in der Universität das revolutionäre Geschehen auf den Straßen der Stadt mit dem Durchbruch am 9.10. wahrgenommen hatte, welche Haltung man damals dazu einnahm. Man hätte nun darauf verweisen können, dass in absehbarer Zeit der 3. Band unserer großen Universitätsgeschichte erscheint, in dem auch der fragliche Zeitraum behandelt wird.[3] Interessierte Kreise hätte ein solcher Weg sicherlich nicht zufrieden gestellt. Deshalb haben wir die Chance genutzt, die darin liegt, auf maßgebliche Zeitzeugen aus der Universität zurückgreifen zu können, die aus der Erinnerung über ihr persönliches Erleben berichten können. „Oral History" also. Ich will jetzt nicht den keineswegs einfachen Gesprächsprozess wiedergeben, der zu durchlaufen war, bis die Veranstaltung, so wie wir sie heute erleben werden, möglich war. Als Glücksfall möchte ich hervorheben, dass Professor Hans Joachim Meyer, letzter DDR-Kulturminister und erster Wissenschaftsminister des Freistaates Sachsens, sich bereit erklärt hat, die Veranstaltung zu moderieren und auch Informationen aus seiner eigenen reichen Erinnerung beizusteuern. In einem Vorgespräch war auch deutlich

---

3 Dazu Fritz König, Demokratischer Neubeginn und Weichenstellung für die Zukunft. Die Universität Leipzig von der friedlichen Revolution bis zu Gegenwart 1989–2009, in: Geschichte der Universität Leipzig 1409–2009, Bd. 3, 2010, S. 783 ff.

geworden, dass der Herbst '89 und die Erinnerungen daran sowie das Verständnis der Beteiligten eingebettet sind in ihre Erinnerung an die Zeit davor und auch nicht losgelöst von dem gesehen werden können, was danach folgte. So ist das Vorher und das Nachher nicht ausgeklammert. Ich darf mich schon eingangs bei Professor Meyer und den Diskutanten sehr herzlich dafür bedanken, dass Sie uns heute aus ihren persönlichen Erinnerungen berichten wollen, was nicht selbstverständlich ist. Meine Damen, meine Herren, wir sind gespannt.

b) Bericht über die Diskussionsveranstaltung

Fast 20 Jahre nach dem 9. Oktober 1989, dem Montag, an dem die revolutionären Ereignisse, die Demonstrationen in Leipzig und Berlin, ihren Höhepunkt erreichten, lud die Universität Leipzig in ihrem 600. Gründungsjahr zu einer Gedenkveranstaltung in Form einer Podiumsdiskussion in das Alte Rathaus ein. Für die Gesprächsleitung konnte Prof. Hans Joachim Meyer, der erste Wissenschaftsminister des 1990 wiedergegründeten Freistaates Sachsen, gewonnen werden, der bereits zuvor unter der ersten und zugleich letzten freigewählten DDR-Regierung de Maizière als Minister für Bildung und Wissenschaft über die Hochschullandschaft mitbestimmt hatte. Prof. Meyer für diese Runde gewinnen zu können, war, wie Rektor Franz Häuser zurecht betonte, ein Glücksfall, weil Hans Joachim Meyer nicht nur die Veranstaltung moderierte, sondern auch „Informationen aus seiner eigenen reichen Erinnerung" beisteuern konnte.

Zu den Gesprächsteilnehmern gehörten die Ägyptologin Elke Blumenthal, die Germanistin Ulla Fix, der Pathologe Gottfried Geiler und der Chemiker Cornelius Weiss, zugleich erster freigewählter Rektor der Universität Leipzig nach der politischen Wende. Sie alle sind heute nicht mehr hauptberuflich tätig, aber engagiert in Ehrenämtern. Ihre Sicht ist frei von Zwängen oder Rücksichten, die Atmosphäre locker und gelöst. Das macht diese Veranstaltung besonders wertvoll, weil ihre persönlichen Aussagen an objektiver Kraft gewinnen und für den Historiker zur authentischen Quelle werden. Gemeinsam ist ihnen auch, dass ihre Lebensläufe nicht gradlinig aufsteigend, sondern gebrochen verlaufen sind. Cornelius Weiss (geb. 1933) wurde 1946 mit seinen Eltern und Geschwistern in der UdSSR interniert; der Vater war ein herausragender Physikochemiker. Sein Chemiestudium hat Weiss 1953 in Rostow und Minsk begonnen und in Leipzig 1960 abgeschlossen. 1997 geht er nach sechs schwierigen, aber erfolgreichen Rektoratsjahren für die SPD in die Politik, wird in den Landtag gewählt und 1999 zu dessen Alterspräsidenten bestimmt. Für Gottfried Geiler (Jahrgang 1927) führte nach Promotion und Habilitation 1961 kein Weg zur Professur; erst

21 Jahre später wird er zum außerordentlichen Professor ernannt. Geiler arbeitet aktiv in der evangelischen Kirche und wird früh, 1968, in die Akademie der Naturforscher Leopoldina gewählt. Auch Elke Blumenthal muss nach ihrer erfolgreichen Habilitation zehn Jahre auf die Ernennung zur Professorin warten.

Zu Beginn der Diskussionsrunde erinnert Hans Joachim Meyer an die Tage im September/Oktober 1989, nennt die Berliner Großkundgebung vom 4. November 1989, hebt die große Breite der Demonstrationen in Sachsen hervor, verweist auf die lange Vorgeschichte der Friedensgebete in der Nikolaikirche und erinnert an die tiefen Wurzeln des Geschehens in Leipzig. Am 9. Oktober 1989 schien eine Unterdrückung der Montagsdemonstration bevorzustehen, aber die Staatsmacht wagte keinen gewaltsamen Eingriff. Die Menschen auf der Straße hatten die Demonstrationsfreiheit erzwungen. Der 9. Oktober kann deshalb zurecht als „Tag der Freiheit" (Markus Meckel) betrachtet werden. An der Universität Leipzig breitete sich ein Klima von Angst, Furcht, aber auch von Gewissheit aus. Der 9. Oktober 1989 war ein „Tag größter Beklemmung" (Blumenthal). Zahlreiche SED-Genossen füllten auf Geheiß ihrer Parteileitung die Nikolaikirche, um den Protestanten jeglicher Art den Platz zu nehmen.

Cornelius Weiss berichtet, er habe die Atmosphäre körperlich gespürt. Es kam so vieles zusammen, rückblickend die Proteste gegen die Sprengung der Universitätskirche St. Pauli 1968 und gegenwärtig die dienstbereiten Krankenhäuser, die bereitgestellten Blutkonserven, Urlaubssperren, die angetretenen Kampfgruppen und aufgefahrene Armeeeinheiten, das eingerichtete AGRA-Lager in Markkleeberg. Es herrschte Angst in der Stadt. Weiss wollte nach Hause gehen, als ihm Medizinstudenten auf dem Weg zur Demonstration in der Innenstadt entgegen kamen. Spontan hat er sich ihnen angeschlossen und innerlich zu sich gesagt: „Du musst doch als Hochschullehrer dort sein, wo deine Studenten sind." Also kehrte er einfach um. Zum ersten Mal erklang der „Urschrei" der Wende „Wir sind das Volk!". Von nun an war er immer dabei.

Gottfried Geiler kehrte an jenem 9. Oktober von einer Dienstreise zurück. Seine Frau holte ihn am Flugplatz ab, und sie begaben sich in die Reformierte Kirche am Tröndlinring. Dort mahnte der evangelische Landesbischof zu Besonnenheit und Gradlinigkeit. Auf der Straße erschallten der Ruf: „Keine Gewalt", typisch für den gesamten Verlauf der revolutionären Ereignisse.

Ulla Fix hatte unmittelbar mit Studenten zu tun. Sie sollte diese informieren, die Friedensgebete zu meiden, „weil es gefährlich werden könnte". Stattdessen stellte sie die Kirchen vor, in denen Friedensgebete stattfanden.

Hans Joachim Meyer tastet sich weiter vor. Er nennt das Buch von Christian Winter über die Sprengung der Universitätskirche, das Tagebuch von Hartmut Zwahr über die revolutionären Ereignisse in Prag 1968, erinnert an Hans Mayer und Ernst Bloch und hat in der „Universitätsgeschichte" von Konrad Krause nachgelesen, dass 80 % der Professoren Mitglieder der SED waren. Nach den persönlichen Eindrücken vom 9. Oktober 1989 fragt er nun nach der Stimmung in der Universität. Cornelius Weiss hat für das ganze Jahr 1989 eine erhöhte Anspannung wahrgenommen, die sich auf Gewerkschaftsversammlungen oder in Diskussionen zur Umweltsituation manifestiert. Die Diskussionen sind oft verzweifelt, weil man nicht glauben kann, dass eine Diktatur halbwegs freiwillig fallen wird. Die meisten Menschen fürchten ein Blutvergießen. Der altgediente Leitspruch „Von der Sowjetunion lernen, heißt siegen lernen" galt plötzlich nicht mehr, als die aktuelle Ausgabe der sowjetischen Zeitschrift „Sputnik" verboten wurde. Weiss erinnert daran, dass die DDR ihre Kunstschätze verkaufte („verscherbelte") und auch vor universitärem Besitz nicht Halt machte. Ein Vorgänger im Amt – Horst Hennig – und der Archäologe Eberhard Paul haben sich mit Zivilcourage dagegen gewandt.

Gottfried Geiler nennt die Kommunalwahl vom Mai 1989, die gigantische Wahlmanipulation, die für viele das Ende der DDR einläutete, und den mutigen Aufruf von sechs Leipziger Bürgern, darunter Gewandhauskapellmeister Kurt Masur, keine Gewalt bei den Demonstrationen zuzulassen, stattdessen Disziplin zu wahren und den Dialog zu suchen.

In der Gorbatschow-Ära, so Elke Blumenthal, nahmen die Aufbruchsstimmung und Hoffnung zu. An der Universität erfolgte eine vorsichtige Öffnung, Liberalisierung, vielleicht auch Lockerheit bei Veranstaltungen. Die Mauer bröckelte zuerst in den Köpfen. Die bleierne Atmosphäre der Breshnew-Zeit wich der Gorbatschow-Ära. Die Universitäten in der DDR spielten dabei – das ist das eigentliche Credo nach Meyer – keine besondere Rolle, anders als die polnischen Universitäten. Aber die Zeit war auch an ihnen nicht spurlos vorübergegangen. Sie hatten Anteil an den geschichtlichen Ereignissen vom 9. Oktober 1989. Die inneren Fundamente waren unterspült, die alten Machtstrukturen wurden zurückgedrängt und ein harter Zugriff der Staatsmacht konnte nicht mehr stattfinden.

Wie war das nach dem 9. Oktober an der Universität Leipzig? In Berlin verschwand die SED-Kreisleitung aus dem Hauptgebäude der Humboldt-Universität. Diese Frage konnte für Leipzig nicht schlüssig beantwortet werden. Die anwesende Gesprächsrunde hat wohl – wie es Cornelius Weiss für sich feststellte – niemals die Kreisleitung der SED betreten, abgesehen davon, dass die Tür immer verschlossen blieb. Einzelne Mitglieder dieser real höchsten universitären Instanz fanden bald lukrative Posten in der Wirtschaft. Die Karl-Marx-Universität Leipzig hat als Institution nichts zum

Gelingen der friedlichen Revolution beigetragen. „Es waren die Individuen", so Weiss. An den universitären Strukturen hatte sich nichts geändert und schien sich nichts zu verändern. Offenbar wollte man „überwintern". Die alten Reisekader schwärmten aus, kannten Anlaufstellen, kamen mit Computern bestückt zurück und hatten alte Beziehungen ausgebaut und neue geknüpft. Die Studenten an der Sektion Kulturwissenschaften/Germanistik, berichtet Ulla Fix, waren ratlos und haben später, das gilt auch für andere Bereiche der Universität, vorbildlich in Personal- und Strukturkommissionen mitgearbeitet.

Hans Joachim Meyer sprach weiter das heikle Thema der Erneuerung der Universität Leipzig im Jahre 1990 an. Er verweist auf Konzile und Wahlen an der TU Dresden, in Berlin, Halle-Wittenberg, Greifswald und Rostock. Die Sitzungen des Konzils in Leipzig in der alten Zusammensetzung brachten weder am 12. Mai noch am 18. Juni 1990 den Durchbruch. Erst die „Initiativgruppe zur demokratischen Erneuerung der Universität Leipzig", mitbegründet von Cornelius Weiss nach dem Vorbild in Halle, zeigte Wirkung. Die unbefriedigende Situation an der Universität hatte zur Bildung dieser Initiativgruppe geführt, zu der der Physiker Adolf Kühnel, die beiden Chemiker Rolf Borsdorf und Fritz Dietz gehörten und zu der Elke Blumenthal, der Mathematiker Eberhard Zeidler, der HNO-Arzt Wolfram Behrendt sowie Geisteswissenschaftler hinzustießen, aber kein Mitarbeiter aus der Verwaltung. Gleich am Anfang standen Fragen der Rehabilitierung. Ein Katalog von zehn Punkten wurde Rektor Horst Hennig übergeben, der diese ins Konzil einbringen sollte. Das Konzil war aber mit diesen und anderen Fragen überfordert. Die Vertreter der Initiativgruppe trafen sich mit Minister Meyer und richteten einen Brief an Rektor Hennig mit der Maßgabe, ein neues Rektorat zu bilden. Es wurden rechtsstaatliche Grundsätze eingefordert: die Auflösung des Instituts für Marxismus-Leninismus gefordert und die Einbeziehung der ersten demokratisch gewählten Dekane aus der Theologischen und der Medizinischen Fakultät in das Rektorat. Auf Druck der Initiativgruppe wurde der Mediziner Gerald Leutert vom Senat zum Rektor ad interim gewählt. Das neue Rektoratskollegium wurde vervollständigt durch die Prorektoren Günther Wartenberg und Gottfried Geiler. Bereits am 20. Juni hatte eine Gruppe von Mathematikern den Rücktritt des Rektors Hennig gefordert, der am 22. Juni ehrenhaft zurücktrat, um „dem Versuch der Demokratisierung nicht im Wege zu stehen, sondern ihr förderlich zu sein." Es war kein Rektorsturz, wie Gottfried Geiler ausdrücklich betonte, sondern ein demokratisches Verfahren.

Auf dem Konzil im Juli war nicht nur die Initiativgruppe dabei; es wurden auch wichtige Entscheidungen getroffen: Alle Leitungsgremien unterliegen der Vertrauensfrage. Personell wurde keine Ablösung, kein Amtsverzicht erwirkt. Das war zweifellos keine gute Lösung. War damit die Erneuerung abgeschlossen, fragt der Moderator Hans Joachim Meyer? Vielen schien das zu genügen. Es musste aber etwas geschehen. Es herrschte unglaublich viel Angst, etwas zu bewegen. Zuerst mussten Rahmenbedingungen für die neuen Länder geschaffen und Übergangsgesetze sowie vorläufige Hochschulgesetze erlassen werden. Wie sollte es weiter vorangehen mit der inneren Entwicklung in personeller und struktureller Hinsicht bis hin zu einer wirklichen Erneuerung, die Lehrstühle in der DDR aufheben und neue ausschreiben? Es fällt das ungute Wort „Abwicklung", die letztlich alternativlos blieb. Es galt, so schnell wie möglich Gründungsdekane zu berufen, Studienprogramme zu erstellen, um so den Studenten eine Perspektive zu eröffnen. In den geisteswissenschaftlichen Disziplinen erfolgte in Sachsen, wie Hans Joachim Meyer betonte, kein Kahlschlag. So wurde innerhalb der marxistischen Philosophie beispielsweise die Logik nicht abgewickelt. Die Eingriffe des Staates erfolgten vorsichtig. Es galt auch ein großes Stück Verantwortung für die Studierenden wahrzunehmen. Frau Fix erinnerte an die Sorge der Studierenden, insbesondere in den geisteswissenschaftlichen Fächern: Was wird jetzt mit meinem Studium, kann ich weiterstudieren und einen Abschluss erlangen?

Über den Abwicklungsbeschluss waren, wie Gottfried Geiler berichtet, erst alle entsetzt und haben später doch zugestimmt. Es gab Proteste aus allen Fakultäten. Eine Studenten-Blockade, die in einem Hungerstreik kulminierte, ließ am 19. Dezember 1990 im Rektoratsgebäude die Arbeit fast zum Erliegen kommen. Eine Solidaritätsbekundung der Humboldt-Universität unter Leitung von Rektor Heinrich Finck bezog weite Kreise ein. Dennoch konnten die Blockade und der Hungerstreik bald beendet werden, weil die Fortsetzung des Studiums gesichert war. Die ideologiebelasteten Geisteswissenschaftler warfen nicht zu Unrecht den Naturwissenschaftlern und Medizinern vor, dass auch dort eine Ideologisierung stattgefunden habe. Die Abwicklung war keine demokratische Methode, aber die wohl einzige Möglichkeit, wie Cornelius Weiss einräumte, um „in endlicher Zeit zu einer Erneuerung zu kommen". Die Mediziner und Naturwissenschaftler konnten sich nicht als ideologiefrei zu „Lehrmeistern der Geisteswissenschaften" aufspielen, weil die SED auch in der kleinsten Einheit präsent war.

Das neue Konzil hatte die Aufgabe, eine Verfassungskommission zu bilden, die Erklärung aller Mitarbeiter einzuholen, dass sie nicht für die Stasi gearbeitet haben, den im Karl-Marx-Jahr 1953 oktroyierten Namen der Universität Leipzig abzulegen und eine seit 60 Jahren erste demokratische Rektorwahl mit den Kandidaten Weiss und Wartenberg durchzuführen. Gottfried Geiler verzichtete, weil er erst ein Jahr zuvor zum Vizepräsidenten der Akademie der Naturforscher Leopoldina, der heutigen

Nationalakademie, gewählt worden war und zugleich als Dekan seiner Fakultät vorstand. Cornelius Weiss bat sich Bedenkzeit aus und stimmte dann seiner Kandidatur zur Rektorwahl zu. Die Initiativgruppe mit ihren wichtigsten Mitgliedern Weiss und Zeidler beriet über das Hochschulerneuerungsgesetz und über die Zuweisung von Finanzmitteln nach der Zahl der Studenten, eine höchst problematische Festlegung, so Elke Blumenthal, weil das für kleine Fächer zum Nachteil gereichen musste. Mit der verkürzten Berufung für einen Kern der Hochschullehrer konnte der Erneuerungsprozess weitergeführt werden. Ab 1990 wurde ein Vertrauensausschuss gebildet, der für die Prüfung der Integrität der Universitätsangehörigen zuständig war.

Über die schwierige Arbeit der Personalkommissionen, die an den Vertrauensausschuss anknüpften, berichtet Ulla Fix. Es ging nicht um die fachliche Kompetenz, sondern um die Integrität der Universitätsangehörigen. Das musste möglichst objektiv und transparent erfolgen. Personalkommissionen wurden an allen sächsischen Hochschulen eingerichtet. Sie prüften in Einzelfalluntersuchungen Verstrickungen mit der Staatssicherheit, Beteiligung an Rechtsbrüchen und Systemnähe durch Mitverantwortung in höheren Funktionen. An der Universität Leipzig gab es drei Personalkommissionen (Gesellschaftswissenschaften, Naturwissenschaften und Medizin) und schließlich eine Auslaufkommission bis 2007. Es war keine angenehme Tätigkeit, die sich aber als notwendig erwiesen hat. Über den Personalkommissionen stand – wie Hans Joachim Meyer ergänzte – ein vom Landtag gewählter Landesausschuss für Personalfragen.

Als Meyer nach den Mitgliedern fragte, die aktiv zur Erneuerung beigetragen haben, erklärte eine Teilnehmerin aus dem Publikum, die Mitglieder der Personalkommissionen seien weder auf Staatsnähe noch nach einer Stasi-Mitarbeit überprüft worden. Dieser pauschalen Aussage widersprach Cornelius Weiss und betonte die gesetzliche Grundlage der Arbeit der Personalkommissionen sowie die strenge Überprüfung ihrer Mitglieder. Teilweise seien sie selbst durch Zuträgerei unter erheblichen Druck geraten. Weiss nahm diese universitären Verfassungsorgane gegen Angriffe aller Art in Schutz. „Keiner konnte sein persönliches Süppchen kochen", ergänzte Ulla Fix und wies auf die schweren und verantwortungsbewusst getroffenen Entscheidungen hin.

Der Bürgerrechtler Christian Scheibler umschrieb den Zustand der Universität 1990 mit „Angststarre". Am Runden Tisch der Stadt war die Universität nicht vertreten. Der Stadtrat war längst zurückgetreten, aber an der Universität schien sich nichts zu verändern. In der Tat – so Meyer – erfolgte die Erneuerung an der Universität mit erheblicher Verzögerung, obwohl einzelne Persönlichkeiten entschieden vorangingen. Man hätte viel früher in die Opposition gehen müssen und sich stärker einbringen sollen. Frau Elke Blumenthal stimmte in diesem Punkt Herrn Scheibler zu, obgleich sie mit ihren

Mitarbeitern zu den ersten universitären Montagsdemonstranten gehörte. Sie nennt Zahlen, dass die Erneuerung auch für Wissenschaftler aus Sachsen eine Chance bedeutet habe, und die alten DDR-Eliten nicht bestätigt wurden. Dieser Vorgang ist sonst nirgends stärker im Ostblock ausgeprägt, als in der akademischen Kommunität der DDR.

Abschließend versuchten die beiden Hauptprotagonisten der Veranstaltung Weiss und Meyer, ein Fazit über den Umgestaltungsprozess zu ziehen. Weiss zitiert Meyer mit dem Spruch „Erneuern und bewahren", alles mit Augenmaß bewerten, Einzelprüfung anstelle von Generalschuldzuweisungen, den gesellschaftlichen Frieden bewahren! Die Universitäten sind nicht nur Stätten der Lehre, Forschung und Ausbildung, sondern auch Zentren des Geisteslebens einer Region oder eines Landes für Gegenwart und Zukunft. Mit einem treffenden, kurzen und heute noch gültigen Zitat aus einer Leipziger Rede von Meyer schließt Weiss: „Die Universitäten sind die Orte, wo die Gesellschaft verantwortungsbewusst und kühn über Vergangenheit, Gegenwart und Zukunft nachdenkt, die Orte, wo die Gesellschaft sich selbst bedenkt." Die ereignisreichen Tage um den 9. Oktober 1989 haben sich zu einem Bild gefügt. Nun kann die Universität Leipzig ihr Haupt erheben, so Meyer. Sie spielt wieder eine Rolle im Kreis der deutschen Universitäten.

Versucht man die Beiträge der Diskussionsrunde zusammenzufassen, ergibt sich etwa dieses Bild: Die Universität war zu Beginn der Friedlichen Revolution nicht aktiv, zeigte sich eher von den revolutionären Ereignissen überrascht, so dass die alten Strukturen zunächst fortbestanden. Der Aufbau neuer, demokratischer Strukturen kostete Zeit und Energie, zumal ihn die Träger der alten Herrschaftsstrukturen mit formalen Einwänden behinderten. Andererseits erschöpfte sich die Friedliche Revolution nicht in den Demonstrationen auf der Straße, sondern sie bestand auch in Auseinandersetzungen mit den alten Strukturen. An einzelnen Sektionen, in Gewerkschaftsversammlungen u. ä. entstanden Gegengewichte zur alten Staatsmacht. Der Druck, der von den Montagsdemonstrationen ausging, wurde stärker, Forderungen nach demokratischen Grundrechten wurden schneller erhoben, als der allgemeine Demokratisierungsprozess zu folgen vermochte. Das wird bei der langsamen, aber steten Erneuerung der Universität Leipzig besonders deutlich.

(Gerald Wiemers, erstellt anhand eines Tonmitschnittes)

4. DIE UNIVERSITÄT LEIPZIG IM SOZIALISMUS

a) Grußwort des Rektors zum Vortrag von Professor Heydemann am 20. Oktober 2009 in der Alten Handelsbörse

Meine sehr verehrten Damen, meine Herren, ich begrüße Sie sehr herzlich zur dritten und letzten Veranstaltung der Vortragsreihe „Politische Wenden", diesmal in der Alten Handelsbörse zu Leipzig. Heute soll „Die Universität Leipzig im Sozialismus: Politischer Widerstand und religiöse Verfolgung" thematisiert werden. Ich darf Herrn Professor Heydemann sehr herzlich dafür danken, dass er es übernommen hat, zu diesem Thema vorzutragen. Herr Professor Heydemann hat die weitergefasste Ausgangsfragestellung durch zwei besondere Aspekte konkretisiert: einmal nämlich durch den politischen Widerstand und zum anderen durch die religiöse Verfolgung. Wie schon zu dem ersten Vortrag von Professor von Hehl will es der Zufall, dass ich auch diesmal in das Thema einführend aus einem Dokument zitierten kann, das mir eine ehemalige Studentin unserer Universität unter dem 26.9.2009, also erst vor wenigen Wochen, übersandt hat. Der an mich adressierte handgeschriebene Brief aus dem Schwarzwald ist kurz, er besteht nur aus einem Satz: „Mit gedankenvollen Grüßen und guten Wünschen für alles festliche Gelingen". Die Briefschreiberin hat allerdings eine von ihrem örtlichen Pfarramt beglaubigte Fotokopie eines Schreibens beigefügt, das es in sich hat. Sie hat dies kommentarlos getan, und ich denke, das Schreiben spricht als Dokument für religiöse Verfolgung von Studierenden mit christlicher Gesinnung in der Tat für sich. Es handelt sich um einen Bescheid der Regierung der Deutschen Demokratischen Republik, Staatssekretariat für Hochschulwesen, Abt. Studienorganisation und -methodik, vom 28.1.1958 und betrifft einen Einspruch der Studentin gegen die Entscheidung des Disziplinarausschusses über den „dauernden Ausschluss vom Studium an allen Universitäten und Hochschulen der DDR". Das Staatssekretariat verwirft den Einspruch und bestätigt die Entscheidung des Disziplinarausschusses mit folgender Begründung:

> „Sie haben durch Ihre Teilnahme und Unterstützung an der von Dr. Schmutzler geleiteten Evangelisationswoche in Böhlen das Ansehen der Karl-Marx-Universität Leipzig in gröblichster Weise verletzt und damit das Weiterstudium an einer Universität oder Hochschule der DDR verwirkt.

Diese Entscheidung ist gemäß § 13 Abs. 4 der geltenden Disziplinarordnung für Studierende der Universitäten und Hochschulen (Anweisung Nr. 56 des Staatssekretariats für Hochschulwesen in der Neufassung vom 26.4.1958) endgültig".

Der in dem Bescheid erwähnte Dr. Schmutzler[4], ein Schüler von Professor Theodor Litt, war im Jahre 1954 zum evangelischen Studentenpfarrer gewählt worden. Der kritische Pfarrer geriet 1956 ins Visier der Stasi und wurde am 5.4.1957 verhaftet. In einem Prozess vom 25. bis 28.11.1957 vor ausgewähltem Publikum verurteilte man ihn wegen des beliebten Vorwurfes der „Boykotthetze" zu fünf Jahren Zuchthaus. Am 18.2.1961 wurde er freigelassen.

Meine Damen und Herren, der zitierte gnadenlose Bescheid des Staatssekretariats für Hochschulwesen gegenüber einer Studentin und das Schicksal von Pfarrer Dr. Schmutzler sind nicht nur Zeugnisse für die in der DDR praktizierte religiöse Verfolgung durch eine diktatorische, elementare Menschenrechte missachtende Staatsmacht, sondern sie sind auch all denen entgegenzuhalten und ins Stammbuch zu schreiben, die heute infrage stellen, dass es sich bei der DDR um einen Unrechtsstaat gehandelt habe. Die religiöse Überzeugung einer Studentin war damals für die Staatsmacht ein ausreichender Anlass, ihr eine akademische Ausbildung zu verweigern und zwar „endgültig".

b) Vortrag von Professor Günther Heydemann

Widerspruch und Widerstand von Leipziger Studenten in SBZ und DDR
Selbstverständlich nahmen politische Diskussionen in Alltag und Freizeit der Studenten in den Nachkriegsjahren breiten Raum ein. Der eben erst vergangene Krieg, der so massiv in das eigene Leben und das von Familienangehörigen, Verwandten und Bekannten eingegriffen hatte, der Zusammenbruch der NS-Diktatur und die völlige moralische Diskreditierung des Nationalsozialismus, die darauf folgende Besetzung und Besatzung, das Verhalten des sowjetischen Militärs, die Politik der SMAD und der von ihr gestützten KPD/SED, das in Zonen aufgeteilte Deutschland und dessen sich abzeichnende Spaltung – all das und vieles mehr bot ausreichend Stoff für Diskussionen, Meinungsstreit und die Suche nach eigener Positionierung. Das bestätigte auch

---
4 Zu Georg-Siegfried Schmutzler vgl. den Beitrag aus Anlass des 50. Jahrestages seines Prozesses von Wolfgang Ratzmann, in: Jubiläen 2007, S. 71 mit weiterführenden Hinweisen.

der frühere Leipziger Student Hans-Dietrich Genscher, der bis 1949 an der Alma mater Lipsiensis Rechtswissenschaften studierte: „Es wurde sehr viel politisch diskutiert. Die Frage, wie nach der Katastrophe des Dritten Reiches 1945 der Neuanfang aussehen sollte, beschäftigte uns mehr als alles andere."[5] Auch der von der KPD/SED und der sowjetischen Besatzung mit wachsendem Abstand zum Kriegsende immer stärker propagierte Sozialismus als einzige politische Lösung für die Zukunft Deutschlands war ein Gegenstand der damaligen politischen Diskussion. Schon vier Wochen nach der Gründung eines provisorischen Studentenausschusses im September 1945 kamen erste politische Konflikte unter den Leipziger Studenten zum Ausbruch, noch bevor sich die unterschiedlichen politischen Gruppierungen enger organisiert hatten. Als die Vertreter von KPD und SPD den Ausschuss einem Kontrollrat unterstellen wollten, der mehrheitlich kommunistisch durchsetzt gewesen wäre, zogen die Mitglieder von CDU und LDP am 15. Oktober 1945 aus, was die Auflösung des Ausschusses bewirkte.[6]

Eine erste große Studentenversammlung am 25. Oktober 1945 im Pfauensaal des Leipziger Zoos, an der 500 Studenten teilnahmen, verlief von Anfang an höchst spannungsgeladen. Organisiert von der Kulturabteilung der KPD Leipzig, sprach der politische Leiter der Universitätsgruppe der KPD, Gerhard Mehnert, zum Thema „Der Student – heute". Seine dezidierten Forderungen nach Herstellung eines engen Bündnisses zwischen Intelligenz und Arbeiterklasse, der ausschließlichen Immatrikulation von antifaschistisch-demokratischen Studenten, der Übereinstimmung der sozialen Struktur der Studentenschaft mit der Sozialstruktur der Bevölkerung, der Bildung einer antifaschistisch-demokratischen Studentenvertretung und der Sicherung eines weitgehenden Mitbestimmungsrechts der Studenten, wurde ob seiner einseitig kommunistischen Ausrichtung von einer Mehrheit der Studenten „mit Spott, Hohngelächter, Pfui-Rufen und lauten Missfallensäußerungen" quittiert.[7] Bei einer zweiten, wiederum im Pfauensaal durchgeführten und dieses Mal von den Universitätsgruppen der KPD und SPD gemeinsam organisierten Studentenversammlung am 29. November 1945, die unter dem Thema „Wann wird die Universität eröffnet?" stand, kam es erneut zu lautstarken Auseinandersetzungen unter den anwesenden Studenten. Wie in einer marxistisch-leninistischen Darstellung dieser Versammlung eigens hervorgehoben wird, „blieb es schließlich einer Reinigungskraft der Universität vorbehalten (…), die

---

5   In: 600 Jahre Universität Leipzig. Jubiläumsbeilage der Leipziger Volkszeitung vom 20.5.2009, S. 15 (aus einem Interview mit dem früheren Bundesminister des Auswärtigen).
6   Stadtarchiv Leipzig, StVuR, Nr. 4560, Bl. 36ff.
7   Keller, Karl-Marx-Universität 1945–1976, S. 27.

Versammelten auf ihre Pflichten gegenüber der Arbeiterklasse beim antifaschistisch-demokratischen Neuaufbau hinzuweisen."⁸ Eine dritte Studentenversammlung, nunmehr organisiert von den städtischen Leitungen der CDU und LDP zum Thema „Politik und Studium" am 13. Dezember 1945, führte postwendend zu Zwischenrufen und Störungen von jenen Studenten, die der KPD oder SPD nahe standen. Kaum weniger spannungsgeladen verlief die nur sechs Tage später durchgeführte, jetzt gemeinsame Versammlung aller Studentengruppen am 19. Dezember 1945 unter dem Motto: „Gibt es einen gemeinsamen Weg?"⁹ Nahezu unmittelbar nach Kriegsende existierte also bereits eine unübersehbare politische Polarisierung in der Leipziger Studentenschaft. Als entscheidende Streitpunkte hatten sich zwei Probleme herauskristallisiert, die auch in der Folge brisant bleiben sollten: die Frage der konkreten Durchführung der Entnazifizierung und das Problem der Immatrikulation, insbesondere der Zulassung sog. „Arbeiter- und Bauernstudenten".

Gleichwohl war ein Studentenausschuss am 1. November 1945 neu gegründet und am 4. Dezember 1945 in „Arbeitsgemeinschaft demokratischer Studenten (AdS) an der Universität Leipzig" umbenannt worden. Damit war zunächst ein studentisches Gremium geschaffen worden, das trotz unübersehbarer Spannungen vornehmlich sachorientiert arbeitete und trotz bestehender großer politischer Meinungsunterschiede weitgehend „funktionierte". Dazu trug sicherlich bei, dass die politischen Kräfteverhältnisse in etwa ausgewogen waren: Bei insgesamt 35 Mitgliedern des AdS gehörten 17 Studenten der SED an, zehn der CDU und sieben der LDP; ein Mitglied war parteilos.

Der Leipziger Studentenrat unter Wolfgang Natonek 1947/48
Nachdem auf der 3. Tagung des Zentralrats der FDJ im September 1946 die Bildung von Studentenräten an den Universitäten und Hochschulen gefordert worden war, um, wie es hieß, „den Formierungsprozess der demokratischen Kräfte unter den Studenten zu aktivieren",¹⁰ hatte die Deutsche Verwaltung für Volksbildung ein „Vorläufiges Studentenstatut" erlassen, das am 14. Februar 1947 in Kraft trat. Doch bereits eine Woche zuvor, am 6. Februar 1947, waren Wahlen zum 21-köpfigen Studentenrat mit einer Wahlbeteiligung von 80,9 Prozent durchgeführt worden, die höchst überraschen-

---

8 Ebd., S. 27f.
9 Ebd., S. 28.
10 Zit. nach Annett Buchholz, Der Studentenrat an der Universität Leipzig 1945–1951, in: Das Hochschulwesen 1 (1990), S. 50–55; dort S. 51.

derweise zu einer „bürgerlichen" Mehrheit im Rat geführt hatten: den jeweils sechs studentischen Vertretern aus den Reihen von CDU und LDP standen zwar acht aus der SED gegenüber, doch zusammen mit einem parteilosen Vertreter verfügten CDU und LDP mit 13 zu 8 Stimmen über eine klare Mehrheit.[11] Wolfgang Natonek (1919–1994), der bereits in der Philosophischen Fakultät II mit dem zweithöchsten Stimmenanteil von 27,4 Prozent in den Studentenrat gewählt worden war, wurde mit den Stimmen der bürgerlichen Vertreter auch zu dessen Vorsitzenden gewählt.[12]

Zweifellos bedeutete der Ausgang der Studentenratswahlen für die SED einen herben Schlag, hatte sie doch ihre Kandidaten massiv unterstützt und eine entsprechende Wahlpropaganda betrieben, ganz abgesehen von der Initiierung der Studentenräte durch die FDJ selbst. Es fiel ihr daher äußerst schwer, zu akzeptieren, dass sie nicht die Mehrheit erlangt hatte. Entsprechend weigerte sie sich, die Wahl Natoneks zum Vorsitzenden anzuerkennen und brachte das Argument vor, dass der Vorsitzende von der größten Fraktion im Studentenrat gestellt werden müsse – also von ihr. Da es sich jedoch um eine Personal- und nicht um eine Listenwahl gehandelt hatte, ganz dem Vorläufigen Statut vom 14. Februar 1947 gemäß, war diese Argumentation unhaltbar. Daraufhin lehnten die SED-Vertreter jede weitere Zusammenarbeit ab und brachten die Forderung vor, dass der Studentenrat nach dem Blockprinzip organisiert werden müsse. Dies hätte den SED-Mitgliedern indes ein permanentes Vetorecht verschafft. Doch auch dieses Argument führte nicht weiter, weil der zum Schriftführer gewählte Helmut Ranft (CDU) sachlich nachvollziehbar versichern konnte, dass „es sich bei der Arbeit des Studentenrates um rein studentische und nicht um parteipolitische Arbeit" handle.[13] Schließlich erklärten sich die SED-Mitglieder widerstrebend zur Mitarbeit bereit.

Allein die Konstituierung des Leipziger Studentenrats zeigte somit, welch starke politischen Spannungen in ihm von Anfang an existent waren. Insofern blieb der sowjetischen Besatzungsmacht und den kommunistischen Kadern in der Landesverwaltung die „bürgerliche" Dominanz im Leipziger Studentenrat ein Dorn im Auge. Schon im Mai hatte die kommunistisch durchsetzte Sächsische Landesregierung nach „einer

---

11 Die Wahl fand auch in der Stadt Leipzig große Aufmerksamkeit, vgl. Stadtarchiv Leipzig, StVuR, Nr. 1483, Bl. 4.7 mit Sammlung von Zeitungsausschnitten.
12 Natonek war zwei Monate nach Gründung der LDP der Partei beigetreten, im November 1946 Mitglied des geschäftsführenden Vorstands im Bezirksverband Leipzig und im Herbst 1947 Mitglied des geschäftsführenden Landesvorstandes Sachsen geworden. Zum Motiv für seine Kandidatur vgl. Volker Schulte, Der Fall Natonek – ein Fall der SED. Im Gespräch mit dem Studentenratsvorsitzenden von 1947/48 in: Universität Leipzig. Mitteilungen und Berichte 4 (1992), S. 5f.
13 Vgl. Thüsing, Studentenrat, S. 511; (UAL, R 48, Bl. 19).

Unterredung mit Vertretern der SMAD" in einem Schreiben an das Rektorat kritisiert, dass „der Studentenrat seine Aufgabe, die in erster Linie eine Erziehungsaufgabe zur Demokratisierung ist, nur mangelhaft erfüllt und er auch nicht die notwendige Unterstützung der Universitätslehrer" habe.[14] Mit Missfallen beobachteten die sowjetischen Besatzungsbehörden, dass der Studentenrat aufgrund seiner bürgerlichen Mehrheit eben nicht die gewünschte sozialistische „Erziehungsarbeit" betrieb. Stattdessen veröffentlichte dieser selbstbewusst eine Erklärung, in der die Kritik zurückgewiesen wurde: „Die Zusammenarbeit im Vorstand des Studentenrates ist seit dem Tage der (...) Konstituierung jederzeit durchaus kollegial und kameradschaftlich gewesen. (...) (Die im; G.H.) Zuge der Erledigung der laufenden politischen und verwaltungstechnischen Arbeiten gelegentlich naturnotwendig auftretenden Meinungsverschiedenheiten sind jederzeit auf sachlicher, demokratischer Grundlage beseitigt worden."[15]

In der Tat arbeitete der Studentenrat vorwiegend sachorientiert und sah seine eigentlichen Aufgaben in der allgemeinen Förderung des Studiums, der Verbesserung der materiellen Lage der Studierenden sowie der Pflege des geistigen und kulturellen Lebens an der Universität.[16] Entsprechend war der Studentenrat in verschiedene Referate aufgeteilt, die sich um einzelne Sachgebiete kümmerten (Sozial-, Gesundheits-, Rechts-, Politik-, Sport-, Kultur-, Außen-, Presse- und Rundfunkreferat).[17] Angesichts der zum Teil enormen wirtschaftlichen und sozialen Notlage der Studenten hatte das Sozialreferat die mit Abstand größte Aufgabe zu bewältigen. Es war auch deshalb permanent im Einsatz, weil es die Funktion des auf Weisung der sowjetischen Besatzungsmacht im September 1945 aufgelösten Studentenwerks übernommen hatte.[18] Gleichwohl ließ sich die Politik nicht völlig ausklammern, vielmehr wurde sie erneut zum entscheidenden Konfliktpunkt. Wiederum war es die Frage des „Arbeiter- und Bauernstudiums" – und damit das Problem der Immatrikulationsrichtlinien und ihrer Handhabung. Die kontroverse Debatte darüber im Studentenrat verlief parallel zu den entsprechenden zeitgleichen Auseinandersetzungen zwischen Rektorat und Senat sowie der Berliner Zentral- und Landesverwaltung. Vor allem war es das generelle Problem der Studienplatzreservierungen für „Arbeiterstudenten" und deren automatische Immatrikulation nach erfolgreichem Abschluss der Vorstudienausbildung, was

---

14 Buchholz, Studentenrat, S. 52.
15 Thüsing, Studentenrat, S. 512; (UAL, R 48, Bl. 32).
16 Universitätsarchiv Leipzig, Studentenrat 3, Bl. 1.
17 Ebd., Bl. 5a und b.
18 Vgl. hierzu Stadtarchiv Leipzig, StV und R., Nr. 2582, Bl. 1.

demonstrieren, dass Gegner der SED mit harten Maßnahmen zu rechnen hatten.[34] Die Vorgehensweise der SMA und der SED stellte nicht nur einen Akt völliger staatlicher Willkür, sondern auch einen Bruch jeglicher demokratischer Prinzipien dar – letztlich bedeutete sie aber auch einen Offenbarungseid der SED und FDJ, weil man weder mit politischen noch demokratischen Mitteln in der Lage war, die anstehenden Studentenratswahlen in Leipzig zu gewinnen.

Die jeder rechtlichen Grundlage entbehrenden Festnahmen zwangen nun auch die Studenten in den Widerstand. Nur einen Tag nach der Verhaftung kursierte bereits ein anonymes Flugblatt an der Universität, das – unterzeichnet von der „ersten Widerstandsgruppe der Universität Leipzig" – die eigentlichen Ursachen für das Vorgehen der sowjetischen und deutschen Kommunisten präzise erfasste. Unter der Überschrift „Quo usque tandem?" hieß es: „In Anbetracht der bevorstehenden Studentenratswahlen liegt die Vermutung nahe, dass die verhafteten Kommilitonen, insbesondere der Kommilitone Natonek, ausgeschaltet worden sind, um zu verhindern, dass bei den Studentenratswahlen erneut eine freiheitliche Mehrheit im Vorstand entsteht. Es ist ebenfalls naheliegend, dass diese neue Verhaftungswelle den Zweck verfolgt, den bisherigen passiven Widerstand der Mehrzahl aller Studenten der Universität Leipzig zu brechen und alle wahrhaft demokratischen Regungen noch mehr zu unterdrücken." Couragiert wurde weiter festgestellt: „Wir freiheitlichen Studenten nehmen von diesem neuen Willkürakt mit lodernder Empörung Kenntnis und erklären, dass wir alle Akte grausamer Verschleppung, gewaltsamer Unterdrückung und Freiheitsberaubung auf das schärfste verurteilen!" Und an die Adresse der SED gewandt hieß es: „Allen Kommilitonen aber, die aus egoistischen Gründen, aus Verblendung, aus Unwissenheit oder ‚Idealismus' der SED beigetreten sind, rufen wir zu: Denkt nach über die Versprechungen, die man Euch macht, denkt nach über die hinter uns liegende Zeit der Nazi-Diktatur! Vergleicht die Terrormethoden von einst und jetzt!"[35]

Natürlich änderte das nichts am nun eingeschlagenen Kurs unnachsichtiger politischer Repression. Schon am 18. November 1948 wurde Rektor Friedrich zusammen mit dem 2. Vorsitzenden des Studentenrats zur sowjetischen Kommandantur einbestellt, wo ihnen mitgeteilt wurde, dass „an der Universität Vorkommnisse geschehen

---

34 Studentischer Widerstand an den mitteldeutschen Universitäten 1945 bis 1955. Von der Universität in den GULAG. Studentenschicksale in sowjetischen Straflagern 1945 bis 1955, hrsg. von Jens Blecher/Gerald Wiemers (Veröffentlichung des Universitätsarchivs Leipzig, Bd. 5), 2. durchges. u. erweit. Aufl. Leipzig 2005, S. 47.
35 Vgl. Studentischer Widerstand an der Universität Leipzig 1945–1955, S. 115 (zit. nach Faksimile).

seien, die die schärfste Missbilligung der Kommandantur hervorriefen. Es sollte unbedingt dafür gesorgt werden, dass derartige Dinge nicht wieder geschehen."[36] Gemeint war nicht die Verhaftung, sondern die LDP-Hochschulgruppe. Über den Verbleib von Wolfgang Natonek und der übrigen Studenten erhielten sie keinerlei Auskunft. Die erste und einzige Nachricht, welche über den Verhafteten veröffentlicht wurde, erschien erst am 21. Februar 1949 im Presseorgan der SMAD, der „Täglichen Rundschau", mit der dürren Information, dass der Student Wolfgang Natonek wegen illegaler Verbindung zu westlichen Stellen zu 25 Jahren Haft verurteilt worden sei.[37] Tatsächlich erfolgte seine Verurteilung aber erst am 30. März 1949!

Vor dem Hintergrund dieser dramatischen Ereignisse verliefen die Wahlen zum Leipziger Studentenrat am 9. Dezember 1948 im Sinne der SED. Ohnehin hatte der SED-Landesvorstand beim sächsischen Volksbildungsministerium schon zuvor eine Änderung des Wahlstatuts erwirkt, der zufolge die Fakultäten nur noch jeweils drei Vertreter stellen durften. Das verschaffte ihr den Vorteil, dass die großen Fakultäten, die von SED und FDJ als „bürgerlich" eingeschätzt wurden, nun erheblich weniger Kandidaten in den Studentenrat entsenden durften. Doch damit nicht genug. Nach der Verhaftung Natoneks[38] (20. November 1948) war die Hochschulgruppe der LDP mit ihren rund 600 Mitgliedern umgehend aufgelöst und jenen Studenten unter ihnen, die bisher Stipendien bezogen, diese aberkannt worden, was für viele faktisch das Ende des Studiums bedeutete.

All das zeigte die erwünschte Wirkung. Wie Gerhard Schulz in seinem Tagebuch festhielt, war „die Zahl der Verhaftungen doch über das Wochenende erneut gestiegen. Kein Wunder, dass sich allmählich zunehmende Depression in der Studentenschaft bemerkbar macht. Die alte Kampffront beginnt abzubröckeln, obwohl es offensichtlich ist, dass die augenblickliche Aktion sich lediglich gegen die LDP richtet."[39] Nun erhielt die SED endlich die absolute Mehrheit im Studentenrat mit 16 Vertretern im insgesamt 27 Sitze umfassenden Studentenrat.[40] Damit hatte der Studentenrat als demokratisch gewähltes Gremium aufgehört zu existieren, obwohl er gerade in der Zeit vom Februar

---

36 Zit. nach Böttger (Hg.), Hans Natonek – Wolfgang Natonek, Briefwechsel, S. 36.
37 Vgl. ebd.
38 Siehe den Haftbefehl Wolfgang Natoneks in: Studentischer Widerstand an der Universität Leipzig 1945–1955, S. 116 (Faksimile).
39 Wengst (Hg.), Gerhard Schulz, S. 187: Tagebucheintrag vom 15.11.1948.
40 Das Wahlergebnis hinsichtlich der bürgerlichen Studentenvertreter kann nicht mehr eindeutig rekonstruiert werden; nach unterschiedlichen Angaben erhielt die CDU entweder 6 oder 8 Sitze, die LDP 2 oder 3 Sitze, Parteilose 1 bzw. 2 Sitze; vgl. ebd., S. 520, Anm. 127.

1947 bis November 1948 eine enorme politisch-demokratische Vitalität entfaltet hatte – mit zunehmender Bedeutung und Wirkung über die Leipziger Universität hinaus.

Allerdings war er gerade deswegen zum Stein des Anstoßes für den SMAD und die SED geworden. Dass die brachialen Maßnahmen, wie beabsichtigt, einschüchternde Wirkung zeitigten, kam in einer Erklärung zum Ausdruck, die Rektor Friedrich und der 2. Vorsitzende des Studentenrates gemeinsam herausgaben. Dort hieß es: „Rektor, Senat und Studentenrat der Universität haben mit wachsender Sorge von dem verantwortungslosen Treiben vereinzelter Gruppen Kenntnis genommen, die in den letzten Wochen das friedliche Einvernehmen der aufbauwilligen demokratischen Kräfte und das Verhältnis vertrauensvoller Zusammenarbeit der Universität mit der Besatzungsmacht zu stören versuchen. Gewiss ist diese offenkundig im Dienste außenstehender Kräfte in die Öffentlichkeit getragene Hetze das Werk verantwortungsloser Einzelgänger und daher von vornherein zum Scheitern verurteilt."[41] Dass dies eine völlige Verunglimpfung Natoneks und der LDP-Hochschulgruppe darstellte und die Tatsachen auf den Kopf stellte, muss kaum hervorgehoben werden. Ganz eindeutig hatte sich auch das Rektorat inzwischen dem Druck gebeugt. Zudem erließ das Ministerium für Volksbildung in der DDR bereits am 30. Dezember 1949 eine neue Wahlordnung für studentische Vertretungen, in denen die Wahlausschüsse für die Kandidatenaufstellung nur noch aus Vertretern der Massenorganisationen bestanden. Schließlich beschlossen die Vorsitzenden der Studentenräte in der DDR am 1. August 1950 ihre Auflösung, zumal ihre Aufgaben nun von den Hochschulgruppen der FDJ übernommen wurden.[42] Jedwede politische Opposition war nunmehr an den Universitäten der DDR nur noch im Geheimen möglich, was im Übrigen inzwischen für die gesamte DDR galt.

Wolfgang Natonek durchlitt inzwischen das Schicksal vieler Tausender politisch Verfolgter in der SBZ/DDR. Zunächst in ein Gefängnis des NKWD in Dresden verbracht, fiel es der sowjetischen Besatzungsmacht schwer, ihm ein „strafwürdiges" Vergehen anzulasten. Wie üblich wurden die Verhöre nachts durchgeführt, um die Inhaftierten physisch und psychisch zu zermürben. Das bewegte sich nicht nur an der Grenze zur Folter, tatsächlich wurde dabei auch häufig systematisch gefoltert. Schließlich führte ein Zufall zur erwünschten „Begründung" einer Straftat: In einem vertraulichen Gespräch hatte ein Bekannter, der inzwischen wegen angeblicher Spionage verurteilt worden war, Natonek gegenüber geäußert, dass auf der Leipziger Messe weniger

---

41 Studentischer Widerstand an der Universität Leipzig 1945–1955, S. 114 (Faksimile).
42 Vgl. Thüsing, Studentenrat, S. 520f.

Aussteller vertreten gewesen seien, als offiziell seitens der SED verkündet worden war. Zudem hatte er von Natonek eine vergünstigte Berechtigung für Bahnfahrten erhalten.[43] Das bedeutete für den NKWD die Unterlassung einer Anzeige sowie die Begünstigung von Spionagetätigkeit, worauf Natonek von einem Sowjetischen Militärtribunal zu 25 Jahren Arbeitslager verurteilt wurde.[44] Das Urteil basierte auf dem berühmt-berüchtigten § 58 des Strafgesetzbuches der UdSSR, mit dem bereits Millionen von sowjetischen und anderen Staatsbürgern verurteilt worden waren. Es entbehrte jeglicher rechtlicher Grundlage, das Prozessverfahren selbst war eine Farce. Daher war es auch nicht überraschend, dass die Notiz in der „Täglichen Rundschau" über Natoneks bereits erfolgte Verurteilung schon am 21. Februar 1949 erschien, obwohl das „Urteil" selbst erst fünf Wochen später, am 30. März 1949, verkündet wurde.

Jahre danach schilderte Natonek in einem Brief an seinen in die USA emigrierten Vater erstmals die Umstände seiner Verhaftung und Verurteilung: „Zu meiner Inhaftierung: die wirklichen Gründe waren rein politischer Natur. Es war, vom Standpunkt des SED-Systems gesehen, untragbar, dass die Führung der Studentenschaft der größten mitteldeutschen Universität noch länger in nicht-kommunistischer Hand lag. Wir waren damals keineswegs blinde oder fanatische Gegner des bolschewistischen Systems. Aber wir fühlten uns aufgerufen, offensichtliches Unrecht – zum Beispiel böswillige Verleumdung von Professoren, die nie dem nazistischen Regime Unterstützung gewährt hatten – oder die gewaltsame Infiltration ausschließlich marxistischen Gedankenguts in die Universität zu verhindern. Zulassungsbestimmungen zum Studium, Lehrplangestaltung, Stipendienverteilung usw. waren damals heißumstrittene Fragen, ebenso Freiheit von Lehre und Forschung und die Frage der demokratischen Umerziehung der akademischen Jugend. Zur Bestürzung der SED, die monatelang zuvor gegen uns heftig intrigiert hatte, wurde ich im Dezember 1947 von einer überwältigenden Mehrheit wiedergewählt. Als man mich im Herbst 1948 festnahm, wussten die sowjetischen Vernehmungsoffiziere eigentlich nichts Rechtes mit mir anzufangen. Man ‚suchte' nach Gründen. Da unser Wirken legal war, fiel es schwer, etwas zu finden. Schließlich wurde ich, nach vielen Monaten in GPU-Kellern, beschuldigt, einen ehemaligen Kommilitonen nicht angezeigt (!) zu haben, der angeblich wirtschaftliche Meldungen nach Westdeutschland weitergegeben hatte. (Natürlich hatte ich ihn nicht angezeigt, und hätte es auch nicht getan, wenn ich etwas davon gewusst hätte.)

---

43 Es handelte sich vermutlich um Dieter Rackwitz, der aller Wahrscheinlichkeit nach später hingerichtet worden ist; vgl. Böttger (Hg.), Hans Natonek – Wolfgang Natonek, Briefwechsel, S. 52, Anm. 66.

Das reichte aus, um mich zu 25 Jahren Zwangsarbeit zu verurteilen. Ich war glücklich, dass es gelang, anderen Kameraden der Studentenführung, die stark gefährdet waren, ein gleiches Schicksal zu ersparen. (…) Du siehst, von ‚handfesten Terrorakten' war nicht einmal bei den Russen die Rede. Man hatte mich ‚unschädlich' gemacht, ein ‚Fall' war konstruiert, wobei es allerdings seltsam war, dass man sich mit einer solchen Bagatelle begnügte (denn ich habe Hunderte von Fällen erlebt, wo Menschen die nie mit einem Amerikaner zusammengekommen waren, sich selbst der unwahrscheinlichsten Spionage beschuldigten, nur um der Qual physischer und psychischer Zermürbung ein Ende zu bereiten) – aber schließlich reichte ja auch die ‚Unterlassung einer Anzeige' aus, um mich für Jahre verschwinden zu lassen. Ich weiß, dass sich um die damaligen Vorfälle viele Legenden gebildet haben, die ich nun auf die – zuweilen ernüchternde – Wirklichkeit reduziere."[45]

Was er in diesen knapp acht Jahren seiner Haft erlebte und erlitt, verschwieg er seinem Vater allerdings. Nach seiner Verurteilung wurde Natonek in das sowjetische Speziallager Bautzen, das berüchtigte „Gelbe Elend", verbracht. In den völlig überfüllten Zellen mit ca. 7–8.000 Gefangenen waren die hygienischen Umstände katastrophal, ebenso wie die medizinische Versorgung; zudem war die Ernährung durchweg völlig unzureichend. Typhus, Hungerödeme und Verwahrlosung waren daher eine häufige „Begleiterscheinung".[46] Nach Überführung der durch die Sowjetischen Militärtribunale Verurteilten (sog. „SMT-Verurteilte") in die Aufsicht der Volkspolizei Anfang 1950 wurden die Essensrationen noch einmal gekürzt, was zu zwei Hungerstreiks im März 1950 führte. Der zweite Streik am 31. März 1950 wurde von der Volkspolizei brutal niedergeschlagen, „Unterkünfte unter Wasser gesetzt, Wehrlose und Kranke niedergeschlagen, (die) mit zum Teil schweren Verletzungen bewusstlos liegen (blieben), die Haftanstalt Bautzen wurde von Hundertschaften umstellt."[47] Erst zwei Jahre nach seiner Verhaftung, im November 1950, erhielt Christa Göhring, Wolfgang Natoneks Verlobte und spätere Ehefrau, die in unerschütterlicher Treue zu ihm hielt, erstmals die

---

44 Vgl. Studentischer Widerstand an der Universität Leipzig 1945–1955, S. 16.
45 Böttger (Hg.), Hans Natonek – Wolfgang Natonek, Briefwechsel, S. 134f.
46 Siehe hierzu detailliert Hunger – Kälte – Isolation. Erlebnisberichte und Forschungsergebnisse zum sowjetischen Speziallager Bautzen 1945–1950, bearb. von Cornelia Liebold/Bert Pampel, Dresden 1997; sowie Kassiber aus Bautzen. Heimliche Briefe von Gefangenen aus dem sowjetischen Speziallager 1945–1950, bearb. von Cornelia Liebold, Dresden 2004.
47 Vgl. Böttger (Hg.), Hans Natonek – Wolfgang Natonek, Briefwechsel, S. 41.

Erlaubnis, ihn zu besuchen; von da an war dies einmal im Vierteljahr jeweils für eine halbe Stunde möglich. Seine Überführung von Bautzen in die Haftanstalt Torgau, ebenfalls zuvor ein sowjetisches Speziallager, im Mai 1951, führte keineswegs zu einer Verbesserung der Haftbedingungen, vielmehr wurden diese noch einmal durch weitere Schikanen verschärft (Sträflingskleidung, eingeschränkter Postverkehr). Immerhin wurde seine Haftzeit auf acht Jahre verkürzt. Doch zu den zwei großen Amnestien im Jahre 1954, zum ersten Todestag Stalins und dem 5. Jahrestag der Gründung der DDR, gehörte er nicht. Schließlich führten mehrere Gnadengesuche am 10. März 1956 zu seiner Entlassung. Nach Leipzig zurückgekehrt heiratete er zwei Wochen später seine Verlobte. Da er jedoch als Staatenloser entlassen worden war, verlangten die Behörden der DDR von ihm eine „befristete und ständig neu einzuholende Aufenthaltsgenehmigung";[48] somit widerfuhr ihm ein Schicksal, das schon sein Vater unter den Nationalsozialisten erlitten hatte. Aufgrund dessen konnte Wolfgang Natonek seine Absicht, sein Studium in Leipzig abzuschließen, nicht umsetzen. Natonek stieß im Übrigen auch bei Hans Mayer auf völliges Unverständnis für seine Lage, als er ihn in einem Gespräch darum bat, sich dafür einzusetzen, sein Studium fortsetzen zu können: „Seine (Hans Mayers) Worte habe ich noch sehr deutlich in Erinnerung, nicht weil sie mich verbittert haben, sondern weil ich sie schon wieder komisch fand: Wir ziehen einen Schlußstrich. Sie ziehen einen Schlußstrich unter das Kapitel. Unser Angebot ist: Sie bleiben in der DDR. Sie gehen nach Berlin. In Berlin wird etwas für sie getan. Unter einer Bedingung: Sie dürfen nicht den Eindruck erwecken, ein Märtyrer zu sein."[49]

Angesichts solcher Auspizien und Umstände zog Wolfgang Natonek es im Juni 1956 vor, mit seiner Frau nach Göttingen zu „fliehen", das sich zunehmend zu einem Zentrum von Studenten entwickelt hatte, welche die SBZ/DDR aus den verschiedensten, meist jedoch politischen Gründen hatten verlassen müssen. Inzwischen 37 Jahre alt, konnte er an der dortigen Universität sein Studium der Germanistik und Philosophie fortsetzen und 1962 mit ausgezeichnetem Ergebnis abschließen. In Göttingen bleibend, wurde er Lehrer am dortigen Max-Planck-Gymnasium bis zu seiner Pensionierung im Jahre 1984.

---

48 Vgl. ebd., S. 41–47.
49 Ebd., S. 45f. (Zit. nach Jürgen Serke, Böhmische Dörfer. Wanderungen durch eine verlassene literarische Landschaft, Wien 1987, S. 129). Auch Gerhard Schulz' Urteil über Mayer fällt mit: „Der lebendige kleine und eitle Mann" kaum günstiger aus; vgl. Wengst (Hg.), Gerhard Schulz, S. 238; Tagebucheintrag vom 5.2.1950.

Zweifellos markierte Natoneks Verhaftung im November 1948 eine Zäsur in der Geschichte der Universität Leipzig; denn von nun an konnte es keinen Zweifel daran geben, dass die sowjetische Besatzungsmacht, zusammen mit den Kadern der SED, keinen Pardon mehr gab, vielmehr ganz bewusst massive Repressionsmaßnahmen durchführte, um vor weiterer politischer Opposition abzuschrecken. Natoneks demokratische Grundüberzeugung, die nicht zuletzt aus dem persönlichen Erleben und Erleiden der NS-Diktatur resultierte, ist indes bis heute von bleibendem Wert.

Werner Ihmels
Tatsächlich war es schon gut ein Jahr zuvor zu Maßnahmen gekommen, die denen gegen Natonek in nichts nachstanden. So war der Theologiestudent Werner Ihmels, Sohn einer Leipziger Theologenfamilie, zusammen mit dem 16-jährigen Oberschüler Horst Krüger und Wolfgang Weinoldt, Referent im Studentenrat (CDU), bereits im September 1947 aufgrund einer Denunziation verhaftet worden. Ihmels, 1945 aus der Kriegsgefangenschaft heimgekehrt, hatte in Leipzig sein Theologiestudium wieder aufgenommen und sich in der christlichen Jugendarbeit engagiert.[50] Im Auftrag der Evangelisch-Lutherischen Landeskirche Sachsen hatte er zugleich die Verbindung zur FDJ übernommen. Dieses Amt brachte ihn jedoch rasch in Konflikt, als er feststellen musste, dass die FDJ-Leitung unter dem jungen Erich Honecker, entgegen anfänglichen Zusagen, immer stärker versuchte, die kirchlichen Jugendgruppen zu unterdrücken bzw. an den Rand zu drängen. Bereits beim I. Parlament der FDJ im Juni 1946 war es in der Frage um die organisatorische Gleichberechtigung beider Verbände zu einer Auseinandersetzung gekommen. Ein Jahr später, in einem persönlichen Gespräch Ihmels mit Honecker, machte ihm dieser unmissverständlich klar, dass Mitglieder der evangelischen Jugendgruppen nur die „Freiheit" besäßen, Gottesdienste zu besuchen; ansonsten seien „alle anderen Formen der Jugendarbeit (…) Angelegenheit der FDJ".[51] Dagegen verwahrte sich Ihmels entschieden.

---

50 Zu Werner Ihmels vgl. Studentischer Widerstand an der Universität Leipzig 1945–1955, S. 72–87; Ihmels Großvater war 1922 erster evangelischer Bischof in Sachsen gewesen; sein Vater wirkte als Missionsdirektor in Sachsen. Siehe dazu auch Blecher/Wiemers (Hrsg.), Studentischer Widerstand an den mitteldeutschen Universitäten 1945 bis 1955, passim. Sowie Folkert Ihmels, Im Räderwerk zweier Diktaturen. Werner Ihmels 1926 bis 1949, o.O., o.J. (Dresden 1997); sowie Ellen Ueberschär, Junge Gemeinde im Konflikt. Evangelische Jugendarbeit in SBZ und DDR 1945–1961, (Konfession und Gesellschaft, Bd. 27), Stuttgart 2003, S. 86–92.
51 Vgl. Jens Blecher, „… ab nach Sibirien". Einschüchterungspolitik und Meinungsbildung durch Terror an der Universität Leipzig zwischen 1945 und 1955, in: ebd., S. 42–57, dort S. 54.

Angesichts der wachsenden politischen Verhärtung in der SBZ empfand er die Notwendigkeit, entsprechende Informationen über die tatsächliche Lage der evangelischen Jugend im sowjetischen Teil Deutschlands an die Westmächte weiter zu geben. Als Gelegenheit bot sich die Anfang Dezember 1947 stattfindende entscheidende Konferenz der Außenminister der vier Siegermächte in London. Ein Denunziant, Mitbegründer der FDJ in Leipzig, verriet die Gruppe jedoch, so dass Werner Ihmels, Horst Krüger und Wolfgang Weinoldt am 15. September 1947 verhaftet[52] und wenige Tage später in das Dresdener Gefängnis am Münchner Platz verbracht wurden, das schon in der NS-Zeit als Gestapo-Gefängnis und Hinrichtungsstätte einen Ort des Schreckens verkörpert hatte.[53] Nach Einzelhaft und nächtlichen Verhören wurden Ihmels und Krüger zu jeweils 25 und Weinoldt zu 15 Jahren Arbeitslager vom dortigen Sowjetischen Militärtribunal wegen Spionage verurteilt. Ostern 1948 kamen die drei Verurteilten ins Sowjetische Speziallager Bautzen. Aufgrund der völligen Mangelernährung erlitt Ihmels Anfang 1949 einen Blutsturz und wurde wegen akuter TBC ins Gefängniskrankenhaus verlegt. Dort ist er am 25. Juni 1949 an einer Luftembolie im Zuge einer Pneumothoraxfüllung verstorben. Alle drei Mitglieder der Gruppe wurden 1995 durch die Russische Föderation vollständig rehabilitiert.[54]

Das unmenschliche, jeglicher Rechtsgrundlage entbehrende Vorgehen der sowjetischen und deutschen Behörden zwang die Studenten von der offenen demokratischen Opposition in den illegalen Widerstand.[55] In der Tat hatten die Studenten, die es weiter

---

52 Vgl. hierzu auch Schmeitzner, Junge Union, S. 151f. Kurz vor Verhaftung der Ihmels-Gruppe waren die Studenten Edmund Bründl, Otto Gallus, Luise Langendorf und Karl Schwarze, alle Mitglieder der sächsischen Jungen Union, verhaftet worden. Obwohl nur Bründl und Gallus in München studierten, wurden alle vier Studenten wegen „Westverbindungen" am 1.5.1948 vom SMT Dresden zu 25 Jahren Lagerhaft verurteilt, die sie in sowjetischen Straflagern und DDR-Gefängnissen „verbüßten". Mit hoher Wahrscheinlichkeit handelte es sich bei den Denunzianten um Manfred Gerlach, den späteren LDPD-Vorsitzenden und letzten Staatsratsvorsitzenden der DDR; vgl. Ueberschär, Junge Gemeinde, S. 89.

53 Siehe hierzu auch Münchner Platz, Dresden. Die Strafjustiz der Diktaturen und der historische Ort, hrsg. von Norbert Haase/Birgit Sack (Schriftenreihe der Stiftung Sächsische Gedenkstätten zur Erinnerung an die Opfer politischer Gewaltherrschaft, Bd. 7), Dresden 2001.

54 Vgl. ebd. den Zeitzeugenbericht von Horst Krüger, in: Blecher/Wiemers (Hrsg.), Studentischer Widerstand an den mitteldeutschen Universitäten 1945–1955, S. 188–198. Zur Rehabilitierung durch die Russische Föderation vgl. L.P. Kopalin, Zur Rehabilitierung ausländischer Opfer der sowjetischen Militärtribunale, in: Deutschland Archiv 27 (1994), H. 8, S. 880–889. Zu Werner Ihmels jüngst Gerald Wiemers, Werner Ihmels (1926–1949) zum 60. Todestag, in: Freiheit und Recht 2 (2009), S. 7f.

55 Klaus-Dieter Müller, Studentische Opposition in der SBZ/DDR, in: Widerstand und Opposition in der DDR, hrsg. von Klaus-Dietmar Henke/Peter Steinbach/Johannes Tuchel, Köln 1999, S. 93–124; dort S. 114.

wagten, für die Aufrechterhaltung der Demokratie, die Wahrung von Menschen- und Bürgerrechten, freie Religionsausübung und Rechtstaatlichkeit einzutreten, keine andere Wahl – oft gegen ihren eigenen Willen. Hinzu kam, dass viele Studenten die Pflicht verspürten, die Vorgänge in der SBZ in den Westzonen bekannt machen zu müssen, weil man dort – nach ihrer Einschätzung – zu wenig darüber wusste.

„Die Belter-Gruppe"
Das war auch das entscheidende Motiv für den Freundeskreis um Herbert Belter, später die „Belter-Gruppe" genannt.[56] Hier handelte es sich um Studenten, die im Unterschied zur Generation von Ihmels und Natonek den Krieg nicht mehr aktiv mitgemacht, sondern als Kinder und Jugendliche miterlebt hatten und erst 1950 an die Leipziger Universität gekommen waren. Belter, zehn Jahre jünger als Natonek, hatte zunächst eine kaufmännische Wirtschaftsschule in Rostock besucht und nach Besuch der dortigen Vorstudienschule im Juli 1949 sein Abitur abgelegt.[57] Im Oktober des gleichen Jahres hatte er einen Studienplatz an der neu errichteten Gesellschaftswissenschaftlichen Fakultät in Leipzig erhalten.

Bald nach Beginn seines Studiums indes wurde das anfangs überzeugte Mitglied der SED der politisch-ideologischen Indoktrination überdrüssig, die an der „roten" Gewifa besonders stark ausgeprägt war. Hinzu kam die stete Aufforderung, sich der FDJ anzuschließen und sich an „gesellschaftlicher Arbeit" zu beteiligen. Dazu gehörte auch die Einführung von Studiengruppen unter Beaufsichtigung und Kontrolle der FDJ im Rahmen der II. Hochschulreform, die darüber hinaus obligatorischen Russisch-Unterricht vorschrieb.

Nachdem ein Studienkollege, Helmut du Menil, in Korrespondenz mit dem RIAS-Journalisten Gerhard Löwenthal getreten war, suchten ihn beide Freunde Anfang Juni 1950 in West-Berlin auf und berichteten über die bedrückende Gesamtsituation an der Universität. Von nun an erhielten sie von Löwenthal Broschüren und Flugblätter demokratischen Inhalts mit der Bitte, diese unter den Leipziger Studenten zu verteilen. Dass dies mit hohem persönlichen Risiko verbunden war, vermochten sich die meisten

---

56 Hierzu Studentischer Widerstand an der Universität Leipzig 1945–1955, S. 25–71 sowie Blecher/Wiemers (Hrsg.), Studentischer Widerstand an den mitteldeutschen Universitäten 1945 bis 1955, jeweils passim mit Zeitzeugenberichten der Verurteilten der „Belter-Gruppe".

57 Gerald Wiemers/Jens Blecher, „Ich habe mich illegal betätigt." Erinnerung an Herbert Belter, geboren 1929, erschossen 1951, in: Universität Leipzig. Mitteilungen und Berichte für die Angehörigen und Freunde der Universität Leipzig 7 (1999), S. 24f.

Angehörigen der Gruppe nicht in dem Maße vorzustellen, wie es dann tatsächlich eintraf; jedenfalls schlossen sich Belter und du Menil die Studenten Siegfried Jenkner, Werner Gumpel, Otto Bachmann, Rolf Grünberger, Günter Herrmann, Karl Miertschischk, Hans-Dieter Scharf, Peter Eberle sowie der Handwerker Ehrhardt Becker an. Sich selbst verstanden sie weniger als Gruppe denn als Gesinnungsfreunde.[58] Ihr gemeinsames Ziel war es, gegen die allgemein vorherrschende politische und ideologische Bevormundung vorzugehen und stattdessen für demokratische Meinungsfreiheit einzutreten. Anlaß, das Informationsmaterial weiterzugeben, was unter den bestehenden Umständen inzwischen nur noch heimlich möglich war, bildeten die Wahlen zur Volkskammer am 15. Oktober 1950. Nachdem die SED deren Durchführung schon um ein Jahr hinausgezögert hatte, musste sie diese unbedingt gewinnen, um an der Macht zu bleiben. Entsprechend hatte die Partei die Einführung einer Einheitsliste nach dem Blockwahlsystem durchgesetzt, was ihr eine klare Mehrheit auf der Liste der „Nationalen Front" verschaffte. Mit einem demokratischen Wahlrecht hatte das selbstverständlich nichts mehr gemein.

Belter und du Menil brachten daher am 4. Oktober heimlich Flugblätter an verschiedenen Litfaßsäulen in der Leipziger Innenstadt an und verstreuten Handzettel. Auf dem Heimweg gerieten sie jedoch unglücklicherweise in eine Routinekontrolle der Volkspolizei; doch während du Menil wieder freikam, wurde bei Belter am nächsten Morgen eine Hausdurchsuchung vorgenommen, die zur Auffindung weiterer „feindlichen Propagandamaterials" sowie der Adressen seiner Mitstreiter führte. Er selbst wurde sofort festgenommen; wenige Tage später wurden auch die weiteren Angehörigen der „Gruppe" inhaftiert, nur du Menil entkam nach West-Berlin. Vier Tage später wurden Belter und weitere seiner Freunde von der Volkspolizei an das NKWD übergeben und in dessen Gefängnis in Dresden, Bautzner Straße, verbracht. Die Auslieferung der Gruppe durch die Volkspolizei an die sowjetischen „Organe" verstieß im Übrigen gegen Art. 10, Absatz 1 der geltenden Verfassung der jungen DDR.

Trotz massiver Drangsalierungen während der Verhöre rechtfertigte Belter, überzeugt von seiner demokratischen Handlungsweise, selbstbewusst und couragiert seine angeblich „illegale Betätigung", indem er vor dem Sowjetischen Militärtribunal feststellte: „Ich habe mich illegal betätigt, weil ich unzufrieden war mit der Situation an der Leipziger Universität, wir hatten keine Gewissensfreiheit, keine Redefreiheit und keine

---

58 Siehe zum Selbstverständnis der Mitglieder der sog. „Belter-Gruppe" auch Krönig/Müller, Anpassung, Widerstand, Verfolgung, S. 263.

Pressefreiheit. Die Leipziger Universität ist eine Volksuniversität, ein Teil der DDR, und weil die Studenten keine Freiheit hatten, waren wir unzufrieden mit der Situation in der DDR. Wir kämpften um die Verfassungsrechte an der Universität, da die Universität eine Festung der Wissenschaft in der DDR ist. (…) Die Weitergabe von Informationen über die Universität halte ich nicht für Spionage, deshalb bekenne ich mich nicht schuldig, Spionage betrieben zu haben. Die Verbreitung von Flugblättern gegen die Wahlen halte ich nicht für eine illegale Tätigkeit. (…) Das, was wir in unseren Berichten an den RIAS schrieben, ist kein Geheimnis. Man klagt mich der politischen Spionage an, aber ich weise diese Anklage als absurd zurück. Ich habe an den RIAS keine geheimen Informationen über politische Versammlungen weitergegeben. Ich habe an den RIAS Informationen über Studentenversammlungen weitergegeben, bei denen 3.000 Personen anwesend waren und über die auch in den Zeitungen geschrieben wurde. Man klagt mich an, ich hätte antisowjetische, antidemokratische Literatur aufbewahrt. Ich erhebe Einspruch gegen eine solche Bezeichnung dieser Literatur, die bei mir beschlagnahmt wurde. Das ist alles, was ich sagen wollte."[59]

Am 21. Januar 1951 erging das Urteil gegen die sog. „Belter-Gruppe".[60] Belter selbst wurde zum Tode durch Erschießen, seine Freunde Bachmann, Becker, Eberle, Grünberger, Gumpel, Herrmann, Jenkner, Miertschischk wurden zu 25 Jahren und Scharf zu 10 Jahren Zwangsarbeit verurteilt – jeweils nach § 58 des Strafgesetzbuches der UdSSR. Bereits am 28. April 1951 wurde Herbert Belter in der Butyrka, einem berüchtigten Moskauer Gefängnis, hingerichtet. Die übrigen wurden in die Sowjetunion deportiert und zumeist nach Workuta verbracht, eines der schlimmsten Zwangsarbeitslager des sowjetischen GULAG-Systems überhaupt.[61]

---

59 Zit nach Müller, Studentische Opposition, S. 104f. (nach PA Belter, Arch HAIT).
60 Vgl. hierzu auch Sowjetische Militärtribunale, Bd. 2: Die Verurteilung deutscher Zivilisten 1945–1955, hrsg. von Andreas Hilger/Mike Schmeitzner/Ute Schmidt (= Schriften des Hannah-Arendt-Instituts für Totalitarismusforschung, Bd. 17/2), Köln/Weimar/Wien 2003, S. 236.
61 Vgl. zu den klimatischen sowie Lebens- und Arbeitsbedingungen Siegfried Jenkner, Die Frühzeit von Workuta – ein Überblick aus Berichten und Dokumenten, in: Blecher/Wiemers (Hrsg.), Studentischer Widerstand an den mitteldeutschen Universitäten 1945 bis 1955, S. 23–41, sowie passim in weiteren Zeitzeugenberichten. Siehe hierzu auch: Die Andere DDR. Eine studentische Widerstandsgruppe und ihr Schicksal im Spiegel persönlicher Erinnerungen und sowjetischer NKWD-Dokumente, hrsg. von Klaus-Dieter Müller/Jörg Osterloh (Berichte und Studien des Hannah-Arendt-Instituts Dresden e.V., Nr. 4), Dresden 1995, S. 29, 32, 79 und 89. Forschungsstand jetzt in: Schwarze Pyramiden, rote Sklaven. Der Streik in Workuta im Sommer 1953, hrsg. von Wladislaw Hedeler/Horst Hennig, Leipzig 2008.

Bestraft wurden aber auch die Familien, Angehörigen und Freunde „der Verurteilten", erhielten sie doch keinerlei Nachricht über deren Verbleib. Jahrelang mühten sie sich verzweifelt, etwas darüber in Erfahrung zu bringen, ob diese überhaupt noch am Leben waren und stellten sogar Strafanzeige gegen Unbekannt.[62] Auch wenn einige der Gruppe Ende 1953 wieder frei kamen – die Letzten im Übrigen nach dem Besuch Adenauers in Moskau Ende 1955 –, so blieben sie doch für ihr Leben physisch und psychisch gezeichnet.[63] Fast alle verließen die DDR nach der Rückkehr in die Heimat und siedelten in die Bundesrepublik über, weil sie sich daheim nicht mehr sicher fühlten. Die Mitglieder der Gruppe wurden am 23. Mai 1994 durch das Justizministerium der Russischen Föderation vollständig rehabilitert.

Die Verfolgung weiterer Studenten

Dass sich gleichwohl Studenten der Universität Leipzig weiterhin nicht mit der inzwischen vorherrschenden Situation der Indoktrination, Überwachung, Einschüchterung und Repression abzufinden vermochten, belegt auch eine Abiturientengruppe aus Meuselwitz.[64] Einige von ihnen hatten noch während der Schulzeit eine kleine Diskussionsrunde gebildet und waren dabei für Demokratie und Meinungsfreiheit eingetreten. Dieses „Verbrechen" führte zwei Jahre später, längst nach Aufnahme ihres Studiums in Leipzig, wo einige von ihnen wieder zusammen gekommen waren, zu ihrer Verhaftung und Verurteilung. Bar jeden Rechts und jeglicher Strafprozessordnung wurden Heinz Eisfeld, Heinz Baumbach, Helmut Paichert und Ernst-Friedrich Wirth zum Tode verurteilt (Letzterer wurde später zu 20 Jahren Zwangsarbeit begnadigt); Hans-Günter Aurich, Ulrich Kilger und Helmut Tisch erhielten jeweils eine Strafe von 25 Jahren Zwangsarbeitslager. Während die zum Tode Verurteilten bereits im Oktober 1952, nur drei Monate nach ihrer Verhaftung, in Moskau hingerichtet wurden, leisteten die übrigen Angehörigen der „Gruppe Eisfeld" in verschiedenen sowjetischen GULAGS, u. a. erneut in Workuta, Zwangsarbeit, teilweise bis Ende 1955.[65]

---

62 Vgl. Studentischer Widerstand an der Universität Leipzig 1945–1955, S. 55–58.
63 Da die sowjetischen Behörden zu den noch in der UdSSR verbliebenen, letzten deutschen Kriegsgefangenen auch die nach dem II. Weltkrieg verhafteten deutschen Studenten aus der SBZ/DDR zählten, kamen unter den insgesamt 9.536 Kriegsgefangenen auch 3.006 politische Häftlinge frei; vgl. zum Forschungsstand zur „Belter-Gruppe" Gerald Wiemers, Erschossen in Moskau, in: Freiheit und Recht 1 (2009), S. 14f.
64 Vgl. hierzu ebd., S. 122–133., sowie Blecher/Wiemers (Hrsg.), Studentischer Widerstand an den mitteldeutschen Universitäten 1945 bis 1955, S. 139ff.
65 Vgl. hierzu die Schilderung von Ulrich Kilger, in: ebd., S. 143–153.

Ein ähnlich unmenschliches Schicksal erlitten mehrere Studenten der Veterinärmedizin, namentlich Gerhard Dömeland, Horst Maurer, Dietrich Niepold, Gerhard Rybka und Wichard Wabner.[66] Ihr Freundeskreis hatte sich nach der Verhaftung Wolfgang Natoneks gebildet und war im April 1951 vom NKWD festgenommen worden – teilweise aus der laufenden Vorlesung heraus. Nachdem Gerhard Rybka bereits am 1. November 1951 in einem Moskauer Gefängnis erschossen wurde, leisteten die übrigen Zwangsarbeit bis Ende 1955.[67]

Doch damit sind noch nicht einmal alle Opfer der Leipziger Studentenschaft – denn anders kann man sie gar nicht bezeichnen –, genannt, die in die Fänge der Volkspolizei und des NKWD gerieten. Tatsächlich war eine lückenlose Aufklärung der an den Leipziger Studenten verübten Justizverbrechen bis heute nicht möglich, trotz verdienstvoller, intensiver Forschung nach 1990.

Namentlich zu erwähnen ist zum Beispiel der Theologiestudent Axel Schroeder, der im Oktober 1950 spurlos aus Leipzig verschwand und dessen Angehörige erst 15 Jahre später Informationen über sein Schicksal erhielten. Schroeder war, wie das Rote Kreuz 1966 ermitteln konnte, im April 1951 in Potsdam zum Tode verurteilt worden. Doch erst die von der russischen Generalstaatsanwaltschaft im Jahre 1993 ausgestellte Rehabilitationsurkunde brachte endgültige Gewissheit, dass der junge Theologiestudent am 11. Oktober 1950 verhaftet und am 4. Juli 1951 in Moskau hingerichtet worden war.[68]

Genannt werden muss auch die Gruppe um den Studenten Horst Leißring, der bereits wegen „illegalem Widerstand" sechs Jahre in einem NS-Konzentrationslager verbracht hatte und dort gefoltert worden war. Seine aus furchtbarem Erleben resultierende Überzeugung, dass sich eine Diktatur nicht noch einmal in Deutschland wiederholen dürfe, brachte ihn dazu, im Zuge des Aufbaus einer stalinistischen Diktatur in der SBZ/DDR Kontakt mit dem „Untersuchungsausschuss freiheitlicher Juristen der Sowjetzone" (UfJ) aufzunehmen. Mit weiteren Kommilitonen, die ähnlich gesonnen waren wie er, nämlich Ingolf Klein und Friedrich-Wilhelm Schlomann, brachte er heimlich Plakate gegen die SED-Herrschaft an, verteilte Handzettel u. ä. Es ging ihnen

---

66 Vgl. Studentischer Widerstand an der Universität Leipzig 1945–1955, S. 134–136.
67 Siehe hierzu auch Blecher/Wiemers (Hg.), Studentischer Widerstand an den mitteldeutschen Universitäten 1945 bis 1955, S. 154–159.
68 Studentischer Widerstand an der Universität Leipzig 1945–1955, S. 137f.

XI. CAMPUS 2009

Unter dem Motto „Spaß am Denken" fand das Wissenschaftsfest campus 2009 vom 5. bis zum 7. Juni auf dem Augustusplatz statt, und zwar als öffentlichkeitswirksamste Verknüpfung von Jubiläumsfeierlichkeiten mit solchen der Stadt Leipzig. Denn die gelungene Einbindung in das 18. Leipziger Stadtfest, das unter dem Motto „600 Jahre Universität Leipzig" stand, verschaffte sowohl diesem traditionellen Fest in der Leipziger City als auch dem Universitätsjubiläum die ungeteilte Aufmerksamkeit von etwa 300.000 Besuchern. Auf allen Stadtfest-Bühnen, in Flyern, auf allen Plakaten und Fahnen wurden die Besucherinnen und Besucher so auf das Uni-Jubiläum „eingeschworen".

Auf dem Augustusplatz, umringt von Opernhaus, Gewandhaus und den Rohbauten des Paulinums und des Neuen Augusteums, stellte der Markt der Wissenschaften von campus 2009, trotz zeitweiliger Regenschauer, einen Anziehungspunkt für kleine und große, junge und ältere Interessenten dar. Alle 14 Fakultäten und verschiedene wissenschaftliche Einrichtungen, darunter das Helmholtz-Zentrum für Umweltforschung, das Leibniz-Institut für Troposphärenforschung und das Deutsche BiomasseForschungs-Zentrum präsentierten sich hier mit interessanten Angeboten. Am Info-Punkt, dem Stand der Geschäftsstelle 2009, konnten sich Besucher über das Jubiläumsprogramm informieren und zahlreiche Artikel aus dem Merchandising-Angebot des Jubiläums erwerben. Auf der campus-Bühne neben dem Markt der Wissenschaften eröffneten am 5. Juni der Erste Bürgermeister der Stadt Leipzig, Andreas Müller, und der Rektor der Universität Leipzig, Prof. Dr. Franz Häuser, innerhalb einer Experimentalshow der Fakultät für Chemie und Mineralogie das 18. Leipziger Stadtfest. Die campus-Bühne vor dem Opernhaus fand in den darauf folgenden Tagen mit ihrem Programm aus Gesprächen, Experimenten, Konzerten und kulturellen Aktionen viel Anklang. Einblicke in den Universitätsalltag lieferten simulierte Gerichtsverhandlungen der Juristenfakultät, faszinierende Experimente der Fakultät für Chemie und Mineralogie und artistische Darbietungen von Studierenden der Sportwissenschaftlichen Fakultät.

Musikalische Unterhaltung boten der afrikanische Chor Engenga und die Klinikjazzband „Jazzpirin". Beim großen Jubiläumsquiz konnten zwischendurch immer wieder wissende und wissbegierige Stadtfestbesucher tolle Preise aus dem Jubiläumsmerchandising-Angebot gewinnen. Am Abend des 6. Juni präsentierte MDR JUMP die Gruppen Ohrbooten, Bosse, Sorgente und Jennifer Rostock. Nie zuvor zog das Wissenschaftsfest unter dem Motto „Spaß am Denken" so viele Besucher in seinen Bann wie im Jubiläumsjahr.

Der campus 2009 war ein Höhepunkt im Jubiläumskalender der Leipziger Alma mater. Den würdigen Abschluss des campus-Festes bildete am Sonntagnachmittag die Ankunft der Läufer aus Prag, worüber das nächste Kapitel berichtet.

600 JAHRE
UNIVERSITÄT LEIPZIG
www.prag-leipzig.de
www.prag-leipzig.de
AOK PLUS
Leipziger-Laufladen.de
medica Klinik
NIKE RUNNING
OPPACHER
Sachsen Sport Marketing GmbH

XII. LAUF VON PRAG NACH LEIPZIG – 308 KILOMETER IN FÜNF TAGEN

1. WIE 33 LÄUFER AUS ZWEI UNIVERSITÄTEN GEMEINSAM GRENZEN ÜBERSCHRITTEN

Es brauchte im Jahre 1409 eines Funkens. Ein Stimmrechtsstreit, eine Absetzung, ein Protest, ein Eklat – alles mündete im Auszug von Magistern und Scholaren aus der Karls-Universität Prag. Jener beflügelte 600 Jahre später die Gedanken und das Handeln derer, die den minder folgenschweren, jedoch beileibe nicht folgenarmen Entschluss fassten, ein ähnliches Vorhaben aus erfreulicherem Anlass durchzuführen. Bereits im Jahr 2003 keimte die Idee, sich des Auszugs und der Gründung von 1409 mittels eines erneuten „Auszugs", 600 Jahre später, zu vergegenwärtigen. Beim ersten Besuch des Rektors in der Karls-Universität am 9. Februar 2005 sprach er gegenüber dem damaligen Prager Rektor Wilhelm auch dieses Projekt vorsichtig an, dessen Umsetzung man sodann auf die sog. administrative Ebene übertrug. Aus einer Idee entspann sich nach monatelanger Arbeit, hin- und hergeworfenen Überlegungen, vielen Gesprächen in Tschechisch und Deutsch, endlosen Kilometern auf Landstraßen, den unerlässlichen Trainingsstunden am Leipziger Fockeberg, Gesundheitschecks und Laufbandtests ein letztlich einmaliger und doch nachhaltiger Moment – für die Rektoren der Universität Leipzig und der Karls-Universität, für die Organisatoren, für die Läufer und für alle beteiligten Städte, Gemeinden, Partner und Sponsoren. Nach all jenem kam es zu einer Veranstaltung, die als einer der Höhepunkte des Universitätsjubiläums angekündigt wurde: Der Lauf von Prag nach Leipzig, der vom 3. bis zum 7. Juni 2009 eine Wegmarke bezeichnete.

2. DIE IDEE, ERSTE KONZEPTE UND DIE FORMIERUNG EINES ORGANISATIONSTEAMS

In einer Kanzlerdienstberatung Ende 2004 projektierte man die Idee eines Laufes Prag-Leipzig als Beitrag der Sportwissenschaftlichen Fakultät zum anstehenden Jubiläum. Zunächst sollte der Lauf in umgekehrter Richtung von Leipzig nach Prag erfolgen, im Sinne einer versöhnlichen Rückkehr zur Karls-Universität. Da dies jedoch Bedenken wegen der deutschen Vergangenheit weckte, wurde als Ausgangspunkt die Hauptstadt Tschechiens und als Ziel Leipzig gewählt. Der Dekan der Sportwissenschaftlichen Fakultät, Prof. Dr. Jürgen Krug, und Dekanatsrat Thomas Müller stellten knapp drei Jahre vor Beginn der Jubiläumsfeierlichkeiten Kontakt zum Stadtsportbund Leipzig (SSB) und dessen Geschäftsführer Michael Mamzed her. Im Nachgang entwickelte der SSB unter Mitarbeit auch des späteren Sportlichen Leiters der Veranstaltung, Peter Schütze, ein erstes Konzept, das die historischen Umstände des Auszugs von 1409 aufnahm. Mangels Überlieferung des Weges der Prager Exulanten orientierte sich bereits diese erste Streckenvariante an der Alten Salzstraße (auch Silberstraße), auch sollten andere nahe gelegenen Universitäten und Hochschulen eingebunden werden, so beispielsweise die TU Chemnitz als Etappenort.

In den Plänen, zumindest bis zum Ende des Jahres 2008, spielte auch der so genannte „Lauf der Generationen" eine Rolle. Eine vorläufige Kooperation mit dem Veranstalter, der Bundesarbeitsgemeinschaft der Senioren-Organisationen, kam unter Hilfe der stellvertretenden Präsidentin des Landessportbundes Sachsen und Mitarbeiterin an der Sportwissenschaftlichen Fakultät, Dr. Petra Tzschoppe, zustande; eine Zusammenlegung beider Veranstaltungen fand jedoch nicht statt.

Am 28. Mai 2008 unterrichteten Rektor Prof. Dr. Franz Häuser und Dr. Svend Poller, Leiter des Akademischen Auslandsamtes, bei einem weiteren persönlichen Gespräch, diesmal mit dem Rektor der Karls-Universität Prag, Prof. Dr. Václav Hampl, im Rahmen eines prinzipiellen Austausches über die Jubiläumsfeierlichkeiten erneut über das Vorhaben. Ab 1. Juli 2008 übernahm interimistisch – in Vertretung des in Vaterschaftsurlaub gegangenen Thomas Müller – erneut Peter Stüwe den Posten des Dekanatsrats der Sportwissenschaftlichen Fakultät. Er war damit zugleich zuständig für das Projekt „Lauf Prag – Leipzig". Als Thomas Müller im November wieder zurückkehrte, blieb Peter Stüwe federführend für das Projekt verantwortlich.

Nach der ersten Information des Rektors der Karls-Universität sollten alle weiteren Kontakte und die Planung der Arbeitsschritte zunächst zwischen den beiden Fakultäten der beiden Universitäten in Prag und Leipzig koordiniert und erörtert werden. Erste Gelegenheit bot hierfür der Besuch des Dekans der Prager Fakultät für Körperziehung und Sport, Prof. Dr. Václav Bunc, am 15. Juli 2008 in Leipzig. Bunc sagte zu, als zentraler Ansprechpartner die Veranstaltung zu unterstützen und alsbald tschechische Studierende als Läufer zu werben. Im weiteren Verlauf benannte er zwei Mitarbeiter, die sich fortan mit dem deutschen Organisationsteam austauschten und zusammenarbeiteten: Lenka Zemanová und Radim Jebavy erweiterten die Projektgruppe auf tschechischer Seite.

War bis November 2008 die Geschäftsstelle 2009 bestrebt, erste Schritte zur Organisation der Veranstaltung – die Erstellung einer Aufgabenliste, Vorbereitung und Durchführung erster Treffen mit Vertretern der Kommunen und Landkreise, dem tschechischen Generalkonsulat, Partnern und Sponsoren etc. – in die Wege zu leiten, bestand ab dem 3. November der engere Kreis des Organisationsteams aus dem Projektleiter, Peter Stüwe, Marcel Reinhardt, Peter Schütze und der SachsenSportMarketing GmbH (SSM). Dieses übernahm – im Dezember 2008 vertraglich vereinbart – die Öffentlichkeitsarbeit, das Sponsoring und die Projektsteuerung der Veranstaltung in Zusammenarbeit und enger Abstimmung mit der Sportwissenschaftlichen Fakultät als Veranstalterin, der Pressestelle sowie der Geschäftsstelle 2009.

Das Organisationsteam wurde, als der operative Teil des Vorhabens am 2. Juni 2009 mit der feierlichen Eröffnung im Karolinum beginnen sollte, verstärkt: zwei DolmetscherInnen (Lenka Noravcova und Jan Magera, Student an der Sportwissenschaftlichen Fakultät), zwei Helferinnen (Franziska Schröder und Franziska Jahn, beide zum damaligen Zeitpunkt Studentinnen an der Sportwissenschaftlichen Fakultät) sowie ein Fahrer (Volker Bergner, Hallenmeister an der Sportwissenschaftlichen Fakultät) unterstützten tatkräftig und behende das Vorhaben.

Für die erfolgreiche Realisierung eines derartigen Vorhabens waren Partner und Sponsoren unverzichtbar. Diese ebneten den Weg für das Zustandekommen des „Lauf Prag – Leipzig".

3. PARTNER UND SPONSOREN

Wichtigste *Partner* waren der Stadtsportbund Leipzig e.V., die SachsenSportMarketing GmbH und die Medica-Klinik Leipzig (René Toussaint, Jürgen Ulrich), sie entsandten zwei Ärzte (Susanne Franz und Gerald Bock) eine Physiotherapeutin (Claudia Drechsel) und einen Masseur (Danilo Menge) und versorgten die Läufer während der fünftägigen Veranstaltung. Zudem wurden in der Klinik obligatorische Gesundheits- und Fitnesstests aller deutschen Läufer durchgeführt, die den Großteil der Trainingsvorbereitungen am 14. April 2009 abschlossen.

Des Weiteren unterstützten *Sponsoren* mittels Sach- und Geldleistungen in vielerlei Hinsicht. Die AOK Plus brachte sich mit Geldmitteln ein, der Leipziger Laufladen sponserte anteilig das umfangreiche Bekleidungssortiment, das Läufer und Organisatoren erhielten, Ultra Sports steuerte Getränke und Nahrungsergänzungen bei, Veolia Verkehr charterte drei Busse, die zum einen die Läufer zwischen den Wechselorten jeden Tag mehrere hundert Kilometer hin- und herpendelten und die zum anderen die begleitende Presse chauffierte. Schließlich stellte der Zoo Leipzig zwei Fahrzeuge zur Verfügung, die im ständig hinterherfahrenden Fahrzeugtross Verwendung fanden. Ohne all jene Partner und Sponsoren wäre ein solches Unterfangen nicht möglich gewesen, keine Grenze jemals überlaufen worden. Das veranschlagte Gesamtbudget von rund 120.000 € wurde nicht ausgeschöpft.

4. GEMEINSAM GRENZEN ÜBERSCHREITEN

Ohne Läufer konnte es nicht gehen. Schnell verbreitete sich die Begeisterung über ein solches Ereignis in der Leipziger Laufszene; das Organisationsteam formulierte Prämissen, die bei der Auswahl der Teilnehmer zu berücksichtigen waren. Ausschließlich MitarbeiterInnen, Lehrkräfte, StudentInnen und Alumni sollten teilnehmen, mit der Zielvorstellung, dass möglichst viele Fakultäten personell vertreten waren. Die endgültige, am 25. Mai 2009 aktualisierte Läuferliste verriet schließlich, dass Athleten (Anzahl jeweils in Klammern) aus der Zentralverwaltung (1), dem Universitätsrechenzentrum (1), der Betriebstechnik (1) sowie aus zehn Fakultäten teilnahmen, darunter waren: die Theologische Fakultät (1), die Juristenfakultät (1), die Philologische Fakultät (4), die Erziehungswissenschaftliche Fakultät (1), die Fakultät für Sozialwissenschaften und Philosophie (1), die Wirtschaftswissenschaftliche Fakultät (2), die Sportwissenschaftliche Fakultät (3), die Medizinische Fakultät (2), die Fakultät für Mathematik und Informatik (3) und die Fakultät für Chemie und Mineralogie (2). Weiterhin mussten die Teilnehmer einen entsprechenden Fitnesszustand sowie hinreichend Wettkampferfahrung vorweisen. Eine Halbmarathonzeit von zwei Stunden war das Minimum. Ein gemeinsames Training sowie die Teilnahme am Laufseminar, das in Vorbereitung auf den Leipzig Marathon vom SSB alljährlich organisiert wird, sollten auf das Ereignis im Juni vorbereiten. Jeder Läufer, so prognostizierte Peter Schütze, würde jeden Tag, fünf Tage am Stück, einen Halbmarathon bewältigen müssen.

110 Anmeldungen zählte das Organisationsteam im November 2008. Im Dezember sollte eine Auswahl von zunächst 34 Läufern bei einem ersten Zusammentreffen im Sitzungssaal der Sportwissenschaftlichen Fakultät informiert werden. Danach im Zuge der Vorbereitung, die mit der gemeinsamen Teilnahme der Läufer aus Tschechien und Deutschland am 33. Leipzig Marathon (19. April 2009) auf der halben Distanz ihren Höhepunkt sehen sollte, würde am Schluss eine Gruppe von 30 Läufern feststehen, die durch 10 Prager Läufer komplettiert würden. Aufgrund von Verletzungen gingen schließlich 24 Leipziger und 9 Prager im Alter zwischen 67 und 21 Jahren an den Start.

Lediglich eine Läuferin musste noch vor dem Startschuss verletzungsbedingt aufgeben. Der Rest, also alle 32 Protagonisten, kamen gesund und – wie es die beiden Rektoren während der Eröffnung im Karolinum den Athleten mit auf den Weg gaben – „lebendig" in Leipzig an. Damit war auf der Strecke während dieses fünftägigen Ultramarathons kein Athlet ausgefallen, trotzdem zwei Läufer (Dirk Siebert und Ronald Speer) die gesamte Distanz von 300 Kilometern auf sich nahmen.

Oberbürgermeister Burkhard Jung verabschiedete in der letzten Organisationssitzung am 28. Mai 2009 die Läufer mit dem Versprechen, das er später auch einlöste, sie bei ihrer Ankunft am 7. Juni 2009 bis zum Augustusplatz zu begleiten. Viele Leipziger taten es ihm gleich und gesellten sich auf den letzten Kilometern ab dem Völkerschlachtdenkmal zu den 32 Läufern in weißen Shirts.

5. ERSTE GESPRÄCHE IN TSCHECHIEN, DER WEG DURCH DIE INSTANZEN UND DIE STRECKENFÜHRUNG

Die Arbeitsteilung, die sich nach einem Treffen in Prag am 15. Januar 2009 herauskristallisierte, sah vor, 10 tschechische Läufer zu akquirieren und vorzubereiten. Weiterhin einigte man sich darauf, die Kontaktaufnahme mit den zuständigen Behörden in Prag und je nach Bedarf auch mit den anderen betroffenen Städten an die Prager zu delegieren, freilich ohne den Informationsfluss in den nächsten Monaten abreißen zu lassen. Bevor jedoch Kontakt mit den Institutionen in Tschechien aufgenommen wurde, suchte die Geschäftsstelle 2009 zunächst die Unterstützung der Sächsischen Staatskanzlei und im Zuge dessen des tschechischen Generalkonsulats in Dresden. Das erste Arbeitstreffen auf tschechischem Territorium am 3. Dezember 2008 fand im Etappenort Most statt und eröffnete eine Reihe von Gesprächen mit den Vertretern der Kommunen Most, Kladno und Prag. In jenen ersten Begegnungen war das Organisationsteam bemüht, seine Ideen zu veranschaulichen und dennoch auf Ideen der tschechischen Partner einzugehen. Nach weiteren Treffen – in Most, Kladno und Prag am 30. Januar, 25. und 26. März 2009 – erfuhren das Organisationsteam und damit das Projekt große Unterstützung personeller, verwaltungstechnischer und persönlicher Art. Arbeitsgruppen wurden gebildet, die mit der Aufgabe betraut wurden, Erfordernisse zu erwägen, um die Veranstaltung in den jeweiligen Städten realisieren zu können. Eine Erkenntnis, die sich ebenfalls über die deutschen Pendants berichten lässt. Der zu bewältigende bürokratische Aufwand war immens, so war allen Seiten klar, eine direkte, kontinuierliche Kommunikation sei notwendig.

Das größte Problem auf tschechischem Gebiet zu diesem Zeitpunkt war jedoch die Streckenführung und daraus folgende Probleme bezüglich der Genehmigung. Obschon das Tschechische Verkehrsministerium nach einem Treffen mit dem Direktor der Abteilung Straßenverkehr, Pavel Šustr, grünes Licht gab und eine Liste mit dringend einzuleitenden Verfahren erstellte, mussten vergleichbare Genehmigungsverfahren in allen Gemeinden und Städten sowie bei zuständigen Polizeibehörden, die die Laufstrecke tangierten, aufgenommen und forciert werden. Da der Streckenverlauf nach den ersten Entwürfen, vor dem Hintergrund einer möglichst direkten Verbindung und öffentlichkeitswirksamen Darstellung der Veranstaltung, teilweise über Staatsstraßen führte, mussten nun erhebliche Korrekturen vorgenommen werden. Im kleineren Umfang, aber dennoch merklich und nur mit mehrmaligen Streckenbesichtigungen zu überschauen, wurden derartige Korrekturen an der Streckenführung auch in Deutschland vorgenommen. Auch hier nahm das Organisationsteam die Vorschläge und Empfehlungen der Landkreise und Städte auf.

Die endgültige Streckenplanung führte die Läufer vom Prager Hradschin aus über urbane Parklandschaften zunächst in nördlicher Richtung, dann nach Westen schwenkend über Lidice nach Kladno. Kladnos Bürgermeister, Dan Jiránek, und sein Mitarbeiter, Zdeněk Slepička, äußerten die Überlegung und den Wunsch, Lidice, das im Zweiten Weltkrieg von den Nationalsozialisten zerstört und deren Bevölkerung ermordet worden war, in die Strecke einzubeziehen. Der Halt in Lidice, heute eine Gedenkstätte, unterbrach den Lauf bewusst, auch wenn es für die Sportler keine einfache Situation war. Die Stimmung beim Lauf war bis dahin fröhlich ausgelassen. An der Gedenkstätte war den Läufern die Betroffenheit ins Gesicht gezeichnet. Rektor Häuser und Dekan Krug gedachten im Beisein aller Läufer der Opfer der nationalsozialistischen Verbrechen mit einer Kranzniederlegung. Auch die Läufer hielten es für richtig, an der Gedenkstätte gewesen zu sein – wenn es auch nur ein kurzer Halt war – und diesen Teil der grausamen tschechisch-deutschen Vergangenheit nicht auszuklammern. Der tschechisch-deutsche Lauf symbolisierte auch: Die Geschichte ist weiter gelaufen. Auf der zweiten Etappe sollte die Protagonisten die erste und einzige Bergankunft erwarten. Sie sollte mit 82 Kilometern die längste sein, in einem Sportzentrum Kladnos starten und in Most auf der Burg Hněvín in knapp 400 Metern Höhe und nach einem elfprozentigen Anstieg enden. Zwischen diesen beiden Etappenorten – Kladno und Most – mussten die umfassendsten Streckenänderungen vorgenommen werden, um die Staatsstraßen zu umgehen und einen läufertauglichen Abschnitt zu finden. Auch hier waren zuvor Ortstermine vonnöten, die Unwägbarkeiten ausschließen oder minimieren sollten. Mit über 1.000 Höhenmetern und einer Länge von 78 km wurde die dritte Etappe von Beginn der Planungen an zur „Königsetappe" ausgerufen. Zum einen wegen des über zehn Kilometer langen Aufstiegs, zum anderen wegen des Grenzübertritts, der sowohl symbolisch wie wörtlich das Überschreiten einer Grenze markieren sollte und nicht unproblematisch war. Die erste Begutachtung des Anstiegs auf bis 838 Meter durch das Organisationsteam im Herbst 2008 veranlasste den sportlichen Leiter dazu, einen entsprechenden Trainingsplan zu entwerfen, der profilierte Trainingsläufe integrierte.

Darüber hinaus wurden beim Übergang von Mnisek (CZ) nach Deutscheinsiedel (D) auch die Verantwortlichkeiten von der bis hierhin zuständigen tschechischen Polizeieskorte an die deutsche übergeben. Hierzu korrespondierten die zuständigen Stellen im Vorfeld der Veranstaltung noch im Mai 2009 untereinander.

Auch auf der vierten (66 km) und fünften (35 km) Etappe waren wenige Streckenänderungen im Vergleich zum Erstentwurf vonnöten. Sowohl die Vertreter in Freiberg, von denen wir Unterstützung von der Stadt sowie der TU Bergakademie erhielten, als auch in Bad Lausick gaben dem Projekt wichtige und wertvolle Impulse. In Bad Lausick sollte das Freizeitbad Riff, auf dessen Vorplatz die vierte Etappe endete, allen Läufern und Organisatoren freien Eintritt und Nutzung der Anlagen zur Verfügung stellen.

In Leipzig musste zusammen mit dem Ordnungsamt, der Agentur Hochmuth sowie der Geschäftsstelle 2009 die Zielankunft der Läufer am 7. Juni 2009 nach mehr als 300 Kilometern koordiniert werden, da auf dem Augustusplatz parallel das Campus- und das Stadtfest gefeiert wurden. Der Prozess der Genehmigungsverfahren war rechtzeitig Ende Mai 2009 abgeschlossen, also kurz vor dem Start des „Lauf Prag – Leipzig" am 2. bzw. 3. Juni 2009.

6. AUTHENTIZITÄT UND AKTUALITÄT – DER WIDERHALL IN DEN MEDIEN

Am 3. März 2009 hatte das Organisationsteam das Vorhaben zum ersten Mal auf einer Pressekonferenz im Sitzungssaal der Sportwissenschaftlichen Fakultät der Öffentlichkeit vorgestellt. Gleichzeitig ging die offizielle Homepage des „Lauf Prag – Leipzig" online: www.prag-leipzig.de. So erfuhren Interessierte alles über die Idee, den geschichtlichen Hintergrund, die einzelnen Etappen und die Läufer. Während des Laufs im Juni berichtete das Organisationsteam via Homepage über die Fakten und Bilder des Tages. Der Läufer Paul Schmidt sowie die Presseabteilung von Veolia Verkehr bloggten noch am Abend des jeweiligen Tages ihre Eindrücke. Im Vorfeld, im Nachgang sowie während der gesamten Veranstaltung begleiteten Journalisten verschiedenster Medien den „Lauf Prag – Leipzig". So entstanden veröffentlichte Beiträge in u. a. folgenden Medien: www.welt.de, MDR Fernsehen, Deutsche Welle, www.radio.cz, www.lvz-online.de, www.unicum.de, Leipzig Fernsehen, www.l-iz.de, www.leipzig-seiten.de, www.bild.de, www.marathon.de, www.pragerzeitung.de, KREUZER, Leipziger Volkszeitung, Radio Praha, Česká televize (Tschechisches Fernsehen).

7. DIE LÄUFER

Für die Läufer, die zunächst allesamt MitarbeiterInnen, StudentInnen, Lehrkräfte und/oder Alumni der Universität Leipzig sein sollten, galt von vornherein folgender Leitgedanke, mit dem um die Teilnahme jeder und jedes Interessierten in Mensen, Fakultäten, über die Fachschaftsräte, lokalen Printmedien und Online geworben wurde: „Lauf mit! Nächste Chance – in 600 Jahren". So sehr diese Aufforderung zu tragen vermochte, die tatsächliche Zeit für die Planung und Umsetzung dieses Projektes war recht kurz. Je näher das Ereignis rückte, umso umfangreicher schien die Aufgabenliste zu wachsen. Die Termindichte war von Beginn an hoch. Vertreter der Städte in Prag, Kladno, Most, Freiberg, Bad Lausick und Leipzig, Vertreter der Landkreise, der Ordnungsämter, die zuständigen Polizeidirektionen – allesamt jeweils in Deutschland wie in Tschechien – das tschechische Verkehrsministerium, das tschechische Generalkonsulat. Mit jeder zuständigen und/oder betroffenen Institution wurde zwei-, dreioder viermal persönlich gesprochen, wurden Vereinbarungen getroffen, Zeitpläne und Arbeitsschritte festgelegt.

Ohne die Unterstützung der Karls-Universität, des dortigen Dekans der Fakultät für Körpererziehung und Sport, Prof. Dr. Václav Bunc, und speziell seiner Mitarbeiter wäre die Umsetzung in Tschechien, insbesondere die feierliche Begrüßung der Läufer im Karolinum am 2. Juni 2009 sowie das Begleiten und Vorantreiben des Genehmigungsverfahrens zur Straßenbenutzung in Tschechien, kaum möglich gewesen. Überdies umgab das Projekt von Beginn an eine unwiderstehliche Verve, von der sich alle Beteiligten erfasst fühlten, oder die sie ohnehin selbst mitbrachten und somit das Vorhaben gedeihen ließen. Diese eine Chance wollten weder die Läufer, noch die Organisatoren verstreichen lassen.

8. NACHHALL

Dr. Klaus Arnold, Guido Baumgarten, Toni Boitz, Dr. Eckhard Buß, Antje Carrera Ramirez, Prof. Dr. Marcus Deufert, Martin Hemme, Benjamin Hößelbarth, Mary Gerstenberg, Silvio Mackowiak, Michael Päßler, Stefanie Parth, Axel Rodenstein, Sebastian Schermaul, André Schlichting, Paul Schmidt, Christin Schoof, Sabrina Schulz, Sven Sedello, Dirk Siebert, Luise Siering, Ronald Speer, Ralf Thomas, Günter Tomaselli, Filip Hubáček, Michal Klauz, Jan Kmoch, Jan Kosina, Jana Kubáčová, Jan Posejpal, Lukáš Rezek, Anna Rohulánová und Dita Formánková – das sind die Namen der Läufer, deren Retrospektiven zwischen „Wir waren Helden" und „Was bleibt, sind Freunde" oszillieren. Vielfach beschriebener Grund für diese Einordnung – auch aus Sicht der Organisatoren – sei die empfundene Einmaligkeit.

Die beiden Fakultäten, so haben sich die beiden Dekane verständigt, werden in Zukunft überdies in wissenschaftlicher Hinsicht gemeinsame Wege gehen. Wenn jener Auszug von 1409 sechshundert Jahre später die Gedanken beflügelte, so gerannen diese tatsächlich in einer nicht folgenlosen Entscheidung. Aus einem Projekt entspann sich nach monatelanger Vorbereitung, fünf Tagen des Lebens, Laufens und Leidens eine Erinnerung, die alle Beteiligten immerfort bewusst werden lässt, eine einmalige Chance ergriffen zu haben.

(Marcel Reinhardt, Franz Häuser)

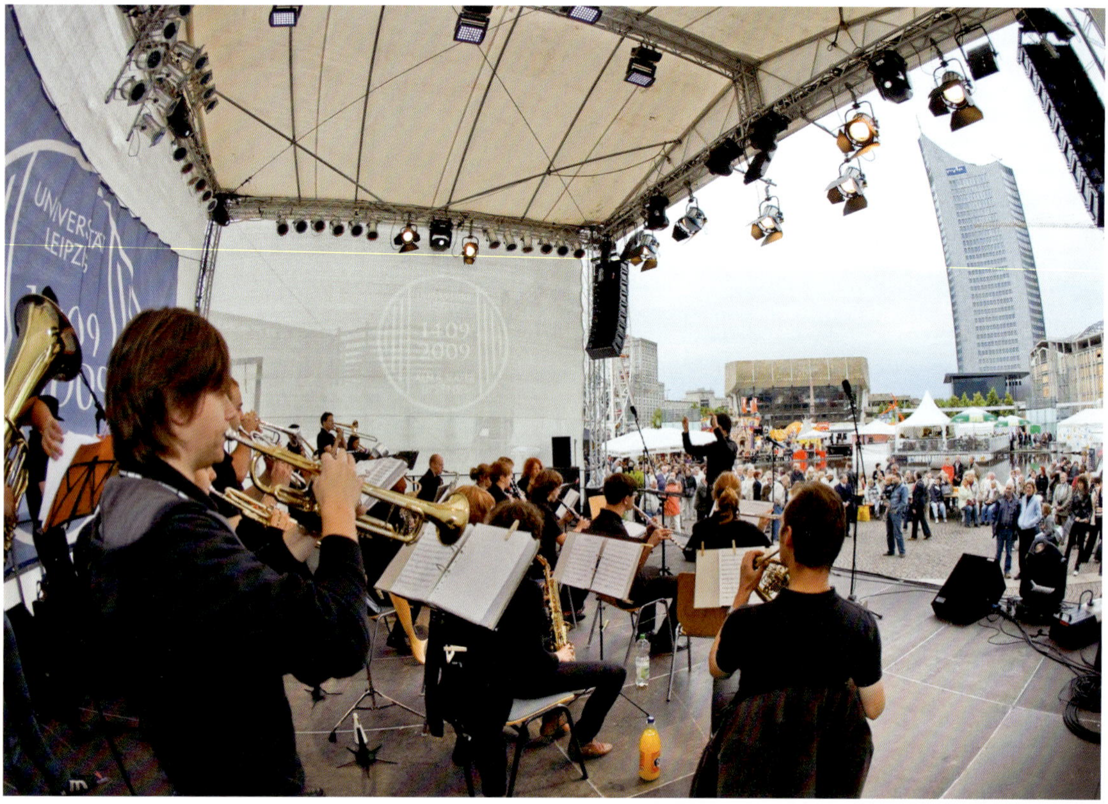
1409
2009

XIII. ALUMNI-TREFFEN
2009

1. DREI TAGE „ERINNERN – WIEDERSEHEN – ENTDECKEN"

Vom 5. bis 7. Juni 2009 fand – eingebettet in die 600-Jahrfeier – eine ganz besondere Geburtstagsfeier statt: das Alumni-Treffen. Es war das erste fach- und länderübergreifende Treffen dieser Art in Leipzig. Insgesamt folgten etwa 1.300 Alumni, darunter 150 internationale Alumni, der Einladung der Alma mater. Viele Gäste waren weit gereist, sie kamen u.a. aus Äthiopien, Syrien, Vietnam, Indonesien, Australien und den USA.

Das Motto des Alumni-Treffens „Erinnern – Wiedersehen – Entdecken" war zugleich Programm: Die Ehemaligen erinnerten sich gemeinsam an die Studienzeit, feierten ein Wiedersehen mit ehemaligen und aktiven Lehrenden und entdeckten zudem die neuen Seiten ihrer Universität und der Stadt Leipzig.

<u>Freitag, 5. Juni 2009:</u> Viele Alumni ließen sich am Nachmittag des 5. Juni am Alumni-Treffpunkt im sanierten Seminargebäude registrieren und nahmen ihre Begrüßungsunterlagen in Empfang. So mancher war freudig überrascht, als die Namen und Gesichter lang vermisster Kommilitonen und Freunde auftauchten. Freudentränen flossen, Telefonnummern wurden ausgetauscht. Nach dem Besuch beim Alumni-Treffpunkt trieb viele Gäste die Neugier zu einem ersten Abstecher in die Stadt, in der parallel zum Alumni-Treffen das Stadtfest stattfand. Ein besonderer Leckerbissen wartete am Abend auf die Freunde des studentischen Kabaretts: Ehemalige Mitglieder des Poetischen Theaters „Louis Fürnberg" und Noch-Aktive des Kabaretts „academixer" stellten bei einem Ringelnatz-Abend die großartige kabarettistische Tradition der Studentenbühne unter Beweis.

Auf großes Interesse stieß auch der Begrüßungsabend für die internationalen Alumni in der Moritzbastei. Unter den Gästen waren auch Mitarbeiter des Akademischen Auslandsamtes sowie aktive und ehemalige Dozenten und Wissenschaftler der Universität Leipzig. Den Abend eröffneten der Rektor, Professor Dr. Franz Häuser, und der Leiter des Akademischen Auslandsamtes, Dr. Svend Poller. Das kulturelle Programm war vielfältig und – wie sollte es anders sein – international. Neben lateinamerikanischer Gitarrenmusik, einem armenischen Tanz, einer koreanischen Kung-Fu-Darbietung, einer Bauchtanzvorführung und einem Maultrommelkonzert durften die Gäste auch einen Auftritt des Leipziger Afrika-Chors Jabulani erleben. Bei gemeinsamem Speisen, Gesprächen in lockerer Runde und anschließender Musik von

DJ Boureni feierten die internationalen Alumni bis weit in die Nacht ihre „Rückkehr" nach Leipzig.

<u>Samstag, 6. Juni 2009:</u> Offiziell eröffnet wurde das Alumni-Treffen am 6. Juni um 11.00 Uhr auf der campus-Bühne durch den Rektor der Universität Leipzig und den Schirmherren, den ehemaligen Bundesaußenminister Dr. Hans-Dietrich Genscher. Der Rektor appellierte an die Alumni: „Jeder einzelne von Ihnen ist durch seine persönliche Leistung Botschafter unserer Universität. Geben Sie Ihrer Alma mater ein Gesicht, repräsentieren Sie die Universität Leipzig, und tragen Sie so zu ihrem Ansehen, ihrer Sichtbarkeit und letztlich auch ihrer Bedeutung in der Gesellschaft bei." Genscher, der 1948/49 an der Juristenfakultät der Universität Leipzig studiert hatte, erinnerte danach mit persönlichen Worten an seine Studienzeit in Leipzig. „Hier in Leipzig in der Juristenfakultät ist mir von meinen akademischen Lehrern die Bedeutung von Demokratie und Menschenrechten immer wieder als die Grundlage freien Bürgerhandelns erläutert worden", erklärte er im Grußwort an die Alumni seinen Bezug zur Universität. Fast auf den Tag genau vor einem halben Jahrhundert hatte er für sein mündliches Examen gebüffelt. Auch er forderte alle Ehemaligen auf, Botschafter für die Stadt Leipzig und ihre Universität zu sein. Unter den zahlreichen Zuhörern auf dem Augustusplatz befand sich auch der ehemalige Ministerpräsident Sachsens, Professor Dr. Kurt Biedenkopf.

Im Anschluss an die Eröffnung wurde Herrn Dr. Genscher eine besondere Ehre zuteil. Die Ehemaligenvereinigung der Juristenfakultät „Alumni Facultatis Iuristarum Lipsiensis" verlieh ihm die Ehrenmitgliedschaft. In seiner Danksagung ging der frühere Bundesaußenminister auf die Bedeutung der Freiheitsliebe in der Geschichte Leipzigs ein. „Wenn ich nach Leipzig komme, wird mir immer besonders bewusst, dass die Mauer vom Osten her eingerissen wurde", so Genscher unter großem Beifall.

Im Anschluss präsentierte sich die Alumni-Initiative „Leipzig Alumni International" im neuen Hörsaalgebäude. Die Entwicklung und die Ziele des Projekts sowie Informationen zur internationalen Doktoranden-Initiative der Universität Leipzig standen dabei im Mittelpunkt. Nach der Präsentation erhielten die Alumni die Gelegenheit, Fragen zu stellen, wovon sie rege Gebrauch machten.

Viele Alumni nutzten die Möglichkeit, frühere Plätze ihres Studiums aufzusuchen. Bei zahlreichen Führungen über den neuen Campus im Herzen der Innenstadt, durch die Bibliotheca Albertina, das Universitätsarchiv und die Museen der Universität konnten sich die Gäste auf die Spuren der 600-jährigen Geschichte der Universität Leipzig begeben. Auch die Führungen durch Studentenwohnheime waren sehr gut besucht. Viele ehemalige Studierende und Mitarbeiter hatten dabei die Gelegenheit, Studienfreunde wiederzusehen – auch wenn leider nicht alle Hoffnungen auf ein Wiedersehen nach langer Zeit erfüllt werden konnten.

Als besonderer Höhepunkt für einen Teil der Alumni gestaltete sich ein Abendessen in der neuen Mensa am Park, an dem neben dem Schirmherrn Dr. Hans-Dietrich Genscher auch weitere bedeutende Alumni der Universität teilnahmen. Zuvor hatten die Alumni die Möglichkeit, sich den Bau des neuen Universitätscampus Augustusplatz exklusiv von den dafür verantwortlichen Architekten Martin Behet und Roland Bondzio erklären und zeigen zu lassen. Zu den Gästen des Abends zählten neben Polens Botschafter Marek Prawda, Schauspieler Peter Sodann und dem ehemaligen Pfarrer der Nikolaikirche Christian Führer auch Zoo-Chef Dr. Jörg Junhold, Leipzigs Stadtarchiv-Leiterin Dr. Beate Berger und Schriftsteller Volker Braun. Der Rektor, Professor Dr. Franz Häuser, blickte in seiner Rede auf die wechselvolle Universitätsgeschichte zurück, gab Einblicke in den aktuellen Forschungs- und Lehrbetrieb und zeigte Ausblicke auf die vielfältigen Zukunftsperspektiven der Universität.

Sonntag, 7. Juni 2009: Ein Frühstück in der neuen Mensa am Park eröffnete den 3. Tag des Alumni-Treffens. In der bis dahin noch nicht offiziell übergebenen Mensa konnten die Alumni als „Premierengäste" bei beschwingter Jazz-Live-Musik frühstücken und die neuen Räumlichkeiten so ganz exklusiv testen. Danach konnten sie gestärkt zum Tagesprogramm aufbrechen, welches mit einem ökumenischen Universitätsgottesdienst in der Nikolaikirche begann. Außerdem standen die verschiedenen Museen und Sammlungen der Alma mater auf dem Programm, so zum Beispiel das Ägyptische Museum, das Antikenmuseum und das Museum für Musikinstrumente im Grassi-Museum am Johannisplatz. Am Nachmittag war noch einmal das Kabarett „academixer" mit der Aufführung des unvergessenen „Hart! – bleibt Hart"-Programms zu erleben. An das 1966 als Studentenkabarett gegründete Ensemble konnten sich viele Alumni noch aus ihrer Studienzeit erinnern.

Fachbezogenes Programm: Um den Alumni einen Einblick in „ihre" alte Lehrstätte zu geben, boten viele Fakultäten, Institute und Alumni-Initiativen das gesamte Wochenende als Ergänzung zu den zentralen Veranstaltungen eigene Beiträge für ihre Ehemaligen an. Das Spektrum reichte von Podiumsdiskussionen zur Finanzkrise, Rundgängen durch die Institute und Labore, über eine Lesung zur auswärtigen Politik bis hin zu einem Vortrag über Osteoporose und einer Kinder-Uni-Vorlesung zum Thema „Von Studenten im Schlafrock und Professoren mit Perücken – Die Uni Leipzig früher und heute". Unter dem Motto „Spaß am Denken" präsentierten die 14 Fakultäten der Universität zudem Wissenschaft zum Anfassen auf dem Augustusplatz beim „campus 2009" und informierten über aktuelle Entwicklungen in ihren Bereichen.

Ausblick

Viele Alumni haben ihre persönlichen Geschichten mit nach Leipzig gebracht und gezeigt, dass sie auch nach so vielen Jahren noch Erinnerungen an ihre Studienzeit in Leipzig wach halten. Bleibt zu hoffen, dass das nächste zentrale Alumni-Treffen im Jahr 2012 auch ohne „Jubiläumsbonus" wieder viele Ehemalige zusammenbringt, die sich wiedersehen, sich an das Gewesene erinnern und gemeinsam die Alma mater Lipsiensis neu entdecken möchten. Schön wäre es, wenn künftige Treffen sogar noch größer werden, denn nur zu etwa zehn Prozent der geschätzten 150.000 Alumni weltweit hat die Universität bislang Kontakt. Wir sind optimistisch, diesen Wunsch zu verwirklichen, scheint doch die Universität Leipzig – ganz im Sinne der Worte des Schirmherrn – infolge des Alumni-Treffens viele neue Botschafter für sich gewonnen zu haben.

(Christin Wätzel)

2. REDE DES REKTORS ANLÄSSLICH DER ERÖFFNUNG DES ALUMNI-TREFFENS 2009

Sehr verehrter, lieber Herr Dr. Genscher, liebe Alumnae, liebe Alumni der Universität Leipzig, meine sehr verehrten Damen und Herren. Zur Eröffnung des ersten internationalen Alumni-Treffens unserer Universität begrüße ich Sie sehr herzlich. Außerdem heiße ich die Besucher des campus 2009 willkommen. Es freut mich, dass Sie so zahlreich unserer Einladung gefolgt sind und damit Ihr nach wie vor bestehendes Interesse an unserer, an Ihrer ehrwürdigen Alma mater, die nunmehr 600 Jahre alt wird, bekunden. Denn eingebettet in die zahlreichen Veranstaltungen findet an diesem Wochenende eine ganz besondere Geburtstagsfeier statt: das Alumni-Treffen. Seit gestern stehen die Universität und die Stadt Leipzig ganz im Zeichen ihrer ehemaligen Studierenden und Lehrenden. Viele Alumni unserer Universität haben an diesem Wochenende den Weg nach Leipzig gefunden. Weltweit gibt es übrigens mehr als 150.000 Alumnae und Alumni der Universität Leipzig. Allein im vergangenen Jahr haben 3.492 junge Menschen hier einen Hochschulabschluss erworben. Damit der Abschied von der Universität jedoch nicht gleichbedeutend ist mit der Abkehr von der Universität, möchten wir gern mit allen in Kontakt bleiben. Das Motto des Alumni-Treffens „Erinnern – Wiedersehen – Entdecken" ist zugleich Programm. Bei Führungen durch das Universitätsarchiv oder die Museen unserer Universität können Sie sich auf die Spuren der 600-jährigen Geschichte begeben. Viele Fakultäten, Institute und Alumni-Initiativen bieten eigene Beiträge für die Alumni. Erinnern Sie sich dort mit Ihren ehemaligen Kommilitonen an Ihre Studienzeit und feiern Sie ein Wiedersehen. Entdecken Sie zudem bei einer der zahlreichen Führungen die neuen Seiten Ihrer Universität hier am Campus Augustusplatz. Dreh- und Angelpunkt des Alumni-Wochenendes ist der so genannte zentrale Alumni-Treffpunkt. Diesen finden Sie gleich nebenan im Foyer zwischen dem Seminargebäude und dem Institutsgebäude der Wirtschaftswissenschaften, in der Universitätsstraße 1. Dort können Sie alle Informationen zum Treffen und zum Jubiläum einholen.

Sie, liebe Alumnae und Alumni, bilden die Brücke zwischen wissenschaftlicher Theorie und beruflicher Praxis. Sie sind gelebter Bestandteil unserer Universitätskultur. Jeder einzelne von Ihnen ist ein Botschafter unserer Universität. Geben Sie Ihrer Alma mater ein Gesicht, repräsentieren Sie die Universität Leipzig, und tragen Sie so zu ihrem Ansehen und zu ihrer Bedeutung in der Gesellschaft bei. In diesem Sinne heiße ich Sie im Namen der Universität Leipzig sehr herzlich willkommen und freue mich mit Ihnen auf ein erlebnisreiches Alumni-Wochenende. Allen Besuchern des campus 2009 wünsche ich spannende Stunden hier auf dem „Markt der Wissenschaft" am Augustusplatz. Ich danke Ihnen für Ihre Aufmerksamkeit.

VERANSTALTUNGEN DER FAKULTÄTEN, INSTITUTE UND EINRICHTUNGEN

1. VORBEMERKUNG

Das Kapitel gibt einen Querschnitt über die im Jubiläumsjahr stattgefundenen Veranstaltungen der Fakultäten, Institute und Einrichtungen. Aus der Fülle von nahezu 400 dezentralen wissenschaftliche Veranstaltungen, Vorlesungsreihen, Festakten, Sammlungen und Ausstellungen, kulturelle Veranstaltungen konnte nur ein Ausschnitt aufgenommen werden; die Dokumentation sämtlicher Veranstaltungen würde den Rahmen des vorliegenden Bandes bei Weitem sprengen[1]. Veranstaltungen, über die der Dokumentationsband an anderer Stelle ausführlich berichtet, sind hier nicht noch einmal aufgeführt.

Die Auswahl der aufgenommenen Veranstaltungen orientiert sich zum einen an einem Bezug zum Jubiläum selbst, zum anderen an der überregionalen Sichtbarkeit der Veranstaltungen. Letztendlich sollen mit der Zusammenstellung auch Fächerbreite und Profil der sowie die kulturelle Vielfalt der Universität Leipzig verdeutlicht werden.

---

1   Die Gesamtübersicht zu allen Veranstaltungen enthält das Programmheft zum 600-jährigen Universitätsjubiläum der Universität Leipzig, herausgegeben von der Geschäftsstelle 2009.

VERANSTALTUNGEN DER FAKULTÄTEN, INSTITUTE UND EINRICHTUNGEN

2. ÜBERSICHT ÜBER DIE VERANSTALTUNGEN

17. Januar 2009
10. Workshop Rheumatologie. State of the Art – 600 Jahre Universität Leipzig „Rheumatologie von der Bademedizin zur treibenden Kraft bei innovativen Therapieansätzen". (Medizinische Fakultät, und/eigentlich: Rheumazentrum am Universitätsklinikum Leipzig e.V.).
Verantwortliche: Prof. Dr. Christoph Baerwald (Universitätsklinikum Leipzig AöR) und Prof. Dr. Holm Häntzschel (Rheumazentrum am Universitätsklinikum Leipzig e.V.).
Ansprache und Grußwort: Prof. Dr. Christoph Baerwald (Universitätsklinikum Leipzig AöR).
„Ursprünge rheumatologischer Erkrankungen: Altertum oder Neuzeit?", PD Dr. Matthias Wahle (Klinikum der Johann-Wolfgang-Goethe-Universität Frankfurt/Main).
„Spondylarthropathien – Von Leipziger Wurzeln zu modernen Therapieformen", Prof. Dr. Holm Häntzschel (Universitätsklinikum Leipzig AöR).
„Neue Therapieverfahren bei Kollagenosen", Dr. Matthias Pierer (Universitätsklinikum Leipzig AöR).
„Neue Therapieverfahren bei entzündlichen Gelenkerkrankungen", Prof. Dr. U. Wagner (Universitätsklinikum Leipzig AöR).
„Quo Vadis – Innere Medizin", Prof. Dr. Joachim Mössner (Universitätsklinikum Leipzig AöR).
„Osteoporose", Prof. Dr. Gert E. Hein (Klinikum der Friedrich-Schiller-Universität Jena).
„Diagnostik bei neu aufgetretener Arthritis", Prof. Dr. Christoph Baerwald (Universitätsklinikum Leipzig AöR).

2. – 4. März 2009
Konferenz „Risiko Erde? Vulnerabilität, Naturgefahren, integrierte Anpassungsstrategien". (Fakultät für Physik und Geowissenschaften, Institut für Meteorologie).
Verantwortliche: Prof. Dr. Wolfgang Fach (Prorektor für Lehre und Studium der Universität Leipzig) und Prof. Dr. Gerd Tetzlaff (Universität Leipzig).
Ansprachen und Grußworte: Prof. Dr. Wolfgang Fach (Prorektor für Lehre und Studium der Universität Leipzig), Dr. Eva-Maria Stange (Sächsische Staatsministerin für Wissenschaft und Kunst, Dresden) und Dr. Irmgard Schwätzer (Deutsches Komitee für Katastrophenvorsorge e.V., Bonn).

VORTRÄGE:

Eröffnungsvortrag „Who is afraid of Planet Earth?", Dr. Eduardo de Mulder (Director of International Year of Planet Earth Inc., Trondheim).

Themenblock I „Changes of Risk and Climate", Leitung: Dr. Irmgard Schwätzer (Deutsches Komitee für Katastrophenvorsorge e.V., Bonn) und Bernd Hoffmann (Deutsche Gesellschaft für Technische Zusammenarbeit GmbH, Eschborn).

„Global Environmental Change (Including Climate Change and Adaptation): Vulnerability and Resilience in Africa", Dr. Sospeter Muhongo (International Council for Science, Pretoria, Südafrika).

„Hydrometeorological Hazards in Africa", Dr. Abdourahamane Konaré (International Council for Science, Pretoria, Südafrika).

„The Use of Weather Forecasts for Disaster Prevention/ Reduction", Dr. Filipe Lucio (World Meteorological Organisation, Genf, Schweiz).

„Weather Forecasting and Issuance of Official Warnings of Severe Weather Occurrences", Prof. Dr. Gerhard Adrian (Deutscher Wetterdienst, Offenbach).

„Integrated Research on Disaster Risk – The Challenge of Natural and Human-Induced Environmental Hazards; An International Research Program", Dr. Gordon McBean (University of Western Ontario, London, Kanada).

Themenblock II „Adapting to Natural Hazards, Preparing for Predictable Disasters: Lessons Learned, Lessons Neglected. The Example of ‚Katrina'", Leitung: Prof. Dr. Jost Heintzenberg (Leibniz-Institut für Troposphärenforschung, Leipzig) und Prof. Dr. Sebastian Lentz (Leibniz-Institut für Länderkunde, Leipzig):

„Geographies of Urban Growth, Decline, Disaster, and Recovery: New Orleans, 1718– 2009", Dr. Richard Campanella (Tulane University, New Orleans, Vereinigte Staaten).

„Reducing Hazard-Related Social vulnerabilities", Dr. Susan L. Cutter (University of South Carolina, Colombia, Vereinigte Staaten).

„An Integrative Framework for vulnerability Assessment – A Case Study from the Tsunami Affected Areas in Thailand", Dr. Martin Voss (Christian-Albrechts-Universität zu Kiel) und Dr. Gunilla Kaiser (Christian-Albrechts-Universität zu Kiel).

„Agencies of Catastrophe: How Scientists Warned, or Did Not Warn, Us about Katrina", Dr. Lee Clarke (Rutgers State University of New Jersey, Newark, Vereinigte Staaten).

„Nature's Casino? The History of Flood Insurance in the Vereinigte Staaten and Germany", PD Dr. Uwe Luebken (Ludwig-Maximilians-Universität München).

„Adaptation to Flood Risks Through Legal Rulemaking-Opportunities and Limits", Prof. Dr. Wolfgang Köck (Helmholtz-Zentrum für Umweltforschung, Leipzig-Halle).

„Changing Knowledge About Disaster Recovery", Dr. James K. Mitchell (Rutgers State University of New Jersey, Newark, Vereinigte Staaten).

„Neue Herausforderungen an die Katastrophenvorsorge und Katastrophenminderung", Dr. Rudolf Seiters (Deutsches Rotes Kreuz).

WORKSHOPS:

Themenblock I „Öffentliche Infrastrukturen", Leitung: Dr. Wolfram Geier (Bundesamt für Bevölkerungsschutz und Katastrophenhilfe, Bonn) und Dr. Jens Libbe (Deutsches Institut für Urbanistik, Berlin).

„Energierohstoffe: Verteilung und Verfügbarkeit", Prof. Dr. Bernhard Cramer (Bundesanstalt für Geowissenschaften und Rohstoffe, Hannover).

„Auswirkungen des Klimawandels auf die Schieneninfrastruktur", Dr. Gerhard Hetzel (Deutsche Bahn Netz AG, Frankfurt).

Themenblock II „Capacity Building", Leitung: Prof. Dr. Gerold Wefer (Universität Bremen):

„Anforderungen an universitäre Ausbildung zum Katastrophenmanagement", Dieter Farrenkopf (Vereinigung zur Förderung des Deutschen Brandschutzes e.V.).

„Anforderungen an universitäre Bildung und Ausbildung zur Katastrophenvorsorge in der Entwicklungszusammenarbeit", Bernd Hoffmann (Deutsche Gesellschaft für Technische Zusammenarbeit GmbH, Eschborn).

„Disaster Preparedness Culture and Local Ownership of Forecasts", Dr. Kuniyoshi Takeuchi (International Center for Water Hazard and Risk Management, Japan).

Themenblock III „Adaptation/Long-Term Prevention and Climate", Leitung: Prof. Dr. Janos Bogardi (United Nations University, Bonn):

„Minimizing Risk, Maximizing Awareness: Focusing on the vulnerability of Coupled Social-Ecological Systems Exposed to Natural Hazards", Dr. Jörn Birkmann (United Nations University, Bonn).

„Klimaänderungen und Auswirkungen auf hydrometeorologische Risiken", Prof. Dr. Christoph Kottmeier (Karlsruher Institut für Technologie).

„Disaster Risk Reduction Strategies", Dr. Reid Basher (International Strategy for Disaster Reduction, Genf, Schweiz).

„Deutschland im Klimawandel: Was müssen wir tun?", Dr. Harry Lehmann (Umweltbundesamt, Dessau-Roßlau).

PODIUMSDISKUSSIONEN:
Themenblock I „Für den wissenschaftlichen Nachwuchs":
„Was leistet der Resilienzansatz?", Moderation: Dr. Martin Voss (Christian-Albrechts-Universität zu Kiel).
„Klimawandel als Herausforderung für neue Konzepte der Katastrophenvorsorge und der Anpassung", Moderation: Dr. Jörn Birkmann (United Nations University, Bonn).
Themenblock II „Mit der Anpassung an den Klimawandel verbundenen Gefahren – Interdisziplinäre Perspektiven", Moderation: Alexandra Kemmerer (Universität Leipzig), Teilnehmer: Dr. Eduardo de Mulder (Director of International Year of Planet Earth Inc., Trondheim), Bernd Hoffmann (Deutsche Gesellschaft für Technische Zusammenarbeit GmbH, Eschborn), Prof. Dr. Christoph Kottmeier (Karlsruher Institut für Technologie), Prof. Dr. Claus Leggewie (Kulturwissenschaftliches Institut Essen), Dr. Sospeter Muhongo (International Council for Science, Pretoria, Südafrika) und Prof. Dr. Nico Stehr (Zeppelin Universität Friedrichshafen).

4. März und 28. Oktober 2009
Vortrag und Führung „Von Universitätssiegeln, Petschaften und gefälschten Urkunden". (Universitätsarchiv Leipzig).
Verantwortliche: PD Dr. Uwe Schirmer/ Dr. Jens Blecher (Universitätsarchiv Leipzig).
Vortragender: Dr. Jens Blecher (Universitätsarchiv Leipzig).

11. März 2009
Lesung und Diskussion „Literarische Welten. Lateinamerika". (Philologische Fakultät, Institut für Romanistik).
Verantwortlicher: Prof. Dr. Alfonso de Toro (Universität Leipzig).
Vortragende: Arturo Fontaine (Universidad de Chile), Dr. Cristina Rivera Garz (Mexico), Fernando Iwasaki (Peru) und Abdelkebir Khatibi (Marokko).

11. – 15. März 2009
10. Leipziger Buchmesse-Akademie „Die (Un-)Ordnung des Wissens". (Universität Leipzig, Öffentlichkeitsarbeit und Forschungsförderung).
„Vom Buch zum Internet: Bibliotheken und die (Un-)Ordnung des Wissens", Prof. Dr. Ulrich Johannes Schneider (Universitätsbibliothek Leipzig).

VERANSTALTUNGEN DER FAKULTÄTEN, INSTITUTE UND EINRICHTUNGEN

„Zur Ordnung der Unordnung: Die Verwaltung der Prostitution", Prof. Dr. Wolfgang Fach (Prorektor für Lehre und Studium der Universität Leipzig), Prof. Dr. Rebecca Pates (Universität Leipzig), Dr. Daniel Schmidt (Universität Leipzig) und Dr. Mathilde Darley (Universität Leipzig).

‚„Sind Affen denn auch Leute?' Wie Wissenschaftler das Verhalten von Affen erforschen", Anke Bullinger (Max-Planck-Institut für evolutionäre Anthropologie, Leipzig).

„Die Abwicklung des Leselandes", Prof. Dr. Siegfried Lokatis (Universität Leipzig), Prof. Dr. Harald Fischer-Tiné (Jacobs University Bremen), Prof. Dr. Christoph Links (Dresden) und Mildred Wagner (Leipzig).

„Tattoos, Piercings und Schönheitsoperationen als Gestaltungsmittel der eigenen Identität", Prof. Dr. Elmar Brähler (Universität Leipzig) und Prof. Dr. Ada Borkenhagen (Otto-von-Guericke-Universität Magdeburg).

„Werden wir Bürger Europas?", Prof. Dr. Georg Vobruba (Universität Leipzig) und Prof. Dr. Maurizio Bach (Universität Passau).

„Und immer wieder PISA: Haben wir die schlüssigen Konzepte?", Prof. Dr. Harald Marx (Dekan der Erziehungswissenschaftlichen Fakultät der Universität Leipzig) und Dr. Siegfried Haller (Jugendamtsleiter der Stadt Leipzig).

„1989 als erfolgreichste Revolution der (deutschen) Geschichte", Prof. Dr. Rainer Eckert (Zeitgeschichtliches Forum Leipzig), Prof. Dr. Rüdiger Steinmetz (Universität Leipzig), Prof. Dr. Ulrich Brieler (Referat Grundsatzfragen der Stadt Leipzig) und Prof. Dr. Stefan Troebst (Universität Leipzig).

„Eigensinnige Roboter", Prof. Dr. Ralf Der (Max-Planck-Institut für Mathematik in den Naturwissenschaften, Leipzig).

„Auf dem Weg zu einer individualisierten Medizin", Prof. Dr. Joachim Thiery (Dekan der Medizinischen Fakultät der Universität Leipzig) und Prof. Dr. Markus Löffler (Universität Leipzig).

„Antike trifft Neuzeit: Papyrusrollen im Internet", Prof. Dr. Reinhold Scholl (Universität Leipzig).

„600 Jahre Universität Leipzig", Prof. Dr. Manfred Rudersdorf (Universität Leipzig), Julia Cholet (Universität Leipzig) und Hendrik Wagner (Universität Leipzig).

„Johann Sebastian Bach und die Universität Leipzig", Dr. Andreas Glöckner (Bach-Archiv Leipzig) und Michaela Hasselt (Hochschule für Musik und Theater „Felix Mendelssohn Bartholdy" Leipzig).

„Anthropologie und Ethnologie in der mitteldeutschen Forschungslandschaft", Prof. Dr. Bernhard Streck (Universität Leipzig), Prof. Dr. Günther Schlee (Martin-Luther-Universität Halle-Wittenberg) und Dr. John Eidson (Martin-Luther-Universität Halle-Wittenberg).

„OP-Technik der Zukunft: Computer und Chirurg im Operationssaal", Prof. Dr. Jürgen Meixensberger (Universitätsklinikum Leipzig AöR).

„Der Beginn der modernen Wissenschaften. Die Universität Leipzig zur Zeit der Aufklärung", Prof. Dr. Dr. Detlef Döring (Universität Leipzig).

„Naturstoffe – Magische Schätze der Natur", Prof. Dr. Stefan Berger (Universität Leipzig) und Prof. Dr. Dieter Sicker (Universität Leipzig).

„Wenn Stimmungen aus dem Gleichgewicht geraten. Neues aus Forschung und Therapie von Manie und Depression", Dr. Peter Schönknecht (Universitätsklinikum Leipzig AöR).

„Universität in Deutschland", Prof. Dr. Wieland Kiess (Universität Leipzig) und Prof. Dr. Charlotte Schubert (Universität Leipzig).

„Sprachliche Vielfalt in Raum und Zeit", Prof. Dr. Balthasar Bickel (Universität Leipzig).

„Baustelle Mensch. Egoistische Gene, Stammzellen und regenerative Medizin", Prof. Dr. Frank Emmrich (Universität Leipzig) und Dr. Michael Cross (Universität Leipzig).

„Hungrig oder satt? Neues aus der medizinischen Forschung und Medikamentenentwicklung zu Fettleibigkeit", Prof. Dr. Annette Beck-Sickinger (Universität Leipzig) und Prof. Dr. Michael Stumvoll (Universitätsklinikum Leipzig AöR).

„6 Zutaten und 100 Anwendungen: Halbleitertechnologien im iPod und in weißen LEDs", Prof. Dr. Marius Grundmann (Universität Leipzig).

„Die Universitätsgeschichte im Film", Prof. Dr. Rüdiger Steinmetz (Universität Leipzig) und Dr. Jens Blecher (Universitätsarchiv Leipzig).

„Mathematische Modelle im (Kredit-)Risikomanagement", Prof. Dr. Rüdiger Frey (Universität Leipzig).

„Die Tippgemeinschaft packt aus", Claudius Nießen (Universität Leipzig).

18. März 2009 – 27. Juni 2009

Wanderausstellung „Historischer Streifzug durch das chemische Labor". (Fakultät für Chemie und Mineralogie).

Verantwortlicher: Thomas Eckert (Universität Leipzig).

Ansprachen und Grußworte: Prof. Dr. Franz Häuser (Rektor der Universität Leipzig), Dr. Knut Nevermann (Staatssekretär im Sächsischen Staatsministerium für Wissenschaft und Kunst a.D.), Prof. Dr. Thomas Fabian (Bürgermeister und Beigeordneter für Jugend, Soziales, Gesundheit und Schule der Stadt Leipzig), Prof. Dr. Harald Krautscheid (Dekan der Fakultät für Chemie und Mineralogie der Universität Leipzig) und Frau Gerda Tschira (Carl Bosch Museum Heidelberg).

Eröffnungsvortrag: Experimentalvorlesung „Geht nicht – gibt's nicht! Verblüffende chemische Experimente und ihre praktische Anwendung", Prof. Dr. Dieter Sicker (Universität Leipzig).

27. März – 30. Mai 2009
Ausstellung „Ein Kosmos des Wissens – Weltschrifterbe in Leipzig". (Universitätsbibliothek Leipzig).
Verantwortlicher: Prof. Dr. Ulrich Johannes Schneider (Universitätsbibliothek Leipzig).
Ansprachen und Grußworte: Prof. Dr. Franz Häuser (Rektor der Universität Leipzig), Wolf-Dietrich Freiherr Speck von Sternburg (Maximilian Speck von Sternburg Stiftung) und Dr. Ronald Werner (Sächsisches Staatsministerium für Wissenschaft und Kunst).

VORTRÄGE:
„Über die Ehe von Wissenschaft und Bibliothek", Prof. Dr. Ulrich Johannes Schneider (Universitätsbibliothek Leipzig).
„Geheimnisse um eine antike Buchrolle. Der Papyrus Ebers", Prof. Dr. Reinhold Scholl (Universitätsbibliothek Leipzig).
„Restauratoren als Kriminologen. Geheimnisse der ältesten Bibelhandschrift aufgedeckt", Ute Feller (Universitätsbibliothek Leipzig) und Prof. Dr. Ulrich Johannes Schneider (Universitätsbibliothek Leipzig).
„Antike Literatur in Leipziger Handschriften des Mittelalters", Dr. Christoph Mackert (Universitätsbibliothek Leipzig).
„Der Atlantik der Gelehrten. Die Universität Leipzig und Wissenschaft in und über Amerika", Dr. Anja Becker (Vanderbilt University, Nashville, Vereinigte Staaten).

2. – 4. April 2009
Tagung „Die Erfindung des Europäers – Imagined Europeans". (Fakultät für Sozialwissenschaften und Philosophie, Global and European Studies Institute).
Verantwortlicher: Prof. Dr. Matthias Middell (Universität Leipzig), Dr. Klaas Dykmann (Universität Leipzig) und Mandy Kretzschmar (Universität Leipzig).
Themenblock I „How to approach the imagined European?" Leitung: Prof. Dr. Matthias Middell (Universität Leipzig):
„Imagined Europeans: ‚How Europeans Created Europe and how Europe Created Europeans'", Prof. Dr. Klaus Kiran Patel (European University Institute Florence, Italien).

„Die Regionalisierung der Welt. Die Area-Studies im 20. Jh. zwischen ‚Kriegsaufklärung', ‚Ersatzdiplomatie' und wissenschaftlicher Herausforderung des europäisch-nordatlantischen ‚Normalfalles'", Dr. Jochen Meissner (Humboldt-Universität zu Berlin).

„‚Europe' and ‚European', but ‚Europeans'?! Einige Beispiele zur Konstruktion des Europäers in der US-amerikanischen Historiographie des 20. Jahrhunderts", Katja Naumann (Universität Leipzig).

Themenblock II „Europeans imagined", Leitung: Prof. Dr. Klaus Kiran Patel (European University Institute Florence, Italien):

„Chinese definitions of the European – Some historical examples", Prof. Dr. Dominic Sachsenmaier (Duke University, Durham, Vereinigtes Königreich).

„Invented Superiority: British Self-Perception and Indian Responses in Colonial South Asia", Prof. Dr. Michael Mann (FernUniversität Hagen).

„Europeans and Europeaness transferred from Lisbon to Rio de Janeiro at the beginning of the 19th century", Debora Gerstenberger (Universität Leipzig).

„Imagining Homo Europaeus – Inventing Australians: Analysis of the Australian printed press of the 1920s and 1960s", Mandy Kretzschmar (Universität Leipzig).

Themenblock III „Practices influenced by the imagination of Europeans (1)", Leitung: Prof. Dr. Helmuth Trischler (Deutsches Museum München):

„Vom Weißen Mann über die Chinesische Enzyklopädie zum EU-Bürger", Dr. Mathias Mesenhöller (Universität Leipzig).

„The European as a Blueprint for International Organisations", Dr. Klaas Dykmann (Universität Leipzig).

„Helping Them Become Like Us: Development Aid as an Arena of Identity Politics", Dr. Corinna Unger (German Historical Institute Washington, Vereinigte Staaten).

„The Writing Genius and its Publisher: The Concept of European Authorship as Global Standard", Dr. Isabella Löhr (Ruprecht-Karls-Universität Heidelberg).

Themenblock IV „Practices influenced by the imagination of Europeans (2)" Leitung: Prof. Dr. Stefan Beck (Humboldt-Universität zu Berlin):

Einführungsvortrag „Der Homo Europaeus in Nahrungsforschung und Medizin", Prof. Dr. Stefan Beck (Humboldt-Universität zu Berlin).

„‚Rasse oder Klasse?' Die Konstruktion des Europäers in kolonialer Malariabekämpfung", Manuela Bauche (Universität Leipzig).

„Bilological imaginations of Homo Europaeus. The construction of ‚Europeans' and ‚Natives' in tropical medicine, 1900–1914", Dr. Veronika Lipphardt (Max-Planck-Institut für Wissenschaftsgeschichte, Berlin).

„Die wissenschaftliche Konstruktion von Fahrern. Zur Entwicklung europäischer Menschmodelle in der Automobilindustrie oder: Aspekte einer ‚anthropometrischen Geschichte' der europäischen Automobilindustrie (1970–2000)", PD Dr. Paul Erker (Deutsches Museum München).

„‚Size Germany – Size Europe'. Europäische Normgrößen in der Bekleidungsindustrie", Nicola Schmidt (Deutsches Museum München).

„Die Konstruktion einer europäischen Technologie als Unternehmensstrategie in der Konsumelektronikindustrie", Markus Speidel (Deutsches Museum München).

Themenblock V „Practices influenced by the imagination of Europeans (3)", Leitung: Dr. Leonore Scholze-Irrlitz (Humboldt-Universität zu Berlin):

Einführungsvortrag „Der Homo Europaeus in Nahrungsforschung und Medizin", Dr. Leonore Scholze-Irrlitz (Humboldt-Universität zu Berlin).

„Nahrungskultur im Standard-Format oder wie EU-Herkunftsangaben als Protektionssystem funktionieren", Stephan Haufe (Humboldt-Universität zu Berlin).

„Herstellungspraxen des Homo Europaeus und Perspektiven von Teilnehmenden an biomedizinischer Forschung", Christine Bischof (Humboldt-Universität zu Berlin).

„Differenz als Ressource: Der Homo Europaeus in der ernährungsepidemiologischen Forschung", Dr. Susanne Bauer (Humboldt-Universität zu Berlin).

6. April – 6. Juli 2009

Ringvorlesung „Europas religiöse Kultur(en) – Prägungen, Profilierungen, Prognosen". (Theologische Fakultät, Institut für Systematische Theologie).

Verantwortlicher: Prof. Dr. Matthias Petzoldt (Universität Leipzig).

„Universitätsgründung in Leipzig – Europäische Gelehrtenkultur, landesfürstliche Politik und kirchliche Krise", Prof. Dr. Jürgen Miethke (Ruprecht-Karls-Universität Heidelberg).

„Religionen und Religiosität in Europa zu Beginn des 21. Jahrhunderts", Prof. Dr. Gert Pickel (Universität Leipzig).

„Das Christentum im Spannungsfeld von Säkularisierung und Pluralisierung", Prof. Dr. Klaus Fitschen (Universität Leipzig).

„Judentum: Ethnie als/ und Religion", Dr. Timotheus Arndt (Universität Leipzig).

Islam und Islamismus", Prof. Dr. Tilman Seidensticker (Friedrich-Schiller-Universität Jena).

„Fernöstliche Spiritualität in europäischer Rezeption", Prof. Dr. Hubert Seiwert (Universität Leipzig).

„Esoterik im Wandel", Dr. Matthias Pöhlmann (Evangelische Zentralstelle für Weltanschauungsfragen, Berlin).

„‚Wiederkehr' der Religion und ‚Wiederkehr' atheistischer Religionskritik", Prof. Dr. Pirmin Stekeler-Weithofer (Universität Leipzig).

„Verschärfungen des religiösen und weltanschaulichen Pluralismus", Dr. Reinhard Hempelmann (Evangelische Zentralstelle für Weltanschauungsfragen, Berlin).

„Dialog der Religionen – Wirklichkeit, Wunsch, Fiktion?", Prof. Dr. Matthias Petzoldt (Universität Leipzig).

„Erweiterung der Europäischen Union durch Integration islamisch geprägter Länder?", Dr. Monika Eigmüller (Universität Leipzig).

„Theologische Wissenschaft – Debatten ums Profil", Prof. Dr. Jens Schröter (Universität Leipzig).

7. April 2009

Physik-Kolloquium. (Fakultät für Physik und Geowissenschaften, Institut für Theoretische Physik).

Verantwortlicher: Prof. Dr. Klaus-Dieter Kroy.

Vortragender: Prof. Dr. Peter Grünberg (Forschungszentrum Jülich).

17. April – 28. November 2009

Interdisziplinäres Kolleg „Science: Who cares?". (Studierende 2009 e.V., Leipzig).

Verantwortlicher: Sven Jaros (Universität Leipzig).

Ansprachen und Grußworte: Prof. Dr. Franz Häuser (Rektor der Universität Leipzig), Prof. Gunnar Berg (Deutsche Akademie der Naturforscher Leopoldina – Nationale Akademie der Wissenschaften, Halle/Saale) in Vertretung für Prof. Dr. Volker ter Meulen (Deutsche Akademie der Naturforscher Leopoldina – Nationale Akademie der Wissenschaften, Halle/Saale) und Heiko Etzold (Universität Leipzig).

VORTRÄGE:

Eröffnungsvortrag „Wer ist wem zu Dank verpflichtet? Die Universität und ihre Studierenden", Prof. Dr. Klaus Ahlheim (Berlin).

Abschlussvortrag „Bruno Latour", Dr. Henning Schmidgen (Max-Planck-Institut für Wissenschaftsgeschichte, Berlin).

WORKSHOPS:

Themenblock I „Die Vermittlung von Wissen in der Schule zwischen gesellschaftlichen und wissenschaftlichen Ansprüchen (bildungssoziologische Studie)":

Leitung: Christopher Hempel (Universität Leipzig), Angelika Brünecke (Universität Leipzig), Sven Jaros (Universität Leipzig), Veit Polowy (Universität Leipzig) und Torsten Hößler (Universität Leipzig).

Betreuung: Prof. Dr. Siegfried Hoppe-Graff (Universität Leipzig), Prof. Dr. Ulrich Bröckling (Universität Leipzig), Prof. Dr. Monika Wohlrab-Sahr (Universität Leipzig) und Prof. Dr. Alfons Kenkmann (Universität Leipzig).

Themenblock II „Der Dialog von Wissenschaft und Öffentlichkeit in der Ausdrucksform einer Ausstellung (museumsdidaktischer Ansatz)":

Leitung: Julia Herzau (Universität Leipzig), Felix Dietzsch (Universität Leipzig) und Franca Hähle (Universität Leipzig).

Betreuung: Prof. Dr. Gisela Weiß (Hochschule für Technik, Wirtschaft und Kultur Leipzig), Michael Sturm (Universität Leipzig) und Leonard Schmieding (Universität Leipzig).

Themenblock III „Gesellschaftliche Stellung und Wahrnehmung von Wissenschaft in den Medien (kulturgeschichtlicher, kulturkritischer Ansatz)":

Leitung: Kai-Friederike Oelbermann (Universität Leipzig), Kristin Bauer (Universität Leipzig) und Wiebke Nadler

Betreuung: Dr. Harald Homann (Universität Leipzig).

20. April – 6. Juli

Vortragsreihe „Die Geschichte der Leipziger Germanistik". (Philologische Fakultät, Institut für Germanistik).

Verantwortliche: Prof. Dr. Günther Öhlschläger (Universität Leipzig), Prof. Dr. Hans Ulrich Schmid (Universität Leipzig), Prof. Dr. Ludwig Stockinger (Universität Leipzig) und Dr. Dirk Werle (Universität Leipzig).

Ansprachen und Grußworte: Prof. Dr. Wolfgang Lörscher (Dekan der Philologischen Fakultät der Universität Leipzig) und Prof. Dr. Dieter Burdorf (Universität Leipzig).

„Die Leipziger Germanistik – Wissenschafts- und institutionengeschichtliche Einleitung", Prof. Dr. Günther Öhlschläger (Universität Leipzig) und Prof. Dr. Ludwig Stockinger (Universität Leipzig).

„Moriz Haupt und Friedrich Zarncke", Prof. Dr. Hans Ulrich Schmid (Universität Leipzig).

„Eduard Sievers und die Junggrammatiker", Prof. Dr. Günther Öhlschläger (Universität Leipzig).

„Germanistik als Philologie 1890–1924 – Zur institutionellen Einrichtung der neueren Literaturwissenschaft (Albert Köster, Georg Witkowski, Ernst Elster, Rudolf Hildebrand)", Dr. Myriam Richter (Universität Hamburg).

„Mit einem Bein innerhalb, mit einem Bein außerhalb. Die Leipziger Niederlandistik", Prof. Dr. Jan Goossens (Katholieke Universiteit Leuven, Belgien).

„Die Leipziger Nordistik", Prof. Dr. Julia Zernack (Johann-Wolfgang-Goethe-Universität Frankfurt/Main).

„Hermann August Korff – Geistesgeschichte in drei Systemen", Prof. Dr. Ludwig Stockinger (Universität Leipzig).

„Theodor Frings", Prof. Dr. Gotthard Lerchner (Sächsische Akademie der Wissenschaften zu Leipzig).

„Kontinent Hans Mayer – Zur historischen Kartierung eines Leipziger Mythos", Dr. Dirk Werle (Universität Leipzig).

6. – 16. Mai 2009

Altorientalisches Kolloquium „Geburt und Blüte einer Wissenschaft. Die Geschichte der Altorientalistik an der Universität Leipzig und in der Welt". (Fakultät für Geschichte, Kunst- und Orientwissenschaften, Altorientalisches Institut).

Verantwortlicher: Prof. Dr. Michael Streck (Universität Leipzig).

„Morgenländische Alterthümer – Aus der Frühgeschichte einer Disziplin", Prof. Dr. Eva Cancik-Kirschbaum (Freie Universität Berlin).

„Leipzig als Zentrum des Keilschriftrechts", Prof. Dr. Joachim Oelsner (Sächsische Akademie der Wissenschaften zu Leipzig).

„Aus dem Nachlass von Hermann V. Hilprecht, Ausgräber von Nippur", Prof. Dr. Manfred Krebernik (Friedrich-Schiller-Universität Jena).

24. Mai 2009

Benefizkonzert für die Epitaphien der zerstörten Palinerkirche. Gemeinsames Konzert des Leipziger Universitätsorchesters und des MDR Sinfonieorchesters.

VERANSTALTUNGEN DER FAKULTÄTEN, INSTITUTE UND EINRICHTUNGEN

14. Juni 2009

Festmusikenkonzert im Rahmen des Bachfestes 2009. Aufführung von zwei der „Festmusiken zu Leipziger Universitätsfeiern" durch den Leipziger Universitätschor und das Pauliner Barockensemble unter Leitung von David Timm: „Vereinigte Zwietracht der wechselnden Seiten" und Marsch (Studentenaufzug) sowie „Was mir behagt, ist nur muntre Jagd".

19. Juni – 28. November 2009

Ausstellung „Leipziger – Eure Bücher! Zwölf Kapitel zur Bestandsgeschichte der Leipziger Stadtbibliothek". (Universitätsbibliothek Leipzig).

Ansprachen und Grußworte: Prof. Dr. Ulrich Johannes Schneider (Universitätsbibliothek Leipzig) und Michael Faber (Bürgermeister und Beigeordneter für Kultur der Stadt Leipzig).

Führungen durch die Ausstellung.

VORTRÄGE:

„Leipziger städtischer Buchbesitz in der Universitätsbibliothek", Prof. Dr. Thomas Fuchs (Universitätsbibliothek Leipzig).

„Die Bücherstiftung des Dietrich von Bocksdorf in den Jahren 1459/1463", Dr. Christoph Mackert (Universitätsbibliothek Leipzig).

„Bibliotheca Senatus Lipsiensis – Die Sammlungen des Leipziger Rates", Sabine Schmidt (Museum der bildenden Künste Leipzig).

21. – 28. Juni 2009

Treffen von Alumni aus der Mongolei. (Akademisches Auslandsamt der Universität Leipzig).

24. – 27. Juni 2009

Konferenz „Politische Wechsel – Sprachliche Umbrüche". (Philologische Fakultät, Institut für Germanistik).

Verantwortliche: Dr. Bettina Bock (Sächsische Akademie der Wissenschaften zu Leipzig).

Ansprachen und Grußworte: Prof. Dr. Wolfgang Lörscher (Dekan der Philologischen Fakultät der Universität Leipzig) und Prof. Dr. Bernhard Meier (Universität Leipzig).

Themenblock I „Grundsätzliches, Rückblick, Bestandsaufnahme":

„Politische Wechsel – Sprachliche Umbrüche. Zum Verhältnis von Zeitgeschichte und Sprachgeschichte", Prof. Dr. Heidrun Kämper (Universität Mannheim).

„Wirtschaftliche, soziale und demographische Folgen der Friedlichen Revolution von 1989/90 – Eine Bilanz nach 20 Jahren", Prof. Dr. Günther Heydemann (Universität Leipzig).

„‚Change' durch Obama. Politischer oder kommunikativer Umbruch in den USA?", Prof. Dr. Josef Klein (Freie Universität Berlin).

„Eine OSTDEUTSCHE Wandzeitung: Über Anlass, Anliegen und Ausführung", Dr. Marianne Schröder (Universität Leipzig).

„Kommunikative Dissonanz. Warum wir aufgrund von dissonanten Wahrnehmungskulturen ‚Ost- und Westdeutsche' bleiben", Prof. Dr. Gerd Antos (Martin-Luther-Universität Halle-Wittenberg).

„Zwei deutsche Staaten – Eine Sprache? Zwei deutsche Staaten – Zwei Sprachen?", Dr. Manfred W. Hellmann (Institut für Deutsche Sprache, Mannheim).

Themenblock II „Zur Lage der Dinge – Interdisziplinär und international":

„Inklusion und Exklusion. Zur Bedeutung semantischer Strategien für die symbolische Integration der DDR-Gesellschaft", Prof. Dr. Ralph Jessen (Universität zu Köln).

„Die Rolle von Sprache in der Bürgerbewegung der DDR", Dr. Ehrhart Neubert (Bürgerbüro e.V., Berlin).

„DDR-Punk-Diskurs", Dr. Melanie Schröter (University of Reading, Vereinigtes Königreich) und Dr. Steffen Pappert (Universität Duisburg-Essen).

„‚Kommunikationsraum MfS' und die Texte der inoffiziellen Mitarbeiter", Dr. Bettina Bock (Sächsische Akademie der Wissenschaften zu Leipzig).

„Auf den Spuren der friedlichen Revolution", Susann Hannemann (Universität Leipzig).

„Sprachliche Folgen des Umbruchs in Bulgarien", Dr. Ljubima Jordanova (St.-Kliment-Ohridski-Universität Sofia, Bulgarien).

„‚Versailles ist zu Ende!' – Sprache des politischen Umbruchs in Polen", Dr. Jarochna Dabrowska-Burkhardt (Uniwersytet Zielonogórski, Zielona Góra, Polen).

„Sprache in Russland nach dem Umbruch", Dr. Natalja Troshina (Russische Akademie der Wissenschaften, Moskau).

„Sprachliche Identität in der zerfallenden Tschechoslowakei nach 1989", Prof. Dr. Georg Schuppener (Universität Leipzig).

„Sprachliche Umbrüche in biographischen Interviews an der deutsch-tschechischen Grenze", Prof. Dr. Werner Holly (Technische Universität Chemnitz).

„Der ‚Osten' (und der ‚Westen') in den Diskursen des vereinten Deutschlands – Massenmedial und interpersonal", Dr. Kersten Sven Roth (Universität Zürich, Schweiz).

„Sprache im geteilten Korea: Das Wörterbuchprojekt", Prof. Dr. Won-Sik Kim (Hankuk University of Foreign Studies, Seoul, Südkorea).

„Sprachliche Veränderungen nach der politischen ‚Wende' in Ungarn im Spiegel der Neologismen", Dr. Roberta V. Rada (Eötvös-Loránd Universität, Budapest, Ungarn).

„Revolutionierung der Sprachverhältnisse nach der ‚Revolution' vom 22. Dezember 1989 in Rumänien", Prof. Dr. Klaus Bochmann (Moldova-Instituts Leipzig e.V.).

„Sprachliche Folgen des Umbruchs in der Republik Moldau", Dr. Sanda Şarov (Chişinău, Moldawien).

„Sprache in totalitären Systemen – Mehr als die öffentliche Sprache ihrer Repräsentanten. Stand der Forschung und offene Forschungsfelder", Prof. Dr. Ulla Fix (Universität Leipzig).

Podiumsdiskussion „Hat die Betrachtung von Sprache und Sprachgebrauch einen Wert für die Aufarbeitung von politischer Vergangenheit?", Moderation: Dr. Ulrich Mählert (Bundesstiftung zur Aufarbeitung der SED-Diktatur), Teilnehmer: Prof. Dr. Gerd Antos (Martin-Luther-Universität Halle-Wittenberg), Prof. Dr. Josef Klein (Freie Universität Berlin), Dr. Ehrhart Neubert (Bürgerbüro e.V., Berlin) und Hassan Soilihi Mzé (Universität Leipzig).

25. Juni 2009

Werner-Ihmels-Gedenkvorlesung „Christliche Freiheit als soziale Verantwortung". (Theologische Fakultät).

Ansprachen und Grußworte: Prof. Dr. Franz Häuser (Rektor der Universität Leipzig).

Vortrag: Dr. Joachim Gauck (Bundesbeauftragter für die Stasi-Unterlagen a.D., Berlin).

26. Juni 2009

2000 Stem Cell Transplants at the University Hospital in Leipzig. (Medizinische Fakultät, eigentlich: Universitätsklinikum Leipzig, Abteilung für Hämatologie und Onkologie).

Ansprache und Grußwort: Prof. Dr. Dietger Niederwieser (Universitätsklinikum Leipzig AöR).

Themenblock I, Leitung: Prof. Dr. Gösta Gahrton (Karolinska University Hospital, Stockholm, Schweden) und Prof. Dr. Dietger Niederwieser (Universitätsklinikum Leipzig AöR):

„Prognostic impact und treatment of iron overload after allogeneic Hematopoietic cell transplantation", Dr. Haifa Kathrin Al-Ali (Universitätsklinikum Leipzig AöR).

„Prognostic factors for graft rejection after stem cell transplantation with reduced intensity conditioning", Dr. Georg Nikolaus Franke (Universitätsklinikum Leipzig AöR).

„The safety and efficacy of azacitidine in patients with newly diagnosed and relapsed or refractory AML not eligible for or resistant to chemotherapy: A multicentre phase I/II study of the East German Hematology and Oncology Study Group (OSHO)", Nadja Jäkel (Universitätsklinikum Leipzig AöR).

„High levels of Nm23-H2 expression in chronic myeloid leukaemia arise through a Bcr/ Abl-dependent post-transcriptional control mechanism", Dr. Sabine Tschiedel (Universitätsklinikum Leipzig AöR).

„Donor chimerism in CD34-positiv cells and relapse after RIC-HCT", Dr. Haifa Kathrin Al-Ali (Universitätsklinikum Leipzig AöR).

„Stem cell transplantation for elderly patients: The Leipzig experience with reduced intensity conditioning", PD Dr. Thoralf Lange (Universitätsklinikum Leipzig AöR).

„2000 stem cell transplants at the University of Leipzig", Prof. Dr. Dietger Niederwieser (Universitätsklinikum Leipzig AöR).

Themenblock II, Leitung: Prof. Dr. Eliane Gluckman (Saint Louis Hospital, Paris, Frankreich) und Prof. Dr. Nadezda Basara (Universitätsklinikum Leipzig AöR):

„Working party stem cell transplantation of the East German Study Group (OSHO)", PD Dr. Herbert G. Sayer (Klinikum der Friedrich-Schiller-Universität Jena).

„Effect of ATG in mismatched stem cell transplantation", Prof. Dr. Axel Zander (Universitätsklinikum Hamburg-Eppendorf).

„New developments in allogeneic stem cell transplantation for patients with myeloid malignancies: Impact of the intensity of the conditioning, donor lymphocyte infusions, and iron toxicity/ transfusions", Theo de Witte (Universitair Medisch Centrum St Radboud, Nijmegen, Niederlande).

„Allogeneic stem cell transplantation in multiple myeloma – Is there a place?", Prof. Dr. Gösta Gahrton (Karolinska University Hospital, Stockholm, Schweden).

„Cord blood transplantations: New perspectives", Prof. Dr. Eliane Gluckman (Saint Louis Hospital, Paris, Frankreich).

7. – 12. Juli 2009

Kolloquium „Prozesse und Strategien der Hybridität 2. Ein Neudenken von Maghreb und Europa. Hybridisierungen – Métissages – Diasporisationen am Beispiel ihrer Literatur und Kultur". (Philologische Fakultät, Institut für Romanistik).

Verantwortlicher: Prof. Dr. Alfonso de Toro (Universität Leipzig).

Ansprachen und Grußworte: Prof. Dr. Franz Häuser (Rektor der Universität Leipzig), Prof. Dr. Thomas Fabian (Bürgermeister und Beigeordneter für Jugend, Soziales, Gesundheit und Schule der Stadt Leipzig), Prof. Dr. Wolfgang Lörscher (Dekan der

Philologischen Fakultät der Universität Leipzig), Prof. Dr. Charlotte Schubert (Universität Leipzig), Dr. Denis Bocquet (Institut Français, Dresden) und Prof. Dr. Alfonso de Toro (Universität Leipzig).

Eröffnungsvortrag „Contribution des écrivains francophones du Maghreb à une littérature monde en français", Prof. Dr. Réda Bensmaïa (Brown University, Vereinigte Staaten).

Themenblock I, Leitung: Prof. Dr. Alfonso de Toro (Universität Leipzig):

„La littérature ou la conquête de soi", Boualem Sansal (Ecrivain, Algerien).

„Textes et pensées sur la rencontre avec l'Europe", Prof. Dr. Mohamed Ait El Ferrane (Université Cadi Ayyad, Marrakesch, Marokko).

„Playful and serious encounters of the ‚Own' and the ‚Other' on Spains southern shores. Cultural syncretisms, hybridisations and identity formations between the Maghreb and Europe", Sina Lucia Kottmann (Universität Konstanz).

„Hybridité, extranéité mouvances/dérapages identitaires", Dr. Rachida Saigh Bousta (Université Cadi Ayyad, Marrakesch, Marokko).

Themenblock II, Leitung: Prof. Dr. Réda Bensmaïa (Brown University, Vereinigte Staaten):

„Littératures du Maghreb et appropriation de l'héritage historique", Prof. Dr. Khalid Zekri (Université Moulay Ismaïl, Meknès, Marokko).

„L'expérience de l'étrangeté ou la culture traversée par le corps et le regard", Prof. Dr. Alfonso de Toro (Universität Leipzig).

„Métissages idéologiques, marginalités socio-identitaires et imaginaires transculturels à travers le Texte maghrébin", Mourad Yelles (Institut national des langues et civilisations orientales, Paris, Frankreich).

Themenblock III, Leitung: Dr. Zohra Mezgueldi (Université Hassan II, Casablanca, Marokko):

„Dans le sillage d'Ulysse: Réécritures postcoloniales d'un mytheméditerranéen", Dr. Elke Richter (Universität Bremen).

„Stratégies narratives et métissage culturel dans ‚La Macération' et ‚La Prise de Gibraltar' de Rachid Boudjedra", Sonia Zlitni-Fitouri (Université de Tunis I, Tunesien).

Themenblock IV, Leitung: Prof. Dr. Khalid Zekri (Université Moulay Ismaïl, Meknès, Marokko):

„La syntaxe de l'hybride dans la poésie marocaine de langue française", Prof. Dr. Saltani Bernoussi (Université Sidi Mohamed Ben Abdellah, Fès, Marokko).

„Patrimoines partagés et cultures métisses au Maroc: Quelle perception et quelle conscience?", Dr. Oumama Aouad Lahrech (Université Mohammed V Agdal, Rabat, Marokko).

Themenblock V, Leitung: Prof. Dr. Hafid Gafaïti (Texas Tech University, Vereinigte Staaten):

„Revendiquer l'amazighité: Formes et usages des discours militants du mouvement culturel berbère au Maghreb", Didier Le Saout (Université Paris VIII, Frankreich).

„Espaces plurilingues et (en)jeu(x) de l'écriture", Abdelouahad Mabrour (Chouaïb Doukkali, El Jadida, Marokko).

Themenblock VI, Leitung: Dr. Natascha Ueckmann (Universität Bremen):

„L'écriture de la rupture/la parole de la mouvance", Rajaa Berrada Fathi (Université Hassan II, Casablanca, Marokko).

„La ‚Politique de la Relation': ‚Harraga' de Boualem Sansal", Juliane Tauchnitz (Universität Leipzig).

Themenblock VII, Leitung: Dr. Elke Richter (Universität Bremen):

„La langue de l'autre dans l'œuvre autobiographique d'Abdelkebir Khatibi et de Patrick Chamoiseau", Dr. Natascha Ueckmann (Universität Bremen).

Themenblock VIII, Leitung: Prof. Dr. Khalid Zekri (Université Moulay Ismaïl, Meknès, Marokko):

„Masculinités en procès: Stratégies esthétiques de se représenter en homme", Prof. Dr. Claudia Gronemann (Universität Mannheim).

„Genre et question du sujet dans la littérature marocaine: Le Masculin/ Féminin entre déplacement et retournement des signes", Dr. Zohra Mezgueldi (Université Hassan II, Casablanca, Marokko).

„Stratégies d'hybridité sexuelle dans la littérature algérienne francophone: Exclusion et grâce chez Assia Djebar", Dr. Trudy Agar-Mendousse (University of Auckland, Neuseeland).

Themenblock IX, Leitung: Prof. Dr. Hafid Gafaïti (Texas Tech University, Vereinigte Staaten):

„Mère, père, regards des enfants. L'enfance comme modèle culturel et ‚gender' dans les littératures maghrébines et beur", Prof. Dr. Roland Spiller (Johann-Wolfgang-Goethe-Universität Frankfurt/Main).

„La poét(h)ique transculturelle de la ‚littérature beur'", Dr. Karen Struve (Universität Bremen).

Themenblock X, Leitung: Prof. Dr. Roland Spiller (Johann-Wolfgang-Goethe-Universität Frankfurt/Main):

„Identités Culturelles, Modernité et Mondialisation", Dr. Moha Ennaji (Université Sidi Mohamed Ben Abdellah, Fès, Marokko).

„Démocratie au Maghreb 1989–2009 bilan d'une transition inachevée", Prof. Dr. Rachid Ouaissa (Philipps-Universität Marburg).

Themenblock XI, Leitung: Prof. Dr. Rachid Ouaissa (Philipps-Universität Marburg):

„Littérature comme critique du fondamentalisme", Dr. Abderrahman Tenkoul (Université Sidi Mohamed Ben Abdellah, Fès, Marokko).

„Le paradigme Europe-Maghreb: Cultures transnationales et dialogue descivilisations", Prof. Dr. Hafid Gafaïti (Texas Tech University, Vereinigte Staaten).

10. Juli – 21. November 2009

Festkolloquium und Vortrag „200 Jahre Mineralogisch-petrographische Sammlung an der Universität Leipzig". (Fakultät für Chemie und Mineralogie, Institut für Mineralogie, Kristallographie und Materialwissenschaft).

Vortragende: Prof. Dr. Gert Klöß (Universität Leipzig).

11. Juli 2009

Gemeinschaftskonzert der mitteldeutschen Universitätschöre Jena, Halle-Wittenberg, Leipzig. (Leipziger Universitätsmusik).

Leitung: Christoph Westphal (Studentenchor der Friedrich-Schiller-Universität Jena), Jens Lorenz (Universitätschor Halle-Wittenberg „Johann Friedrich Reichardt"), Jens Arndt (Universitätschor Halle-Wittenberg „Johann Friedrich Reichardt") und David Timm (Leipziger Universitätsmusik).

16. – 23. Juli 2009

Sommerschule „Law and Myths: Foundation of States?". (Fakultät für Geschichte, Kunst- und Orientwissenschaften, Historisches Seminar und Fakultät für Sozialwissenschaften und Philosophie, Institut für Politikwissenschaft).

Verantwortliche: Prof. Dr. Charlotte Schubert (Universität Leipzig).

„Hierarchie, Konsens und Kommunikation. Pomp und Prozessionen in der politischen Kultur der römischen Republik", Prof. Dr. Karl-Joachim Hölkeskamp (Universität zu Köln).

„Umstrittene Deutung einer politischen Ordnung – Überlegungen zu Rekonstruktionen einer Republik von Karl-Joachim Hölkeskamp", Andreas Gerstacker (Universität Leipzig), Dr. Roxana Kath (Universität Leipzig), Anne Kuhnert (Universität Leipzig) und Patrick Pfeil (Universität Leipzig).

„Erinnerungskultur und Geschichtsschreibung in der römischen Republik", Prof. Dr. Uwe Walter (Universität Bielefeld).

„Die Römische Republik als Kultur des Erinnerns, Deutens und Vergessens: Überlegungen zu Uwe Walter Memoria und res publica", Bolko Fietz (Universität Leipzig), Dr. Roxana Kath (Universität Leipzig), Dr. Michael Rücker (Universität Leipzig) und Christine Taube (Universität Leipzig).

27. – 31. Juli 2009
Europäische Sommeruniversität „Kulturen und Technologien". (Philologische Fakultät, Institut für Romanistik).
Verantwortliche: Prof. Dr. Elisabeth Burr (Universität Leipzig).
Ansprache und Grußwort: Prof. Dr. Martin Schlegel (Prorektor für Forschung und wissenschaftlichen Nachwuchs der Universität Leipzig).

VORLESUNGEN:
„Digital Humanities: Where do they come from and where are they heading for?", Prof. Dr. Dino Buzzetti (Università di Bologna, Italien).
„Humanities and Computer Science: A Personal View", Prof. Dr. Ulrich Eisenecker (Universität Leipzig).
„Multimedia applications and transdisciplinary cooperation", Prof. Dr. Tapio Seppänen (University of Oulu, Finnland).
„How new Media bring total change to our Libraries", Prof. Dr. Ulrich Johannes Schneider (Universitätsbibliothek Leipzig).

WORKSHOPS:
„Transkription und Beschreibung von Primärquellen mit Hilfe von TEI-konformem XML", Leitung: Christiane Fritze (Deutsches Textarchiv, Berlin) und Dr. Malte Rehbein (National University of Ireland, Galway).
„Elektronisches Publizieren unter Anwendung von XML und TEI", Leitung: Prof. Dr. Alejandro G. Bia (Universidad de Alicante, Spanien) und Prof. Dr. María del Mar Carasco Andrino (Universidad de Alicante, Spanien).
„Textanalyse in den digitalen Geisteswissenschaften. Methoden und Tools", Leitung: Dr. Jan Rybicki (Uniwersytet Jagiellońsk Kraków, Polen).
„Korpus und Korpusanalyse in der Sprach- und Literaturwissenschaft", Leitung: Prof. Dr. Stefan Th. Gries (University of California, Santa Barbara, Vereinigte Staaten).
Podiumsdiskussion „Digital Humanities – New Questions? New Synergies?", Teilnehmer: Prof. Dr. Robert Holländer (Prorektor für strukturelle Entwicklung der Universität Leipzig), Prof. Dr. Harold Short (King's College London, Vereinigtes

Königreich), Prof. Dr. Dino Buzzetti (Università di Bologna, Italien), Prof. Dr. Ulrich Schneider (Universitätsbibliothek Leipzig), Prof. Dr. Ulrich Eisenecker (Universität Leipzig), Prof. Dr. Ulrich Brieler (Referat Grundsatzfragen der Stadt Leipzig), Prof. Dr. Elisabeth Burr (Universität Leipzig), Amy Römer (Universität Leipzig) und Pascal Kovacs (Universität Leipzig).

14. August 2009
Auftritt der Unibigband bei den „Classic Open"

29. August – 5. September 2009
Festwoche des Museums für Musikinstrumente der Universität Leipzig. (Museum für Musikinstrumente der Universität Leipzig).

FÜHRUNGEN:
„Ins Licht gerückt: Wappen", Prof. Dr. Eszter Fontana (Museum für Musikinstrumente der Universität Leipzig).
„Mendelssohn und Schumann auf Spieldosen, automatischen Klavieren und Flöteuhren", Dr. Birgit Heise (Universität Leipzig).
„Ein musikalischer Spaziergang von Bach zu Mendelssohn".

FILMVORFÜHRUNGEN:
„Der Tangospieler"
„‚Kinoorgel Live': Zeitdokumente aus dem Universitätsarchiv – Sonderaufführung. Sozialistischer Enthusiasmus vor 50 Jahren. 550 Jahre Universität Leipzig", Moderation: Beate Rebner (Universitätsarchiv Leipzig).
„Tönende Bilder spezial – Vorstellung der Kinoorgel", Solistin: Sabine Heller (Orgel), Moderation: Veit Heller (Hochschule für Musik und Theater „Felix Mendelssohn Bartholdy" Leipzig).

KONZERTE:
„Unwiderstehlich muss die Schöne uns entzücken", Sängerin: Ulrike Richter (Sopran).
Ein musikalischer Spaziergang von Bach zu Mendelssohn.

31. August 2009 – 30. April 2010
Sonderausstellung „Studiosi, Magistri und Musik – Musikalische Geschichten". (Museum für Musikinstrumente der Universität Leipzig).
30. August 2009, Vernissage.

4. – 5. September 2009

Festveranstaltung zum 100. Jahrestag der Verleihung des Nobelpreises an Wilhelm Ostwald. (Fakultät für Chemie und Mineralogie, Institut für Technische Chemie).

Verantwortlicher: Prof. Dr. Helmut Papp (Universität Leipzig).

Ansprachen und Grussworte: Dr. Eva-Maria Stange (Sächsische Staatsministerin für Wissenschaft und Kunst, Dresden), Prof. Dr. Martin Schlegel (Prorektor für Forschung und wissenschaftlichen Nachwuchs der Universität Leipzig), Prof. Dr. Pirmin Stekeler-Weithofer (Universität Leipzig), Prof. Dr. Wolfgang von Rybinski (Heinrich-Heine-Universität Düsseldorf) und Prof. Dr. Harald Krautscheid (Dekan der Fakultät für Chemie und Mineralogie der Universität Leipzig).

„Katalyse: Von Ostwald zum atomaren Verständnis", Prof. Dr. Gerhard Ertl (Fritz-Haber-Institut der Max-Planck-Gesellschaft, Berlin).

„Die Rolle der Katalyse in zukünftigen Energiesystemen", Prof. Dr. Ferdi Schüth (Max-Planck-Institut für Kohlenforschung, Mülheim/Ruhr).

„Auf den Spuren Ostwalds in Dresden", Prof. Dr. Wladimir Reschetilowski (Technische Universität Dresden).

„Experimentalvorlesung", Prof. Dr. Wolfgang Oehme (Universität Leipzig) und Prof. Dr. Dieter Sicker (Universität Leipzig).

101. Grossbothener Gespräch „Das Massensterben an der Grenze von Perm zur Trias. Das Wissen über die Vergangenheit des Lebens auf der Erde ist ein wichtiger Schlüssel zum Verstehen seiner Gegenwart und Zukunft", Dr. Ludwig Weißflog (Helmholtz-Zentrum für Umweltforschung, Leipzig-Halle).

4. – 6. September 2009

5. Europäische Pharmazeutinnentreffen „Pharmazeutinnen in Europa: Gestern – Heute – Morgen". (Fakultät für Biowissenschaften, Pharmazie und Psychologie, Institut für Pharmazie).

Verantwortliche: Prof. Dr. Karen Nieber (Universität Leipzig).

„Schwerer Weg der Frauen zum Studium der Pharmazie", Prof. Dr. Christoph Friedrich (Philipps-Universität Marburg).

„Pharmazie in der Geschichte: Macht das Geschlecht einen Unterschied?", Prof. Dr. Bettina Wahrig (Technische Universität Braunschweig).

„Diskrepanz zwischen universitärer Ausbildung und täglicher Apothekenpraxis in der Türkei", Dr. Sule Apikoglu Rabus (Marmara Universitesi Eczacilik Fakultesi, Istanbul, Türkei).

„Problemlösungen – Interaktive Workshops in der tschechischen Republik. Management krankheitsbezogener Probleme eines Diabetes Patienten", Dr. Alena Linhartova (Tschechien).

„Neue Tätigkeitsfelder für Pharmazeutinnen in der Pharmaindustrie in den osteuropäischen Ländern", Emina Ajanovic (Bosnien Herzegowina).

„Angewandte Pharmakoepidemiologie – Am Beispiel von Antihypertensiva", Hege Salvesen Blix (Universitetet i Oslo, Norwegen).

4. – 10. September 2009

„Treffen von Alumni aus Vietnam". (Akademisches Auslandsamt der Universität Leipzig).

6. – 11. September 2009

Botanikertagung 2009 „Plants for the Future". (Fakultät für Biowissenschaften, Pharmazie und Psychologie, Institut für Biologie I).

Verantwortlicher: Prof. Dr. Christian Wilhelm (Universität Leipzig).

Ansprachen und Grußworte: Prof. Dr. Christian Wilhelm (Universität Leipzig), Prof. Dr. Ulf-Ingo Flügge (Universität zu Köln), Dr. Knut Nevermann (Staatssekretär im Sächsischen Staatsministerium für Wissenschaft und Kunst a.D.), Prof. Dr. Martin Schlegel (Prorektor für Forschung und wissenschaftlichen Nachwuchs der Universität Leipzig) und Prof. Dr. Rudolf Rübsamen (Universität Leipzig).

PLENARVORTRÄGE:

„Biomass for Energy – Status, Prospects and Needs", Prof. Dr. Martin Kaltschmitt (Deutsches BiomasseForschungsZentrum Leipzig).

„Achieving Sustainable Biofuels from Plant Feedstocks", Prof. Dr. Stephen P. Long (University of Illinois, Urbana, Vereinigte Staaten).

„Metabolon formation and metabolic channeling in the biosynthesis of plant natural products", Prof. Dr. Birger L. Møller (Royal Veterany and Agricultural University, Kopenhagen, Dänemark).

„Sumoylation in plant responses to abiotic stresses", Prof. Dr. Paul Mike Hasegawa (Purdue University, West Lafayette, Indiana, Vereinigte Staaten).

„Current trends in large-scale biodiversity research", Prof. Dr. Bernhard Schmid (Universität Zürich, Schweiz).

SYMPOSIEN:

Themenblock I „Unicellular Algae as Model Organisms", Leitung: Prof. Dr. Georg Kreimer (Friedrich-Alexander-Universität Erlangen-Nürnberg).

Themenblock II „Biodiversity and biotic interaction of algae", Leitung: Dr. Regine Jahn (Freie Universität Berlin) und Prof. Dr. Georg Pohnert (Friedrich-Schiller-Universität Jena).

Themenblock III „Redoxregulation", Leitung: Prof. Dr. Karl-Josef Dietz (Universität Bielefeld).

Themenblock IV „Photoprotection", Leitung: PD Dr. Reimund Goss (Universität Leipzig).

Themenblock V „Mycology and Lichenology", Leitung: Prof. Dr. Dominik Begerow (Ruhr-Universität Bochum).

Themenblock VI „Secondary products (1) – Glucosinulates", Leitung: Prof. Dr. Dirk Selmar (Technische Universität Braunschweig).

Themenblock VII „Secondary products (2) – Evolution and diversification in plant secondary metabolism", Leitung: Prof. Dr. Maike Petersen (Philipps-Universität Marburg).

Themenblock VIII „Secondary metabolism", Leitung: Prof. Dr. Dieter Strack (Leibniz-Institut für Pflanzenbiochemie, Halle/Saale).

Themenblock IX „Biodiversity and Evolution", Leitung: PD Dr. Dirk Albach (Johannes-Gutenberg-Universität Mainz).

Themenblock X „Signal Transduction", Leitung: Prof. Dr. Dierk Scheel (Leibniz-Institut für Pflanzenbiochemie, Halle/Saale).

Themenblock XI „Phytopathology", Leitung: Prof. Dr. Ulla Bonas (Martin-Luther-Universität Halle-Wittenberg).

Themenblock XII „Crop Plants", Leitung: Prof. Dr. Thomas Altmann (Universität Potsdam).

Themenblock XIII „Phytohormones", Leitung: Prof. Dr. Claus Wasternack (Leibniz-Institut für Pflanzenbiochemie, Halle/Saale).

Themenblock XIV „Tree Physiology", Leitung: PD Dr. Doris Krabel (Technische Universität Dresden).

Themenblock XV „Epigenetics", Leitung: Prof. Dr. Gunter Reuter (Martin-Luther-Universität Halle-Wittenberg).

Themenblock XVI „Abiotic stress", Leitung: Prof. Dr. Dorothea Bartels (Rheinische Friedrich-Wilhelms-Universität Bonn).

Themenblock XVII „Biofuels", Leitung: PD Dr. Olaf Kruse (Universität Bielefeld).

VERANSTALTUNGEN DER FAKULTÄTEN, INSTITUTE UND EINRICHTUNGEN

Themenblock XVIII „Organelles", Leitung: Prof. Dr. Udo Johanningmeier (Martin-Luther-Universität Halle-Wittenberg).

Themenblock XIX „Photosynthesis", Leitung: Prof. Dr. Peter Westhoff (Heinrich-Heine-Universität Düsseldorf).

Themenblock XXI „Evolution", Leitung: Prof. Dr. Uwe Maier (Philipps-Universität Marburg).

Themenblock XXII „Protein transport", Leitung: Prof. Dr. Ralf Bernd Klösgen (Martin-Luther-Universität Halle-Wittenberg).

Themenblock XXIII „Senescence", Leitung: Prof. Dr. Klaus Humbeck (Martin-Luther-Universität Halle-Wittenberg).

Themenblock XXIV „Responses to global changes", Leitung: Prof. Dr. Isabell Hensen (Martin-Luther-Universität Halle-Wittenberg).

Themenblock XXV „Symbiosis – Mykorrhiza", Leitung: Prof. Dr. Francois Buscot (Helmholtz-Zentrum für Umweltforschung, Leipzig-Halle).

Themenblock XXVII „Biodiversity and tropical ecology", Leitung: PD Dr. Martin Freiberg (Universität Leipzig).

Themenblock XXVIII „Plants in changing climate", Leitung: Prof. Dr. Hans-Joachim Weigel (Johann-Heinrich-von-Thünen-Institut für Ländliche Räume, Wald und Fischerei, Braunschweig).

PODIUMSDISKUSSIONEN:

„How to measure scientific quality (for participants only)", Moderator: Prof. Dr. Peter Westhoff (Heinrich-Heine-Universität Düsseldorf), Teilnehmer: Adam Finch (Wiley Oxford, Vereinigtes Königreich), Prof. Dr. Ulf-Ingo Flügge (Universität zu Köln), Prof. Dr. Francois Buscot (Helmholtz-Zentrum für Umweltforschung, Leipzig-Halle), Prof. Dr. Birgit Piechulla (Universität Rostock) und Dr. Sybille Hinze (Institut für Forschungsinformation und Qualitätssicherung, Bonn).

„Volle Tanks und leere Teller: zur Perspektive der Bioenergie", Moderation: Anja Martini (MDR), Teilnehmer: Wolfgang Tiefensee (Minister für Verkehr, Bau und Stadtentwicklung), Prof. Dr. Martin Kaltschmitt (Deutsches BiomasseForschungs-Zentrum Leipzig)., Prof. Dr. Peter Wagner (Martin-Luther-Universität Halle-Wittenberg), Peter Rottach (Brot für die Welt), Prof. Dr. Jürgen Leohold (Volkswagen AG) und Prof. Dr. Christian Wilhelm (Universität Leipzig).

10. September – 21. November 2009

Ausstellung in New York „In Pursuit of Knowledge – Six Hundred Years of Leipzig University, 1409–2009". (Universitätsbibliothek Leipzig).

Verantwortlicher: Prof. Dr. Ulrich Johannes Schneider (Universitätsbibliothek Leipzig).

09. September 2009, Vernissage.

12. September 2009

Großes Absolvententreffen der Fakultät für Physik und Geowissenschaften. (Fakultät für Physik und Geowissenschaften und Freundeskreis der Fakultät).

Verantwortliche: Dr. Werner Burkersrode (Freundeskreis der Fakultät für Physik und Geowissenschaften, Leipzig) und Prof. Dr. Dieter Michel (Universität Leipzig).

Ansprache und Grußwort: Prof. Dr. Jürgen Haase (Dekan der Fakultät für Physik und Geowissenschaften der Universität Leipzig).

Experimentalvortrag.

Campus-Führung.

Führung durch Physik-Labors beziehungsweise durch die geowissenschaftlichen Institute.

13. September 2009

Konzert „Wiederentdeckt: Frühe Leipziger Universitätsmusiken". (Leipziger Universitätsmusik).

Musik: Capella Fidicinia Leipzig.

Leitung: Martin Krumbiegel (Hochschule für Musik und Theater „Felix Mendelssohn Bartholdy" Leipzig).

16. – 19. September 2009

Internationale Tagung „ProfessorInnen und Professoren gewinnen: Zur Geschichte des Berufungswesens an den Universitäten Mitteleuropas". (Fakultät für Geschichte, Kunst- und Orientwissenschaften, Historisches Seminar).

Verantwortliche: Prof. Dr. Ulrich von Hehl (Universität Leipzig), Prof. Dr. Rainer C. Schwinges (Universität Bern, Schweiz) und Prof. Dr. Christian Hesse (Universität Bern, Schweiz).

Ansprachen und Grußworte: Prof. Dr. Franz Häuser (Rektor der Universität Leipzig) und Prof. Dr. Rainer C. Schwinges (Universität Bern, Schweiz).

VERANSTALTUNGEN DER FAKULTÄTEN, INSTITUTE UND EINRICHTUNGEN

Themenblock I „Wie gewinnt man Professorinnen und Professoren? Der Bedarf der Institutionen":

„Wer hat im Mittelalter ‚gerufen'? Landesherren, Städte, Universitäten und ihre Interessen an Personen", Prof. Dr. Wolfgang Eric Wagner (Universität Rostock).

„‚Berufungen' in der frühen Neuzeit: Kirchen und Landesherren", Dr. Daniela Siebe (Friedrich-Schiller-Universität Jena).

„Qualitätswahl, Kandidatenmangel oder Nachbarfreundschaft? Die internationale Berufungspraxis der niederländischen Hochschulen zwischen 1575 und 1873", Prof. Dr. Willem Frijhoff (Universitet van Amsterdam, Niederlande).

„Althoff, die Reform der Professorenbesoldung in Preussen und seine Hochschulreferentenkonferenz der deutschen Bundesstaaten und Österreichs", Prof. Dr. Bernhard vom Brocke (Marburg).

„Die Entwicklung von Berufungsrecht und Berufungsverfahren", Prof. Dr. Christian von Coelln (Universität zu Köln).

„Berufungs- und Bleibeverhandlungspraxis 1990–2010", Dr. Hubert Detmer (Universität zu Köln).

„Profilierung und Rekrutierung. Die Deutschschweizer Universitäten des 19. Jahrhunderts im Vergleich", Dr. Sebastian Brändli (Hochschulamt Zürich, Schweiz).

„Profilbildung von österreichischen Universitäten durch Berufungen", Prof. Dr. Alfred Gutschelhofer (Rektor der Karl-Franzens-Universität Graz, Österreich).

Themenblock II, Teil 1 „Die Berufenen: Persönliche und sozial-kulturelle Qualifikationen":

„Ausbildung im Wandel: Akademische Qualifikationen im historischen Überblick", Prof. Dr. Wolfgang E. J. Weber (Universität Augsburg).

„Professorenprofile deutscher Universitäten in der Frühen Neuzeit – Die Rekrutierung und die soziale und regionale Herkunft von Gelehrten im konfessionellen Vergleich (Fallbeispiele)", Prof. Dr. Matthias Asche (Eberhard-Karls-Universität Tübingen).

„‚… die Zugehörigkeit ist von grösster Bedeutung für die Hochschul-Laufbahn' – Mitgliedschaft in studentischen Verbindungen und Vereinen als Qualifikationsmerkmal für die Berufung von Professoren", Dr. Harald Lönnecker (Bundesarchiv Koblenz).

„Konservativ, protestantisch, gedient? Zur Berufungspraxis an der TH Charlottenburg im späten 19. und frühen 20. Jahrhundert", Dr. Wolfram C. Kändler (Justus-Liebig-Universität Gießen).

„Berufung und Geschlecht", Prof. Dr. Sylvia Paletschek (Albert-Ludwigs-Universität Freiburg).

Themenblock II, Teil 2 „Wissenschaftliche Schulbildung und Berufung":

„Versuchte Kontinuität: Das Leipziger Institut für Kultur- und Universalgeschichte", Prof. Dr. Matthias Middell (Universität Leipzig).

„Die Berufung von Medizinern an Universitäten in Deutschland im 19. und 20. Jahrhundert – Zielsetzung, Durchführung und Folgen", PD Dr. Cay-Rüdiger Prüll (Albert-Ludwigs-Universität Freiburg).

„Von der Familienuniversität zur geistigen Vaterschaft? Zum Verhältnis von Schulbildungen und Berufungen in Mathematik, Physik und Chemie", PD Dr. Beate Ceranski (Universität Stuttgart).

„‚Geben Sie ihm eine gute Ermahnung mit auf den Weg und den Ordinarius.' Berufungspolitik und Schulbildung in den Altertumswissenschaften", Prof. Dr. Stefan Rebenich (Universität Bern, Schweiz).

Themenblock III „,Berufungskultur', Habitus, öffentliche und private Reaktionen":

„Berufungsmustern auf der Spur. Der Leipziger Professorenkatalog als sozialstatistisches Analyseinstrument", Ulf Morgenstein (Universität Leipzig).

„Auf der Suche nach geeigneten Kräften: Aktivitäten, Strategien, Kriterien (nach 1848)", Dr. Elmar Schübl (Karl-Franzens-Universität Graz, Österreich) und Johannes Uray (Karl-Franzens-Universität Graz, Österreich).

„Berufungswege und Berufungskonkurrenz: Die sächsische Landesuniversität in der deutschen Hochschullandschaft der Weimarer Republik", Beatrix Kuchta (Universität Leipzig).

„Berufungskonflikte und gescheiterte Berufungen", Prof. Dr. Rüdiger vom Bruch (Humboldt-Universität zu Berlin).

24. – 27. September 2009

107. DOG-Kongress 2009 „Lebenslang gut sehen – Weil Augenärzte forschen, lehren, heilen und helfen". (Medizinische Fakultät und Deutsche Ophthalmologische Gesellschaft).

Verantwortlicher: Prof. Dr. Peter Wiedemann (Universitätsklinikum Leipzig AöR).

Ansprachen und Grußworte: Prof. Dr. Peter Wiedemann (Universitätsklinikum Leipzig), Prof. Dr. Bernd Bertram (Berufsverband der Augenärzte Deutschlands e.V.), Burkhard Jung (Oberbürgermeister der Stadt Leipzig) und Prof. Dr. Franz Häuser (Rektor der Universität Leipzig) mit zahlreichen Vorträgen und Symposien.

28. September – 2. Oktober 2009

Willkommenswoche für internationale Studierende. (Akademisches Auslandsamt der Universität Leipzig).

28. September – 2. Oktober 2009

Tagung „25 Jahre Schuranalysis in Leipzig". (Fakultät für Mathematik und Informatik, Mathematisches Institut).

Verantwortlicher: Prof. Dr. Bernd Kirstein (Universität Leipzig).

Vortragende: Dr. Daniel Alpay (Ben-Gurion-University, Beer-Sheva, Israel), Prof. Dr. Harm Bart (Erasmus Universiteit Rotterdam, Niederlande), Prof. Dr. Aad Dijksma (Rijksuniversität Groningen, Niederlande), M. A. Kaashoek (Vrije Universiteit Amsterdam, Niederlande), V. E. Katsnelson (Weizmann-Institut Rehovot, Israel), A. L. Sakhnovich (Universität Wien, Österreich), geplant (wenn entsprechende Finanzierung zustande kommt): V. K. Dubovoj (Karazin Kharkiv National University, Ukraine), Dr. D. Z. Arov (South Ukrainian Pedagogical University, Odessa, Ukraine) und A. Ya. Kheifets (Vereinigte Staaten).

30. September – 2. Oktober 2009

Tagung „Metaphysik der Hoffnung. Ernst Bloch als Denker des Humanen". (Fakultät für Sozialwissenschaften und Philosophie, Institut für Philosophie).

Verantwortlicher: Dr. Henning Tegtmeyer (Universität Leipzig).

Ansprachen und Grußworte: Prof. Dr. Franz Häuser (Rektor der Universität Leipzig) und Dr. Henning Tegtmeyer (Universität Leipzig).

Eröffnungsvortrag „Die Unvermeidlichkeit der Utopie", Prof. Dr. Christoph Türcke (Hochschule für Grafik und Buchkunst, Leipzig).

Themenblock I „Hoffnung und Metaphysik":

„Nützliches Maß fürs und durchs Ultimum. Maß, Grenze und Exterritorialität in Blochs Metaphysik", Dr. Johan Siebers (University of Central Lancashire, London).

„Der Materialismusbegriff Ernst Blochs", Prof. Dr. Klaus-Dieter Eichler (Johannes-Gutenberg-Universität Mainz).

„Front, Novum, Ultimum. Modalkategorien bei Bloch", Dr. Peter Heuer (Universität Leipzig).

Themenblock II „Theologie der Hoffnung":

„Metaphysik – Transzendenz – Zukunft. Ernst Blochs Religionsphilosophie", Prof. Dr. Michael Eckert (Eberhard-Karls-Universität Tübingen).

„,Wo Hoffnung ist, ist Religion'. Ernst Blochs Atheismus um Gottes Willen", Prof. Dr. Peter Steinacker (Philipps-Universität Marburg).

„,Es ist das beste an der Religion, dass sie Ketzer hervorruft'. Ernst Bloch und der philosophische Theismus", Dr. Henning Tegtmeyer (Universität Leipzig).

Themenblock III „Anthropologie der Hoffnung":

„Der Mensch als Gattungswerden. Ernst Bloch und die Metaphysik der Offenheit", Dr. Peter Thompson (University of Sheffield).

„Natur, Mensch und Zukunft. Zu einem Kerngedanken der Philosophie Ernst Blochs", Doris Zeilinger (Nürnberg). „Das Prinzip Hoffnung", Prof. Dr. Thomas Rentsch (Technische Universität Dresden).

Themenblock IV „Ethik und Ästhetik der Hoffnung":

„Ästhetik ohne Illusion", Dr. Francesca Vidal (Universität Koblenz-Landau).

„Die Utopie des Reichs der Zwecke", Dr. Frank Kannetzky (Universität Leipzig).

„Kann man Hoffnung lernen? Zum Verhältnis von Hoffnung und Lebenskunst in der Philosophie Ernst Blochs", Prof. Dr. Volker Caysa (Uniwersytet Łódzki, Polen).

„,Denken heißt Überschreiten'. Ernst Bloch und die Zukunft der Hoffnung", Prof. Dr. Jürgen Moltmann (Eberhard-Karls-Universität Tübingen).

30. September – 3. Oktober 2009

23. Kongress für Fremdsprachendidaktik der Deutschen Gesellschaft für Fremdsprachenforschung (DGFF) „Grenzen überschreiten: sprachlich – fachlich – kulturell". (Philologische Fakultät, Institut für Anglistik, Institut für Romanistik, Institut für Slavistik und Herder-Institut).

Verantwortliche: Prof. Dr. Norbert Schlüter (Universität Leipzig), Prof. Dr. Christiane Neveling (Universität Leipzig), Prof. Dr. Grit Mehlhorn (Universität Leipzig), Prof. Dr. Claus Altmayer (Universität Leipzig) und Prof. Dr. Karen Schramm (Universität Leipzig).

Ansprachen und Grußworte: Raphaele Polak (Staatsministerium für Kultus und Sport des Freistaates Sachsen) in Vertretung für Prof. Dr. Roland Wöller (Sächsischer Staatsminister für Kultus und Sport), Prof. Dr. Claus Altmayer (Universität Leipzig), Prof. Dr. Adelheid Hu (Deutsche Gesellschaft für Fremdsprachenforschung) und Prof. Dr. Christiane Neveling (Universität Leipzig).

Themenblock I „Frühes Fremdsprachenlernen", Leitung: Dr. Markus Kötter (Westfälische Wilhelms-Universität Münster) und Prof. Dr. Jutta Rymarczyk (Pädagogische Hochschule Heidelberg):

Themenblock II „Die Ausbildung von Fremdsprachenlehrerinnen und -lehrern", Leitung: Prof. Dr. Birgit Schädlich (Georg-August-Universität Göttingen) und Dr. Matthias Trautmann (Universität Bielefeld):

Themenblock III „Forschungsmethodologische Grenzen überschreiten", Leitung: Dr. Andrea Abel (Europäische Akademie Bozen, Italien) und Katrin Wisniewski (Europäische Akademie Bozen, Italien):

Themenblock IV „Die Verbindung des soziokulturellen und psycholinguistischen Paradigmas der Zweitspracherwerbsforschung", Leitung: Prof. Dr. Christiane Bongartz (Universität zu Köln) und Prof. Dr. Udo Ohm (Friedrich-Schiller-Universität Jena):

Themenblock V „Grenzen zwischen Sprachen überschreiten: Formen von Mehrsprachigkeit", Leitung: Prof. Dr. Britta Hufeisen (Technische Universität Darmstadt) und Prof. Dr. Rupprecht Baur (Universität Duisburg-Essen):

Themenblock VI „Fächergrenzen überschreiten: Bilinguales Lehren und Lernen", Leitung: Prof. Dr. Dagmar Abendroth-Timmer (Universität Siegen), Prof. Dr. Andreas Bonnet (Universität Hamburg) und Dr. Stephan Breidbach (Humboldt-Universität zu Berlin):

Themenblock VII „Europäische und globale Sprachenpolitik", Leitung: Prof. Dr. Peter Cichon (Universität Wien, Österreich) und Prof. Dr. Konrad Ehlich (Berlin):

Themenblock VIII „Digitale Medien und Fremdsprachenlernen", Leitung: Prof. Dr. Andreas Grünewald (Universität Hamburg) und Dr. Torben Schmidt (Justus-Liebig-Universität Gießen):

Themenblock IX „Grenzen überschreiten im Literaturunterricht", Prof. Dr. Eva Burwitz-Melzer (Justus-Liebig-Universität Gießen) und Prof. Dr. Lieselotte Steinbrügge (Ruhr-Universität Bochum):

Themenblock X „Entwicklung und Förderung interkultureller Kompetenz im Fremdsprachenunterricht", Leitung: Prof. Dr. Mark Bechtel (Universität Bremen) und Dr. Kerstin Göbel (Bergische Universität Wuppertal):

Themenblock XI „Wozu Lernaufgaben? Perspektiven einer theoretisch fundierten und pädagogisch orientierten Lernaufgabenforschung", Leitung: Prof. Dr. Andreas Müller-Hartmann (Pädagogische Hochschule Heidelberg) und Prof. Dr. Marita Schocker-von Ditfurth (Pädagogische Hochschule Freiburg):

Themenblock XII „Kompetenzmessung, Evaluation, Bildungsmonitoring", Leitung: Prof. Dr. Claudia Harsch (Berlin) und Prof. Dr. Johannes Hartig (Universität Erfurt):

Themenblock XIII „Videographie in der Lehrerbildung", Leitung: Prof. Dr. Friederike Klippel (Ludwig-Maximilians-Universität München) und Prof. Dr. Rita Kupetz (Leibniz-Universität Hannover):

Themenblock XIV „Fachdidaktik Spanisch", Leitung: Prof. Dr. Lutz Küster (Humboldt-Universität zu Berlin) und Prof. Dr. Barbara Hinger (Universität Innsbruck, Österreich):

Themenblock XV „Austauschforschung", Leitung: Dr. Susanne Ehrenreich (Ludwig-Maximilians-Universität München) und Dr. Claire O'Reilly (University College Cork, Vereinigtes Königreich):

Themenblock XVI „(Zweit)Sprachliche Probleme von Kindern aus Zuwandererfamilien beim Übergang von der Vor- in die Grundschule", Leitung: Prof. Dr. Ernst Apeltauer (Universität Flensburg) und Prof. Dr. Martina Rost-Roth (Universität Augsburg):

Themenblock XVII „Begegnung mit Fremdsprachen im Rahmen frühpädagogischer Erziehung: Perspektiven für das 21. Jahrhundert", Leitung: Dr. Daniela Elsner (Hochschule Vechta) und Prof. Dr. Jörg-U. Keßler (Pädagogischen Hochschule Ludwigsburg):

Themenblock XVIII „Kinder- und Jugendliteratur im Fremdsprachenunterricht", Leitung: Janice Bland (Universität Hildesheim), Prof. Dr. Liesel Hermes (Pädagogische Hochschule Karlsruhe) und Prof. Dr. Christiane Lütge (Universität Hildesheim):

Themenblock XIX „Der multilinguale Klassenraum", Leitung: Kathrin Plautz (Technische Universität Darmstadt) und Dr. Jörg Siebold (Universität Rostock):

Themenblock XX „Dramapädagogik im Fremdsprachenunterricht", Leitung: Dr. Almut Küppers (Johann-Wolfgang-Goethe-Universität Frankfurt/Main) und Prof. Dr. Carola Surkamp (Georg-August-Universität Göttingen):

Themenblock XXI „Forschen für und Forschen mit Studierende(n)", Leitung: Prof. Dr. Ruth Albert (Philipps-Universität Marburg) und Prof. Dr. Nicole Marx (Universität Paderborn):

Themenblock XXII „Nachwuchs Fremdsprachenforschung", Leitung: Petra Knorr (Universität Leipzig), Kristina Peuschel (Universität Leipzig), Jan Paul Pietzuch (Universität Bielefeld), Agnieszka Zawadzka (Universität Leipzig), Dr. Lena Heine (Universität Osnabrück) und Maik Walter (Frei Universität Berlin):

1. – 3. Oktober 2009

12. Kongress der Deutschen Gesellschaft für Verhaltensmedizin und Verhaltensmodifikation „Gene, Umwelt und Gesundheit". (Medizinische Fakultät, Selbstständige Abteilung für Medizinische Psychologie und Medizinische Soziologie).

Verantwortliche: Prof. Dr. Elmar Brähler (Universität Leipzig), Dr. Heide Glaesmer (Universität Leipzig), Prof. Dr. Andreas Hinz (Universität Leipzig), Anja Born (Universität Leipzig), Dirk Hofmeister (Universität Leipzig) und Diana Pätz (Universität Leipzig).

GRUNDSATZREFERATE (Keynote Lectures):

„Integrating social and biological factors in health research: Pushing the frontier in the study of gene-environment interactions", Prof. Dr. Ana Diez Roux (University of Michigan, Ann Arbor, Vereinigte Staaten).

„Genetische und Umwelt-Faktoren bei Übergewicht", Prof. Dr. Johannes Hebebrand (LVR-Klinikum Essen).

„Gen x Umwelt Interaktion im Tiermodell. Ein wichtiges Instrument in der psychiatrischen Grundlagenforschung", Dr. Thomas Wultsch (Universitätsklinikum Würzburg AöR).

„Das Zusammenspiel von Körper und Psyche bei nichteindeutigem Geschlecht", Prof. Dr. Hertha Richter (Universitätsklinikum Hamburg-Eppendorf).

4. Oktober 2009

Auftritte studentischer Bands bei den Leipziger Markttagen

5. Oktober 2009

Ehrenkolloquium zum 100. Geburtstag von Walter Markov. (Fakultät für Sozialwissenschaften und Philosophie, Global and European Studies Institute).

Verantwortlicher: Prof. Dr. Matthias Middell (Universität Leipzig).

Ansprachen und Grußworte: Prof. Dr. Pirmin Stekeler-Weithofer (Universität Leipzig) und Prof. Dr. Hannes Siegrist (Universität Leipzig).

„Walter Markov in der Historiographie des 20. Jahrhunderts", Prof. Dr. Matthias Middell (Universität Leipzig).

„Walter Markov und der Widerstand gegen den Nationalsozialismus", Dr. Werner Bramke (Leipzig).

„Walter Markov und die Erforschung der Balkandiplomatie", Prof. Dr. Stefan Troebst (Universität Leipzig).

„Walter Markov und die Historiographien Ostmitteleuropas", Dr. Frank Hadler (Universität Leipzig).

„Walter Markov und die Kunst der Biographie", Bernd Jeschonnek (Eisenach).

„Begegnungen mit Walter Markov", Thomas Grimm (Berlin).

„Kolonialgeschichte als wissenschafts- und geschichtspolitisches Projekt im Kontext der DDR-Geschichtswissenschaft", Dr. Jochen Meissner (Humboldt-Universität zu Berlin).

„Walter Markov und die Historikerkongresse des CISH", Katja Naumann (Universität Leipzig).

„Walter Markov und der Revolutionsvergleich", Prof. Dr. Wolfgang Küttler (Berlin).
„Eine neue Methodologie der vergleichenden Revolutionsgeschichte: Gibt es doch ‚unvollendete Revolutionen'?", Prof. Dr. Michael Zeuske (Universität zu Köln).
„Der Vorgriff des Jacques Roux", Irene Markov (Summt).

7. – 10. Oktober 2009
6. Jahrestagung der Deutschen Vereinten Gesellschaft für Klinische Chemie und Laboratoriumsmedizin „Moderne Labordiagnostik für eine individualisiertere Medizin". (Medizinische Fakultät und Institut für Laboratoriumsmedizin, Klinische Chemie und Molekulare Diagnostik).
Ansprachen und Grußworte: Prof. Dr. Joachim Thiery (Dekan der Medizinischen Fakultät der Universität Leipzig), Prof. Dr. Thomas Fabian (Bürgermeister und Beigeordneter für Jugend, Soziales, Gesundheit und Schule der Stadt Leipzig), Prof. Dr. Franz Häuser (Rektor der Universität Leipzig) und Prof. Dr. Wolfgang E. Fleig (Universitätsklinikum Leipzig AöR).
Festvortrag „Konsequenzen unseres modernen Gesundheitssytems", Prof. Dr. Paul Kirchhof (Ruprecht-Karls-Universität Heidelberg).

8. – 10. Oktober 2009
Evangelisch-Theologischer Fakultätentag 2009. (Theologische Fakultät).
Verantwortliche: Prof. Dr. Jens Herzer (Dekan der Theologischen Fakultät der Universität Leipzig) und Prof. Dr. Jens Schröter (Universität Leipzig).

9. Oktober 2009
Podiumsdiskussion „Revolution ohne Gewalt? Rückblicke auf ein unwahrscheinliches Ereignis". (Fakultät für Geschichte, Kunst- und Orientwissenschaften, Historisches Seminar).
Ansprache und Grußwort: Prof. Dr. Franz Häuser (Rektor der Universität Leipzig).
Moderation: Prof. Dr. Günther Heydemann (Universität Leipzig).
Teilnehmer: Dr. Hans-Dietrich Genscher (Bundesaußenminister a.D.), Prof. Tom Lodge (University of Limerick, Vereinigtes Königreich) und Prof. Dr. Gerhard Drekonja (Universität Wien, Österreich).

VERANSTALTUNGEN DER FAKULTÄTEN, INSTITUTE UND EINRICHTUNGEN

10. Oktober 2009

Wissenschaftliches Symposium „Peter Friedrich Matzen". (Orthopädische Universitätsklinik Leipzig und Berufsverband der Fachärzte für Orthopädie und Unfallchirurgie e. V.).

Verantwortlicher: Prof. Dr. Georg Freiherr von Salis-Soglio (Universitätsklinikum Leipzig AöR).

Ansprachen und Grußworte: Prof. Dr. Franz Häuser (Rektor der Universität Leipzig), Prof. Dr. Benno Parthier (Deutsche Akademie der Naturforscher Leopoldina) und Prof. Dr. Uwe-Frithjof Haustein (Sächsische Akademie der Wissenschaften zu Leipzig).

„Peter Friedrich Matzen und die Orthopädische Universitätsklinik Leipzig in den Jahren 1955–1975", Dr. Winfried Laschner (Gemeinschaftspraxis für Orthopädie, Stuttgart).

„Die Entwicklung der universitären Orthopädie in Leipzig von 1994 bis 2009", Prof. Dr. Georg Freiherr von Salis-Soglio (Universitätsklinikum Leipzig AöR).

„Richard von Volkmann-Leander, Chirurg und Poet", Prof. Dr. Bernd Gay (Julius-Maximilians-Universität Würzburg).

„Diagnostik und Therapie der angeborenen Hüftreifungsstörung", Prof. Dr. Rüdiger Krauspe (Universitätsklinikum Düsseldorf), Prof. Dr. Reinhard Graf (Landeskrankenhaus Stolzalpe, Österreich) und PD Dr. Bettina Westhoff (Universitätsklinikum Düsseldorf).

„Die operative Behandlung der Skoliose", Prof. Dr. Henning Stürz (Universitätsklinikum Gießen und Marburg GmbH, Gießen).

„Die Entwicklung der Hüftendoprothetik in den vergangenen 100 Jahren", Prof. Dr. Rudolf Ascherl (Orthopädisch-Unfallchirurgische Klinik Wichernhaus, Rummelsberg).

„Knochentransplantation – Aktuelle medizinische und rechtliche Aspekte", Prof. Dr. Bernd-Dietrich Katthagen (Klinikum Dortmund).

„Die Bedeutung der Technischen Orthopädie im Jahre 2009", Prof. Dr. Hans H. Wetz (Universitätsklinikum Münster).

10. Oktober 2009 – 7. Februar 2010

Ausstellung „AUREA AETAS. Die Blütezeit des Leipziger Antikenmuseums zu Beginn des 20. Jahrhunderts". (Fakultät für Geschichte, Kunst- und Orientwissenschaften, Institut für Klassische Archäologie und Antikenmuseum).

Verantwortlicher: Prof. Dr. Hans-Ulrich Cain (Universität Leipzig).

VERANSTALTUNGEN DER FAKULTÄTEN, INSTITUTE UND EINRICHTUNGEN

Ansprachen und Grußworte: Prof. Dr. Hans-Ulrich Cain (Universität Leipzig) und Prof. Dr. Adam Jones (Dekan der Fakultät für Geschichte, Kunst- und Orientwissenschaften der Universität Leipzig).

Musikalische Matinee.

Öffentliche Führungen, Dr. Hans-Peter Müller (Universität Leipzig), Caroline Böhme (Universität Leipzig) und Michael Feige (Universität Leipzig).

Führungen für die Mitglieder des Freundes- und Förderkreises des Antikenmuseums der Universität Leipzig e.V., Dr. Hans-Peter Müller (Universität Leipzig).

THEMATISCHE ABENDFÜHRUNGEN:

„'Ach wie schad, dass niemand weiß, wie ich denn nun wirklich heiß!' Zur Porträtüberlieferung in römischen Kopien", Prof. Dr. Hans-Ulrich Cain (Universität Leipzig).

„Griechischer Marmor und die besten Steinbildhauer der Welt", Prof. Dr. Michael Pfanner (Universität Leipzig).

„'Jeder, der deine Gestalt erblickt, hat dich gleich lieb.' Franz Studniczka und die Erforschung des Menanderporträts", Dr. Martin Tombrägel (Universität Leipzig).

„Römische Wandmalerei in Kopien von Carl Reinhold Vetter", Dr. Hans-Peter Müller (Kurator der Ausstellung, Universität Leipzig).

„Wie verraten antike Gefäße ihr Alter? Grundlagen der Chronologie attisch schwarz- und rotfiguriger Keramik", PD Dr. Annette Haug (Universität Leipzig).

15. Oktober 2009

Öffentliche Projektpräsentation „Die Zeiten der Zeichen. Visualisierung von Gebäude- und Raumkomplexen am Beispiel der Universität Leipzig". (Fakultät für Physik und Geowissenschaften, Institut für Geographie).

Verantwortliche: Dr. Gudrun Mayer (Universität Leipzig) und Prof. Dr. Helga Schmidt (Universität Leipzig).

16. – 17. Oktober 2009

Tagung „Stadt und Universität". (Leipziger Geschichtsverein e.V., Stadt Leipzig, Fakultät für Geschichte, Kunst- und Orientwissenschaften, Historisches Seminar und Sächsische Akademie der Wissenschaften).

Ansprachen und Grußworte: Prof. Dr. Dr. Detlef Döring (Universität Leipzig), Burkhard Jung (Oberbürgermeister der Stadt Leipzig) und Prof. Dr. Franz Häuser (Rektor der Universität Leipzig).

Themenblock I „Aspekte und Momente des Verhältnisses zwischen Universität und Stadt vom Spätmittelalter bis zum 20. Jahrhundert":
„Die Universität im Stadtbild", Dr. Beate Berger (Leipziger Geschichtsverein e.V.).
„Verhältnis zwischen städtischer und universitärer Gerichtsbarkeit", Susanne Rudolph.
„Stadt und Universität im späten Mittelalter", Alexander Sembdner.
„Stadt und Universität im Dreißigjährigen Krieg", Alexander Zirr (Universität Leipzig).
„Die Universität im Jahre 1813", Prof. Dr. Dr. Detlef Döring (Universität Leipzig).
„Stadt und Universität Leipzig im Jahr 1909", Anett Müller.
Themenblock II „Die Universität und das städtische wissenschaftliche Umland":
„Das Verhältnis zwischen den Apotheken und der Universität", Christian Friedrich.
„Die Leipziger Schulen und die Universität", Thomas Töpfer.
„Sozietätswesen im 18. Jahrhundert", Ricarda Henkel.
„Die Sächsische Akademie der Wissenschaften und die Universität", Saskia Paul.
„Volkshochschule und Universität", Rolf Sprink und Arne Meisel.
Themenblock III „Universitätsgelehrte in der Stadt":
„Zur Bedeutung Universitätsgelehrter für die Leipziger Malerei um 1500 im öffentlichen Sakralraum", Iris Ritschel.
„Familiäre Verbindungen zwischen den Universitätsprofessoren und dem Stadtbürgertum in der Frühen Neuzeit", Theresa Schmotz.
„Professorenleben um 1900", Prof. Dr. Beate Wagner-Hasel (Leibnitz-Universität Hannover).

19. – 21. Oktober 2009
Tagung „Philosophieren in der DDR". (Universitätsbibliothek Leipzig und Johannes-Gutenberg-Universität Mainz).
Verantwortliche: Prof. Dr. Ulrich Johannes Schneider (Universitätsbibliothek Leipzig) und Prof. Dr. Klaus-Dieter Eichler (Johannes-Gutenberg-Universität Mainz).
„Darstellungsfragen der Geschichte der DDR-Philosophie vor 1989", Prof. Dr. Hans-Christoph Rauh (Berlin).
„Zwischen Wissenschaft und Politik. Philosophie in der DDR. Transformationsprozesse.", Dr. Stefania Maffeis (Freie Universität Berlin).
„Die DDR-Philosophie als Entwicklungsphase in der kommunistischen Philosophie in Deutschland", Prof. Dr. Peter Ruben (Berlin).
„Zur Hegeldebatte in der DDR in den fünfziger Jahren", Dr. Camilla Warnke (Berlin).
„Arthur Baumgarten und die Rechtsphilosophie in der DDR", Dr. Dieter Koop (Universität Leipzig).

Podiumsdiskussion, Leitung: Prof. Dr. Ulrich Johannes Schneider (Universitätsbibliothek Leipzig), Teilnehmer: Prof. Dr. Pirmin Stekeler-Weithofer (Universität Leipzig), Dr. Guntolf Herzberg (Humboldt-Universität zu Berlin), Prof. Dr. Klaus-Dieter Eichler (Johannes-Gutenberg-Universität Mainz) und Prof. Dr. Peter Ruben (Berlin).

„Von der ‚Zerstörung der Vernunft' zur Koalition der Vernünftigen. Zwei Linien der Auseinandersetzung mit der ‚spätbürgerlichen Philosophie' in der DDR", Prof. Dr. Hans-Martin Gerlach (Johannes-Gutenberg-Universität Mainz).

„Zur Nietzsche-Rezeption in der DDR", Sinem Kilic (Johannes-Gutenberg-Universität Mainz).

„Kybernetik, Gesellschaft und die Rolle der Philosophie bei Georg Klaus", Stefan Schlag (Johannes-Gutenberg-Universität Mainz).

„Zur Spinoza-Lektüre in der DDR", Caroline Kolisang (Johannes-Gutenberg-Universität Mainz).

„Gesellschaftswissenschaften in der DDR. Ihre Abwicklung nach 1990", Prof. Dr. Peer Pasternack (Martin-Luther-Universität Halle-Wittenberg).

„Helmut Seidel und die Philosophie der Praxis", Prof. Dr. Volker Caysa (Uniwersytet Łódzki, Polen).

„Spurensuche: Der Philosoph Friedrich Bassenge", Dr. Guntolf Herzberg (Humboldt-Universität zu Berlin).

„Ernst Bloch und die ‚DDR-Philosophie'", Prof. Dr. Klaus-Dieter Eichler (Johannes-Gutenberg-Universität Mainz).

„Ethikdebatten in der DDR", Dr. Uta Eichler (Martin-Luther-Universität Halle-Wittenberg).

„Wolfgang Heise: Marxistischer Denker zwischen Philosophiegeschichte und Ideologiekritik", Prof. Dr. Renate Reschke (Humboldt-Universität zu Berlin).

„Zur Seminarraum-Gruppe", Konstanze Schwarzwald (Universität Leipzig).

22. Oktober 2009

Kommissionsbesuch „Fulbright-Administratoren zu Gast an der Universität Leipzig". (Akademisches Auslandsamt der Universität Leipzig).

Ansprachen und Grußworte: Prof. Dr. Franz Häuser (Rektor der Universität Leipzig) und James Seward (US-Generalkonsulat Leipzig).

22. – 24. Oktober 2009

Internationale Konferenz „Demokratie im 21. Jahrhundert". (Stadt Leipzig/Dezernat Kultur).

Verantwortlicher: Prof. Dr. Günther Heydemann (Universität Leipzig) und Prof. Dr. Everhard Holtmann (Martin-Luther-Universität Halle-Wittenberg).

Ansprachen und Grußworte: Burkhard Jung (Oberbürgermeister der Stadt Leipzig), Markus Ulbig (Staatsminister des Innern des Freistaats Sachsen) und Prof. Dr. Franz Häuser (Rektor der Universität Leipzig).

VORTRÄGE:

Eröffnungsvortrag: Hermann Gröhe (Staatsminister und Koordinator der Bundesregierung für Bürokratieabbau und bessere Rechtsetzung).

„Die zweite Oktoberrevolution. Ein geschichtlicher Glücksfall", Prof. Dr. Peter Graf von Kielmansegg (Hannover).

„2009 – Zwanzig Jahre demokratische Erneuerung: Erfolgsgeschichte oder Großbaustelle?", Karel Schwarzenberg (Außenminister der Tschechischen Republik a.D.).

„Zwanzig Jahre demokratische Erneuerung in Mittel- und Osteuropa – Bilanz und Perspektiven", Teil 1: Prof. Dr. James W. Davis (Universität St. Gallen, Schweiz) und Teil 2: Boris Nemzow (Vizepremierminister Russland a.D.).

22. – 24. Oktober 2009

Fachtagung im Aurelius-Arkenau-Haus Leipzig-Wahren „Die Dominikaner und die Leipziger Universität"

28. Oktober 2009

Ehrenpromotion von Prof. Dr. Peter Cornehl (Hamburg). (Theologische Fakultät).

Ansprachen und Grußworte: Prof. Dr. Jens Herzer (Dekan der Theologischen Fakultät der Universität Leipzig) und Prof. Dr. Wolfgang Ratzmann (Universität Leipzig).

Vortrag „Öffentlicher Gottesdienst? Zwanzig Jahre nach der Revolution", Prof. Dr. Peter Cornehl (Universität Hamburg).

29. – 31. Oktober 2009

World Conference on Regenerative Medicine. (Translationszentrum für Regenerative Medizin der Universität Leipzig und Fraunhofer Institut für Zelltherapie und Immunologie Leipzig).

Verantwortlicher: Prof. Dr. Frank Emmrich (Universität Leipzig).

Ansprachen und Grußworte: Prof. Dr. Frank Emmrich (Universität Leipzig), Christine Clauß (Sächsische Staatsministerin für Soziales und Verbraucherschutz, Dresden) und Prof. Dr. Thomas Fabian (Bürgermeister und Beigeordneter für Jugend, Soziales, Gesundheit und Schule der Stadt Leipzig).

VORTRÄGE:
Festvortrag „Stem Cells in Drug Discovery", Dr. Ian Wilmut (University of Edinburgh, Vereinigtes Königreich).

29. Oktober 2009 – 21. Januar 2010
Ringvorlesung „Die Zukunft der Philologien". (Philologische Fakultät, Institut für Germanistik).
Verantwortlicher: Prof. Dr. Dieter Burdorf (Universität Leipzig).
Ansprachen und Grußworte: Prof. Dr. Franz Häuser (Rektor der Universität Leipzig) und Prof. Dr. Wolfgang Lörscher (Dekan der Philologischen Fakultät der Universität Leipzig).
„Die Klassische Philologie und die befremdliche Nähe der Antike", Prof. Dr. Thomas A. Schmitz (Rheinische Friedrich-Wilhelms-Universität Bonn).
„Die Zukunft einer philologisch orientierten Sprachgeschichte", Prof. Dr. Hans Ulrich Schmid (Universität Leipzig).
„Der fiktionalisierte Autor im Visier vornehmlich westslawistischer Komparatistik", Prof. Dr. Wolfgang F. Schwarz (Universität Leipzig).
„Das Gesicht der Wörter. Ein unordentlicher Versuch, die Zukunft der Philologie zu deuten", Prof. Dr. Elmar Schenkel (Universität Leipzig).
„Weltbilder und Weisen der Welterzeugung. Funktionen und Perspektiven für eine kultur- und lebenswissenschaftlich orientierte Literaturwissenschaft", Prof. Dr. Ansgar Nünning (Justus-Liebig-Universität Gießen).
„Vom Lesen als ‚Schule des Sehens'. Zur Herausforderung der Romanischen Philologie durch die Kulturen des Visuellen", Prof. Dr. Uta Felten (Universität Leipzig).
„Kulturstudien – Abschied von der Philologie?", Prof. Dr. Claus Altmayer (Universität Leipzig).
„Der Getreidepreis im Versmaß. Über Hermeneutik und Philologie", Prof. Dr. Heinrich Detering (Georg-August-Universität Göttingen).
„Die Philologie – Mitte der Literaturwissenschaft?", Prof. Dr. Karlheinz Stierle (Universität Konstanz).

VERANSTALTUNGEN DER FAKULTÄTEN, INSTITUTE UND EINRICHTUNGEN

31. Oktober 2009

Tagung „490 Jahre Leipziger Disputation von 1519". (Theologische Fakultät, Institut für Kirchengeschichte, Evangelisch-Lutherische Landeskirche Sachsen, Stadt Leipzig und Evangelischer Kirchenbezirk Leipzig).

Verantwortliche: Prof. Dr. Armin Kohnle (Universität Leipzig) und Dr. Markus Hein (Universität Leipzig).

Ansprachen und Grußworte: Jochen Bohl (Landesbischof der Evangelisch-Lutherischen Landeskirche Sachsens), Andreas Müller (Erster Bürgermeister der Stadt Leipzig), Dr. Michael Beyer (Universität Leipzig) und Prof. Dr. Armin Kohnle (Universität Leipzig).

Moderation: Prof. Dr. Manfred Rudersdorf (Universität Leipzig).

„Stadt und Universität Leipzig und das albertinischen Herzogtum um 1519", Prof. Dr. Enno Bünz (Universität Leipzig).

„Herzog Georg von Sachsen als Initiator der Disputation", Dr. Heiko Jadatz (Sächsische Akademie der Wissenschaften zu Leipzig).

„Die Leipziger Disputation in der Forschung/Petrus Mosellanus, Karlstadt und die Disputation", Dr. Markus Hein (Universität Leipzig) und Prof. Dr. Armin Kohnle (Universität Leipzig).

„Martin Luther und die Leipziger Disputation", Prof. Dr. Helmar Junghans (Universität Leipzig).

„Johannes Eck und die Leipziger Disputation", Dr. Johann Peter Wurm (Landeskirchliches Archiv Schwerin).

„Das Bistum Merseburg zur Zeit der Leipziger Disputation", Markus Cottin (Universität Leipzig).

„Papst, Konzil, Kirchenväter: Die Autoritätenfrage auf der Leipziger Disputation", Prof. Dr. Volker Leppin (Friedrich-Schiller-Universität Jena).

„Die Protokolle der Leipziger Disputation", Dr. Christian Winter (Sächsische Akademie der Wissenschaften zu Leipzig).

„Die Disputation in der Erinnerung Luthers", Dr. Michael Beyer (Universität Leipzig).

„Die Leipziger Disputation in der zeitgenössischen Wahrnehmung", Dr. Christoph Volkmar (Landeshauptarchiv Sachsen-Anhalt, Wernigerode).

„Die Leipziger Disputation in bildlichen Darstellungen", Doreen Zerbe (Universität Leipzig).

„Die Leipziger Disputation und die Ökumene heute", Dr. Christoph Münchow (Dresden).

„Die Leipziger Disputation und ihre Bedeutung für die Reformation", Prof. Dr. Armin Kohnle (Universität Leipzig).

VERANSTALTUNGEN DER FAKULTÄTEN, INSTITUTE UND EINRICHTUNGEN

31. Oktober

Jahrestagung der Deutschen Akademie für Landeskunde „Visualisierung in der Landeskunde". (Fakultät für Physik und Geowissenschaften, Institut für Geographie).

Verantwortliche: Prof. Dr. Reinhard Wießner (Universität Leipzig) und Prof. Dr. Vera Denzer (Universität Leipzig).

2. November 2009 – 11. März 2010

Ausstellung „Sinologie in Leipzig (1848–2009) – Das Interesse am Fernen Osten in der Messestadt". (Fakultät für Geschichte, Kunst- und Orientwissenschaften, Ostasiatisches Institut und Konfuzius-Institut Leipzig e.V.).

Vortragende: Prof. Dr. Ralf Moritz (Universität Leipzig), Dr. Erich Gütinger (Universität der Künste Berlin) und Tina Leibfried (Universität Leipzig).

2. November 2009, Vernissage.

4. November 2009

Konzert des Hochschul-Sinfonieorchesters der Hochschule für Musik und Theater zu Ehren des 600-jährigen Jubiläums der Universität Leipzig. (Hochschule für Musik und Theater „Felix Mendelssohn Bartholdy" Leipzig).

Solist: Da Sol Kim (Klavier).

Leitung: Ulrich Windfuhr.

4. – 6. November 2009

Tagung „Media, Performance and Rituals – University Practices over 600 years". (Universitätsbibliothek Leipzig).

Verantwortliche: Prof. Dr. Mordechai Feingold (Caltech University, Vereinigte Staaten) und Prof. Dr. Ulrich Johannes Schneider (Universitätsbibliothek Leipzig).

Vortragende: Dr. Helga Robinson-Hammerstein (Trinity College Dublin, Vereinigtes Königreich), Prof. Dr. Robert Anderson (University of Edinburgh, Vereinigtes Königreich), Prof. Dr. Laura Kolbe (Helsingin yliopisto, Finnland), Prof. Dr. Marian Füssel (Georg-August-Universität Göttingen), Prof. Dr. Christel Meier-Staubach (Westfälische Wilhelms-Universität Münster), Dr. Peter Denley (University of London, Vereinigtes Königreich), Prof. Dr. Walter Höflechner (Karl-Franzens-Universität Graz, Österreich), Dr. Anja-Silvia Göing (Universität Zürich, Schweiz), Prof. Dr. Martin Mulsow (Forschungszentrum Gotha für kultur- und sozialwissenschaftliche Studien), Dr. Richard Kirwan (National University of Ireland, Dublin, Vereinigtes Königreich), Prof. Dr. Jeanne Peiffer (Paris, Frankreich),

Dr. Laszlo Szogi (Universiätsbibliothek Budapest, Ungarn), Frank Fischer (Universitätsbibliothek Leipzig), Tobias Grave (Universität Leipzig) und Ulf Morgenstern (Universität Leipzig).

4. November – 15. Dezember 2009
Ausstellung „Vom Uniriesen zum City-Hochhaus". (Geschäftsstelle 2009 der Universität Leipzig).
Verantwortlicher: Steffen von Manteuffel (Berlin).
3. November 2009, Vernissage.

9. November 2009
Mitteldeutsches Resonanztreffen MDR-600 „Magnetische Resonanz: Geschichte und Anspruch". (Fakultät für Chemie und Mineralogie und Zentrum für Magnetische Resonanz).
Verantwortlicher: Prof. Dr. Stefan Berger (Universität Leipzig).
„Die Entwicklung der Magnetischen Resonanz in Leipzig", Prof. Dr. Dieter Michel (Universität Leipzig).
„Höchste Drücke, Höchste Felder, Kleinste Proben. Leipzigs Pionierarbeit vor den Grenzen der NMR-Physik", Prof. Dr. Jürgen Haase (Dekan der Fakultät für Physik und Geowissenschaften der Universität Leipzig).
„ESR Spektroskopie paramagnetischer Zentren in porösen Festkörpern", Prof. Dr. Andreas Pöppl (Universität Leipzig).
„Magnetische Resonanz in der Medizin: eine Erfolgsgeschichte", Prof. Dr. Thomas Kahn (Universitätsklinikum Leipzig AöR).
„NMR-Spektroskopie in der Regenerativen Medizin – Forschung mit Haut und Haaren", Prof. Dr. Daniel Huster (Universität Leipzig).
„Lithium: NMR beim Aufspüren schwacher Wechselwirkungen", Prof. Dr. Stefan Berger (Universität Leipzig).

11. November 2009
Feierliche Übergabe der Festschrift der Juristenfakultät zum 600-jährigen Jubiläum der Universität Leipzig. (Juristenfakultät).
Verantwortlicher: Prof. Dr. Christian Berger (Dekan der Juristenfakultät Universität Leipzig).
Vorstellung der Festschrift, Prof. Dr. Chistoph Degenhart (Universität Leipzig).

Festvortrag „Eine Festschrift als Spiegel der Rechtswissenschaft", Prof. Dr. Dr. h.c. mult. Peter Häberle (Universität Bayreuth).

Dankesworte, Prof. Dr. Franz Häuser (Rektor der Universität Leipzig).

14. November 2009

20 Jahre StuRa Leipzig – Eröffnung der Ausstellung „Druck für mehr. 1989 – 2009". (Studierende 2009 e.V., Leipzig und StudentInnenRat der Universität Leipzig).

17. November 2009

Symposium „Die Situation im Leipziger Sport: Auslaufmodell oder Hoffnungsträger für die Neuen Bundesländer?". (Sportwissenschaftliche Fakultät, Institut Allgemeine Bewegungs- und Trainingswissenschaft).

Verantwortlicher: Dr. Christian Hartmann (Universität Leipzig).

Interview: Prof. Dr. Josef Hackforth (Technische Universität München) mit Ronny Blaschke (Berlin).

Podiumsdiskussion, Moderation: Wolf-Dieter Jacobi (MDR Fernsehen), Teilnehmer: Dr. Michael Kölmel (Betreibergesellschaft des Zentralstadions Leipzig), Jens Weinreich (Wandlitz), Uwe Gasch (Stadtsportbund Leipzig), Dirk Thärichen (MDR Fernsehen), Kay-Sven Hähner (HC Leipzig) und Wolfgang Tiefensee (Bundesminister für Verkehr, Bau, Stadtentwicklung, Beauftragter Neue Bundesländer).

17. November 2009 – 8. Januar 2010

Ausstellung in Houston „In Pursuit of Knowledge – Six Hundred Years of Leipzig University, 1409–2009". (Universitätsbibliothek Leipzig).

Verantwortlicher: Prof. Dr. Ulrich Johannes Schneider (Universitätsbibliothek Leipzig).

17. November 2009, Vernissage.

19. – 21. November 2009

Internationaler Workshop „,An ... wonunge, heusern, collegien ader burßen' (Leipzig 1468). Archäologie und Baugeschichte mittelalterlich-frühneuzeitlicher Universitäten und Hochschulen in Ostmitteleuropa". (Geisteswissenschaftliches Zentrum Geschichte und Kultur Ostmitteleuropas an der Universität Leipzig).

Verantwortliche: Dr. Matthias Hardt (Universität Leipzig) und Roman Grabolle (Universität Leipzig).

Festvortrag „Der Auszug der Studenten und Magister der sächsischen, bayrischen und polnischen ‚nationes' aus der Universität Prag nach Leipzig im Jahr 1409", Dr. Michal Svatoš (Univerzita Karlova v Praze, Tschechien).

20. November 2009

Internationaler Workshop „Historical Aspects of Psychology – With Special Reference to the 130th Anniversary of the Psychological Institute in Leipzig and the 600th Anniversary of the University of Leipzig". (Fakultät für Biowissenschaften, Pharmazie und Psychologie, Institut für Psychologie II).

Verantwortliche: Prof. Dr. Evelin Witruk (Universität Leipzig).

Ansprachen und Grußworte: Prof. Dr. Matthias Müller (Dekan der Fakultät für Biowissenschaften, Pharmazie und Psychologie der Universität Leipzig) und Prof. Dr. Evelin Witruk (Universität Leipzig).

Eröffnungsvortrag: „History of Psychology in Latvia and the collaboration with the Psychological Institute in Leipzig", Dr. Guna Svence (Rector of Riga Teacher Training Educational Academy, Lettland).

22. November 2009

Symposium „Bohr und Heisenberg – Apostel einer neuen Atomtheorie". (Fakultät für Physik und Geowissenschaften und Freundeskreis der Fakultät).

Verantwortliche: Prof. Dr. Jürgen Haase (Dekan der Fakultät für Physik und Geowissenschaften der Universität Leipzig) und Dr. Birgit Hagelstein (Universität Leipzig).

Vortragende: Prof. Dr. Henrik Bohr (Technical University of Denmark, Kopenhagen), Dr. Helmut Rechenberg (Max-Planck-Institut für Physik (Werner-Heisenberg-Institut), München) und Dr. Jens Gabke (Universität Leipzig).

Ausstellung zum Leben und Wirken von Werner Heisenberg.

Szenische Lesung aus dem Buch „Copenhagen" von Michael Frayn, Leitung: Prof. Dr. Petra Stuber (Hochschule für Musik und Theater „Felix Mendelssohn Bartholdy" Leipzig) und Prof. Dr. Anne-Kathrin Gummich (Hochschule für Musik und Theater „Felix Mendelssohn Bartholdy" Leipzig).

Podiumsdiskussion, Leitung: Prof. Dr. Klaus-Dieter Kroy (Universität Leipzig), Teilnehmer: Prof. Dr. Henrik Bohr (Technical University of Denmark, Kopenhagen), Dr. Helmut Rechenberg (Max-Planck-Institut für Physik (Werner-Heisenberg-Institut), München), Dr. Jens Blecher (Universitätsarchiv Leipzig), Dr. Günter Nagel (Potsdam) und Dr. Konrad Lindner (Leipzig).

22. November 2009

Gemeinschaftskonzert von Leipziger Universitätschor und Coro de la Universidad de Sevilla unter Leitung von David Timm (Leipziger Universitätsmusik)

25. November 2009

Festveranstaltung „Übergabe des Buches ‚Die Professoren der Universität Leipzig im Jubiläumsjahr'". (Universität Leipzig, Rektorat).

25. November 2009 – 31. März 2010

Ausstellung „Cai Yuanpei – Der chinesische Humboldt". (Fakultät für Geschichte, Kunst- und Orientwissenschaften, Ostasiatisches Institut, Konfuzius-Institut Leipzig e.V. und Peking Universität, China).

25. November 2009, Vernissage.

Festvortrag „Die Rezeption der Humboldtschen Universitätsidee in China am Beispiel von Cai Yuanpeis Reform an der Peking Universität", Prof. Dr. Chan Hongjie (Universität Peking, China).

28. – 29. November 2009

6th International Conference on Equine Reproductive Medicine and 5th Leipzig Expertworkshop on Equine Reproductive Medicine. (Veterinärmedizinische Fakultät, Institut für Veterinär-Pathologie).

Verantwortlicher: Prof. Dr. Heinz-Adolf Schoon (Universität Leipzig).

29. November 2009

„Aus der Tiefe von 600 Jahren Leipziger Studierendengeschichte" – Eine Lesenacht. (Studierende 2009 e.V., Leipzig).

Verantwortlicher: Sebastian Richter (Universität Leipzig).

30. November 2009

Universitätsgottesdienst zur Einführung des Ersten Universitätspredigers. (Theologische Fakultät).

Ansprache und Grußworte: Prof. Dr. Rüdiger Lux (Erster Universitätsprediger, Leipzig), Jochen Bohl (Landesbischof der Evangelisch-Lutherischen Landeskirche Sachsens) und Prof. Dr. Robert Holländer (Prorektor für strukturelle Entwicklung der Universität Leipzig).

Musik: Daniel Beilschmidt (Leipziger Universitätsmusik).

Chöre: Leipziger Universitätschor und Pauliner Barockensemble.

Leitung: David Timm (Leipziger Universitätsmusik).

2. Dezember 2009

Lesung zum 600. Geburtstag der Universität und 150. Geburtstag von Sir Arthur Conan Doyle „Sherlock Holmes Congratulates". (Philologische Fakultät, Institut für Anglistik).

Einführung: Prof. Dr. Elmar Schenkel (Universität Leipzig).

„The Sussex Vampire", Dr. Alexandra Lembert (Universität Leipzig), Dominik Becher (Universität Leipzig) und Stefan Lampadius (Universität Leipzig).

„The Speckled Band", Prof. Dr. Clausdirk Pollner (Universität Leipzig), Peter John Tosic (Universität Leipzig) und Prof. Dr. Stefan Welz (Universität Leipzig).

„The Red-Headed League", Prof. Dr. Elmar Schenkel (Universität Leipzig), Dr. Dietmar Böhnke (Universität Leipzig) und Rita Singer (Universität Leipzig).

15. Dezember 2009

Vortrag „600 Jahre Universität dreidimensional". (Fakultät für Physik und Geowissenschaften, Institut für Geographie).

Verantwortlicher: Prof. Dr. Reinhard Wießner (Universität Leipzig).

Vortragende: Johann Simowitsch (Universität Leipzig) und Frank Meyer (Universität Leipzig).

(Auswahl zusammengestellt von Franz Häuser, Jens Blecher und Michael Handschuh)

UNIVERSITÄT LEIPZIG
1409

2009
ALMA MATER
LIPSIENSIS

XV. VERANSTALTUNGEN DER STUDIERENDENSCHAFT

Wenn das allerdings der studentische Mindestanspruch an das Jubiläum sein sollte, warum sollte der StuRa dann einem anderen Projekt zustimmen, welches in dieser Nacht zur Disposition stand? Allen Ernstes wurde universitätsseitig der Vorschlag unterbreitet, im Rahmen des Jubiläums eine Misswahl durchzuführen. Eine unwissenschaftliche Veranstaltung also, die es auch noch schafft, angehende AkademikerInnen auf Äußerlichkeiten zu reduzieren. Die Ablehnung erfolgte en bloc. Auch wenn der StuRa insbesondere für seine Ablehnung eines Festumzuges medial und in der Bevölkerung einiges Unverständnis erfahren musste, war letztlich klar: Ein Universitätsjubiläum heute findet in der Realität von 2009 statt, nicht in der von 1909.

Kritische Instanz des Jubiläums
Darüber hinaus jedoch sah sich der StuRa nicht in der Lage, weitergehende, insbesondere finanzwirksame Beschlüsse zu treffen. Die Studentische Selbstverwaltung ist immer von einer relativ starken Fluktuation gekennzeichnet, da sie sich natürlich auf Studierende stützt, die Ämter und Mandate neben ihrer „Hauptbeschäftigung" – dem Studium – wahrnehmen. Insbesondere für AmtsträgerInnen des StuRa sind Amtszeiten von nur einem Jahr die Regel, da sie entweder aufgrund der hohen Aufgabenlast nur ein Jahr neben dem Studium betrieben werden sollten oder eine Wiederwahl qua Satzung ausgeschlossen ist. Entsprechend hätte eine frühe Festlegung auf Projekte eine vorwegnehmende Verpflichtung von AmtsträgerInnen bedeutet. Finanzwirksame Beschlüsse zu einem frühen Zeitpunkt hätten den dann amtierenden StuRa Gestaltungsspielräume in der Erfüllung seiner täglichen Aufgaben genommen. Die Beteiligung am Universitätsjubiläum – soweit der Konsens im Frühjahr 2007 und für die folgende Zeit – sollte in Abwägung der Realität des Jahres 2009 von dem dann amtierenden StuRa selbst gestaltet werden. Aus diesem Grunde trat der StuRa mit dem Haushaltsjahr 2008/2009 als wahrscheinlich letzte Institution der Universität in eigene Planungen für Veranstaltungen im Jubiläumsjahr ein.

Aus dem tatsächlichen Unvermögen zu früheren Planungen entwickelte der StuRa daher seine eigene Rolle: als kritische Instanz des Universitätsjubiläums. Im Nachhinein gesehen war dies aus studentischer Sicht das Beste, was die Studentische Selbstverwaltung tun konnte; denn vor dem Jubiläumsjahr 2009 hatten die hochschulpolitischen Entwicklungen keinen Halt gemacht: So hatte die damals regierende CDU/SPD-Landesregierung nach jahrelanger Auseinandersetzung mit den Hochschulen noch im Dezember 2008 ein neues Sächsisches Hochschulgesetz durch den Landtag gedrückt. Auf Landesebene schien die hochschulpolitische Auseinandersetzung damit beendet, stellte aber die Hochschulen und ihre Studierendenvertretungen für das Jahr 2009 vor neue Herausforderungen. Sämtliche Ordnungen mussten neu bearbeitet und erlassen, Gremien nach den neuen Gegebenheiten besetzt und Wahlen durchgeführt werden.

Unter dem Deckmantel einer angeblichen Hochschulautonomie hatte die Staatsregierung eine massive Entdemokratisierung universitärer Strukturen durchgesetzt, die die GruppenvertreterInnen der Hochschulen dazu nötigte, nun in inneruniversitären Prozessen zu versuchen, an demokratischem Einfluss zu retten, was zu retten war. Zusammen mit einer von Grund auf verkorksten Studienreform 2006 – die Einführung des Bachelors mit Wahlbereich in den meisten Studiengängen der Universität –, der geplanten Einführung des Masters für 2009, den Zwängen des Hochschulpakts 2020 und den daraus folgenden problematischen Studienbedingungen ergab dies eine explosive Mischung, die sich im April 2009 bei vielen Studierenden entlud und in einer Besetzung des gerade übergebenen modernisierten Seminargebäudes am Campus Augustusplatz führte. Studentischer Protest, den der StuRa solidarisch begleitete.

Studentische Initiativen
Angesichts dieser tagespolitischen Herausforderungen, aber auch den Unwägbarkeiten des Jubiläumsjahres und fehlender Finanzierungszusagen, fiel die Anzahl der eigenen Veranstaltungen des StuRa schmaler aus, als eigentlich geplant. Schwierig wäre es geworden, CampusBlues II, die Fortsetzung des Fotowettbewerbes „Totgerissen – Abgeschlagen" des StuRa aus dem Jahr 2005, wie geplant 2009 durchzuführen. Ohne einen fertig gestellten Campus – dem Dauerthema in der medialen Öffentlichkeit im Jubiläumsjahr – kann man eben diesen neuen Campus kaum fotografisch-künstlerisch dokumentieren. Sei's drum. Auch ein deutschlandweites Treffen aller Studierendenräte, Bühnenproduktionen zum Jubiläum oder eine Podiumsdiskussion zu den Problemen Studentischer Selbstverwaltung seit 1990 kamen in dieser Form nicht zustande. Dafür ging das Campusfest 2009 in sein zehntes Jahr und trat mit einer neuen Konzeption auf, welches neben Sport und Musik wieder mehr Kleinkunst und studentische Politik in die Veranstaltung einbringen sollte. Zu Beginn des Sommer- und Wintersemesters präsentierte der StuRa auf den Vorstellungsstraßen mit verschiedenen Projekten die Bandbreite studentischen Lebens. Gemeinsam mit der Initiative „Studierende 2009" führte der StuRa auch einen Kongress zum studentischen Alltag durch, welcher unter dem Titel „Humboldt reloaded" Studierende aus ganz Deutschland in das Neue Seminargebäude führte.

Andere Projekte fielen anders aus als zunächst gedacht: Als einer der Höhepunkte des Jubiläumsjahres wurde beispielsweise durch die Universität die ISW beworben. Im Vorfeld hatte es seitens der Universität Bekundungen gegeben, zur Finanzierung des

2. INITIATIVE „STUDIERENDE 2009" ZUM 600JÄHRIGEN BESTEHEN DER UNIVERSITÄT LEIPZIG

„Die Uni hat Geburtstag … und wir finden das wichtig!"
Seit ihrem letzten großen Jubiläum im Jahre 1909 hat die Universität Leipzig sich wesentlich verändert, vor allem ist sie gewachsen. Waren 1909 „nur" 4.569 Studierende (vorwiegend männliche) eingeschrieben,[1] so hatten sich mit Stand vom 1.12.2009 in der heutigen sog. Massenuniversität 28.596 Studierende immatrikuliert, diesmal aber mehr weibliche als männliche.[2] Damals wie heute war die öffentliche Darstellung der Universität mit vergleichbaren Schwierigkeiten und Diskussionen verbunden, z. B. in Bezug auf Finanzierung und Öffentlichkeitswirksamkeit.[3] 1909 spielten allerdings die Studierenden eine gänzlich andere Rolle als hundert Jahre später. Bereits 1904 bildete sich ein allgemeiner Studentenausschuss, der aber nicht funktionierte. Erst gegen Ende des Jahres 1908, bereits unter dem Jubiläumsrektorat des Juristen Karl Binding, gründete man einen studentischen Festausschuss, der sich aus Vertretern der verschiedensten Korporationen und Vereinigungen zusammensetzte. Aufgabe des Ausschusses war es, in Zusammenarbeit mit Prorektor Carl Chun den studentischen Festumzug am 30. Juli 1909, dem Hauptfesttag der 500-Jahr-Feier, zu organisieren.[4] An diesem Umzug beteiligten sich nach Angaben von Chun[5] ca. 2.500 Studierende in vierzehn verschiedenen Bildern, wenn sich auch noch kurz zuvor offenbar erhebliche Defizite zeigten und es großer Anstrengungen bedurfte, die Veranstaltung zu realisieren. Die Studierenden sorgten selbst für ihre Kostümierung, was erhebliche Kosten verursacht

---

1 Vgl. Rede des abtretenden Rektors Karl Binding am 31. Oktober 1909, in: Häuser, Franz (Hrsg.), Die Leipziger Rektoratsreden 1871–1933, Bd. II: Die Jahre 1906–1933, Leipzig 2009, S. 970.
2 Stand: 1. Dezember 2009, in: Zahlen und Fakten (Faltblatt der Universität Leipzig), Juli 2010, online.
3 Vgl. Tischner, Wolfgang, Das Universitätsjubiläum 1909 zwischen universitärer Selbstvergewisserung und monarchischer Legitimitätsstiftung, in: Hehl, Ulrich von (Hrsg.), Sachsens Landesuniversität in Monarchie, Republik und Diktatur, Leipzig 2005, S. 100–104.
4 Vgl. Die Feier des Fünfhundertjährigen Bestehens der Universität Leipzig. Amtlicher Bericht im Auftrage des akademischen Senates, erstattet von Karl Binding, Leipzig 1910, S. 27–31.
5 Vgl. dazu: Der Festumzug, Bericht Prorektor Chun, in: Die Feier des Fünfhundertjährigen Bestehens (Fn. 4), S. 197–207 mit Fotos der einzelnen Bilder.

haben dürfte. Der Rektor hob in seinem Jahresbericht über das akademische Jahr 1908/1909 den Verdienst der Studierenden ausdrücklich hervor.[6]

Nun erscheint es vor dem Hintergrund eines von Katastrophen und tief greifenden Veränderungen durchzogenen Jahrhunderts müßig, die beiden Jubiläen von 1909 und 2009 miteinander zu vergleichen. Allein schon die Gegenüberstellung der monarchisch-militaristisch sowie nationalistisch geprägten Gesellschaft des beginnenden 20. Jahrhunderts, die sich kurz nach dem Jubiläum der Universität mit ungeheurer Kriegseuphorie in den 1. Weltkrieg stürzte, und die individualistisch geprägte Zivilgesellschaft des 21. Jahrhunderts, die sich vor allem mit den ökonomischen Katastrophen globalen Ausmaßes auseinandersetzen muss, könnte Bände füllen. Dessen ungeachtet fällt auf, dass ein gegenüber 1909 zahlenmäßig vergleichbares Engagement der Studierenden zum Universitätsjubiläum 2009 nicht vermeldet werden kann. Vielmehr hatte sich die hochschulpolitische Vertretung der Studierenden, der StudentInnenRat (StuRa), statt langfristiger und vorausschauender Planungen und einer Vielzahl projektierter Vorhaben weitgehend von dem Jubiläum distanziert. Zwar nahmen ihre Sprecher und Sprecherinnen an den Sitzungen des Jubiläumskomitees[7] teil, angesichts der hochschulpolitischen Veränderungen im Freistaat waren aber die Kapazitäten der verfassten Studierendenschaft an anderer Stelle gefordert: So sorgten die Auseinandersetzung über das neue Sächsische Hochschulgesetz, die Schwierigkeiten mit den neuen Studiengängen und dem Neubau am Augustusplatz für wenig Jubiläumsbegeisterung in und um den StuRa. Die einzigen Projekte, die ernstzunehmend unter dem Motto „von Studierenden für Studierende" im Programm Eingang fanden, waren das Campusfest und die Internationale Studentische Woche (ISW), schon bisher jährlich stattfindende Großprojekte des StuRa, die man nun eben als Jubiläumsveranstaltungen plante und auswies.

Ende 2007 gelangten Bastian Lindert, Sebastian Richter und Georg Teichert, drei Studierende der Geschichtswissenschaft, zu der übereinstimmenden Auffassung, die Studierendenschaft solle sich die Chance nicht entgehen lassen, gerade mit Hilfe des Jubiläums öffentliche Aufmerksamkeit auch mit dem Blick auf die aktuellen Entwicklungen an ihrer Hochschule zu erreichen. Ihre Bemühungen, das Thema in der studentischen Selbstverwaltung zu verankern, scheiterten allerdings: So lehnte der StuRa die Gründung eines befristeten Referates ab.[8] Deshalb ergriffen Bastian Lindert, Sebastian

---

6 Vgl. Rede des abtretenden Rektors Karl Binding (vgl. Fn. 1), S. 970–971.
7 Vgl. zum Jubiläumskomitee, s. Kapitel II.3.
8 Vgl. Protokoll der Sitzung des StuRa vom 6. Mai 2008. Das Verfahren zog sich seit Januar 2008 hin.

Richter und Georg Teichert selbst die Initiative und bemühten sich beim Rektorat zunächst für fünf eigene Projekte um eine Förderung. Sowohl das Rektorat als auch die Geschäftsstelle 2009[9] nahmen ihre Ideen mit Wohlwollen auf und bewerteten sie günstig. Neben der Zusage von Finanzmitteln stattet man diese „Initiative Studierende 2009" mit der notwendigen Infrastruktur (Blog, Büro, Laptops, Drucker, Telefon) aus sowie seit Mitte des Jahres auch mit Räumlichkeiten im interimistisch von der Universität genutzten Städtischen Kaufhaus. Programmatisch sollte die „Initiative Studierende 2009" studentische Beiträge zum Universitätsjubiläum initiieren, koordinieren und realisieren. Das Büro diente sozusagen als Plattform für Ideen aus dem Kreis der Studierenden. Der Zufluss an Ideen und Tatkraft von Seiten der Mitstudierenden blieb jedoch begrenzt. Außer dem Kollegprojekt „Science: Who cares?" und dem Umweltschutzprojekt „600 Bäume für 600 Jahre" beruhten alle anderen Veranstaltungen auf eigenen Ideen der Gründer der Initiative, für deren Verwirklichung weitere Studierende erst gewonnen werden mussten. Auch dies gelang nur sehr eingeschränkt, so dass die drei Initiatoren neben der Gesamtkoordination auch für die Durchführung der meisten Einzelprojekte zuständig blieben. Andere Studierende konnten zu diesem Zeitpunkt noch nicht in die Arbeit der Initiative eingebunden werden. Die Doppelbelastung und die Anstrengungen beim Aufbau und der Vernetzung einer neuen Organisation führten im Laufe des Jahres 2009 zur Überlastung der Initianten, wobei auch Schwierigkeiten bei der Orientierung in der deutschen Verwaltungslandschaft eine entscheidende Rolle spielten. Dennoch wurde zu Beginn des Jubiläumsjahres am 31. Januar 2009 der Verein „Studierende 2009 e. V." gegründet, der den schon begonnenen sieben Projekten einen institutionellen und rechtlichen Rahmen gab. Mit der Vereinsgründung erhöhte sich das Arbeitspensum, ohne dass die personelle Basis für die Koordination und für die einzelnen Projekte verbessert werden konnte. Die meisten Vereinsmitglieder waren schon vorher aktiv gewesen und so erhöhte sich die Arbeitslast der Beteiligten mit der Umsetzung der ersten Projekte im Jubiläumsjahr erneut. Mitte April zog der Verein mit seinem Büro in das neue Seminargebäude auf dem Leibniz-Forum um.

Nach dem Fußballturnier Ende Mai/Anfang Juni kam die Arbeit im Großen wie im Kleinen nahezu zum Erliegen, mehrere Veranstaltungen mussten verschoben werden. Da die ungünstige Situation sich bei den Verantwortlichen inzwischen auch gesundheitlich nachteilig auswirkte, kam es zu personellen Veränderungen im Vorstand. Georg Teichert und Sebastian Richter schieden aus, Sven Jaros (2. Vorsitz) und Susen

---

9 Zur Geschäftsstelle 2009 s. Kapitel II.4.

Pfifferling (Schatzmeisterin) stiegen ein. Bastian Lindert übernahm den 1. Vorsitz. Derart erneuert startete der Verein in seine produktivste Phase, in der fünf Projekte zum Abschluss kamen. Seit dem Ende des Jubiläumsjahres im Dezember 2009 beschäftigte sich der Vorstand ebenso wie die Geschäftsstelle der Universität mit Rest- und Aufräumarbeiten, u. a. der Abrechnung der Projekte und der Steuerprüfung, die bis zum Ende des Jahres 2010 anhielten.

Studentische Projekte im Jubiläumsjahr

Das Kolleg „Science: Who cares?"
Das studentische Kolleg „Science: Who cares?" war eines der ambitioniertesten und letztlich auch erfolgreichsten Projekte von „Studierende 2009 e. V.". Über 50 Studierende verschiedener Fachrichtungen fragten im Laufe des Jubiläumsjahres in drei Arbeitsgruppen nach dem Wert der Wissenschaft für die Gesellschaft. Im Fokus standen die Stellung der Wissenschaft in der Lehramtsausbildung, die Vermittlung wissenschaftlicher Inhalte in Museen und Ausstellungen sowie die Wahrnehmung von Wissenschaft in den Medien. Seit Sommer 2008 traf ein Team von 10 Studierenden die wichtigsten Vorbereitungen. Bis zum offiziellen Beginn des Kollegs am 17. April 2009 versammelten sich unter der Leitung von Sven Jaros eine ganze Reihe von Kooperationspartnern und Förderern innerhalb und außerhalb der Universität. So wurde eine Reihe von Exkursionen möglich, etwa zum Hygiene-Museum nach Dresden, zur Nationalen Akademie der Wissenschaften Leopoldina nach Halle oder zum Zeitgeschichtlichen Forum und dem mathematisch-naturwissenschaftlichen Zentrum Inspirata in Leipzig. Mit Prof. Dr. Volker ter Meulen, dem damaligen Präsidenten der Nationalen Akademie der Wissenschaften Leopoldina in Halle/Saale, übernahm ein prominenter Wissenschaftler die Schirmherrschaft für das Projekt.

Von der offiziellen Eröffnung im April in der Moritzbastei durch Rektor Prof. Dr. Franz Häuser bis zur Abschlusstagung am 28. November 2009 im Neuen Seminargebäude arbeiteten die drei Gruppen selbstständig an ihren Fragestellungen. Lehrende der Universität und der HTWK leisteten bei Bedarf Hilfe und Unterstützung. Kontakte zwischen den Gruppen gab es bei verschiedenen Treffen auch außerhalb der Arbeitsphasen, ferner tauschten sich alle Teilnehmenden beim Workshop zum wissenschaftlichen Schreiben über ihre Ergebnisse und Publikationsideen aus. Die (Zwischen-)-Ergebnisse der drei Arbeitsgruppen stellte man bei der Abschlusstagung im November einer breiten Öffentlichkeit vor, diskutierte darüber und regte Weiterentwicklungen an.

Als Abschluss stellte Guillaume Paoli, Hausphilosoph im Centraltheater, auf einer Podiumsdiskussion der „Prüfgesellschaft für Sinn und Zweck" noch einmal die Grundsatzfrage nach dem Wert der Wissenschaft für die Gesellschaft.

Die Ergebnisse der Arbeitsgruppen und die weiterführenden Untersuchungen der Teilnehmenden mündeten schließlich in eine Sammelpublikation, die im Spätsommer 2010 im Meine-Verlag erschien. Sie soll gleichzeitig Inhalte vertiefen und zur weiteren Diskussion anregen. Gefördert haben das Projekt die Universität Leipzig, die Sparkasse Leipzig, der StuRa sowie die Stiftung „weiterdenken" der Heinrich-Böll-Stiftung in Dresden.

Erfolgreich für die Umwelt: „600 Bäume für 600 Jahre"[10]
Das studentische Umweltschutzprojekt „600 Bäume zum 600. Jubiläum der Universität Leipzig" lud im Jubiläumsjahr Mitglieder und Angehörige der Universität sowie Leipziger Bürgerinnen und Bürger ein, Baumpatenschaften in Leipzig und Umgebung zu übernehmen und so aktiv und umweltbewusst den eigenen Lebensraum mitzugestalten. Prominente Unterstützung erhielt das Projekt von den drei Schirmherren Sigmar Gabriel (Bundesumweltminister a. D.), Klaus Töpfer (Bundesumweltminister a. D.) und Johannes Lichdi (MdL Sachsen). Erfahrene Partner bei der Umsetzung des Projektes waren das Amt für Stadtgrün und Gewässer der Stadt Leipzig, die Stiftung Wald für Sachsen und der Staatsbetrieb Sachsenforst.

Bis Juli 2010 folgten 521 Spender dem Aufruf, und Projektleiter Thomas Seifert konnte den Eingang von insgesamt 34.735 Euro vermelden. Aus dieser Spendensumme wurden 10.720 Setzlinge für Großzössen in der Gemeinde Neukieritzsch erworben, 106 Starkbäume in Leipzig als Patenbäume übernommen und 16 Starkbäume im Oberholz in Großpösna gepflanzt. Dieses Ergebnis übertraf die Erwartungen bei Weitem. Unter den Spendern waren namentlich das Rektorat, Dekane und Professoren, Studierende und Institute, Fachschaftsräte und der StudentInnenRat, ferner Alumni und Seniorenstudierende der Universität, der Vereinigung von Förderern und Freunden der Universität sowie weitere Privatpersonen. Die überwältigende Beteiligung zeigt, dass viele Menschen sich ihrem Lebensraum verbunden fühlen und nachhaltige Veränderungen für die Umwelt anstreben.

---

10 Die Autoren danken Projektleiter Thomas Seifert für das Verfassen eines umfangreichen Projektberichts, der die Grundlage für diesen Abschnitt bildet.

Neben den Spenden waren drei Pflanzaktionen Bestandteil des Projektes. Zum Auftakt am 23. April 2009 pflanzte Rektor Prof. Dr. Franz Häuser eine Robinie in der Schwanenparkanlage hinter der Oper mit Blick auf das Rektoratsgebäude. Es folgten am 19. September 2009 alle 14 Leipziger Fakultäten sowie das Rektoratskollegium und der Sächsische Forstverein mit der Pflanzung von 16 Winter-Linden im ehemaligen Universitätswald (1544 bis 1933), dem Oberholz, ferner die Pflanzung vor dem Eingang zur Bibliotheca Albertina in der Beethovenstraße am 16. September durch Senator E.h. Peter Krakow für die Vereinigung von Förderern und Freunden der Universität. Den Abschluss der Pflanzaktionen bildete der weltweit erste „Pflanzflash" am 14. November in Großzössen, Ortsteil der Gemeinde Neukieritzsch. 55 Helferinnen und Helfer aus Leipzig und der Umgebung legten den Grundstein für ein 2,5 ha großes Schutzwaldsystem, das aus standortgerechten Baumarten wie beispielsweise Traubeneiche, Hainbuche, Winterlinde und Vogelkirsche besteht.

Das Baumpatenschaftsprojekt endete mit einem großen Fest am Sonntag, den 25. April 2010, im Park hinter der Moritzbastei mit rund 350 Gästen, bei dem Oberbürgermeister Burkhard Jung das Projekt würdigte und ähnliche Patenschaftsaktionen anregte, etwa zu den in Leipzig anstehenden Jubiläen 200 Jahre Völkerschlacht (im Jahr 2013) und 1000 Jahre ersturkundliche Erwähnung der Stadt Leipzig (im Jahr 2015). Schließlich fanden das Projekt und der Einsatz des Projektleiters Thomas Seifert eine besondere Anerkennung durch die Verleihung des Wolfgang-Natonek-Preises der Vereinigung von Förderern und Freunden der Universität Leipzig e. V. im Rahmen der feierlichen Immatrikulation zum WS 2009/10 durch den Rektor.

Fußball 2009, ein „internationales" Turnier
Auch der Sport kam im Programm von „Studierende 2009 e. V." nicht zu kurz. Ein Fußballturnier erschien geeignet, um für das Jubiläum und die studentischen Aktivitäten einen größeren Organisatoren- und Teilnehmerkreis zu aktivieren. Im Vorfeld hatten die Hauptorganisatoren Markus Klank und Thomas Rastig mit organisatorischen Problemen zu kämpfen und für den angesetzten Termin, das Pfingstwochenende (29. Mai bis 1. Juni), war schlechtes Wetter angesagt. Trotzdem fanden schließlich 22 Teams aus ganz Deutschland den Weg nach Leipzig und spielten drei Tage lang auf dem Universitätsgelände Wettinbrücke um den Sieg. Ein Team war aus Utrecht angereist, doch am Ende kam der Sieger aus Leipzig: Der SpVgg Pommes Schranke (Leipzig) konnte nach hartem Kampf den Pokal nach Hause tragen. Im Rahmen des Turniers fand eine Sommerparty auf dem Campus Jahnallee statt. Ca. 900 Gäste bevölkerten am Sonntagabend den Campus der Sportwissenschaftlichen Fakultät und

feierten auf drei Floors bis in die frühen Morgenstunden. Neben den Gastgebern des Turniers hatte vor allem das Referat Ausländischer Studierender des StuRa (RAS) zu dieser Feier eingeladen.

Beide Veranstaltungen verlangten von den Verantwortlichen und Helfenden große Anstrengungen über mehrere Tage, was die Teams mit großem Vergnügen und Fairness während des Turniers honorierten. Unterstützt wurden die Veranstaltungen neben der Universität auch vom Studentenwerk, dem Zentrum für Hochschulsport und dem StuRa.

Humboldt reloaded! Der Versuch einer Tagung
Die Tagung zu den „Perspektiven im gegenwärtigen Verhältnis von Studium – Arbeit – Leben" vom 17. bis 20. September 2009 sollte im Jubiläumsjahr auch kritischen Themen zum studentischen Leben Raum und Zeit geben. Die gemeinsam mit dem StuRa geplante Veranstaltung sollte die aktuelle Bildungssituation thematisieren, vor allem aber die Besonderheiten studentischen Lebens sowie die soziale und gesellschaftliche Position von Studierenden in den Blick nehmen. Unter den vier großen Themen „Internationalität", „Verwertbarkeit?!", „Vereinbarkeit" und „Mitbestimmung" sollten Einflüsse und Rahmenbedingungen des studentischen Alltags in Workshops und Diskussionsrunden reflektiert und hinterfragt werden. Auch Abendveranstaltungen waren geplant. Allerdings stand das Projekt unter einem schlechten Stern: Schwierigkeiten bei der Terminfindung, verspätete Werbung, fehlende deutschlandweite Vernetzung sowie Absprachenschwierigkeiten und unterschiedliche Erwartungshaltungen zwischen „Studierende 2009 e. V." und dem StuRa ließen die Veranstaltung scheitern. Zudem konnte der Organisationsrückstand nicht mehr aufgeholt werden, der durch das Ausscheiden von Georg Teichert als Projektleiter kurz vor der Veranstaltung entstanden war. Eine kurzfristige Verknüpfung mit einem Vernetzungstreffen der Bildungsstreikenden in Deutschland brachte auch nicht den erwünschten Erfolg. Zwar befassten sich eine Reihe von Teilnehmenden mit den Themen Studienfinanzierung und Studiengebühren, Probleme von Studierenden mit Kindern und Fragen der „Employability", die Teilnehmerzahl und die Qualität der Diskussionen blieben aber leider hinter den Erwartungen zurück. Der Versuch, kritischen Stimmen besonders im Hinblick auf die Schwierigkeiten der Studienreform, sprich Bologna-Einführung, an der Universität Leipzig ein Forum zu bieten, war damit gescheitert. Dies verwundert umso mehr, als sich während des Jahres eine große Zahl von Studierenden durch kritische Stimmen und Aktionen zu Wort gemeldet hatten (z. B. im Eröffnungskonzert im Gewandhaus und beim Festakt im Paulinum, ferner mit der Besetzung der Rektoratsräume in der

letzten Novemberwoche). Die aktuelle Lage im Rahmen einer Tagung zu erörtern, haben Organisatorinnen und Organisatoren sowie Studierende leider versäumt.

Ausstellung „Druck für mehr. 1989–2009"
Die Idee und das Konzept für dieses Ausstellungsprojekt gingen aus den Planungen zum 20jährigen Jubiläum des StuRa hervor, der sich in Leipzig am denkwürdigen 9. November 1989 konstituiert hatte – ein Jubiläum im Jubiläum. Zusätzlich zum Jubiläumsprogramm des StuRa sollte eine längerwährende Ausstellung die Entwicklung und Wirkung der studentischen Selbstverwaltung anhand von ausgewählten Themen und Ereignissen sichtbar machen und damit die Erinnerung und Reflexion innerhalb wie außerhalb der Institution befördern. Konkrete Schritte zur Umsetzung wurden erst im Juli/August 2009, also knapp drei bis vier Monate vor der geplanten Eröffnung im November, unternommen. Durch massive Werbung und gezielte Ansprache von Ehemaligen konnten über 40 Helferinnen und Helfer für die Textredaktion, das Korrekturlesen und die Erstellung der Wandtafeln gefunden werden. Unter der Leitung von Daniel Fochtmann und Bastian Lindert entstanden so innerhalb von drei Monaten über sechzig Großplakate zur Geschichte und aktuellen Arbeit des StuRa. Dabei ging es vor allem um die Themen Internationales, Großprojekte, Service und Beratung, Struktur und Entwicklung, Öffentlichkeitsarbeit, Ökologie und Verkehr, Überwachung, studentischer Protest, Vernetzung, Antirassismusarbeit, Gleichstellung und der Umbau der Universität.

Bei der Vernissage im Erdgeschoss des neuen Hörsaalgebäudes am 14. November zeigten sich Rektor Prof. Dr. Franz Häuser und etwa 100 Gäste von Umfang und Qualität der Darstellung beeindruckt. In den folgenden Monaten ermöglichte es die Ausstellung den Studierenden, Einblick in die Arbeit ihrer gewählten Vertretung zu nehmen und sich mit ihrer Universität aus einer anderen Perspektive auseinanderzusetzen. Die Ausstellung endete am 31. Januar 2010, eine Verlängerung an gleicher Stelle im Wintersemester (WS) 2010 wurde zwar angedacht, aber nicht realisiert. Eine abschließende Podiumsdiskussion konnte aufgrund von Termin- und Planungsproblemen erst im Sommer 2010 stattfinden.

Trotz des späten Arbeitsbeginns erfuhr das Projekt breite Unterstützung seitens der Universität, insbesondere des Universitätsarchivs und der Geschäftsstelle 2009, und wurde außer von diesen auch vom Studentenwerk, der Firma messeprojekte und dem Copyshop wdk gefördert.

Stimmen aus 600 Jahren Universitätsgeschichte. Eine Lesenacht

Am 29. November 2009 verwandelte sich das Foyer der Universitätsbibliothek Albertina in eine Bühne, auf der sich 600 Jahre vergangenes und gegenwärtiges Studieren an der Universität Leipzig begegneten. Schauspieler aus Leipzig, Halle und Merseburg liehen den Studierenden aus Vergangenheit und Gegenwart ihre Stimme und machten sie für die Besucher lebendig. So vielfältig wie der zeitgeschichtliche Kontext, so vielfältig waren auch die Meinungen und Perspektiven, mit denen die Studierenden in 600 Jahren ihrer Universität und der Umwelt gegenüber standen. Dabei begegneten den Besuchern sowohl prominente Personen wie Friedrich Nietzsche oder Robert Schumann als auch weniger bekannte Alumni aus der Zeit des 30-jährigen Krieges, der Weimarer Republik und der DDR. Ein besonderes musikalisches Highlight begleitete diese Zeitreise. Ein Chor mit instrumentaler Begleitung trug verschiedene eigens für diesen Zweck komponierte Stücke vor, unter anderem eine Vertonung der Gründungsurkunde der Alma mater lipsiensis. Der Charakter der jeweiligen Epochen wurde so auch musikalisch spürbar.

Dem Projektleiter Sebastian Richter und seinem Team war es besonders wichtig, den Besuchern den Einfluss der politischen und kulturellen Umwelt auf den Charakter des Studierens durch die Geschichte hindurch deutlich zu machen. Trotz der unterschiedlichen jeweiligen Kontexte zeigte sich, dass Studierende vor mehreren hundert Jahren mit ähnlichen Problemen und Herausforderungen zu kämpfen hatten wie heute. So eröffnete diese außergewöhnliche Reise durch die Zeit letztlich auch den Blick in die Zukunft und verknüpfte den Erfolg zukünftigen Studierens an die Aufforderung, dem stetigen Wandel der Zeit mit einer flexiblen und offenen Universitätsstruktur zu begegnen. Das Projekt konnte mit Mitteln der Universität Leipzig und der Leipziger Universitätsbuchhandlung UniBuch realisiert werden.

Jubelbash 09, die Party der Studierenden

Von Anfang an sollte in den Jubiläumsplanungen auch die studentische Festkultur nicht zu kurz kommen. Die anfänglichen Überlegungen zu einer Großveranstaltung auf dem Gelände des Campus Jahnallee mussten allerdings aus Kapazitätsgründen ad acta gelegt werden. Naheliegend war dann eine Kooperation mit der Moritzbastei (MB), schon allein in räumlicher Hinsicht. Hinzu kam das über das Jubiläum hinausreichende Interesse von MB und Studentenwerk an einer künftigen Zusammenarbeit im Hinblick auf die neue „Mensa am Park", die als Veranstaltungsort bis dahin nur im kleineren Rahmen getestet worden war. Eine Studierendenparty als kontrollierter Härtetest gab es bislang nicht. Unter Federführung von Sebastian Enkelmann (MB) wurde eine große

Party für den 1. Dezember 2009 in zweifacher Hinsicht als „Testballon" geplant: Zum einen in Bezug auf die Kooperation zwischen Universität, Studentenwerk und Moritzbastei, zum anderen als Probelauf für eine jährlich zu wiederholende Geburtstagsfeier am Vorabend des „Dies academicus". Zudem folgte im Jubiläumsjahr noch ein zweiter Feiertag am 2. Dezember, der allerdings nur in der Moritzbastei stattfinden sollte. So weihten am Vorabend des Geburtstages die Bands Karpatenhund, Olli Schulz und das Sputnik DJ-Team die neue Mensa als Party-Location ein, und zwar unter dem Motto „Jubelbash 09 – 600 Jahre steil – nach oben". DJs wie „Stars for Soul", „Gut wie Gold", das „Global Noise Movement" und die DJs des Uniradios „mephisto 97.6" füllten die MB und setzten damit den etwas anderen festlichen Abschlusspunkt hinter das studentische Programm des Jubiläumsjahres.

Studentische Perspektiven. Ein Fotoprojekt

Das Fotoprojekt „30.000 Studierende – 30.000 Perspektiven" sollte ursprünglich einen Fotowettbewerb Leipziger Studierender initiieren und in eine Ausstellung mit Begleitband münden. Wegen Schwierigkeiten in der Organisation und zu geringer Beteiligung gestalteten Sebastian Richter und Wenke Richter das Projekt in einen Sammelband mit angehängtem Fototeil um. Damit wird der fünfbändigen Universitätsgeschichte[11] eine gut lesbare Geschichte der größten Mitgliedergruppe der Universität Leipzig, der Studierenden, zur Seite gestellt. Junge Historikerinnen und Historiker verfassten zu jedem Universitätsjahrhundert einen Beitrag, der die Rahmenbedingungen und Realitäten des Studiums zur jeweiligen Zeit nachvollziehbar darstellt. Illustriert wird dieser spannende Einblick in die Universitätshistorie durch Bildmaterial aus den Beständen des Universitätsarchivs, der Pressestelle sowie den zahlreichen Einsendungen von Studierenden und Alumni. Der Band erschien Anfang 2011 unter dem Titel: „Universität Leipzig. Eine Welt – viele Welten".

Kritische Instanz. 20 Jahre StudentInnenRat in Leipzig

Dieses Projekt bot die Möglichkeit, 20 Jahre StudentInnenRat in Leipzig als bereits erwähntes „Jubiläum im Jubiläum" zu präsentieren und gleichzeitig die Geschichte der verfassten Studentenschaft als studentische Selbst- und Mitverwaltung sowie der Hochschulpolitik aufzuarbeiten. Aus zweierlei Gründen erschien dies geboten: Zum einen gewinnen die Aktiven der studentischen Selbstverwaltung immer wieder den

---

11 Vgl. dazu Kapitel VII.

Eindruck, der StuRa sei eine Institution ohne Gedächtnis, der viele Entwicklungen und Projekte immer wieder von neuem beginnt. Zum anderen schildert die große fünfbändige Universitätsgeschichte[12] die jüngste Geschichte der Studierenden seit 1989 nur am Rande. Daher bot es sich an, diese Lücke mit einem studentischen Projekt zu füllen und zugleich eine alternative Universitätsgeschichte der vergangenen 20 Jahre nachzuzeichnen. In enger Zusammenarbeit mit dem Universitätsarchiv und dem StuRa, der einen Großteil seiner Akten noch in eigener Obhut verwahrt, wurden seit Mitte 2008 intensive Vorarbeiten und Recherchen geleistet. Die Basis sollten jedoch nicht nur die Akten bilden, sondern Gespräche mit den ehemaligen StuRa-Sprecherinnen und Sprechern – seit 1989 immerhin 50 an der Zahl –, die sich aufgrund ihrer Koordinatorenrolle als sehr wertvolle Zeitzeugen erwiesen und umfangreiche Einblicke in Themen und Arbeitsweisen der jeweiligen Zeit boten. Bis Mitte 2010 konnten die Projektmitarbeiter Sven Jaros und Bastian Lindert die Hälfte der Aktiven der vergangenen 20 Jahre interviewen. An der Auswertung der Akten und Interviews wird derzeit noch gearbeitet. Bis Anfang 2011 soll das Projekt in Form einer Buchpublikation abgeschlossen sein. Ermöglicht wurde dies durch eine Förderung der Universität und des StuRa.

Fazit

Wie die Universität im Großen haben die „Studierenden 2009" im Kleinen sich vorgenommen, den besonderen Geburtstag einer traditionsreichen und vielgestaltigen Institution zu begehen. Die aus diesem Anlass entwickelten Programmpunkte gingen zum Teil über die Kerngebiete und -aufgaben der Universität in der heutigen Zeit hinaus, was im Vorfeld wie im Jubiläumsjahr für viel Diskussionsstoff unter den Studierenden sorgte. Übergreifend bleibt am Ende festzustellen, dass sowohl die Feierlichkeiten der Gesamtuniversität als auch die Beiträge der Studierenden 2009 es leider nicht schafften, das Universitätsjubiläum zu einer Veranstaltung Vieler zu machen. Die große Zahl derjenigen, die an der Universität derzeit ihre Bildung und Ausbildung erhalten, konnten dafür nicht interessiert und begeistert werden. Die Frage, wie man die Studierenden dazu bewegen kann, ein solches Ereignis zu ihrem Projekt zu machen, blieb auch am Ende unbeantwortet. Letztlich scheint sich auch hier die These zu bestätigen, dass die Universität bei den Studierenden dieser Tage nicht mehr den

---

12 Vgl. dazu Kapitel VII.

Lebensmittelpunkt darstellt,[13] sondern lediglich als kurze Durchgangsstation betrachtet wird. Eine tiefer gehende Bindung an die Universität ist so eher eine Ausnahme. Unter den Prämissen von Schnelligkeit und Effizienz bietet insbesondere das neue Studiensystem wenig Spielraum, Aktivitäten außerhalb des eigenen Studienganges zuzulassen. Verstärkt wird dieser Eindruck dadurch, dass die drei Gründer der Initiative noch im alten System studieren und daher über zwei Jahre hinweg solche Freiräume nutzen konnten. Mit „Science: Who cares?" lieferte „Studierende 2009 e. V." aber auch gleich das Gegenbeispiel: Das Organisationsteam und die Teilnehmenden des Kollegs stammten zum größten Teil aus den neuen Studiengängen und konnten sich dennoch sehr intensiv in dem Projekt engagieren.

Es bleibt abzuwarten, welche Wege sich für studentisches Engagement unter den neuen Bedingungen verfestigen werden. Trotzdem sind gerade Selbstorganisation, Eigeninitiative und die Übernahme von Verantwortung der eigentliche Erfolg des Gesamtprojektes. Die beteiligten Studierenden haben die Gelegenheit genutzt und sich in verschiedenen Bereichen ausprobiert und Erfahrungen gesammelt. Dies schließt neben positiven naturgemäß auch negative Erfahrungen mit ein. Der große Umfang an Aktivitäten und die geringe Erfahrung in Organisation, Verwaltung, Kommunikation und Kooperation waren erschwerende Bedingungen. Dass von den elf Projekten letztlich acht erfolgreich abgeschlossen werden konnten (eins steht noch aus) und dass gerade in der entscheidenden Phase gegen Jahresende der Verein sowohl in der internen Arbeit als auch in der Wirkung nach außen Erfolge erzielte, bleibt ein herausragendes Ergebnis. „Studierende 2009 e. V." stellte schließlich die meisten Projekte „von Studierenden für Studierende" im Jubiläumsjahr auf die Beine.[14]

(Bastian Lindert, Sven Jaros und Susan Pfifferling)

---

13 Vgl. Bargel, Tino: Wandel politischer Orientierungen und gesellschaftlicher Werte der Studierenden. in: BMBF (Hrsg.), Studiensituation und studentische Orientierungen. 10. Studierendensurvey, Entwicklungen zwischen 1983 und 2007, Bonn/Berlin 2008, S. 4–5.
14 Vgl. Rektoratsbericht 2009, S. 83 und 117/18.

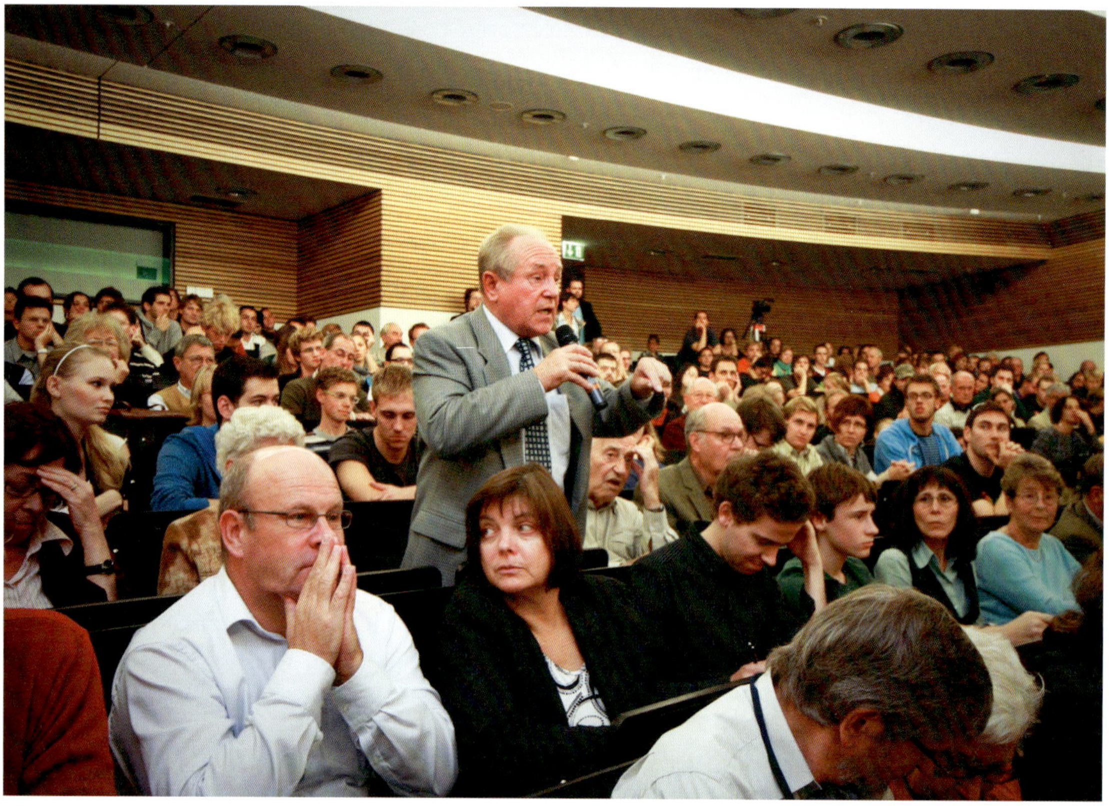

XVI. JAHRESTAGUNGEN VON WISSENSCHAFTS- UND WEITEREN ORGANISATIONEN

1. JAHRESVERSAMMLUNG DER DEUTSCHEN FORSCHUNGSGEMEINSCHAFT

Als Referenz an den 600. Geburtstag der Alma mater Lipsiensis tagte vom 29. Juni bis 1. Juli 2009 die Deutsche Forschungsgemeinschaft (DFG) in Leipzig. Zum Abschluss der Konferenz fand am 1. Juli ein Festakt im Mendelssohn-Saal des Gewandhauses statt, an dem die Bundesforschungsministerin Professor Dr. Annette Schavan und der Präsident der Kultusministerkonferenz und Bildungsminister Mecklenburg-Vorpommerns Henry Tesch teilnahmen. Den Festvortrag hielt Professor Dr. Udo Peil von der Universität Braunschweig. Der wiedergewählte Präsident der DFG, Professor Dr. Matthias Kleiner, sagte in seiner Ansprache, die von Bund und Ländern mit einem Jahresetat von mehr als zwei Milliarden Euro ausgestattete Selbstverwaltungsorganisation der Wissenschaft müsse bei der Bewilligung von Projekten auch die Offenheit im wissenschaftlichen Prozess sichern. Es gelte, beim vielbeschworenen Wettbewerb um die besten Köpfe jenen mehr Wertschätzung und Freiräume zukommen zu lassen, die nicht dem Mainstream folgen, „sondern das Risiko und den Mut des Sich-Irrens" auf sich nehmen. Zeiten der Krise sind „immer auch Zeichen der Erneuerung", erklärte Bundesforschungsministerin Annette Schavan in ihrem Grußwort an die DFG-Festversammlung. Die beschlossenen Pakte für die Hochschulen und für Forschung und Innovation sowie die Fortführung der Exzellenzinitiative bezeichnete sie als „starke Signale für die Verlässlichkeit im Verhältnis von Politik und Wissenschaft". Ministerpräsident Stanislaw Tillich verwies beim abschließenden Empfang auf die reiche Wissenschaftslandschaft im Freistaat Sachsen, zu der auch die DFG als „Teil dieser sächsischen Erfolgsgeschichte" gehört.

Grußwort des Rektors

Sehr geehrte Frau Bundesministerin Dr. Schavan, sehr geehrter Herr Präsident der Deutschen Forschungsgemeinschaft Professor Kleiner, sehr geehrter Herr Präsident der Kultusministerkonferenz Tesch, sehr geehrter Herr Professor Peil, sehr geehrte Kolleginnen und Kollegen, meine sehr verehrten Damen, meine Herren!

Ich darf Sie alle sehr herzlich im Namen der Universität Leipzig zur Festveranstaltung aus Anlass der Jahresversammlung der Deutschen Forschungsgemeinschaft heute

Nachmittag hier im Mendelssohn-Saal des Gewandhauses zu Leipzig begrüßen. Auch unsere Universität ist häufiger und hoffentlich wohlgelittener Gast im Gewandhaus und zwar sowohl im großen Saal als auch hier im Mendelssohn-Saal. Viel lieber würden wir natürlich die Rolle des Gastgebers dieser Festveranstaltung spielen, aber leider ist der Neubau unserer Aula und des Auditorium Maximums ganz in räumlicher Nähe auf dem Augustusplatz noch nicht fertiggestellt, und dies wird wegen mehrerer widriger Umstände sicherlich auch noch eine zeitlang auf sich warten lassen. Die Mitgliederversammlung der DFG als der wichtigsten und größten deutschen Institution zur Forschungsförderung ist ein jährlich wiederkehrendes Ereignis. Sie kann in diesem Jahr einen ganz besonderen Akzent erhalten, reiht sie sich doch ein in den bunten Reigen von Veranstaltungen anlässlich des 600. Geburtstages unserer Alma mater Lipsiensis. Und dafür, dass die Mitglieder des Präsidiums gerade in diesem Jahr Leipzig als Tagungsort gewählt haben, dafür danke ich Ihnen sehr herzlich. Wir verstehen dies als Ausdruck der Verbundenheit mit Ihrem Mitglied aus Leipzig.

Meine Damen und Herren, wir erinnern also in diesem Jahr an das Geschehen vor 600 Jahren, das am 2. Dezember 1409 mit der offiziellen Gründung der Universität Leipzig seinen Höhepunkt erreichte. Auslöser waren Auseinandersetzungen in der im Jahr 1348 von Karl IV. gegründeten Prager Universität. Als dessen Sohn Wenzel IV. im Frühjahr 1409 mit dem sog. Kuttenberger Dekret in die nach Pariser Vorbild konzipierte mittelalterliche Universitätsverfassung eingriff, um seine böhmische gegenüber den anderen Nationen zu bevorzugen, verließen die Mitglieder der benachteiligen Nationen im Protest die Karlsuniversität. Ein Teil von ihnen wandte sich nach Leipzig, einer Stadt von damals ca. 4.000 Einwohnern, gelegen an der Kreuzung von via regia und via imperii und als Ort des Handels und Gewerbes sicherlich schon damals weithin bekannt. Ob darin der Grund für die Entscheidung zugunsten Leipzigs zu suchen ist, lässt sich nicht belegen. Man setzte in Leipzig die akademische Ausbildung fort, wohl zunächst noch in der Hoffnung, nach Prag zurückzukehren. Die Wettiner Landesherren nutzten freilich ihre Chance und unterstützten die Prager Magister und Scholaren, z. B. durch eigene Gebäude, und stellten alsbald auch die Verbindung her zu dem kurz zuvor vom Konzil von Pisa gewählten Papst Alexander V., der im September 1409 in einer Bulle die Erlaubnis zur Gründung einer Hohen Schule in Leipzig erteilte. So viel zu den Ereignissen des Jahres 1409. Seitdem wird in Leipzig kontinuierlich gelehrt und geforscht, was es rechtfertigt festzustellen, dass wir hinter Heidelberg, gegründet 1386, also 23 Jahre früher, die zweitälteste deutsche Universität mit dem erwähnten kontinuierlichen Lehrbetrieb sind. Ihre Blütezeit erreichte die Universität im Übergang vom 19. in das 20. Jahrhundert. So wurde beispielsweise vor 100 Jahren Wilhelm Ostwald mit dem Nobelpreis für Chemie für seine bahnbrechenden Untersuchungen zur Katalyse ausgezeichnet.

Meine Damen und Herren, wir sollten uns immer wieder auch einmal die besondere Lage der ostdeutschen Universitäten vergegenwärtigen, die im vorigen Jahrhundert zwei Diktaturen zu bestehen hatten, von denen die zweite bekanntlich 40 Jahre dauerte. Vor 50 Jahren, also im Jahre 1959, gedachte man der Gründung unserer Universität an mindestens drei akademischen Orten in offiziellen Veranstaltungen, nicht nur in Leipzig, sondern auch in Tübingen und in Heidelberg; in Tübingen, weil dort der erste Leipziger Nachkriegsrektor, der Archäologe Bernhardt Schweitzer, dazu die Initiative ergriffen hatte, und in Heidelberg, weil dort Hans Georg Gadamer, unter dessen Rektorat die Universität im Jahre 1946 ihren Lehrbetrieb wieder aufgenommen hatte, lehrte. Die westdeutsche Rektorenkonferenz hatte seinerzeit beschlossen, Jubiläen ostdeutscher Universitäten zu boykottieren. Glücklicherweise liegt die schmerzliche Trennung unseres Vaterlandes hinter uns, und dies auch dank der mutigen Demonstrationen Leipziger Bürger, vor allem am 9.10.1989, also vor 20 Jahren, als sie auf den Straßen dieser Stadt den diktatorischen Machthabern mit dem Ruf „Wir sind das Volk" unmissverständlich ihr revolutionäres Misstrauen aussprachen. In den Jahren nach 1990 hat die Universität Leipzig eine unglaubliche Aufbauleistung vollbracht. Es mussten zunächst 6.000 Personalstellen abgebaut werden. Manche ideologielastigen und staatsnahen Bereiche wurden abgewickelt; einige anschließend mit neuer inhaltlicher Ausrichtung und nach teilweiser personeller Erneuerung wieder gegründet. Bisher selbständige Hochschulen in Leipzig, so die Pädagogische Hochschule, die Deutsche Hochschule für Körperkultur und Sport, die Technische Hochschule und das Theologische Seminar wurden abgewickelt und als eigenständige Fakultäten oder als Teile bisheriger Fakultäten in die Universität integriert.

Gleichzeitig hatten wir auch zu lernen, im kalten Wasser des Wettbewerbs, insbesondere um Fördermittel, zu schwimmen. So beteiligten wir uns u. a. auch an der Exzellenzinitiative des Bundes und der Länder und zwar gegen eine Konkurrenz, die an meistens lange etablierten Wissenschaftsstandorten, vor allem in wohlhabenden Bundesländern, insbesondere des Südens der Bundesrepublik, einen Vorsprung von oft 40 Jahren hatten. Dennoch, wir sind in der Exzellenzinitiative des Bundes und der Länder mit einer Graduiertenschule erfolgreich gewesen, worüber wir uns sehr gefreut haben. Entsetzt bin ich persönlich freilich nach wie vor über den personellen Aderlass, den wir dadurch erlitten haben, dass unser Cluster-Antrag „Mathematik in den Naturwissenschaften" mangels ausreichender Mittel, so die lapidare Begründung am Ende des ablehnenden Bescheides, nicht gefördert wurde. Ich kann diesen Punkt hier und heute nicht ohne Gesichtsverlust verschweigen, nachdem Jürgen Kaube in der Frankfurter Allgemeinen Zeitung vom 10. Juni 2009, also vor drei Wochen, auf diese schmerzliche Leipziger Erfahrung als abschreckendes Beispiel hingewiesen hat.

Meine Damen und Herren, die Universität Leipzig ist nach wie vor durch eine große Fächervielfalt, vor allem in den Geistes- und Sozialwissenschaften, gekennzeichnet. Wie erwähnt haben wir Erfolge durch wissenschaftliche Schwerpunktsetzung vorzuweisen, wie auch unlängst das Ergebnis der sächsischen Landesexzellenzinitiativen gezeigt hat, worauf wir stolz sind. Als mögliche Keimzellen großer Forschungsverbünde haben wir Profilbildende Forschungsbereiche herausgebildet. Und im Leipziger Forschungsforum arbeiten wir mit den außeruniversitären Forschungseinrichtungen am Standort Leipzig zusammen. Ferner ist die Forschungsakademie Leipzig/Research Academy Leipzig unter dem Dach der Universität ein zukunftsweisendes und erfolgversprechendes Instrument für die strukturierte Doktorandenqualifizierung. Schließlich ist unser großes Ziel ein eigenes Stipendienprogramm, das dazu dienen soll, Bewerber aus dem Kreis des qualifizierten wissenschaftlichen Nachwuchses aus dem In- und Ausland zu gewinnen.

Meine Damen und Herren, das diesjährige Jubiläum ist auch Anlass für eine bauliche Erneuerung unseres Campus im Herzen dieser Stadt, auf einem Areal, das an den Augustusplatz angrenzt und seit Mitte des 16. Jahrhunderts im Eigentum der Universität steht. Dort sind jetzt neue Gebäude entstanden, andere sind völlig saniert worden. Am 4. Juni wurden mehrere Bauabschnitte mit Räumen für die Kernaufgaben der Universität feierlich übergeben; und deshalb konnte die Mitgliederversammlung heute Morgen in dem runderneuerten Hörsaal 9 stattfinden. Die für Professoren und Studierenden lästige Phase der Interime hat damit ein Ende gefunden. Die Fertigstellung der repräsentativen Neubauten am Augustusplatz wird sich, wie eingangs schon erwähnt, bis in das kommende und das folgende Jahr verzögern.

Im Jubiläumsjahr organisieren wir mehrere Leitkongresse. Eine nicht voraussehbare Tagesaktualität gewann unser Symposium über „Erziehung und Bildung im 21. Jahrhundert" vom 18. bis 20. Juni, über das die FAZ am 24. Juni 2009 (Nr. 143, S. N 5) berichtete. Das Symposium fiel ungeplant mit dem bundesweiten sog. Bildungsstreik zusammen. Räume unseres Rektorats wurden damals freilich nicht besetzt; stattdessen konfrontierte eine Studentin die Bundeskanzlerin, die mit ihrem Besuch in den Galerien der Spinnerei in Leipzig eigentlich ihr Interesse für Kunst dokumentieren wollte, spontan mit dem Bildungsthema.

Anfang Mai organisierten wir ein Symposium zum Oberthema „Universitätskulturen". Es war verbunden mit einem Treffen von Repräsentanten einiger noch älterer

Begrüßungsrede des Rektors

Sehr geehrte Frau Präsidentin Wintermantel, sehr geehrte Kolleginnen und Kollegen, meine sehr verehrten Damen, meine Herren. Ich begrüße Sie alle sehr herzlich im Namen der Universität Leipzig zur diesjährigen Mitgliederversammlung der HRK. Ich habe mich sehr darüber gefreut, dass das Präsidium der HRK die gemeinsam vom Oberbürgermeister und von mir ausgesprochene Einladung, bei der wir vor allem das diesjährige Universitätsjubiläum im Auge hatten, angenommen hat und so wieder einmal die „Stimme der Hochschulen" von einem ostdeutschen Hochschulstandort bundesweit zu Gehör gebracht wird. Die Begleitmusik haben wir allerdings nicht bestellt; in der Sitzung der Mitgliedergruppe Universitäten habe ich ja gestern bereits gehört, dass Sie zum großen Teil zu Hause Erfahrungen gesammelt haben.

Meine Damen und Herren, wenn der Slogan „Stimme der Hochschulen" von studentischer Seite wegen demokratischer Legitimationsdefizite in Frage gestellt wird, kann ich nur antworten: Ich denke, alle Präsidentinnen und Präsidenten, Rektorinnen und Rektoren sind von den zuständigen Gremien ihrer Hochschulen gewählt worden und ihnen obliegt nach ihren Hochschulgesetzen die Aufgabe, die Interessen ihrer gesamten Hochschule und nicht einer Mitgliedergruppe zu vertreten, und dies tun sie auch in der HRK. Die Universität erinnert an 600 Jahre, gegründet damals nicht auf Initiative eines geistlichen oder weltlichen Landesherrn oder einer Kommune, sondern angestoßen von deutschen Magister und Scholaren, die die Karls Universität 1409 in Prag zuvor im Protest verlassen hatten, weil König Wenzel IV. im sog. Kuttenberger Dekret in die mittelalterliche, nach Pariser Vorbild konzipierte Universitätsverfassung zugunsten seiner, der böhmischen Nation, eingegriffen hatte.

Warum die Protestierenden sich nach Leipzig wandten, darüber lassen sich nur Vermutungen anstellen, vielleicht, weil man nur an ein spektakuläres Interim dachte und an den Erfolg des Protestes mit einer Rückkehr nach Prag glaubte.

Jedenfalls unterstützten die sächsischen Landesherren die Ankömmlinge und besorgten auch das Privileg von Papst Alexander V., mit dem er die Errichtung einer Hohen Schule in Leipzig erlaubte. Die Urkunde kann zurzeit in der Ausstellung bewundert werden, die noch bis Ende der kommenden Woche im Alten Ratshaus zu sehen ist.

Am 2.12.1409 kam es dann im Refektorium des Augustiner Chorherrenstifts St. Thomas zur Verlesung der landesherrlichen Ordnung der Universität nach ausdrücklicher Genehmigung durch die Magister und anschließend zur Wahl des ersten Rektors. Über die weitere Geschichte ließe sich viel erzählen, vor allem über ihre Blütezeit im

Wechsel vom 19. ins 20. Jahrhundert, als Gelehrte von Weltruf hier wirkten, und sie mit den Universitäten in Berlin und München um den Spitzenplatz wetteiferte.

Unsere heutige Situation ist natürlich geprägt durch die friedliche Revolution des Jahres 1989, die hier in Leipzig mit der großen Montagsdemonstration am 9.10.1989 ihren machtvollen und international sichtbaren Ausgangspunkt nahm.

Die strukturellen und inhaltlichen Veränderungen vor allem nach der Wiedervereinigung auf allen Ebenen von Staat und Gesellschaft wirkten sich natürlich auch auf die Universität Leipzig als der größten ostdeutschen Universität aus. Aus einer staatlichen Einrichtung in Abhängigkeit von wissenschaftsexternen ideologischen Vorgaben einer Einparteien-Diktatur wurde alsbald wieder eine von ihren Mitgliedern getragene Körperschaft, diesmal mit grundrechtlich geschützter Freiheit von Forschung und Lehre und dem Anspruch auf eine größtmögliche Autonomie.

Der notwendige Umbau in den 90er Jahren bedeutete eine herkulische Herausforderung: Abbau von ca. 6.000 Personalstellen, Abwicklung staatsnaher ideologiebelasteter Bereiche und deren Wiedergründung unter neuer Ausrichtung ohne ideologische Vorprägungen, Integration abgewickelter anderer Leipziger Hochschuleinrichtungen, Erneuerung der universitären Infrastruktur an Gebäuden und zentralen wie dezentralen Einrichtungen einschließlich der Universitätsbibliothek.

Heute, 20 Jahre nach der friedlichen Revolution und im 600. Jahr seit der Gründung der Universität, lässt sich konstatieren, dass in kurzer Zeit Beachtliches erreicht worden ist. Die Universität Leipzig sieht sich aber noch nicht dort, wo sie nach ihrem Selbstverständnis und den Vorbildern ihrer Geschichte stehen sollte. Es bleibt also noch viel zu tun.

3. 52. KANZLERTAGUNG 2009

Die Jahrestagung der Kanzlerinnen und Kanzler der Universitäten der Bundesrepublik Deutschland fand aus Anlass des 600jährigen Bestehens der Universität Leipzig vom 24. bis 26. September 2009 in Leipzig statt. Im Zentrum der Tagung stand die Informationstechnologie für Hochschulen unter der Überschrift „Computer Integrated University? – Perspektiven universitären Informationsmanagements".

Grußwort des Rektors

Sehr geehrter, lieber Herr Staatssekretär Dr. Nevermann, sehr geehrter Herr Staatssekretär Dr. Stückradt, sehr geehrter Herr Scholz, Kanzler der Johannes Gutenberg-Universität Mainz und damit meiner geschätzten Herkunftsuniversität, meine sehr verehrten Damen, meine Herren.

Ich begrüße Sie alle sehr herzlich an der Universität Leipzig und freue mich sehr, dass die Kanzlerinnen und Kanzler der Universitäten der Bundesrepublik Deutschland und weitere Gäste im 600. Jahr der Gründung der Alma mater Lipsiensis zur 52. Jahrestagung in Leipzig zusammengekommen sind. Meine Damen und Herren, als die Universität Leipzig am 2. Dezember 1409 im Speisesaal des Thomasklosters zu Leipzig im Beisein der Landesherren, der Markgrafen Friedrich und Wilhelm, feierlich eröffnet wird, ist der Buchdruck in Europa noch nicht erfunden – Herr Scholz, der Namensgeber Ihrer Universität ließ also noch auf sich warten. Und auch Columbus war noch nicht geboren, somit stand seine spektakuläre Entdeckung noch aus. Die Klöster beschäftigten Heerscharen von Mönchen, die Kopien von Schriften handschriftlich anfertigten, um Wissen und Bildungsinhalte zunächst einem breiteren Personenkreis, aber auch für nachfolgende Gelehrtengenerationen verfügbar zu machen. Johannes Gutenberg wird erst um 1450 mit der Herstellung von Drucktypen aus Metallabguss experimentieren. Universitäres Informationsmanagement ist auch im 15. Jahrhundert ein mühsames Geschäft. Im Mai 1409 kommen Magister und Scholaren aus Prag nach Leipzig, weil sie den ihnen nachteiligen Eingriff Wenzel IV. in die nach Pariser Vorbild geformte Universitätsverfassung der Karls-Universität nicht akzeptieren wollen und protestierend nach einer neuen Stätte für Lehre und Bildung suchen. In Leipzig werden sie fündig: Die Landesherren schenken ihnen Gebäude und zwei Kollegien, in denen sie wohnen, und dort die Artistenfakultät, später auch die Theologische, die Medizinische und schließlich die Juristenfakultät unterbringen. Das 16. Jahrhundert bringt für die Universität Leipzig bedeutende Veränderungen: Die Reformation erreicht Leipzig, das Dominikanerkloster am Ostrand der Innenstadt wird säkularisiert und 1543 von Herzog Moritz der Universität Leipzig übergeben, sehr zum Leidwesen der Stadt. Die Gründung der Universitätsbibliothek erfolgt 1542. 1545 wird die Paulinerkirche als Universitätskirche St. Pauli geweiht – die Predigt hält Martin Luther. Im 19. Jahrhundert ist die Universität Leipzig schon lange das geistige Zentrum Mitteldeutschlands. Leibniz, Nietzsche und die Dichter Lessing, Novalis und auch Goethe studieren hier, unter den Gelehrten finden sich Namen wie Christian Thomasius, Johann Christoph Gottsched und Karl Sudhoff. Auch die Komponisten Robert Schumann (Student der Rechtswissenschaften) und Richard Wagner sind eingeschrieben. Felix Mendelssohn Bartholdy erhält 1837 die Ehrendoktorwürde und führt seine Werke in der Universitätskirche auf. Max Reger bekleidet 1907 das Amt des Universitätsmusikdirektors. Die Universität erweitert sich stetig: innerlich durch neue Fächer, Institute und Seminare (beispielsweise Eröffnung des Instituts für experimentelle Psychologie – des ersten der Welt – durch Wilhelm Wundt 1884; Einrichtung der ersten Professur für Hirnforschung in Deutschland 1927), äußerlich mit dem Neubau am Augustusplatz: Dort entstehen das Augusteum und weitere Gebäude, der Neubau der Universitätsbibliothek Albertina wird 1891 eingeweiht. In der universitätsgeschichtlichen Literatur wird die Universität Leipzig gern als „Endstationsuniversität" dieser Zeit bezeichnet. An Hand der Datenbank zu den Personalakten im Universitätsarchiv sind bei 130 Berufungen ordentlicher Professoren zwischen 1800 und 1900 in der Tat lediglich 8 Wegberufungen an andere Universitäten verzeichnet. Damit ging einerseits einher, dass es stets eine lange Kontinuität von hervorragenden integren Persönlichkeiten mit internationaler Ausstrahlung auf den Leipziger Lehrstühlen gab. Andererseits war der Weg für Neubesetzungen selten frei. Nach der Zulassung von Frauen zum Studium im Jahre 1906 erreichen die Studentenzahlen einen Höchststand von fast 12.000. In den beiden Weltkriegen gehen die Immatrikuliertenzahlen deutlich zurück – bis auf 1.560 im Jahr 1939. Nach Ende des Zweiten Weltkrieges liegt die Universität weitgehend in Schutt und Asche, ca. 80 % der Gebäude sind beschädigt oder vollständig zerstört. Im Februar 1946 wird die Universität unter dem Rektorat Hans Georg Gadamers wieder eröffnet. Nachdem 1948 die ersten frei gewählten Mitglieder des Studentenrates wegen ihrer Opposition gegen die sowjetische Besatzungsmacht verhaftet werden, ist der Weg geebnet für eine politisch-ideologische Gleichschaltung. Sie findet ihren äußeren Ausdruck in der Umbenennung in Karl-Marx-Universität im Jahr 1953. Vier Jahre später beschließt der Akademische Senat die „Grundsatzerklärung zur sozialistischen Entwicklung der Karl-Marx-Universität Leipzig", die ihren Höhepunkt in der baulichen Umgestaltung des Campus am Karl-Marx-Platz in den 70er Jahren erfährt. Die im Krieg nahezu unversehrte Universitätskirche St. Pauli ist den Machthabern ein Dorn im Auge und fällt der sozialistischen Gestaltung des neuen Universitätskomplexes zum Opfer. Am 30. Mai 1968 wird die Kirche gesprengt.

Lassen Sie mich einen Sprung machen: Die politische Wende im Zuge der friedlichen Revolution brachte für die Universität ebenso wie für die gesamte ostdeutsche Gesellschaft große Herausforderungen mit sich. Alle Hochschullehrerstellen werden neu besetzt, staatsnahe Fakultäten und Institute teilweise abgewickelt und anschließend mit neuer Themenstellung wiedererrichtet. Im Zuge dieser Hochschulerneuerung wird unter Berücksichtigung der Integration anderer Leipziger Hochschulen in die Universität die zum Jahresende 1989 im Hochschulbereich vorhandene Anzahl von weit über 8.000 Personalstellen auf ca. 3.000 reduziert. 1991 finden die ersten geheimen Wahlen für das Rektoratskollegium seit 1933 statt – die Rückkehr zum alten Namen „Universität Leipzig" ist einer der ersten Beschlüsse.

Das neue Jahrtausend ist für die Universität Leipzig ein weiterer wichtiger Schritt: Für das 600jährige Jubiläum soll in diesem Jahr der alte Universitätskomplex einem zeitgemäßen Bau weichen. Vor wenigen Monaten konnten die neuen oder sanierten Funktionsgebäude einschließlich der Mensa übernommen werden. Seit 2005 wird auch der Entwurf des niederländischen Architekten Erick van Egeraat für die repräsentativen Gebäude am Augustusplatz realisiert, der historische Anmutung und Moderne vereint und gleichzeitig durch die Kubatur die Erinnerung an die gesprengte Universitätskirche wach hält.

2006 bringt eine große Neuerung vor dem Jubiläumsjahr: Im Zuge des Bologna-Prozesses europäischer Staaten führt die Universität Leipzig die neuen Bachelor- und Masterstudiengänge ein. Inzwischen hat die Universität rund 30.000 Studentinnen und Studenten, die in 14 Fakultäten und über 150 Instituten und Einrichtungen ausgebildet werden. Die Studiengänge werden internationaler, globaler, der Fächerkanon breiter.

Meine sehr geehrten Damen und Herren, die europäische Universität gehört zu den ältesten Institutionen des Kontinents. Von den 85 seit dem 16. Jahrhundert entstandenen und heute noch existierenden Institutionen sind 70 Universitäten. Die Gründungen der ersten europäischen Universitäten datieren auf das Ende des 11. (Universität von Bologna) und Ende des 12. (Sorbonne-Universität) Jahrhunderts. So gesehen ist das Betätigungsfeld einer rechnergestützten Hochschul-„IT" eine recht junge Disziplin, womit keinesfalls die Relevanz des Themas der diesjährigen Kanzlerjahrestagung in

Frage gestellt werden soll. Heute wie selbstverständlich genutzte Technologien stehen angesichts der dargestellten zeitlichen Dimensionen sozusagen gerade erst zur Verfügung. Andererseits: Informationstechnologie im Sinne von Bereitstellung, Verarbeitung und Verteilung von Informationen im erweiterten Sinne war immer schon da, wo Wissen ist. Es kann angenommen werden, dass auch die Kopisten im 15. Jahrhundert schon ähnliche Probleme mit Informationen hatten, wie sie heute eine Universität vor alltägliche Herausforderungen stellen: Wo ist das Original zu finden, welche Rechte gehen an den Inhaber der Kopie über, wie werden die Informationen langfristig erhalten, wie ist die Deckung des steigenden Bedarfs an Informationen zu gewährleisten und auch zu finanzieren? Thomasius, Gottsched, Wundt, Ostwald und Heisenberg besorgten sich ihre Informationen im Wesentlichen aus dem Kontakt mit anderen Gelehrten und aus den vorhandenen Büchern in den Bibliotheken. Deren Weiterentwicklung trug wesentlich zur Steigerung der Produktivität der wissenschaftlichen Gemeinschaft bei. Die Professionalisierung des Bibliothekssystems führte in der zweiten Hälfte des 19. Jahrhunderts zu neuen Gebäuden und Magazinen, einer besseren Ausstattung durch eine größere Zahl von Büchern und Zeitschriften, durch Bibliotheksverbünde mit einheitlicher Katalogisierung und der Etablierung eines Fernleihsystems. Naturwissenschaftliche Experimente wurden in den dafür eingerichteten und zunehmend spezialisierten Laboren durchgeführt und trugen zur Gewinnung neuen Wissens bei. Mit der exponentiell zunehmenden Wissensmenge stellt sich die Frage nach der Organisation und Repräsentation von Wissen. Der an der Universität Leipzig lehrende und forschende Chemie-Nobelpreisträger des Jahres 1909 Wilhelm Ostwald beschäftigte sich bereits zu Beginn des 20. Jahrhunderts mit der Schaffung eines global einheitlichen Informations- und Verständigungssystems für die Wissenschaften, das unter anderem den Aufbau einer Welt-Enzyklopädie auf standardisierten Karteikarten nach der Dezimalklassifikation und eine allgemeinverbindliche Registratur wissenschaftlicher Publikationen beinhaltete. Die von ihm angestrebten Weltformate für Publikationen wurden Grundlage für die DIN-Formate für Papier. Heute ist wissenschaftliches Forschen, Publizieren, Recherchieren ohne IT-Unterstützung nicht mehr denkbar. Die Hochschulen stehen einer Vervielfachung der Datenmenge im Bereich der Organisation von Studium und Lehre gegenüber. Der veränderte Umgang der Studierenden mit den „alten" und „neuen" Medien verlangt eine Anpassung der von den Hochschulen angebotenen Lehr- und Lernprozesse. Veränderte Mechanismen der Hochschulsteuerung und zunehmende Berichtspflichten erfordern eine umfassende IT-gestützte Datenbasis. Die Gleichzeitig und Geschwindigkeit, mit der sich die Anforderungen an die Hochschul-IT in Forschung, Lehre und Verwaltung verändern, erfordert eine wirkungsvolle IT-Organisation, eine leistungsfähige IT-Infrastruktur, eine ausreichende Sicherheit für Daten und Systeme.

Die industrielle Produktion in den 1980er Jahren machte den Begriff des Computer Integrated Manufacturing (CIM, computerintegrierte Produktion) zum Modebegriff. Im Zentrum stand eine integrierte Systemarchitektur mit einer gemeinsamen Datenbasis und der Informationsverwaltung und -kommunikation. Schaut man sich heute die Prozesse in den Hochschulen an, so drängt sich der Gedanke auf, mit Hilfe einer Computer Integrated University die Effizienz und Effektivität der Prozesse in Studium, Lehre, Forschung und Verwaltung zu steigern und die Vertraulichkeit, Verfügbarkeit und Integrität der in diesen Prozessen entstehenden Daten zu sichern. „Computer Integrated University?" – der Titel der Tagung ist mit einem Fragezeichen versehen. Wie die IT in Produktionsunternehmen immer nur die eigentlichen Kernkompetenzen der Entwicklung und Herstellung von Produkten unterstützen kann, ist auch die Hochschul-IT kein Selbstzweck. Sie muss sich stets an ihrem Beitrag zu besserer Forschung und Lehre messen lassen und die durch ihre Verwendung entstehenden Kosten für eben diesen Nutzen rechtfertigen können.

Ihnen, meine sehr verehrten Damen und Herren, wünsche ich in diesem Sinne eine angeregte Diskussion und eine erfolgreiche Kanzlerjahrestagung 2009, und natürlich auch die Gelegenheit zu einem umfassenden Eindruck von der Universität und der Stadt Leipzig im 600. Jubiläumsjahr der Universitätsgründung und dem 20. Jahrestag der friedlichen Revolution mit dem Fall der Grenzen zwischen Ost und West. Vielen Dank für Ihre Aufmerksamkeit!

4. JAHRESTAGUNG DES UTRECHT NETWORK

Das *Utrecht Network* ist ein Verbund von 30 Universitäten aus 28 europäischen Ländern, der es sich zur Aufgabe gemacht hat, die Mobilität und den wissenschaftlichen Austausch von Studierenden und Dozenten zu intensivieren.

Seit seiner Gründung 1987 haben mehr als 10 000 Austauschstudierende die Universitätsverbindungen im *Utrecht Network* für Studienaufenthalte im Ausland genutzt. Die Universität Leipzig ist seit 1992 Mitglied dieses Netzwerkes.

Das Jubiläumsjahr bot die Möglichkeit, die Jahrestagung erstmalig in Leipzig durchzuführen. Vom 22. April bis zum 26. April 2009 tagten 44 Vertreter von Auslandsämtern, die von 29 Universitäten und aus 26 Ländern kamen, in mehreren Sitzungen des Lenkungsausschusses und in verschiedenen Projektgruppen.

Die einzelnen Themenbereiche umfassten Sommerschulen, internationale Studiengänge und Abschlüsse, Wissenschaftler-, Studierenden- und Mitarbeitermobilität und die Vermittlung von Praktika. Außerdem ging es um die künftige Ausrichtung des *Utrecht Network* im Hinblick auf die Möglichkeiten, den interkontinentalen Austausch auszubauen. Durch die Zusammenarbeit mit je einem Netzwerk in den USA (Mid American Universities International – MAUI) und Australien (Australien-European Network – AEN) können auch Austauschplätze in diese Regionen vermittelt werden.

Nach dem Motto *Utrecht Network einmal anders* wurden die Sitzungen zum Teil ins Grüne vertagt. Das Schloss Machern und die Villa Tillmanns boten genügend „Frei"-Raum für die Auswertung bestehender und die Entwicklung neuer Ideen. „Leipzig ist anders" – das bleibt den 44 Teilnehmern auch nach Abschluss der als sehr gelungen eingeschätzten Jahrestagung in Erinnerung.

(Christiane Gräfenhain)

5. DAAD-STIPENDIATENTREFFEN

Jährlich fördert der Deutsche Akademische Austauschdienst (DAAD) über 10 000 internationale Studierende und Wissenschaftler an deutschen Hochschulen. Um die Kontakte unter den Stipendiaten und zwischen Stipendiaten und DAAD zu fördern, veranstaltet der DAAD jedes Jahr fünf überregionale Stipendiatentreffen. Es war für die Universität Leipzig eine besondere Ehre, im Jahr ihres 600. Jubiläums Gastgeber für eines dieser Treffen zu sein.

Etwa 450 Stipendiaten aus fast 90 Ländern folgten der Einladung für den 10. bis zum 12. Juli 2009 nach Leipzig. Besonders stark vertreten waren Lateinamerika, Asien, die Russische Föderation und der Kaukasus. Bei der feierlichen Eröffnung im Leipziger Gewandhaus wurden die Gäste von Professor Dr. Franz Häuser, Rektor der Universität Leipzig, Dr. Christian Bode, Generalsekretär des DAAD, und Dr. Eva-Maria Stange, Staatsministerin für Wissenschaft und Kunst des Freistaates Sachsen willkommen geheißen.

Während der Zusammenkünfte der einzelnen Ländergruppen konnten die Stipendiaten ganz konkrete Probleme mit ihren DAAD-Ansprechpartnern klären, bei dem Plenum im großen Hörsaal berichteten Stipendiaten von ihren Studien- und Forschungserfahrungen an den jeweiligen Hochschulstandorten. Vorträge aus verschiedensten Fachbereichen, wie Kulturgeschichte, Chemie, Psychologie oder Mathematik boten auch Raum für Diskussionen. Neben dem fachlichen Austausch hatten die Stipendiaten auch Gelegenheit, die Stadt Leipzig bei einem Stadtrundgang zu erkunden und die „sächsische Küche" im Ratskeller und bei der Abschlussveranstaltung in der Moritzbastei kennenzulernen.

(Christiane Gräfenhain)

6. BUNDESKONFERENZ DER FRAUEN-BEAUFTRAGTEN UND GLEICHSTELLUNGS-BEAUFTRAGTEN AN HOCHSCHULEN E. V.

Vom 21. bis 23. September 2009 fand in Leipzig die 21. Jahrestagung der Bundeskonferenz der Frauenbeauftragten und Gleichstellungsbeauftragten an Hochschulen (BuKoF) zum Thema „Solidarisierung im Wettbewerb. Differenzierung von Gleichstellungspolitik an Hochschulen" statt. Nach den Begrüßungsworten durch die Gleichstellungsbeauftragte der Universität Leipzig, Frau Dr. Monika Benedix, des 1. Bürgermeisters der Stadt Leipzig, Herrn Andreas Müller, des Rektors der Universität Leipzig, Prof. Dr. Franz Häuser, der Sächsischen Staatsministerin für Wissenschaft und Kunst, Frau Dr. Eva-Maria Stange, der Staatssekretärin im Bundesministerium für Bildung und Forschung, Frau Cornelia Quennet-Thielen, und von Frau Marianne Kriszio, Vorstand der BuKoF, folgten im Festsaal des Alten Rathauses der Einleitungsvortrag und der Festvortrag. In mehreren Workshops wurden verschiedenartige Gleichstellungsaspekte an Hochschulen vertieft.

(Michael Handschuh)

BUNDESREPUBLIK
DEUTSCHLAND
10 EURO
600 JAHRE UNIVERSITÄT
55

XVII. GEDENKMÜNZE, SONDERBRIEFMARKE, MEDAILLEN

1. PRÄSENTATION VON MÜNZE UND BRIEFMARKE

Anlässlich ihres 600-jährigen Jubiläums wurde der Universität Leipzig eine besondere Ehre zuteil: Das Bundesministerium der Finanzen gab eine 10-Euro-Gedenkmünze und eine Sonderbriefmarke heraus. Nur wenige Universitäten in der Bundesrepublik wurden bisher in dieser Weise geehrt.

Am 8. Juli 2009 erfolgte im Festsaal des Alten Rathauses in Anwesenheit zahlreicher Ehrengäste durch den parlamentarischen Staatssekretär beim Bundesfinanzminister Karl Diller symbolisch die feierliche Übergabe einer 10-Euro-Gedenkmünze an den Rektor, Professor Dr. Franz Häuser, die gleichzeitig auch offizielles Zahlungsmittel ist.

Seit der Universität Heidelberg 1986 war keine deutsche Universität mehr mit einer Gedenkmünze geehrt worden. In der Vergangenheit waren Leipziger Universitätsjubiläen immer wieder numismatisch gewürdigt worden: Zu den Jubiläen 1709, 1809 und 1909 wurden mehrere Medaillen geprägt, auch zur 550-Jahr-Feier 1959 wurde eine Gedenkmedaille mit dem Porträt von Karl Marx herausgegeben. Münzen hingegen wurden selten geprägt; anlässlich der 500-Jahr-Feier der Alma mater Lipsiensis 1909 wurden jedoch zusätzlich ein Zwei- und ein Fünfmarkstück in Silber herausgegeben. Die Bedeutung der Prägung wird besonders deutlich, wenn man bedenkt, dass das Bundesfinanzministerium höchstens fünf Sonderprägungen pro Jahr zustimmt. Die neue 10-Euro-Gedenkmünze erzählt Leipziger Wissenschaftsgeschichte: Abgebildet sind das historische Siegel der Universität in der Fassung von 1909 mit dem Heiligen Laurentius und Johannes dem Täufer sowie der in Leipzig geborene Universalgelehrte Gottfried Wilhelm Leibniz mit seinem Leitsatz „Theoria cum Praxi" und die Silhouette des Campusneubaus am Augustusplatz. Die Münze entwarf der Münzdesigner Dietrich Dorfstecher (Berlin).

Herzliche Grußworte übermittelten Oberbürgermeister Burkhard Jung und die Bundestagsabgeordneten Rainer Fornahl und Manfred Kolbe. Mehreren Ehrengästen wurden Alben mit einer Gedenkmünze, einem Sonderbriefmarkenblock und einem Numisblatt überreicht. Musikalisch wurde die Veranstaltung durch die Capella Fidicinia umrahmt.

Die Sonderbriefmarke zum 600. Geburtstag der Universität Leipzig mit einer Rekordauflage von 309 Millionen Exemplaren hatte ihren Ersterscheinungstag bereits am 2. Juli 2009. An diesem Tag hatte die Deutsche Post im Hörsaalgebäude ein Sonderpostamt „Erlebnis Briefmarke" eingerichtet. Mehrere hundert Leipziger ließen sich ihre neuen Sonderbriefmarken mit dem Ersttagsstempel versehen. Als Motiv für die Sonderbriemarke hat die Designerin Nadine Hill (Mössingen) den Leipziger Augustusplatz um 1845 mit der Universitätskirche St. Pauli nach einem Bild von Heinrich Otto Knäbig gewählt.

2. REDE DES REKTORS ZUR ÜBERREICHUNG DER 10-EURO-GEDENKMÜNZE UND DER SONDERBRIEFMARKE „600 JAHRE UNIVERSITÄT LEIPZIG"

Sehr geehrter Herr Staatssekretär Diller, sehr geehrter Herr Oberbürgermeister Jung, verehrte Mitglieder des Bundestages und des Sächsischen Landtages, Spectabiles, gegenwärtige und frühere Mitglieder des Rektorats, Altmagnifizenzen, Mitglieder des Jubiläumsbeirates, meine sehr verehrten Damen, meine Herren,

ich darf Sie alle sehr herzlich zu einer ganz besonderen Veranstaltung im Jubiläumsjahr unserer Universität begrüßen und meiner Freude darüber Ausdruck verleihen, dass auch Vertreter unserer Hauptsponsoren der Einladung gefolgt sind. Ohne die großzügigen Zuwendungen der Sponsoren wären wir nicht in der Lage, das Jubiläum so wie es geschieht, und ich denke anspruchsvoll, zu organisieren. Deshalb begrüße ich sehr herzlich den Vorsitzenden des Vorstandes der Sparkasse Leipzig, Herrn Dr. Langenfeld, ferner Frau Noack von der Firma Ströer und Herrn Schlager als Repräsentant von BMW Leipzig. Ich begrüße auch, was bei Veranstaltungen der Universität nicht alltäglich ist, die Vertreter der Philatelisten und der Numismatiker-Vereine.

Damit ist freilich zugleich der besondere Anlass unserer Veranstaltung angesprochen, nämlich die Übergabe der Jubiläumsmünze und der Sonderbriefmarke. Gestatten Sie mir, dass ich als Jurist, der ich ja von Hause aus nun einmal bin, auf mein fachliches Handwerkszeug zurückgreife, um Ihre Aufmerksamkeit auf den besonderen Charakter der heutigen Veranstaltung zu lenken, nämlich auf das Bundesgesetzblatt. Dort ist in der Nr. 30 des Teils I, ausgegeben am 17.6.2009, noch immer in Bonn, eine für uns, für die Universität Leipzig ganz besondere Bekanntmachung des Bundesministers der Finanzen Peer Steinbrück veröffentlicht, nämlich die Bekanntmachung über die Ausprägung von einer Gedenkmünze „600 Jahre Universität Leipzig" im Nennwert von 10 €. Gleichzeitig wird mitgeteilt, dass die Auflage 1.813.000 Stück beträgt, davon maximal 200.000 Stück in Spiegelglanzausführung.

Die Nachbarschaft dieser Bekanntmachung in der fraglichen Ausgabe des BGBl. ist ganz lustig, so findet sich dort z.B. auch die VO über EG-Normen für Obst und Gemüse und zur Aufhebung von Vorschriften im Bereich von Obst und Gemüse. Ob auch die öffentlich sehr intensiv wahrgenommene Aufhebung der Vorschrift über den Krümmungswinkel bei Gurken einbezogen ist, konnte ich aus Zeitgründen nicht nachprüfen.

Meine Damen und Herren, ich hatte am 25. Juni 2009 Gelegenheit, mich bei Bundesminister Steinbrück, als er hier in Leipzig nicht nur die IHK besuchte, sondern auch eine ungemein spannende finanzpolitische Vorlesung in der Universität hielt, schon universitätsöffentlich für die erwähnte Bekanntmachung zu bedanken. Obwohl wir, dem Föderalismus geschuldet, eine Landesuniversität sind, also eine Universität in der Trägerschaft des Freistaates Sachsen, nimmt auch der Gesamtstaat, die Bundesrepublik Deutschland, von unserem Jubiläum mit der Jubiläumsmünze und der Sonderbriefmarke Notiz. Und eine solche Jubiläumsmünze aus solchem Anlass prägen zu lassen, und zwar durch die Staatliche Münze Berlin, und eine Sonderbriefmarke zu edieren, dafür gibt es gute Gründe. Einmal ist hier in Leipzig die zweitälteste Universität Deutschlands zuhause. Sie steht für sechs Jahrhunderte wissenschaftlichen Fortschritts, technische Innovationen und gesellschaftliche Veränderung, natürlich immer eingebettet in die allgemeinen geistesgeschichtlichen Entwicklungen und die allgemeinpolitische Situation unseres Vaterlandes. So galt es auch, Niederungen zu durchschreiten, Phasen des Ungeistes zu bestehen, vor allem während der zwei Diktaturen des 20. Jahrhunderts.

Auf das Gründungsgeschehen der Universität möchte ich heute nicht im Einzelnen eingehen, sondern nur erwähnen, dass Papst Alexander V. mit der Bulle vom 9. September 1409 ein Studium generale in Leipzig erlaubte und dass die Universität am 2. Dezember 1409 in Anwesenheit der wettinischen Landesherren offiziell gegründet wurde. In den folgenden 600 Jahren haben Gelehrte von Weltruf der Universität ihren Stempel aufgedrückt und auch die Fackel der Aufklärung entzündet. Dieses Thema bildet den Schwerpunkt der Jubiläumsausstellung, die wir heute hier im Hause eröffnen. Neben Leibniz sind nicht weniger klangvoll die Namen von Studierenden wie Georg Agricola, Ulrich von Hutten, Thomas Müntzer, Gotthold Ephraim Lessing, Robert Schumann, Richard Wagner, Friedrich Nietzsche, Erich Kästner oder Carl F. von Weizsäcker, die hier ihre Studienzeit verbrachten. Johann Wolfgang Goethe und Novalis haben hier Jura studiert, ihre Berühmtheit erlangten sie freilich nicht in dieser Disziplin, sondern vor allem als Schriftsteller.

Immer wieder sah die Universität sich im Laufe der Jahrhunderte durch Reformen herausgefordert. So gestaltete die Universitätsordnung von 1580 die mittelalterliche vorrangige Lehrstätte zu einem Zentrum der Ausbildung des geistlichen, juristischen und pädagogischen Nachwuchses für das albertinische Sachsen endgültig um. Und das Ringen um eine erneute Universitätsreform zu Beginn des 19. Jahrhunderts nahm der 1830 eingesetzte Reformsenat auf. In der Folgezeit bestimmten vor allem die Fakultäten das Gesicht der Universität. Zu Beginn des 20. Jahrhunderts war die Universität

Leipzig neben Berlin und München mit zeitweise fast 12.000 Studenten eine der am meisten nachgefragten Hochschulen in Deutschland. Nach dem Zweiten Weltkrieg suchte die trotz aller Gleichschaltung im Grunde „bürgerlich" gebliebene Universität die Spuren der Nazidiktatur zu tilgen und vor allem auch aus Antrieb der Studentenschaft den Weg eines wirklichen Neubeginns einzuschlagen. Doch bald schon schränkte man die Freiheit von Forschung und Lehre wieder ein, ausgelöst durch die sowjetische Besatzungsmacht und die SED. Später war man bemüht, die Universität von ihrer Geschichte auch baulich zu lösen. Deshalb mussten 1968 in einem barbarischen Akt die im Krieg unversehrt gebliebene Universitätskirche St. Pauli und das nur teilzerstörte, noch nutzbare alte Hauptgebäude, das Augusteum, weichen. Das Universitätsleben blieb bis zur friedlichen Revolution von 1989 in wichtigen Teilen durch eine politische Instrumentalisierung der Wissenschaft und durch Einschränkungen der akademischen Selbstverwaltung geprägt. Der politische Umbruch des Herbstes 1989 ermöglichte die Erneuerung. Das Konzil wählte im Februar 1991 – erstmals seit 1933 wieder in geheimer Wahl – ein Rektoratskollegium und beschloss zugleich die Rückkehr zum alten Namen „Universität Leipzig", nachdem ihr 1953 als Zeichen der kommunistischen Programmatik der Name „Karl Marx" auferlegt worden war.

Meine Damen und Herren, angesichts der großen Herausforderungen, die vor uns stehen, und der verpflichtenden Traditionen der Universität Leipzig kann unser Ziel nur lauten, im Ensemble der deutschen und europäischen Universitäten wieder einen vorderen Platz einzunehmen. Gleichwohl wissen wir um Probleme, die etwa im Zuge der Studienreform und ihrer praktischen Umstellung auf das Bachelor-Master-System entstanden sind und die nach wie vor nicht zufriedenstellend gelöst sind. Wir beeilen uns aber auch, darauf hinzuweisen, dass wir als eine der ersten Universitäten diesen europäisch induzierten Umstellungsprozess konsequent in Gang gesetzt haben, worum uns andere beneiden.

Meine sehr verehrten Damen und Herren, lassen Sie mich auf den eigentlichen Anlass unserer Feier zurückkommen. Universitätsjubiläen numismatisch zu würdigen, hat eine lange und gute Tradition, zumal hier in Leipzig. Dabei muss man zunächst einmal zwischen Medaillen und Münzen unterscheiden, denn nur letztere sind zugleich gesetzliche Zahlungsmittel und werden deshalb ausschließlich im Auftrag des Staates geprägt. Die erste dokumentierte Zentenarfeier der Universität zu ihrem 200. Geburtstag im Jahre 1609 wurde noch nicht mit Medaillen- oder Münzprägungen begleitet, einhundert Jahre später im Barockzeitalter hatte sich die Gattung der sog. Ereignismedaille durchgesetzt, so dass das 300-jährige Jubiläum der Alma mater Lipsiensis im Jahre 1709 eine Fülle unterschiedlicher Prägungen hervorbrachte. 1709 erschienen für

Leipzig mindestens 20 Medaillen – eine beeindruckende Zahl, die die Bedeutung der sächsischen Landesuniversität verdeutlicht. Unterschiedliche Seiten hatten die Leipziger Prägungen veranlasst, teils der Landesherr, teils wohl Leipziger Auftraggeber, teils handelte es sich auch um Angebote bekannter selbständiger Medailleure wie zum Beispiel des Gothaer Christian Wermuth. Die Motive der Medaillen zeigten zumeist den Gründer der Universität, Friedrich den Streitbaren, oder den damaligen Landesherrn August den Starken, außerdem Leipziger Stadtansichten von Osten aus mit Blick auf die Universitätsgebäude und verschiedene Symbole für die Wissenschaften. Doch gibt es auch besondere Bild- und Textlösungen wie die bekannte Spottmedaille aus der Werkstatt des schon genannten Christian Wermuth mit der zeitlosen Botschaft: „Wenn das Jubilaeum uns wolte Kräfft (= Finanzmittel) in Beutel bringen, ey wie schöne wolten wir dreyfach Jubilate singen!". Diese sogenannte Spottmedaille ist übrigens wie mehrere andere Medaillen von 1709 auch in der heute beginnenden Jubiläumsausstellung „Erleuchtung der Welt" zu sehen.

Meine Damen und Herren, die also im Jahre 1709 in Leipzig begonnene Tradition der Universitätsmedaillen ist in den folgenden Jahrhunderten lebendig geblieben. 1809 wurden mitten in den napoleonischen Kriegen immerhin zwei Medaillen geprägt, und 1909 begleiteten 13 repräsentative Prägungen das 500-jährige Jubiläum – mehrere von ihnen übrigens künstlerisch innovativ im Geiste des Jugendstils. Zu DDR-Zeiten hielt man an dieser Tradition fest, auch wenn natürlich die Medaille anlässlich des 550. Gründungsjubiläums im Jahre 1959 nicht mehr das Portrait eines sächsischen Landesherrn, sondern das Konterfei von Karl Marx zeigte. Die im Frühjahr 2009 publiziert Medaille auf das 600-jährige Jubiläum der Alma mater Lipsiensis ist also Zeugnis einer historischen Kontinuität, wie sie nur wenige andere Universitäten aufweisen können.

Meine Damen und Herren, unsere Universität ist in den zurückliegenden 300 Jahren auch mit Sondermünzen, also mit staatlichen Zahlungsmitteln, bedacht worden, die anders als Medaillen in größerer Menge emittiert werden und in den Geldumlauf gelangen können, die Betonung liegt auf „können", denn sicherlich werden sie den Umfang der umlaufenden Bargeldmenge nicht dramatisch erhöhen. Eine Universität mit einer Münze zu ehren, ist durchaus nicht der Regelfall. Es sind zumeist nur traditionsreiche und bedeutende Universitäten, denen diese Würdigung zu Teil wird: zum Beispiel die Karls-Universität in Prag im Jahre 1948 anlässlich ihrer 600-Jahr-Feier, Wien 1965 und auch Heidelberg 1986, beide ebenfalls zum 600-jährigen Jubiläum. Oder, wenn man weiter zurückgeht, Tübingen und Marburg 1927 zum 450. oder 400. Jahrestag. Im Fall von Leipzig machte August der Starke den Anfang, als er 1709 einen Dukaten in Gold prägen ließ, der auf der einen Seite Friedrich den Streitbaren und auf der anderen Seite die Leipziger Universitäts-Stadtseite zeigte. Dieses Stück wird ebenfalls in der Jubiläumsausstellung gezeigt. Und auch 1909 wurde eine Sondermünze geprägt, ein Fünfmarkstück in Silber mit den beiden Porträts vom Universitätsgründer und dem zeitgenössischen sächsischen Regenten Friedrich August III.; dessen Porträt ist auch auf einem der Amulette unserer Rektorkette zu sehen, weil er die Kette aus dem Jahre 1855 aus Anlass der Jubiläums 1909 entsprechend erweitern lies. Im Anschluss an diese Feier können Sie im Erdgeschoss eine Sondermünze des Jahres 1909 zusammen mit anderen numismatischen und philatelistischen Objekten zu den Leipziger Jubiläen und zur sächsischen Münz- und Medaillenprägung besichtigen.

Meine sehr verehrten Damen und Herren, 23 Jahre mussten vergehen, bis wieder eine solche Ehrung einer deutschen Universität zuteil wird, und heute, hier im Festsaal des historischen Alten Rathauses, setzen wir die Tradition mit der Übergabe einer Gedenkmünze und gleichzeitig einer Sonderbriefmarke fort. Besonders freut es mich, dass auch die Schöpfer der beiden Kunstwerke, Herr Dietrich Dorfstecher für die Münze und Frau Nadine Nill für die Briefmarke, unter uns sind; ein herzliches Willkommen Ihnen beiden. Die gestalterische Qualität Ihrer Vorschläge hat mich überzeugt.

Wie alles in diesem Jahr, so verstehen wir diese besondere Würdigung als Ansporn, die großartige Tradition der Universität Leipzig fortzuführen. Der 600. Geburtstag ist ein willkommener Anlass, sich dessen bewusst zu machen. Ich danke Ihnen für Ihre Aufmerksamkeit.

3. REDE DES OBERBÜRGERMEISTERS

Magnifizenz, lieber Herr Prof. Häuser, sehr geehrter Herr Staatssekretär Diller, sehr geehrte Herren Abgeordnete der Bundes- und Landesparlamente, ich begrüße insbesondere die Herren Fornahl, Kolbe und Hatzsch, meine Damen und Herren!

Herzlich Willkommen an diesem wichtigen Tag für die Universität Leipzig im Rahmen ihres 600-jährigen Jubiläumsreigens. Heute werden nicht nur eine 10-€-Gedenkmünze und eine Sonderbriefmarke überreicht. Am heutigen Abend werden wir auch die Eröffnung der großen Jubiläumsausstellung „Erleuchtung der Welt" feiern, der eigentlichen Visitenkarte unserer Universität für die außerakademischen Öffentlichkeiten. Daher darf ich in den Dank an die Vertreter der Bundesregierung auch unsere sächsische Staatsregierung mit einbeziehen. Sie hat sich in ungewöhnlich großzügiger Weise um unsere Jubiläumsausstellung verdient gemacht.

In der Vorbereitung und im Jubiläumsjahr selbst ist unendlich viel über die lang andauernde Beziehung zwischen unserer Stadt und ihrer Universität gesprochen worden. Es fällt schwer, noch nicht Gesagtes ins Wort zu heben. Daher nur soviel: Wir alle wissen, dass diese Symbiose für beide Seiten von hohem Ertrag war. Leipzig war nie – so wie Heidelberg, die älteste Universität auf deutschem Boden, oder Freiburg – ausschließlich eine Universitätsstadt. Aber mit unserer Universität hat Leipzig durch die Jahrhunderte ein Profil gewonnen, das die geistige Erscheinung unserer Stadt und ihr intellektuelles Profil nachdrücklich geprägt hat.

Das Herz unserer Universität schlug dabei stets am Augustusplatz. Die Universität war in der Mitte der Bürgergesellschaft angesiedelt. Hier empfing sie ihre Impulse, wie sie selbst Anstifter und Förderer städtischer Entwicklungen war. Dass die Sonderbriefmarke zum 600sten Jubiläum der Universität Leipzig diesen Ort, eine Ansicht des Augustusplatzes aus dem Jahr 1845, als Bildmotiv gewählt hat, ist daher außerordentlich symbolträchtig. Denn der Augustusplatz ist das Herz Leipzigs. Hier treffen sich Geschichte und Gegenwart, Wissenschaft und Kultur, Gestalt und Genie unserer Stadt. Die Universität, das Gewandhaus, die Oper, aber auch der Ort der Montagsdemonstrationen belegen die überragende Bedeutung des Augustusplatzes.

Im 20. Jahrhundert ist dieses Schaufenster unserer Stadt zweimal zerstört worden. Den Bombenteppichen des Zweiten Weltkriegs folgten die Sprengungen Ulbrichts. Beide Ereignisse haben das Erscheinungsbild des Augustusplatzes unwiderruflich verändert. Mit dem 600sten Geburtstag der zweitältesten Universität Deutschlands wird der Augustusplatz nun ein Gesamtprofil erhalten, das seinem geschichtlichen und geistigen Gewicht entspricht. Die Universität Leipzig besitzt mit dem neu errichteten Komplex am Augustusplatz ein Pfund, um das sie andere Universitäten beneiden werden. Dieses Motiv wird durch eine Sonderbriefmarke in alle Welt getragen. Ich nehme dies als einen Vorboten der neuen Bedeutung der Universität Leipzig im 21. Jahrhundert. Dass dies nicht umstandslos geschieht, dass unendliche Arbeit in Forschung und Lehre nötig sein wird, lieber Herr Prof. Häuser, wer wüsste das besser als der Rektor unserer Universität?

Dennoch darf man an einem solchen Tag auch Wünsche äußern. Und was wäre angemessener als die Hoffnung, dass unsere Stadt über ihre runderneuerte Universität jene geistige Sogkraft entwickelt, die sie über Jahrhunderte für die europäische Geschichte besaß. Niemals seit der Friedlichen Revolution waren die Bedingungen dazu besser als im 600sten Jubiläumsjahr unserer Universität.

4. REDE DES PARLAMENTARISCHEN STAATSSEKRETÄRS IM BUNDESMINISTERIUM DER FINANZEN KARL DILLER

Magnifizenz, Prof. Häuser, Herr Oberbürgermeister Jung, Herr Vizepräsident des Sächsischen Landtages, Dr. Hatzsch, meine lieben Kolleginnen und Kollegen aus dem Bundestag und dem Sächsischen Landtag, meine sehr verehrten Damen und Herren, und mit einem besonderen Willkommensgruß liebe alte und – wie ich hoffe – viele neue Freundinnen und Freunde schöner Postwertzeichen und Münzen.

Ich will beginnen mit der Überbringung der herzlichen Gratulation zu Ihrem Jubiläum von Bundesminister Peer Steinbrück und will mich bedanken beim Oberbürgermeister für die Bereitstellung dieses historischen Saals und auch für die kulturelle Begleitung und Umrahmung, die uns ein bisschen in die Kultur der damaligen Gründungsjahre der Universität hineinführte.

Die lange und facettenreiche Geschichte dieser Universität hat uns Herr Prof. Häuser sehr anschaulich beschrieben entlang der Münzgeschichte dieser Universität und deswegen kann ich mich auf meine eigentliche Aufgabe konzentrieren: die Präsentation und Übergabe der 10-Euro-Gedenkmünzen. Dass ich das als Vertreter von Herrn Minister Steinbrück machen darf, ist Ihnen leicht erschließlich, warum wir aber auch für Postwertzeichen zuständig sind, erschließt sich Ihnen möglicherweise gar nicht. Mein Kollege Kolbe hat gerade gesagt, das sind immer so schöne Ereignisse für einen Bundesfinanzminister, richtig, und deswegen will ich hier das Geheimnis für alle lüften, wieso das Bundesfinanzministerium für Briefmarken zuständig ist. Es gab bis in die Mitte des letzten Jahrzehnts ein Bundesministerium für Post und Telekommunikation. Die Regierung Kohl hatte entschieden, das ist überflüssig, das wollen wir auflösen. Und nun ging es darum, wer kriegt den Teil, der Arbeit macht und wer kriegt den Teil, der Freude macht. Und da hat der damalige Bundesfinanzminister Theo Waigel, der wohl ein ziemlich frustrierendes Dasein als Bundesfinanzminister hatte, gesagt, der Teil, der Freude macht, der geht ins Bundesfinanzministerium, nämlich die Präsentation von Sonderpostwertzeichen und der Teil, der Arbeit macht, nämlich die Regulierung und Deregulierung von Telekommunikationsmärkten, der geht ins Wirtschaftsministerium. Und so ist das dann auch heute noch.

Einer der berühmtesten Studenten dieser Universität ist Johann Wolfang von Goethe gewesen. Schon dieser Dichterfürst wusste im Übrigen den Wert von Sammlermünzen zu schätzen, denn er hatte eine berühmte Münzsammlung, unter anderem auch durch „Hartes Feilschen bei Auktionen in Leipzig" sich zusammengestellt. Ich bin sicher, dass Goethe auch an einer modernen Gedenkmünzen, wie sie der Bundesminister der Finanzen heutzutage herausgibt, seine Freude gehabt hätte. Die 10-Euro-Gedenkmünze ist schon allein deshalb eine besondere, weil wir, Magnifizenz, in der Regel nur fünf im Jahr herausgeben und deswegen müssen das ganz besondere Anlässe sein. Es ist ein Ausdruck der ganz besonderen Wertschätzung, dass der Bund Ihr Jubiläum, Magnifizenz, als Motiv für diese Gedenkmünze ausgewählt hat. Der vom Kabinett beschlossene Entwurf bringt das Thema „600 Jahre Universität Leipzig" auf der Bildseite sowohl in der künstlerischen wie auch in der sachlichen Darstellung in überzeugender Weise zum Ausdruck. Im Mittelpunkt dieser Bildseite stehen die sechs Jahrhunderte Geschichte der Universität Leipzig. Wir sehen links das Siegel der Universität mit dem Heiligen Laurentius als dem Heiligen der Studierenden und Johannes dem Täufer sowie rechts daneben das Bildnis von Gottfried Wilhelm Leibniz, einem der herausragenden Studenten, aber auch Lehrer dieser Universität. Der Leitsatz dieses Universalgelehrten „Theoria cum Praxi" ist für die Universität auch heute noch ein zeitgemäßer Leitspruch. Das dritte Bildelement zeigt den Neubau der Universität, der an die 1968 in einem Akt barbarischer Grausamkeit gesprengten Universitätskirche St. Pauli erinnert und das neue Antlitz der Universität zeigt. Mit der Aufschrift wird auf die 600 Jahre Universität Leipzig und die Zeitspanne 1409 bis 2009 hingewiesen. Die Wertseite zeigt den Adler und den Schriftzug Bundesrepublik Deutschland, die Wertziffer und die Wertbezeichnung, die Jahreszahl 2009 sowie das Prägezeichen „A". Frau Bundeskanzlerin hat sich einst dafür bei einer Präsentation im Kanzleramt interessiert, wieso es denn hier im Alphabet springende Buchstaben gibt, und nicht A, B, C, D, E. Wir haben dann nachgeforscht und ich konnte in der nächsten Präsentation berichten. Es gab in den Zeiten der Kleinstaaterei in diesem Lande ein gutes Dutzend solcher Prägestätten und die sind dann durch das Zusammenlegen und Auflösen von Prägeanstalten weniger geworden. Heute haben wir noch fünf, aber die Buchstaben, die sind aus der damaligen Zeit geblieben und „A" hatte damals wie heute die Staatliche Münze Berlin. Der glatte Münzrand enthält in vertiefter Prägung die Inschrift „Aus Tradition Grenzen überschreiten". Und das knüpft an das an, was Sie vorhin berichtet haben über Ihr europäisches Engagement. Der Künstler, der diese Münze gestaltet hat, ist der Briefmarken- und Münzdesigner Dietrich Dorfstecher aus Berlin. Das Brot des Künstlers ist der Beifall. Mir gefällt Ihre Münze sehr gut, dem Publikum auch, wie der

Beifall zeigt. Die Münze wird in Sterlingsilber geprägt und erscheint, wie Herr Prof. Häuser schon gesagt hat, in einer Auflage von 1,8 Mio. Stück, davon max. 200.000 in der höchsten Qualitätsstufe Spiegelglanz. Sie kann ab dem morgigen Tag überall käuflich erworben werden, bei Banken und Sparkassen, aber auch beim örtlichen Münzhandel.

Ich wende mich nun dem Sonderpostwertzeichen zu. Es zeigt ein Gemälde von Heinrich Otto Knäbig aus der Zeit um 1840 mit dem Augusteum und der Pauliner Universitätskirche auf dem Augustusplatz. Die Kirche St. Pauli war bis zu ihrer Sprengung der älteste Kirchenbau Leipzigs. Sie gehörte zugleich zu den ältesten universitätseigenen Baumonumenten der 1409 gegründeten Universität. Zusammen mit dem angrenzenden Hauptgebäude, dem Augusteum, prägte sie das Erscheinungsbild der Universität maßgeblich. Der Augustusplatz war stets ein Ort städtebaulicher Veränderungen und ich hoffe mit dem Oberbürgermeister, dass das künftig auch so sein wird. Er symbolisiert bis heute den stetigen Wandel der Universität. Das Sonderpostwertzeichen wurde von Frau Nadine Nill aus Mössingen entworfen. Auch sie ist hier. Das ist Ihr Beifall.

Das Sonderpostwertzeichen erhebt den für einen Standardbrief erforderlichen Wert von 55 Cent, und jetzt muss ich Abbitte leisten bei all den Vertretern des Philatelistenbundes und gleichzeitig dem Oberbürgermeister und dem Rektor dieser Universität eine große Freude machen. Denn dieses Sonderpostwertzeichen wird in der größten Auflage gedruckt, die ich jemals mitteilen konnte. Herr Oberbürgermeister, wenn Sie mir für jede gedruckte Marke aus Ihrem Werbeetat einen Cent geben müssten, dann wären Sie pleite. Denn es werden 309 Mio. Stück gedruckt. Diese Zahl setzt sich zusammen aus 30 Mio. Markensätzen mit je 10 selbstklebenden Marken und 9 Mio. nassklebenden Marken. Es lässt sich also gar nicht mehr vermeiden, dass Leipzig und seine Universität im doppelten Sinne des Wortes in aller Munde sind. Wegen der außergewöhnlich hohen Auflage werden alle Briefschreiberinnen und Briefschreiber und alle Briefempfängerinnen und Briefempfänger in Deutschland neugierig gemacht auf die Stadt Leipzig, ihre Universität und deren Geschichte. Die Briefmarke gibt es schon seit letzter Woche und kann in allen Filialen der Deutschen Post AG erworben werden. Ich denke, wir haben allen Grund, der Deutschen Post AG zu danken, dass sie eine solche kostenlose Werbung für die Stadt und die Universität macht.

Meine sehr verehrten Damen und Herren, ich darf nun aus Anlass dieses Festaktes Herrn Prof. Dr. Franz Häuser, dem Rektor der Universität, zur Erinnerung ein rotes Album überreichen. Dieses rote Album hat auf der einen Seite den ungestempelten Zehnerbogen und auf der anderen Seite den mit Ersttagsstempel versehenen Zehnerbogen. Außerdem gibt es etwas, das können Sie alle nunmehr käuflich erwerben: die Kombination des Zehnerbogens mit Ersttagsstempel mit einer eingeschweißten Silbermünze. Wir nennen das Numisblatt und es ist auch bei der Deutschen Post AG beispielsweise zu erwerben. In diesem Sinne: viel Freude damit und alles Gute.

5. MEDAILLEN

Anlässlich des 600-jährigen Jubiläums der Universität sind Gedenkmedaillen angefertigt worden:

Der Präsident der Sächsischen Numismatischen Gesellschaft, Dr. Rudolph Reimann, hat am 19. November 2009 dem Rektor das erste Exemplar der vom Dresdner Künstler Peter Götz Güttler entworfenen Gedenkmedaille übergeben. Der Numismatische Verein zu Leipzig hat durch seinen Vorsitzenden Prof. Hilmar Sachse dem Rektor am 14. Juni 2010 eine Medaille des Vereins „600 Jahre Universität Leipzig" überreicht, ebenfalls geschaffen vom Dresdner Künstler Güttler.

Gene, Umwelt, Lebensstil?
Felix Garcia
W. Churchill
39 Jahre † (Herzinfarkt)
91 Jahre † „no sports“
Welche Faktoren bedingen die Variabilität der Krankheitsausprägung und des Verlaufes?
www. sechshundert.de
600 JAHRE
UNIVERSITÄT LEIPZIG
www. sechshundert.de
1409
2009

XVIII. DAS JUBILÄUM IN DER LEIPZIGER ÖFFENTLICHKEIT

1. VORBEMERKUNG

An dieser Stelle soll ein Überblick über Veranstaltungen zum Universitätsjubiläum in der Leipziger Öffentlichkeit gegeben werden. Auf deutschlandweite Initiativen, wie Großflächenplakatierungen unter verschiedenen Titeln, den Internetauftritt zum Jubiläum unter www.sechshundert.de, den Jubiläumsnewsletter „wissenswert" und die breite Palette der Merchandising-Angebote wird hier nicht eingegangen. Ebenso wenig berichtet der Dokumentationsband über die Resonanz auf das Jubiläum in den Medien. Hierzu sei der Interessent auf die Dokumentationsbroschüre „Mehr Wissen seit 1409", herausgegeben von der Geschäftsstelle 2009 der Universität Leipzig, verwiesen. Bereits vor dem Beginn des Jubiläumsjahres hat die Universität in verschiedenen Veranstaltungen auf die 600. Wiederkehr ihrer Gründung aufmerksam gemacht, so z.B. in Form einer umfangreichen Präsentation mit Plakaten, Quiz, Informationsmaterial und Personal vor Ort beim Wissenschaftsfest campus 2007, sodann im Jahr 2008 beim Leipziger Tierärztekongress, im Rahmen der Buchmesse-Akademie, beim Tourismusfrühstück der Leipzig Tourismus und Marketing GmbH, beim Wissenschaftssommer und der „Langen Nacht der Wissenschaften", beim LVZ-Familienfest im Zoo und beim „Tag der Sachsen" in Grimma. Im Jubiläumsjahr selbst stieg die Zahl dieser Präsentationen auf über 60. Sie zeichneten sich vor allem durch interaktive Angebote, wie das Kinderquiz mit Glücksrad, aus. Schon in der ersten Hälfte des Jubiläumsjahres wurde es so häufig eingesetzt, dass im Sommer 2009 ein zusätzliches Glücksrad angefertigt werden musste.

2. DAS JUBILÄUM IM HAUPTBAHNHOF LEIPZIG

Mit „600 Jahre in einem Zug" war der Veranstaltungsreigen überschrieben, der vom 9. bis 18. Juli 2009 die PROMENADEN Hauptbahnhof Leipzig ins Zeichen des Jubiläums setzte. Kluge Köpfe der Universität aus sechs Jahrhunderten wurden in einer Ausstellung porträtiert – eine andere bot Einblicke in den gegenwärtigen Universitätsalltag. Weiter wurde die Universitätsgeschichte in einer Vorschau der Jubiläumsausstellung „Erleuchtung der Welt" präsentiert, und Bodenaufkleber im gesamten Gebäude boten mit Kurztexten wie „100.000 km legen die 15 Transportroboter im Universitätsklinikum pro Jahr zurück" griffiges Wissen zur Universität Leipzig im Vorbeilaufen. Eröffnet wurden die Veranstaltungen am 9. Juli mit einem Konzert von Blaswerk Leipzig in der imposanten Osthalle des Leipziger Hauptbahnhofes. Danach gab es auf einer Aktionsbühne täglich Quizze und Aktionen zum Mitmachen und Gewinnen; bei der Leipziger Kinderuniversität KUNI, die das Universitätsjubiläum mit vier Vorlesungen auf dem Hauptbahnhof und einer Sonderveranstaltung „Von Artistenfakultäten, Saurierknochen und Nobelpreisträgern: Die Universität früher und heute" am 6. Juni würdigte, und bei Interviews konnte mitgeforscht sowie gelernt werden. In den Abendstunden konnten Konzerte belauscht oder sportliche Darbietungen und Präsentationen verfolgt werden.

Unweit der Aktionsbühne waren „Inspirata"-Experimentierstationen aufgebaut. Hier konnten die kleinen Besucher Mathematik, die Spaß macht, erleben, Lesezeichen und Buttons wie zu Gutenbergs Zeiten auf einer alten Druckerpresse drucken und selbst erstaunliche und interessante Experimente durchführen. Für die älteren Interessierten wurde hier zum Studium und zu wissenschaftlichen Weiterbildungsmöglichkeiten informiert und große Schautafeln erläuterten Studium, Forschung und die Campus-Neubauten am Augustusplatz.

3. DAS JAHRGERICHT ZU HOHENHEIDA

Hohenheida gehörte wie Merkwitz und Gottscheina zu den ehemaligen Universitätsdörfern, die im Jahr 1438 von den Kurfürsten Friedrich und Wilhelm von Sachsen der Universität als Lehen übertragen worden waren. Bis in die Mitte des 19. Jahrhunderts übte die Universität hier die niedere wie auch obere Gerichtsbarkeit aus. Auf den sogenannten Jahrgerichten wurden in Anwesenheit des Großpropstes und „der anderen beigeordneten Herren von der Universität" sowie des Dorfrichters und der ihm zugeordneten Schöppen vornehmlich Bagatellfälle wie Beleidigungen und Schlägereien, aber auch schwerere Verfehlungen wie Körperverletzung und Totschlag verhandelt. Der Großpropst, ein Professor der Juristenfakultät, nahm zu der jeweiligen Strafsache eine „Besichtigung" vor und fällte dann unter Mitwirkung des Dorfrichters und der Schöppen das Urteil. Die Herren der Universität ließen sich in Kutschen zum Jahrgericht in die Universitätsdörfer fahren, was die Bauern zu bezahlen hatten. Auch für das sich anschließende Festessen mussten die Bauern aufkommen.

Im Rahmen des 600-jährigen Jubiläums der Universität Leipzig und der 610-Jahrfeier von Hohenheida wurde am 21. Juni ein solches Jahrgericht auf dem Dorfanger von Hohenheida nachgestellt. Der Tradition folgend fuhren Vertreter der Universität in einer Kutsche in Hohenheida vor, um unter Beteiligung des Dorfrichters und seiner Schöppen zu Gericht zu sitzen. An das Gerichtsverfahren schloss sich ein gemütliches Ess- und Trinkgelage nach historischem Vorbild an. Insgesamt drei Gerichtsfälle wurden von Laienschauspielern aus den Bürgervereinen Hohenheida und Merkwitz und der Juristenfakultät nachgespielt. Mehrere hundert Besucher verfolgten das Jahrgericht mit größtem Vergnügen.

4. STÄDTISCHE BEITRÄGE ZUM UNIVERSITÄTSJUBILÄUM

Universität und Stadt hatten in Vorbereitung des Festjahres Arbeitsgruppen (AG) gebildet, die Ideen und Projekte für ein gelungenes Jubiläum entwickelten:

a) Die **AG Kultur und Musik** unter Leitung von Kulturbürgermeister Dr. Georg Girardet hatte seitens der Stadt einen großen Anteil am Gelingen des Jubiläums. Kulturelle Institutionen der Stadt präsentierten Beiträge zum Jubiläum:

- **Oper Leipzig.** Die Oper widmete dem Universitätsjubiläum drei Aufführungen und eine Diskussionsrunde: am 9. Mai das Musiktheaterprojekt „Clara S." und die Kirchenkantate „Ich habe genug" von Johann Sebastian Bach, am 17. Mai „Moderne Menschen – eine Schönberg-Trilogie", am 8. Oktober die Premiere „Al gran sole carico d' amore" von Luigi Nono und am 17. Mai eine Sonderveranstaltung in der Reihe „Oper – Leipzig – Talk".
- **Bach-Fest.** Das Bach-Archiv richtete im Rahmen des Bachfestes anlässlich des 600-jährigen Universitätsjubiläums am 12., 14. und 20. Juni drei Konzerte von Mendelssohn Bartholdy, Bach und Reger in der Alten Handelsbörse und in der Thomaskirche aus. Speziell führten der Leipziger Universitätschor und das Pauliner Barockensemble unter Leitung des Universitätsmusikdirektors David Timm am 14. Juni zwei der von Bach komponierten „Festmusiken zu Leipziger Universitätsfeiern" auf.
- **Gewandhaus.** Am 16. Oktober 2009 war das Große Concert dem 600-jährigen Jubiläum der Universität gewidmet. Zur Aufführung unter Leitung des Gewandhauskapellmeisters Riccardo Chailly kamen das Auftragswerk des Gewandhauses zu Leipzig „Das Leuchten der singenden Kristalle" (Uraufführung) von Steffen Schleiermacher und Werke von Wolfgang Amadeus Mozart sowie Gustav Mahler. Gewandhausdirektor Professor Andreas Schulz gab für die internationalen Gäste eine Einführung und einen Sektempfang.
- **Hochschule für Musik und Theater „Felix Mendelssohn Bartholdy".** Am 4. November widmete die Hochschule für Musik und Theater dem Universitätsjubiläum ein Konzert des Hochschulsinfonieorchesters im Gewandhaus.
- **Stadtbibliothek.** Eine gemeinsame Ausstellung von Universitäts- und Stadtbibliothek unter dem Titel „Leipziger – Eure Bücher!" wurde am 19. Juni in der Bibliotheca Albertina eröffnet.

- **Naturkundemuseum.** Ab dem 25. Juni präsentierte das Naturkundemuseum die Ausstellung „Tiefsee – die erste deutsche Expedition ‚Valdivia'". Diese Expedition wurde 1898 vom Professor der Universität Leipzig Carl Chun geleitet.
- **Museum der bildenden Künste.** Ab dem 27. August zeigte die Grafische Sammlung des Museums der bildenden Künste aus Anlass des Universitätsjubiläums „Die Sammlung Gottfried Winckler".

b) Die **AG Wirtschaft und Finanzen** mit Brigitte Brück vom Amt für Wirtschaftsförderung initiierte mehrere Treffen von Vertretern aus Politik und Wirtschaft und das große Sponsorentreffen am 19. Februar 2008 in der Moritzbastei.

c) Die **AG Feste und Veranstaltungen** mit Amtsleiter Herbert Unglaub vom Marktamt der Stadt begleitete und beförderte zahlreiche Aktionen zum Jubiläum in der Leipziger Innenstadt.

d) Die **AG Internationales** mit der Referatsleiterin für europäische und internationale Zusammenarbeit, Dr. Gabriele Goldfuß, und dem Ausländerbeauftragten der Stadt, Stojan Gugutschkow, unterstützte die internationalen Jubiläumsveranstaltungen, unter anderem auch den Jubiläums-Staffellauf Prag – Leipzig (s. Kapitel XII).

e) Die **AG Junges Leipzig** mit Amtsleiter Dr. Siegfried Haller vom Jugendamt beförderte den Leitkongress „Wissen und Bildung" und unterstützte mehrere studentische Projekte.

f) Die **AG Bürger und Vereine** unter Leitung von Abteilungsleiter Dr. Günter Roski gestaltete mit der Juristenfakultät das historische Jahrgericht im Dorf Hohenheida am 21. Juni (s. oben, 3.).

Die Stadt Leipzig unterstützte außerdem die Jubiläumsausstellung „Erleuchtung der Welt" im Alten Rathaus (s. Kapitel VI) und die Fortführung der Sonntagsgespräche zum Schwerpunktthema „Krisenzeiten".

5. JUBILÄUMSTRAM

Nicht nur Messegäste, sondern die gesamte Leipziger Bevölkerung und Touristen forderte die Jubiläumstram der Leipziger Verkehrsbetriebe auf, zur Zeitreise einzusteigen. Bedruckt mit einem Zeitstrahl, der 15 bebilderte Ereignisse aus 600 Jahren Universitätsgeschichte darstellt, fuhr der Niederflur-Gelenkwagen mit dem Namen „Hieronymus Lotter" ab April 2009 auf unterschiedlichen Strecken täglich und im Regelbetrieb durch die gesamte Stadt. Zudem wiesen auch in anderen Fahrzeugen der Leipziger Verkehrsbetriebe wechselnde Plakate auf unterschiedliche Jubiläumsveranstaltungen und -projekte hin.

6. FAZIT

Die Erfahrungen aus der intensiven Zusammenarbeit mit der Stadt Leipzig bei der Vorbereitung und während des Jubiläums sollen künftig genutzt werden, um die Kooperation von Universität und Stadt auf eine neue Stufe zu heben.

Freund des Jubiläums

XIX. PARTNER UND SPONSOREN

PARTNER UND SPONSOREN

Das anspruchsvolle Jubiläumsprogramm mit seinen mehr als 400 wissenschaftlichen und kulturellen Veranstaltungen und Projekten hätte die Universität in seinem Umfang und in seiner Qualität nicht ohne eine umfangreiche finanzielle Unterstützung aus der Wirtschaft und sonstiger privater Hand realisieren können. Zahlreiche Sponsoren haben sich davon überzeugen lassen, das Jubiläum und seine Inhalte zu unterstützen. Mehr als die Hälfte der kontaktierten Personen, Unternehmen und Vereine wurden so zu Projektsponsoren, zu Spendern, Paten und Freunden des Jubiläums – als Hauptsponsoren konnten die Sparkasse Leipzig, das BMW Werk Leipzig und Ströer/Deutsche Städte Medien gewonnen werden.

Dabei lag dem Fundraisingkonzept, das die Universitätsleitung schon lange vor dem Jubiläumsjahr beschlossen hatte, vor allem der Gedanke zu Grunde, langfristige neue Beziehungen zu knüpfen. Und neben den Inhalten der einzelnen Jubiläumsprojekte war es diese Langfristigkeit, die erfolgreich zur Entscheidungsfindung der Unternehmen beitrug.

Das Fundraisingkonzept setzte auf verschiedene Fördermodelle, die es Vertretern der Wirtschaft, aber auch interessierten Einzelpersonen ermöglichten, sich in das Universitätsjubiläum einzubringen und die Alma mater auch über das Jubiläumsjahr hinaus zu begleiten. Diese Modelle reichten vom symbolischen Kauf eines Stuhls im Paulinum auf dem Campus Augustusplatz über die Übernahme einer Raumpatenschaft im dortigen Seminargebäude bis hin zur Förderung eines der zahlreichen Jubiläumsprojekte. Bei der eindeutigen Mehrheit der unterstützten Projekte handelte es sich um wissenschaftliche Veranstaltungen und Projekte aus Lehre und Forschung. Gut 80 Prozent der eingeworbenen Geldmittel sind damit unmittelbar den primären Aufgaben der Universität in Forschung und Lehre zugutegekommen. Um das Konzept umzusetzen, wurde der Aufgabenbereich Fundraising innerhalb der Geschäftsstelle 2009 mit zwei Mitarbeitern eingerichtet.

Die Ansprache der einzelnen möglichen Sponsoren erfolgte meistens unmittelbar durch den Rektor Prof. Dr. Häuser, zum anderen aber auch über Kontakte, vor allem der Mitglieder des Jubiläumsbeirates. So zum Beispiel im Rahmen zentraler Fundraisingveranstaltungen wie der Unternehmerrunde am 19. Februar 2008, zu der die Beiratsmitglieder Unternehmer Dr. Arend Oetker, der damalige Ministerpräsident des Freistaats Sachsen Prof. Dr. Georg Milbradt und Leipzigs Oberbürgermeister Burkhard Jung eingeladen hatten. Mit eigenen Redebeiträgen konnten die Beiratsmitglieder die Anwesenden von der nachhaltigen Strategie einer Unterstützung der Universität Leipzig mit dem Starttermin Jubiläumsjahr überzeugen.

Unternehmen und Stiftungen, ehemalige Studierende und Professoren, Privatpersonen aus Leipzig und ganz Deutschland sowie Vertreter der Kommune, des Freistaats und des Bundes zählten zu den mehr als 60 Projektsponsoren, zu den Spendern und Freunden oder übernahmen eine Partnerschaft, in dem sie die Jubiläumsaktivitäten mit ihren Dienstleistungen förderten. Insgesamt erhielt die Universität Leipzig finanzielle Zuwendungen im Wert von mehr als 2,4 Millionen Euro.

Die Bilanz des Erreichten, d. h. die aktive Ansprache potenzieller Unterstützer und Informationen zu geeignet erscheinenden Vorhaben und Projekten durch den Rektor und die Geschäftsstelle 2009 nach eingehender Recherche weist eine Erfolgsquote von etwa 55 Prozent auf.

Das Jubiläum hat sich damit in den Dienst der Universität Leipzig gestellt und konnte sie als Aufhänger für die Fundraisingerfolge nachhaltig unterstützen. Der eigentliche Erfolg liegt in der Bildung einer neuen Säule zur Finanzierung von hoheitlichen Aufgaben in Forschung und Lehre. Durch nachhaltige Pflege der Kontakte und Partnerschaften über das Jubiläum hinaus kann diese Säule der Universität Leipzig bei der Beschaffung dringend benötigter finanzieller Mittel zum Erhalt des hohen Niveaus in Forschung und Lehre dienen.

Aufgrund der aktuellen Bildungsdebatten und den vielfältigen Herausforderungen für die weitere Entwicklung der Gesellschaft rücken Universitäten als Ort des kritischen Denkens wieder vermehrt in den Fokus der Öffentlichkeit. Diese Aufmerksamkeit gilt es für die Universität Leipzig zu nutzen. Dabei sind das Jubiläum, die Erfolge aus 600 Jahren Geschichte und das umfassende Angebot einer klassischen Universität als weiche Faktoren nicht zu unterschätzende Vorteile, die die Universität Leipzig deutlich von anderen Universitäten abhebt.

Im Folgenden sind alle Sponsoren, Spender und Partner des Universitätsjubiläums aufgelistet. Ihnen sei an dieser Stelle ausdrücklich herzlich gedankt. Ohne dieses überwältigende Engagement hätte das Jubiläumsjahr nicht diesen Erfolg gehabt.

Hauptsponsoren
- BMW Werk Leipzig
- Sparkasse Leipzig
- Ströer Deutsche Städte Medien

Projektsponsoren
- Aengevelt Immobilien GmbH & Co.KG
- ALISA e.V.
- Allianz Deutschland
- Association for Literary and Linguistic Computing (ALLC)
- AOK Plus
- BARMER Ersatzkasse
- Janet Barth und Dr. med. Thomas Barth
- BPS Bildungsportal Sachsen GmbH
- Breitkopf & Härtel
- Campus Core GmbH
- City Hochhaus Leipzig
- CMS Hasche Sigle
- commlab audiovisuelle kommunikation
- Cornelsen Verlag
- Creditreform Leipzig
- Datenlotsen Informationssysteme GmbH
- Deutsche Bank Leipzig
- Deutsche Forschungsgemeinschaft (DFG)
- DHL Hub Leipzig GmbH
- Wochenzeitung Die Zeit
- duz Unabhängige Deutsche Universitätszeitung
- FCI Fond der Deutschen Chemie
- Fritz Thyssen Stiftung
- Georg Fischer Automotive
- Horst-Springer-Stiftung in der Friedrich-Ebert-Stiftung
- IBM Deutschland GmbH

PARTNER UND SPONSOREN

- IHK Industrie- und Handelskammer Leipzig
- INTER Krankenversicherung aG
- IOn AG
- Lehmanns Fachbuchhandlung
- Leipziger Laufladen
- Leipziger Wohnungs- und Baugesellschaft mbH (LWB)
- LEVG mbH & Co. Grundstücks- KG
- Mach AG
- Messeprojekt Leipzig
- Obermeyer Albis-Bauplan GmbH
- Panorama Tower – „Plate of Art"
- Passage-Verlag Leipzig
- Rotary Clubs Leipzig
- Rudolf-August Oetker Stiftung
- Dr. jur. Volker Schlittgen
- Securitas Sicherheitsdienste
- Siemens AG
- Soroptimist International Club Leipzig
- Sparkassen-Versicherung Sachsen
- Stadtwerke Leipzig
- Stifterverband für die Deutsche Wissenschaft
- Ultra Sport
- Unibuch Leipzig – Schweitzer Fachinformation
- Universitätsklinikum Leipzig AöR
- Veolia Verkehr
- Verbundnetz Gas AG
- Vieweg + Teubner Verlag
- Volkswagen Stiftung
- Dr. med. dent. Jens Voss
- Klaus Jörgen Voss
- Vereinigung von Freunden und Förderern der Universität Leipzig e. V.
- Walter de Gruyter Stiftung
- WEP Projektentwicklungs- GmbH & Co. KG
- West LB AG
- ZEIT-Stiftung Ebelin und Gerd Bucerius

Jubiläumspartner
- Deutsche Stiftung Denkmalschutz
- Flughafen Leipzig/Halle GmbH
- Galeria Kaufhof Leipzig
- Krostitzer Brauerei
- Leipzig Marriott Hotel
- Leipziger Messe
- Leipziger Verkehrsbetriebe (LVB)
- Leipziger Volkszeitung (LVZ)
- Mitteldeutscher Rundfunk (MDR)
- PROMENADEN Hauptbahnhof Leipzig
- Rotkäppchen-Mumm Sektkellereien
- Seaside Park Hotel Leipzig

Jubiläumspaten
- Deutsche Bundesbank
- Wohngesellschaft UNITAS eG

Freunde
- Bernd Hochmuth Veranstaltungsmanagement
- BRC Vermögensbetreuung GmbH Repräsentanz der Reuschel & Co. KG München
- Dirk Udo Fricke
- Jäkel Consult Finanz- und Unternehmensberatung
- K & G Security
- Dr. Fritz König
- Medica-Klinik
- Merkur Druck- und Kopierzentrum
- Punctum Fotografie
- Dr. Herbert Schleich

Spender
- Familie Steffen Berlich
- Hans Georg von Bodecker
- Carl Bosch Museum Heidelberg gGmbH unter Leitung von Frau Gerda Tschira
- Commerzbank-Stiftung
- Ingeborg Erhardt und Helmut Erhardt
- FEW Chemicals Bitterfeld-Wolfen
- FIZ Chemie Berlin
- Gesellschaft Deutscher Chemiker (GDCh)
- Dr. Anne-Kathrin Habermann
- Professor Monika Harms
- Herzzentrum Leipzig GmbH
- Brigitte Kempe
- KPMG AG Wirtschaftsprüfungsgesellschaft
- KPMG Rechtsanwaltsgesellschaft mbH
- Lions Club Leipzig Cosmopolitain
- Dr. Christian Olearius
- Christoph Oswald
- Dr. Ing. h.c. F. Porsche AG
- S. Hirzel Verlag
- Pirkko-Maria Schulze
- Professor Cornelius Weiss
- Zoo Leipzig

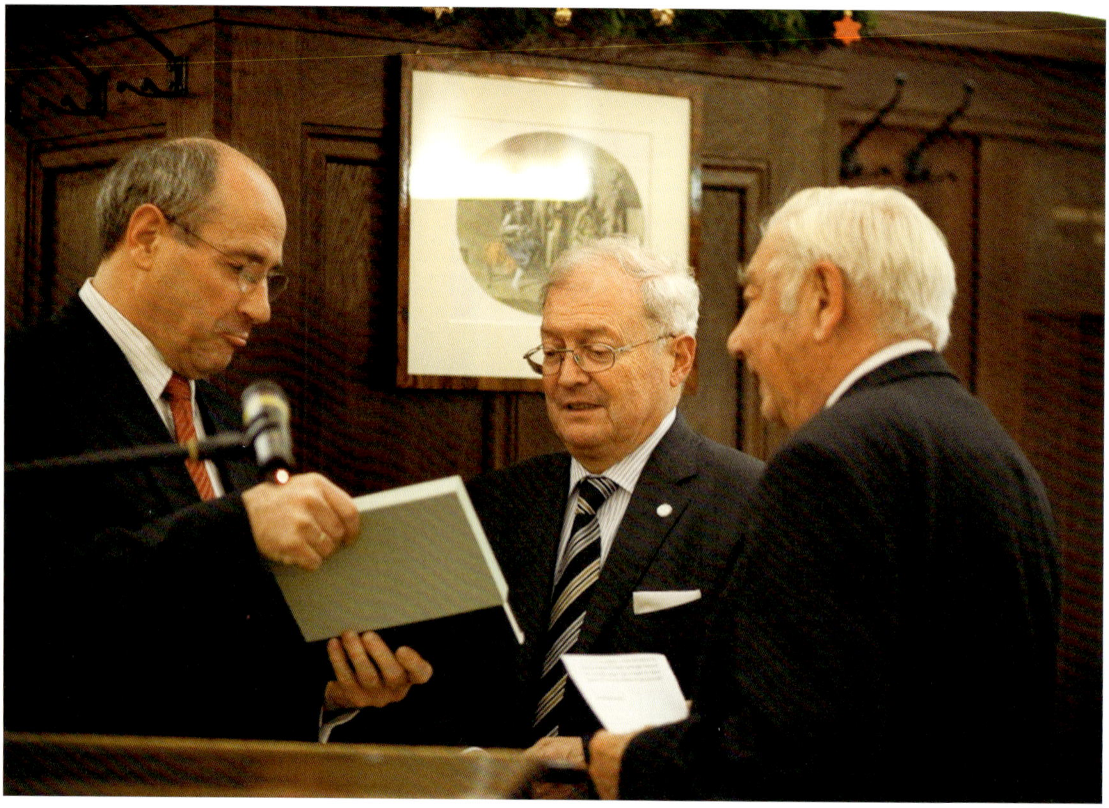

XX. GRUSSADRESSEN UND GASTGESCHENKE

1. GRUSSADRESSEN

Comenius Universität Bratislava
Rektor der Comenius Universität in Bratislava verleiht der Universität Leipzig anlässlich ihres 600jährigen Jubiläums die Gedenkmedaille der Comenius Universität in Bratislava für die Gestaltung, Entwicklung und beständigen Schutz der akademischen Freiheiten, des akademischen Denkens und Kulturerbes der europäischen Universitätsidee, besonders für die Unterstützung der slowakischen Gelehrten im Zeitraum des nationalen Auferstehens des 19. Jahrhunderts und für dauerhafte gute Beziehungen zwischen den deutschen und slowakischen Akademikern.
Doz. PhDr. František Gahér, PHD.
Bratislava, 30. November 2009

Latvijas Universitate
Im Namen der Leitung und des Senats der Universität Lettlands möchten wir allen Mitarbeitern und Studenten der Universität Leipzig zum 600jährigen Jubiläum ganz herzlich gratulieren.

In diesen Tagen blickt die Universität Leipzig auf 600 Jahre ihres Bestehens zurück. Die Geschichte unserer beiden Universitäten ist durch die erfolgreiche Tätigkeit des berühmten Chemikers und Nobel-Preisträgers Wilhelm Ostwald gekennzeichnet, der im Jahre 1853 in Riga geboren wurde und 6 Jahre am Rigaer Polytechnikum, dem Vorgänger der Universität Lettlands, als Hochschullehrer tätig war.

Die langjährige Geschichte der Universität dient als Bekundung ihres wesentlichen Beitrages zur Entwicklung der Ausbildung und Wissenschaft in Deutschland und weltweit. Die Universität Lettlands legt hohen Wert auf gute persönliche und fachliche Beziehungen zwischen unseren Lehrkräften und Wissenschaftlern, die die gesellschaftlichen Veränderungen letzter Jahrzehnte in unseren Ländern überdauert und sich den neuen Anforderungen in Lehre und Forschung gestellt haben.

Wir möchten hiermit unsere Überzeugung aussprechen, dass die Zusammenarbeit zwischen unseren Universitäten sich auch in Zukunft erfolgreich entwickeln wird.
Hochachtungsvoll,
Prof. Dr. Mārcis Auziņš, Rektor

University of Architecture, Civil Engineering and Geodesy, Sofia
Ihre Magnifizenz!
Gestatten Sie mir als Rektor der einzigen Universität für Architektur, Bauwesen und Geodäsie in Bulgarien, Ihnen zum 600. Jahrestag der Universität Leipzig herzlich zu gratulieren.

Wie bekannt, unabhängig von der politischen Situation waren weltberühmte Gelehrte als Professoren an der Universität Leipzig tätig. Dadurch wurde die hohe Qualität der Alumni Ihrer Universität gesichert. Eine Bestätigung dessen ist die Tatsache, dass Ihre Exzellenz die Kanzlerin Frau Dr. Angela Merkel auch eine der Alumni Ihrer Universität ist.

Einer der Höhepunkte dieses Jahres war zweifellos die von Ihrer Regierung organisierten Festversammlungen anlässlich des 20. Jahrestages des Mauerfalls in Berlin, die wir, die Bulgaren miterlebten. Wir freuen uns, dass das wiedervereinte Deutschland und unser Bulgarien jetzt zur großen Familie der Europäischen Union gehören.

Aus meinem ganzen Herzen wünsche ich Ihrem Land und der Universität Leipzig weitere Prosperität und neue Erfolge!
Mit besten Grüßen
Ihr Prof. Dr.-Ing. Dobrin Denev
Rektor
Sofia, 02.12.2009

Rektor Uniwersytetu Wroclawskiego
Magnifizenz, sehr geehrter Herr Rektor Häuser,
zum sechshundertjährigen Jubiläum der Gründung der Universität Leipzig gratuliere ich Ihnen herzlich. Ich bin beeindruckt von der historischen Vergangenheit Ihrer Universität. Alma mater Lipsiensis – die zweitälteste Hohe Schule in Deutschland, an der 600 Jahre hindurch ohne Unterbrechung gelehrt und geforscht wird – nimmt im Ensemble der europäischen Universitäten einen vorderen Platz ein. Berühmte Persönlichkeiten wie Gotthold Ephraim Lessing, Johann Wolfgang Goethe, Johann Gottlieb Fichte, Robert Schumann, Richard Wagner und Friedrich Nietzsche studierten an der Universität Leipzig. Sie genoss für ihre wissenschaftlichen Leistungen über die Jahrhunderte hinweg großes Ansehen und setzt diese würdige Tradition weiter fort.

An diesem Festtag lassen Sie mich Ihnen meine besten Wünsche für die weitere Entwicklung der Universität aussprechen. Möge die vielfältige Geschichte und reiche Tradition der Alma mater Lipsiensis für ihre akademische Gemeinschaft die Kraft- und Inspirationsquelle auf diesem Wege sein!

Ich wünsche Ihrer Universität eine würdige und gelungene Veranstaltung und verbleibe
mit herzlichen Grüßen
Prof. Dr. habil. Marek Bojarski
Rektor der Universität Wroclaw
Wroclaw, den 26. November 2009

Sofia University St. Kliment Ohridski
Sehr geehrter Herr Kollege Häuser,
es ist mir eine Ehre, Sie im Namen der ganzen Akademischen Gemeinschaft der St. Kliment-Ohridski-Universität Sofia zum sechshundertjährigen Universitätsjubiläum herzlich zu begrüßen. Als Rektor der St. Kliment-Ohridski-Universität Sofia verstehe ich die Bedeutung und den Einfluss der Geschichte und der Tradition auf die Institution für Hochschulbildung. Die jahrhundertlange Geschichte der Universität Leipzig ist ein Faktor, der Sie unvermeidlich stolz macht, und ich möchte Sie persönlich dazu begrüßen, dass Sie ein Leiter der in Deutschland zweitältesten und eine der bedeutendsten Akademien sind. Unsere jahrelange wissenschaftliche Kooperation ist besonders wertvoll für mich und für die Akademische Gemeinschaft der Sofioter Universität auch wegen der Tatsache, dass angesehene Personen vom öffentlichen Leben wie Aleksander Teodorov-Balan und Ivan Shishmanov ihre Hochschulbildung an der Universität Leipzig bekommen haben.

Ich nutze die Gelegenheit, allen Dozenten und Studierenden an der Universität Leipzig viele wissenschaftliche Errungenschaften, und Ihnen dauerhafte Entwicklung und ständige intellektuelle Forschungsleitung zu wünschen. Haben Sie recht herzlichen Dank für Ihre Einladung zur Teilnahme am Patronfest. Leider sehe ich mich jedoch angesichts zahlreicher anderer, langfristig vereinbarter Termine am Anfang des Dezembers nicht in der Lage, die freundliche Einladung anzunehmen und bitte Sie für die Absage um Verständnis.
Ich verbleibe mit herzlichen Grüßen
Prof. Ivan Ilchev, Dr. Habil.
30. November 2009

Staatliche Linguistische Universität zu Pjatigorsk
Eure Magnifizenz, im Namen des Kollektivs der Pjatigorsker Staatlichen Linguistischen Universität äußere ich Ihnen vorzügliche Achtung und gratuliere Ihnen und Ihren Lehrkräften, Studenten und Aspiranten der Leipziger Universität zu dem 600jährigen Gründungstag.

Unsere vieljährige Mitarbeit mit dem Institut für Angewandte Linguistik und Translatologie dient als Beispiel erfolgreicher Zusammenarbeit, gegenseitiger Bereicherung und gemeinsamer Entwicklung des Europäischen Hochschulwesens. Es ist eine große Ehre für uns, Sie und die von Ihnen geleitete Universität als zuverlässige Kollegen und Partner zu haben. Optimistisch blicken wir in die Zukunft und sind sicher, dass unsere Zusammenarbeit mit jedem Jahr nur stärker wird, zur Völkerverständigung und russisch-deutschen Beziehungen im Ganzen beiträgt und neue Perspektiven für ihre Entwicklung ermöglicht. Erlauben Sie uns noch einmal, unsere herzlichen Glückwünsche zum 600jährigen Jubiläum der Leipziger Universität auszudrücken. Wir wünschen Ihnen und dem ganzen Kollektiv weiteres Gedeihen, professionellen und wissenschaftlichen Erfolg in Ihrem Tätigkeitsbereich der Ausbildung der jungen Generation.
Hochachtungsvoll,
Prof. A. Gorbunov
Rektor

Universiteit Antwerpen
Dear Rector,
the leadership and the entire academic community of the University of Antwerp convey their sincere congratulations to the Rector and the University of Leipzig on the occasion of the 600th celebration of its dies natalis. We consider it a great honour to be invited to these solemn festivities. It is with pleasure that we accept this invitation.

As an expression of our appreciation and respect we offer you an original painting of the internationally known Belgian artist Guy Vandenbranden. Mr. Vandenbranden's work belongs to the fine art collection the University of Antwerp has gathered throughout the years, as depicted in the book 'Art & Architecture – University of Antwerp'. Art has much more to offer than solely decoration of space. Art provokes dialogue and confrontation, raises questions about life and humanity. This is how art and scientific research & education are interconnected.

Guy Vandenbranden is a key figure in the second Constructivist generation and is cofounder of the New Flemish School. Since 1952 the painter resolutely opted for Geometric Abstraction. He executed large integration projects in architecture in the University Hospital in Antwerp. At the University campuses Middelheim and Drie Eiken important works are set up.

Let this piece of art be a special testimonial of our sincere commitment to the strong bond between the Universities of Leipzig and Antwerp.
Yours sincerely,

Prof.dr. Alain Verschoren *Prof.dr. Johan Meeusen*
Rector *Vice-rector*

Kazan State University
Magnifizenz,
zum Tag Ihres großen Jubiläums wünschen wir der weltberühmten Alma mater Lipsiensis, die mit Stolz auf Ihre 600jährige Geschichte zurück blicken kann, weitere Jahrhunderte erfolgreicher und fruchtbarer Tätigkeit zum Gedeihen der deutschen Bildung und zum weltweiten Beitrag zur Wissenschaft. Im Namen aller Studierender, Professoren und Mitarbeiter der Kasaner Staatlichen Universität
Prof. Dr. Myakzyum Salakhov
Rektor

Belorussische Staatliche Universität
Im Namen aller Kollegen der Belorussischen Staatlichen Universität möchte ich Sie und die Kollegen der Universität Leipzig zum 600. Jubiläum Ihrer Hochschule gratulieren. Ich danke Ihnen ganz herzlich für die Einladung zu den Feierlichkeiten anlässlich des Jubiläums!

Die Universität Leipzig hat sich im Laufe ihrer Geschichte zu einem bedeutsamen Zentrum von Bildung und Kultur entwickelt und genießt unter den Hochschulen weit über die deutschen Landesgrenzen hinaus verdientermaßen ein großes Ansehen. Unter den Absolventen der Universität befinden sich zahlreiche angesehene Wissenschaftler, Pädagogen, Kulturschaffende, Schriftsteller und Künstler. Es ist mir ein großes Vergnügen, Sie darauf aufmerksam zu machen, dass die Belorussische Staatliche Universität ihre Erfahrungen, was die Ausbildung von Fachleuten angeht, zur Kenntnis nimmt, und gerne auch Erfahrungen mit Ihnen austauscht.

Möge die gute Kooperation der engen Zusammenarbeit zwischen unseren Universitäten auch weiterhin unsere Freundschaft stärken und eine fruchtbare Zusammenarbeit sowie enges Zusammenwirken in sämtlichen Tätigkeitsbereichen fördern. Ich wünsche Ihnen, sehr geehrter Herr Rektor, allen Mitarbeitern und den Studenten der Universität Gesundheit, Inspiration.
Hochachtungsvoll
S. V. Ablamejko
Rektor der Belorussischen Staatlichen Universität
Akademiemitglied der Nationalen Akademie der Wissenschaften der Republik Belorus

România Universitatea Bebes-Bolyai Cluj-Napoca
Magnifizenz! Lieber Herr Kollege Franz Häuser!
Zur Feier des 600jährigen Bestehens Ihrer Universität gratuliere ich Ihnen herzlich und bringe gleichzeitig auch meine Überzeugung zum Ausdruck, dass unsere ausgezeichneten Beziehungen weiterhin bestehen werden. Die Universität Leipzig zeigt seit Jahren Interesse für Kontakte mit dem Südosten Europas und besitzt auch eine Reihe von akademischen Einrichtungen, die sich mit der Geschichte und Kultur des südöstlichen Europas beschäftigen. Wir sind guter Hoffnung, dass diese Tradition Ihrer Universität sich dem Studium des mittel- und südosteuropäischen Raumes zu widmen, auch weiterhin geführt wird.

Die gute Zusammenarbeit zwischen unseren Universitäten, besonders im Bereich Chemie, aber auch in den Wirtschafts- und Literaturwissenschaften sowie im Bereich Geographie gibt mir Zuversicht, dass unsere akademischen Beziehungen weiter gut ausgebaut werden können.

Die Babes-Bolyai Universität in Cluj-Napoca/Rumänien ist, wie Sie wissen, die größte Universität Rumäniens und die einzige des Landes, die Unterricht in drei Sprachen (Rumänisch, Ungarisch und Deutsch) anbietet. Wir hoffen, dass die Existenz deutschsprachiger Studiengänge an unserer Universität ein Argument für die Vertiefung unserer Beziehungen ist. Nochmal, herzlichen Glückwunsch, viel Schaffenskraft und alles Gute für Sie persönlich und für Ihre traditionsreiche Universität!
Vivat, cresceat, floreat!
Prof. Dr. Andrei Marga
Rektor
Cluj-Napoca/Klausenburg, 30. November 2009

Staatliche Universität St. Petersburg
Sehr geehrter Herr Professor Häuser, im Namen der Staatlichen Universität von St. Petersburg gratulieren wir Ihnen und Ihren Kollegen der Universität Leipzig herzlich zum 600jährigen Bestehen. Ihre Universität ist eine der ältesten und angesehensten Ausbildungsstätten Deutschlands. Die Universität Leipzig hat einen einzigartigen Einfluss auf den Bereich der Kulturwissenschaften. Im Laufe der Jahrhunderte ist es ihr gelungen, wissenschaftlich-pädagogische und professionelle Traditionen aufrecht zu erhalten und neue zu entwickeln.

Die Bürger Russlands schätzen die Leistungen der hervorragenden deutschen Wissenschaftler und Künstler, wie des Dichters Johann Wolfgang Goethe, der Komponisten Robert Schumann und Richard Wagner, der Philosophen Friedrich Nietzsche und Gottfried Leibniz, die die Entwicklung der Weltkulturen und Gesellschaften maßgeblich mitgeprägt haben, sehr hoch.

Heutzutage ist die Universität Leipzig nicht nur eine der größten Universitäten in Deutschland, sondern gehört auch zu den wichtigsten wissenschaftlichen Forschungs- und Bildungszentren weltweit. Von einem hohen Unterrichtsniveau zeugen auch die Namen der Universitätsabsolventen. Darunter sind u. a. Bundeskanzlerin Angela Merkel, der frühere Außenminister der BRD Hans-Dietrich Genscher, Chiles Präsidentin Michelle Bachelet und viele andere.

Wir sind froh darüber, dass unsere Universitäten seit Langem freundschaftliche Beziehungen pflegen. Im Rahmen des Vertrages des akademischen Austausches und der Zusammenarbeit zwischen der Universität St. Petersburg und der Universität Leipzig kommen viele unserer Studenten vieler Fakultäten nach Leipzig. Wir hoffen sehr auf eine weitere Entwicklung unserer Partnerschaft, die zur Stärkung wissenschaftlicher und kultureller Verbindung und zum Erfahrungsaustausch beiträgt.

Ganz herzlich wünschen wir allen Mitarbeitern der Universität Leipzig alles Gute, Gesundheit, Freude und weiterhin viel Erfolg.
Prof. Dr. N.M. Kropatschew
Rektor der Universität St. Petersburg

Klaipeda University
Seiner Magnifizenz dem Rektor der Universität Leipzig, Prof. Dr. iur. Franz Häuser, der Gemeinschaft der Universität zum Anlass des 600jährigen Jubiläums der Universität Leipzig.

Wir gratulieren herzlich Ihrer glorreichen Universität zu dem wichtigen Ehrentag und übergeben die herzlichsten Grüße und die besten Wünsche von der Universität Klaipéda aus Litauen, von der Ostseeküste. Das helle Licht der Wissenschaft, das in den Universitäten Europas noch zu Mittelalter anging, zeigte den Völkern und Staaten den Weg durch Wirr und Untergang, durch Niedergang und Aufstieg. Das Licht der Universität prägte zu jeder Zeit die Denkweise der Öffentlichkeit in ihrem Streben nach Freiheit und Demokratie.

Diese Aufgabe wird auch von den heutigen Universitäten erfüllt, auch von Ihrer Universität Leipzig. Wir wünschen der ganzen Gemeinschaft Ihrer Universität – den Professoren, Studenten und allen Mitarbeitern – hervorragende Leistungen in der Ausbildung der jungen Generation Leipziger Intellektueller und Intelligenter und in der Wissenschaft.

Im Namen der Gemeinschaft Universität Klaipeda
Prof. habil. dr. Vladas Žulkus
Rektor der Universität Klaipéda
2. Dezember 2009
Klaipéda, Litauen

Glückwünsche des Ministers für Bildung, Kultur und Wissenschaften der Mongolei
Im Namen des Ministeriums für Bildung, Kultur und Wissenschaften der Mongolei und in meinem eigenen Namen möchte ich der Leipziger Universität, allen ihren Wissenschaftlern und Angehörigen sowie ihren Studierenden und Absolventen meinen herzlichen Gruß und alles Beste wünschen aus Anlass des 600. Jubiläumsjahres der Gründung.

Mit großem Respekt würdigen wir die außerordentliche Verbundenheit der Universität Leipzig zu der Mongolei und ihren Beitrag zur Entwicklung der Bildung in unserem Land. Die historischen Quellen sagen aus, dass die Mongolei bereits 1924 ihre ersten Versuche unternommen hatte, Kontakte zu Kultur- und Bildungseinrichtungen in Deutschland herzustellen und nach Möglichkeiten der Zusammenarbeit zu suchen.

Im April 1926 brachte der damalige Bildungsminister der Mongolei die für ein Studium in Deutschland ausgewählten 35 Jugendlichen persönlich nach Berlin, von denen etwa 10 zum Studium nach Leipzig kamen. Unter den jungen Mongolen befand sich der Begründer der modernen mongolischen Literatur Daschdorjiin Natsagdorj, der an der Leipziger Universität Journalistik studierte und gleichzeitig den bekannten deutschen Wissenschaftler Erich Hänisch, dem ersten deutschen Übersetzer der „Geheimen Geschichte der Mongolen", assistierte.

Genau 30 Jahre danach, 1956, wurden weitere 5 Jugendliche in die DDR nach Leipzig zum Studium gesandt, und sie alle haben ihr Studium erfolgreich abgeschlossen. Sehr viele von den bis heute in Deutschland ausgebildeten ca. 35 Tausend Mongolen haben einen Vorbereitungssprachkurs am Herder-Institut absolviert und anschließend an der Leipziger bzw. an anderen deutschen Universitäten und Hochschulen ihr Studium fortgesetzt.

Diese traditionelle Verbindung ist ein deutlicher Ausdruck dafür, dass die Universität Leipzig – die Alma mater Lipsiensis – unschätzbare Beiträge zur Entwicklung der mongolischen Bildung und Wissenschaft geleistet hat und leistet. Somit nimmt die Universität Leipzig einen ehrwürdigen Platz in der bilateralen Zusammenarbeit für Bildung und Wissenschaft zwischen der Mongolei und Deutschland ein. Dafür möchte ich ihr meinen herzlichen Dank aussprechen.

Ich wünsche den Feierlichkeiten des 600. Gründungjahres der Universität Leipzig – Alma mater Lipsiensis – viel Erfolg und mögen sich unsere freundschaftlichen Beziehungen und Zusammenarbeit stets erweitern und vertiefen!
Hochachtungsvoll
Yo. Otgonbayar
Minister für Bildung, Kultur und Wissenschaft
Ulaanbaatar, den 23.06.2009

Glückwunschadresse des Staatspräsidenten der Mongolei
Für die Universität Leipzig in der Bundesrepublik Deutschland
Anlässlich des 600. Gründungsjubiläums der zweitältesten Universität Deutschlands möchte ich allen Wissenschaftlern, Angestellten sowie Studierenden und Absolventen der Universität Leipzig meinen herzlichen Gruß entbieten. Für uns Mongolen ist es eine ehrenvolle Angelegenheit, unseren deutschen Freunden zu gratulieren und ihnen unseren Dank auszusprechen. Denn das historische Jubiläum Ihrer Universität findet im Jahr des 35. Jahrestages der Aufnahme diplomatischer Beziehungen zwischen der Mongolei und der Bundesrepublik Deutschland und zum 60. Gründungsjubiläum der Bundesrepublik Deutschland statt. An dieser Stelle möchte ich mit Genugtuung feststellen, dass sich die traditionell freundschaftlichen Beziehungen und Zusammenarbeit

zwischen unseren beiden Ländern zu einer vertrauensvollen und umfassenden Partnerschaft entwickelt haben. Seit Jahrhunderten waren Mongolen bestrebt, vom reichen kulturellen und geistigen Erbe Europas, von den kostbaren Werten seiner Zivilisation zu erfahren und zu lernen. In diesem Sinne wurden zu Beginn der neueren Geschichte unseres Landes die ersten Schüler und Studenten zum Studium und zur Lehre nach Deutschland geschickt. Und es war die Stadt Leipzig und ihre Universität, die zu den ersten angehören, die im Jahre 1926 über 30 mongolische Jugendliche, darunter den großen mongolischen Schriftsteller D. Natsagdorj, freundlich beherbergt haben. Mit großer Freude möchte ich den Dank und die Anerkennung des mongolischen Volkes übermitteln, das die historischen Beiträge der Universität Leipzig zur Ausbildung der ersten mongolischen Akademiker und Fachkräfte der Neuzeit sowie zur Entwicklung der Mongolistik in Europa und in Deutschland außerordentlich würdigt.

Auch in den ideologisch geteilten Zeiten der Geschichte blieb die Universität Leipzig ein Pionier in der Ausbildung junger Mongolen. In den Jahren der Einheit Deutschlands und des Umbruchs der Mongolei zur Demokratie haben unsere deutschen Freunde die Aus- und Fortbildung der mongolischen Studenten, Wissenschaftler und Fachkräfte bis zum erfolgreichen Abschluss großzügig fortgesetzt. Diese Tradition entwickelt sich heute mit neuen Ideen, Inhalten und Formen bereichert weiter. Ich bin voller Zuversicht, dass die Universität Leipzig auch im 21. Jahrhundert einen gewichtigen Beitrag zur Festigung und Vertiefung der Zusammenarbeit unserer beiden Länder in den Bereichen der Bildung, Wissenschaften und Kultur leisten wird.

Ich wünsche der Universität Leipzig mit Erkenntnissen und Erfahrungen aus sechs Jahrhunderten große Erfolge bei der Aus- und Fortbildung junger Studierender und Wissenschaftler aus der gesamten Welt.

Nambar Enkhbayar
Staatspräsident der Mongolei
Ulaanbaatar, den 15. Juni 2009

Rice University Houston
THE TRUSTEES, PRESIDENT, AND FACULTY OF WILLIAM MARSH RICE UNIVERSITY EXTEND GREETINGS TO UNIVERSITÄT LEIPZIG ON THE OCCASION OF THE SIX HUNDREDTH ANNIVERSARY OF THE UNIVERSITY'S FOUNDING
SINCERELY,
DAVID W. LEEBRON, PRESIDENT

Anniversary Diploma and Medal of Alexandru Ioan Cuza University of Iasi
On behalf of Alexandru Ioan Cuza University Senate, allow me to thank you for inviting us to be represented at this important celebration. It is indeed a great pleasure to have the opportunity to congratulate you on the jubilee of Alma mater Lipsiensis. Today, in this anniversary moment, we can think of the University of Leipzig as one of the leading literary and cultural centres of Europe, which has contributed significantly to the development of research and education all over the world. For 600 years, the academics of the University of Leipzig have written a history of determination and perseverance of fostering generations of outstanding graduates.

It is therefore my pleasure and honour to wish to all successors of those 600 years old golden generations that they keep alive the Tradition of Crossing Boundaries and follow the guiding principles of the University of Leipzig: internationality, openness, interdisciplinary cooperation, and the cultivation of cultural traditions and tolerance.

The 600th anniversary represents a great opportunity for Alexandru Ioan Cuza University to award its honorary medal to Professor Dr. iur. Franz Häuser, Rector of the University of Leipzig, as a sign of distinct appreciation.
„Vivat, Crescat, Floreat!"
Prof. Dr. Vasile ISAN
Rector of Alexandru Ioan Cuza University
2. December 2009

Moscow State Pedagogical University (MSPU)
Sehr geehrte Damen und Herren, im Namen der Moskauer Staatlichen Pädagogischen Universität möchte ich Ihnen unsere herzlichsten Glückwünsche zum 600jährigen Jubiläum Ihrer Universität ausdrücken! Wir wünschen Ihnen weitere Entwicklung und Prosperität!
Mit freundlichen Grüßen Vice-Rektor MSPU
Victor Tschertov
29. Mai 2009

Eötvös Loránd University Budapest
Dear Professor Häuser, Dear Colleague,
Firstly, I would like to thank you for kind invitation to the festivities of the 600th Anniversary of the University of Leipzig. Due to prior engagements, unfortunately, I am not able to attend this prominent event. Herewith, I would like to take the opportunity and congratulate you as the whole community of the University of Leipzig on the 600th Anniversary. I hope and I am convinced that your university will continue its age-old traditions of supporting science, peace and understanding between people.
Yours sincerely,
Prof. Ferenc Hudecz
Rector
Eötvös Loránd University
Budapest. Hungary

Damascus-University Syrien
Magnifizenz
Herzliche Glückwünsche an den Rektor, die Angestellten und alle Mitarbeiter der Psychologischen Institute. In der Stunde der 600-Jahrfeier sind wir in Gedanken an Ihrer Seite und wünschen der Universität Leipzig, die uns ausgebildet hat, einen weiteren guten und erfolgreichen Entwicklungsweg. Doktoranden der Leipziger Universität an der Universität Damascus
Prof. Dr. Samer J. Rudwan, Clinical Psychologist
Faculty of Education
Damascus-University
Damascus
Syrien

Sudetendeutsche Akademie der Wissenschaften und Künste
Prof. Dr. Dr. h.c. mult. Rudolf Fritsch
Der Präsident
Gabe zum Jubiläum der Universität Leipzig
Magnifizenz, sehr geehrter Herr Kollege Häuser,

die Universität Leipzig feiert in diesem Jahr ihre Gründung vor 600 Jahren durch aus Prag vertriebene Professoren. Die ehrwürdige Karls-Universität mit ihrer wechselvollen Geschichte war bis 1945 auch das geistige Zentrum der Sudetendeutschen. Deshalb fühlt sich die Sudetendeutsche Akademie der Wissenschaften und Künste Ihrer Universität und dem Jubiläum besonders verbunden.

Als Geburtstagsgeschenk überreichen wir Ihnen die anliegende Epische Ballade „Brennender Balsam", die von Mitgliedern unserer Akademie verfasst und vertont wurde. Wir würden uns freuen, wenn sich irgendwo in Ihren Feiern zum Jubiläum ein Platz für eine Uraufführung finden ließe; die Ausführung könnte, muss aber nicht, von Akademiemitgliedern gestaltet werden. Wenn das nicht geht, so bieten wir als Alternative eine Uraufführung im Rahmen des Festaktes zum 30jährigen Bestehen der Sudetendeutschen Akademie am 23. Oktober 2009 an, zu dem ich Sie jetzt schon einlade.

Mit allen guten Wünschen für das Gelingen Ihrer Festveranstaltungen und die Zukunft der Universität Leipzig grüße ich Sie herzlich
Ihr Rudolf Fritsch

Die Bürgerinitiative „Für eine weltoffene, weltliche und
autonome Universität Leipzig"
Magnifizenz,
sehr geehrte Mitglieder, Angehörige und Jubilare der Universität Leipzig, herzliche Glückwünsche zum Jubiläum der Universität Leipzig, die in den 600 Jahren ihres Bestehens Bedeutendes zur Erkenntnis der Welt beigetragen hat!

Wir freuen uns mit Ihnen über den neu gestalteten Campus am Augustusplatz mit dem Paulinum einschließlich weltlicher Aula und kirchlichem Andachtsraum und erwarten in seinen Räumen ein vielfältiges geistig-kulturelles Leben. Wir hoffen aus Sicht der mit der Universität Leipzig verbundenen Bürgerschaft auf eine weiter wachsende Ausstrahlung der Universität in die Stadt, ebenso, dass die Stadt ihre größte wissenschaftliche Lehr- und Forschungseinrichtung weiterhin fördert und fordert. Wir werden als Stimme von Bürgerinnen und Bürgern auch künftig die Leitung der Universität im Anspruch auf ihre Weltoffenheit, Weltlichkeit und Autonomie öffentlich unterstützen.

Mit den besten Wünschen für das weitere Gedeihen der Universität!
Dipl.-Ing. Architekt Johannes Schroth, BDA
Leipzig, im Dezember 2009

Hilmar Dreßler
Der Universität zum „600." freundlich zugeeignet Hilmar Dreßler
Broschüre „Der Traum vom Perpetuum Mobile"
28.09.2009

Numismatischer Verein zu Leipzig
Magnifizenz, unser traditionsreicher Verein, gegründet 1879, hat für seine Mitglieder, durch von uns nicht beeinflussbare Umstände verspätet, eine Medaille
600 JAHRE UNVERSITÄT LEIPZIG
prägen lassen. Wir möchten ein Exemplar dieses von dem renommierten Dresdener Medailleur Güttler geschaffenen Kunstwerkes gern der Universität Leipzig überreichen und bitten um einen Termin, wann wir Ihnen diese Medaille übergeben dürfen.
Hochachtungsvoll
Prof. Dr. Hilmar Sachse

Maria Jerchel, Frankfurt/Main
Meiner geliebten Alma mater zu Ihrem Jubiläum

Oft ist es ja so, dass die Zöglinge erst schätzen, was sie hatten, wenn sie hinausziehen in die Welt. Und siehe, es ging mir genauso. Erst jetzt, da ich einige Jahre fern von Dir bin, Alma mater, weiß ich Dich recht zu würdigen. Erst jetzt, da wir nicht mehr täglich miteinander ringen, erkenne ich recht, was Du mir getan hast. Erst jetzt, da andere Dich kennen und mir neiden, spüre ich recht den Stolz, Deiner Zöglinge eine zu sein.

In Deinen Mauern bin ich großartigen Lehrern begegnet, wahren Professoren, die mein Auge scharf, mein Denken weit werden ließen. Sie ließen mich große Zusammenhänge über Raum und Zeit hinweg erkennen. Diffuse Ahnungen geronnen in ihren Worten zu fester Form. Sie gaben mir zu lesen, zu denken, zu arbeiten. Und daran bin ich gewachsen. Wollte ich sie namentlich alle nennen, die mich formten, endlos wäre die Liste. Nicht nur Lehrende enthielte sie, auch Forschende, Bibliothekare, Kommilitonen. Hab Dank, Alma mater, dass wir einander begegnet sind.

1 (Porzellan) Teller, blau-gelb, im Karton, 1 Bildband „Überraschendes Belorus" (Fotografien), 1 Mappe, weinrot mit Goldprägung, Anschreiben des Rektors S. V. Ablamejko, russisch und deutsch, Belorussisch-Staatliche Universität

1 Flasche Kürbiskernöl, 1 Papprolle, schwarz-gold, Urkunde mit Geschenk zweier Stipendien a 4000 € für je 6 Monate in 2010/2011 von Universitäts-Professor Dr. Alfred Gutschelhofer, 2, Bücher der Universitäts-Bibliothek Graz: „Kleines kalendarisches Notizbüchlein" und „Das österreichische Literaturkochbuch", Universität Graz

Rolle aus weinrotem Samt, Widmung, Gedenkmedaille in Holzkästchen (ca. 12 x 12 cm), 1 weinrote Krawatte, 1 Jutetasche mit Broschüre und 3 Flaschen Wein, Comenius-Universität Bratislava

1 Rolle, weinrot/golden (30 x 5 cm), Urkunde vom 27.11.2009 des Rektors Prof. Andrej Marga, 1 Buch im Schuber „Cluj Kolozsvár Klausenburg", historisches Album, 1 schwarze Umhängetasche mit Mappe (CD oder DVD + Visitenkarte Prorektor Prof. univ. Dr. Rudolf Gräf + Schreiben des Rektors Prof. Andrej Marga, Babes-Bolyai Universität Cluj-Napoca, Rumänien

1 weißer Rahmen, verglast 30 x 39 cm mit blau-weißem Farbdruck im Passepartout, 1 Kästchen, dunkelblau-gold, mit Medaille der Uni Tampere, Universität Tempere, Finnland

1 blaue Mappe mit Urkunde, Geburtstagswünschen des Rektors Vasile Isan, 1 Buch: „Gheorghe Iacob „Universitatea din Iasi", 1 Medaille Alexandru Ioan Cuza, schwarze Schachtel, A Ioan Universität Iasi, Rumänien

1 Rahmen, weiß, mit Farbdruck, 28 x 35 cm, Brief des Rektors Prof. Dr. Alain Verschoren,
1 Buch mit Bildern des Malers Guy Vandenbranden, Universität Antwerpen

1 Schachtel, blau, Monnaie de Paris, 8 x 8 cm, mit Medaille der Universität, Université des sciences technologies de Lille

Paket in Klarsichtfolie mit Medaille, CD, DVD, 2 Büchern, Glückwunschschreiben in roter Mappe, Latvija Universität, Riga, Lettland

Sächsische Lebensbilder, Band 6 (zwei Teilbände), Präsident der Sächsischen Akademie der Wissenschaften zu Leipzig

Broschur „Photographs of Roger Fenton", Ungarn

Komiss-Péter „Farben – Licht – Ungarn", Ungarn

CD „Béla Bartók Choir …" + Heft zum Chor, Ungarn

Rotes Samtkästchen mit Medaille der Universität, Eötvös Loránd University Ungarn

Holzkästen mit Weinflasche, 2 Briefe (Abwesenheitsmitteilung und Glückwünsche) des Rektors, Eötvös Loránd University Ungarn

Mappe, hellbraun, mit Anschreiben des Rektors Prof. Dr. N. M. Kropatschew, St. Petersburger Staatliche Universität

Rahmen mit Metallplatte/städtisches Grundrissrelief (35 x 28 cm), St. Petersburger Staatliche Universität

1 Etui, blau, mit Füller Watermann Paris, Universität Wroclaw, Polen

1 Buch Universität Wroclaw 1702–2002, Universität Wroclaw, Polen

1 Krawatte, blau, in schwarzer Pappschachtel, Universität Wroclaw, Polen

1 Bildband „Litauen" (groß, farbig), Universität Klaipeda, Litauen

1 Mappe, rot, mit Glückwunschschreiben des Rektors Prof. Dr. Vladas Zulkus, Universität Klaipeda, Litauen

1 Statuette „Taravos Anike", Messing, 14 cm hoch, im Karton, Universität Klaipeda, Litauen

1 Holzrahmen mit Grafik (Ansicht der Kathedrale St. Jean, Lyon), 29 x 35 cm

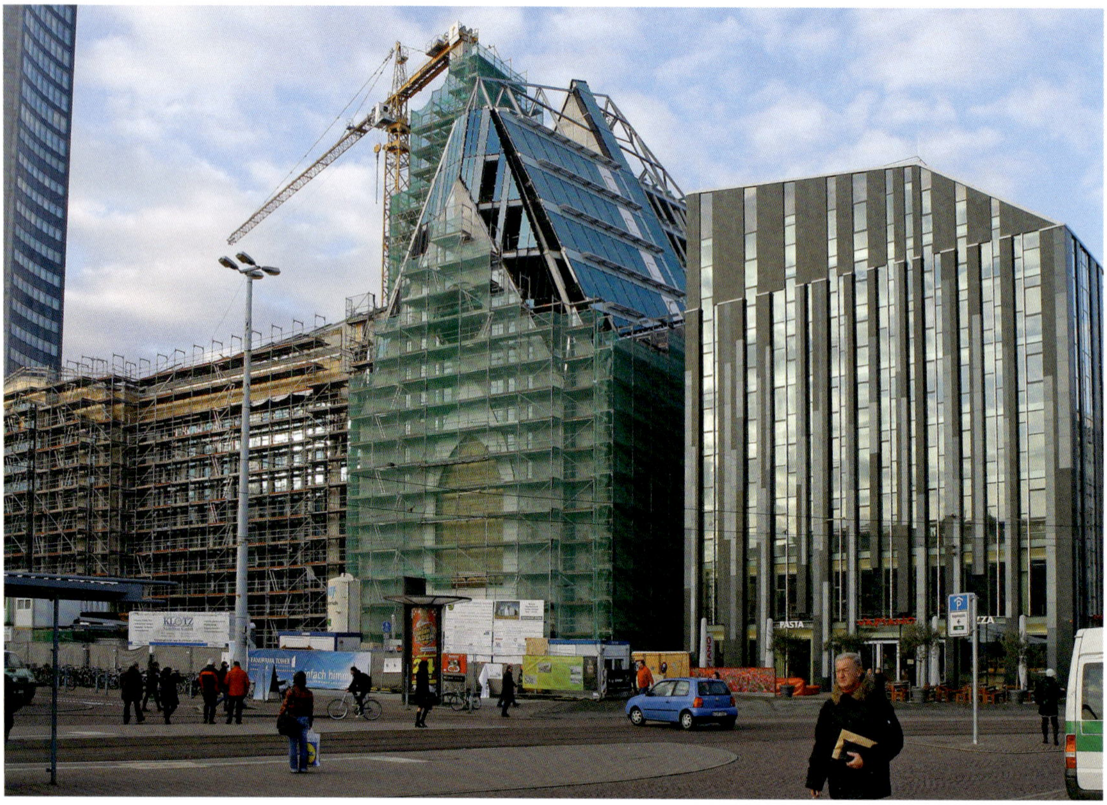
PASTA

XXI. BIBLIOGRAPHIE

1. PUBLIKATIONEN ZUM 600JÄHRIGEN JUBILÄUM

Aus Anlass des Universitätsjubiläums und in dessen Vor- oder Umfeld sind zahlreiche Publikationen erschienen. Die nachfolgende Übersicht über diese Monographien, Datenbankprojekte und Medienprodukte strebt keine Vollständigkeit an.

I. Publikationen im Auftrag des Rektors und aus der Universität Leipzig

1. Geschichte der Universität Leipzig 1409–2009, Ausgabe in fünf Bänden, herausgegeben im Auftrag des Rektors Franz Häuser von der Senatskommission zur Erforschung der Leipziger Universitäts- und Wissenschaftsgeschichte
   – Band 1: Spätes Mittelalter und frühe Neuzeit 1409–1830/31
   – Band 2: Das neunzehnte Jahrhundert 1830/31–1909
   – Band 3: Das zwanzigste Jahrhundert 1909–2009
   – Band 4: Fakultäten, Institute, Zentrale Einrichtungen (zwei Halbbände)
   – Band 5: Geschichte der Leipziger Universitätsbauten im urbanen Kontext
   Leipziger Universitätsverlag 2009
2. Die Leipziger Rektoratsreden 1871–1933, herausgegeben vom Rektor Franz Häuser
   – Band I: Die Jahre 1871–1905
   – Band II: Die Jahre 1906–1933
   Walter de Gruyter · Berlin · New York 2009
3. Erleuchtung der Welt. Sachsen und der Beginn der modernen Wissenschaften
   – Katalog zur gleichnamigen Jubiläumsausstellung, im Auftrag des Rektors Franz Häuser herausgegeben von Detlef Döring, Rudolf Hiller von Gaertringen, Cecilie Hollberg und Volker Rodekamp unter Mitarbeit von Tobias U. Müller
   – Essayband zur gleichnamigen Jubiläumsausstellung, im Auftrag des Rektors Franz Häuser herausgegeben von Detlef Döring und Cecilie Hollberg unter Mitarbeit von Tobias U. Müller
   Sandstein Verlag Dresden 2009
4. Beiträge zur Leipziger Universitäts- und Wissenschaftsgeschichte (BLUWIG), Reihe A (8 Bände) und Reihe B (17 Bände), herausgegeben im Auftrag des

Rektors Franz Häuser von der Senatskommission zur Erforschung der Leipziger
Universitäts- und Wissenschaftsgeschichte
Evangelische Verlagsanstalt Leipzig 2002 ff.

5. Die Professoren der Universität Leipzig im Jubiläumsjahr 2009 (Porträtband), herausgegeben vom Rektor Franz Häuser
Metronom GmbH Leipzig 2009

6. Wissen und Geist – Universitätskulturen (Tagungsband), herausgegeben von Wolfgang Höpken, Manfred Rudersdorf, Martin Schlegel
Leipziger Universitätsverlag 2009

7. Ökonomisierung der Wissensgesellschaft. Wie viel Ökonomie braucht und wie viel Ökonomie verträgt die Wissensgesellschaft? (Tagungsband), herausgegeben von Ralf Diedrich und Ulrich Heilemann
Duncker & Humblot Berlin 2011

8. Die Matrikel der Universität Leipzig, herausgegeben von Jens Blecher und Gerald Wiemers, Verlag und Datenbank für Geisteswissenschaften Weimar
   – Teilband I – Die Jahre 1809 bis 1832, Weimar 2006
   – Teilband II – Die Jahre 1832 bis 1863, Weimar 2007
   – Teilband III – Die Jahre 1863 bis 1876, Weimar 2008
   – Teilband IV – Die Jahre 1876 bis 1884, Weimar 2009
   – Teilband V – Die Jahre 1884 bis 1892, Weimar 2010
   (Die Reihe wird mit zwei weiteren Teilbänden bis 2012 fortgesetzt.)

9. Kosmos des Wissens - Weltschriftenerbe in Leipzig, Katalog zur gleichnamigen Ausstellung der Bibliotheca Albertina, herausgegeben von Ulrich Johannes Schneider (englischsprachige Fassung: In Pursuit of Knowledge: 600 Years of Leipzig University)
Leipziger Universitätsverlag 2009

10. Konrad Krause: Alma Mater Lipsiensis – Geschichte der Universität Leipzig von 1409 bis zur Gegenwart (geschrieben auf Anregung des ehemaligen Rektors Volker Bigl)
1 Auflage, Leipziger Universitätsverlag 2003

11. Festschrift der Juristenfakultät zum 600jährigen Bestehen der Universität Leipzig, herausgegeben von Mitgliedern der Juristenfakultät
Duncker & Humblot Berlin 2009

12. Chemie an der Universität Leipzig. Von den Anfängen bis zur Gegenwart, herausgegeben von Lothar Beyer, Joachim Reinhold, Horst Wilde
Passage-Verlag 2009

13. 600 Jahre Musik an der Universität Leipzig
    herausgegeben von Eszter Fontana,
    Verlag Janos Stekovics 2010
14. Vivat, Crescat, Floreat, Sonderedition der Leipziger Blätter zum 600. Gründungstag der Universität Leipzig, herausgegeben von der Universität Leipzig und der Kulturstiftung Leipzig
    Passage-Verlag Leipzig 2009
15. 600 Jahre Universität Leipzig – Aus Tradition Grenzen überschreiten (zweisprachig deutsch und englisch), herausgegeben von der Universität Leipzig in Zusammenarbeit mit der Leipziger Volkszeitung Leipziger Medien Service 2009
16. Programmheft zum 600jährigen Universitätsjubiläum, herausgegeben von der Universität Leipzig, Geschäftsstelle 2009
17. Mehr Wissen seit 1409 – Dokumentation über das 600jährige Universitätsjubiläum, herausgegeben von der Universität Leipzig, Geschäftsstelle 2009
18. Enno Bünz, Tom Graber: Die Gründungsdokumente der Universität Leipzig (1409), Edition – Übersetzung – Kommentar
    Thelem Dresden 2010
19. Sammelband zum studentischen Kolleg „Science: Who Cares?", herausgegeben von Sven Jaros, Meine Verlag 2010
20. Ich muss rumoren – 600 Jahre Universität Leipzig, Predigten und Ansprachen, herausgegeben von Rüdiger Lux und Peter Zimmerling
    Edition Kirchhof & Franke Leipzig und Berlin 2010
21. Sammelband über das internationale Symposium des Instituts für Sorabistik der Universität Leipzig „Divinität und Internationale Beziehungen", herausgegeben von Marcus Jurij Vogt und Eduard Werner, 2011
22. Helga Schmidt, Gudrun Mayer: Die Universität Leipzig im Spiegel der Stadtentwicklung von 1409 bis 2009
    Leipziger Universitätsverlag 2010
23. Schriftenreihe „Jubiläen – Personen/Ereignisse", beginnend ab 2005, herausgegeben vom Rektor der Universität Leipzig
24. Lothar Beyer, Rainer Behrends: De Artes Chemiae: Chemiker und Chemie an der Alma Mater Lipsiensis
    Passage-Verlag Leipzig 2003
25. Lothar Beyer: Vom Doktoranden zum bedeutenden Chemiker
    Passage-Verlag Leipzig 2005
26. Lothar Beyer, Eberhard Hoyer: Chemische Wegzeichen
    Passage-Verlag Leipzig 2008

II. Datenbankprojekte

1. Professorenkatalog der Universität Leipzig „catalogus professorum lipsiensis": Datenbank der Professoren, die im 19. und 20. Jahrhundert an der Universität Leipzig tätig waren, Projekt des Lehrstuhls für Neuere und Neueste Geschichte am Historischen Seminar und des Instituts für Informatik der Universität Leipzig
2. Bibliographie zur Leipziger Universitätsgeschichte: Datenbankprojekt der Senatskommission zur Erforschung der Leipziger Universitäts- und Wissenschaftsgeschichte und in Zusammenarbeit mit der Universitätsbibliothek

III. Der Universität Leipzig gewidmete Publikationen

1. Sächsische Lebensbilder, Band 6 (zwei Teilbände), Festgabe der Sächsischen Akademie der Wissenschaften zu Leipzig zum 600-jährigen Bestehen der Universität Leipzig, herausgegeben von Gerald Wiemers,
   in Kommission bei Franz Steiner Verlag Stuttgart 2009
2. Leipzig – Erfurt: Akademische Verbindungen, Festgabe der Akademie gemeinnütziger Wissenschaften zu Erfurt zur 600-Jahrfeier der Universität Leipzig, herausgegeben von Jürgen Kiefer, Werner Köhler und Klaus Manger, Erfurt 2009
3. Volker Schulte: Der Literaturpapst als Fledermaus. Kleine Geschichten aus 600 Jahren Universität Leipzig
   Sax Verlag Markkleeberg 2009
4. Jonas Flöter: Leipziger Universitätsgeschichte(n): 600 Jahre Alma Mater Lipsiensis
   Evangelische Verlagsanstalt Leipzig 2009
3. Anne Büsing, Kirsten Büsing: Alumnen und ihre Exlibris
   Vieweg + Teubner 2009
4. Eberhard Schulze: Die Agrarwissenschaften an der Universität Leipzig 1945/46–1996 Leipziger Ökonomische Societät e. V., Leipzig 2008
5. Gunther Franke, Horst Mutscher, Albrecht Pfeiffer: Das Institut für Tropische Landwirtschaft der Karl-Marx-Universität Leipzig 1960 bis 1992 – Zeitzeugen berichten
   Engelsdorfer Verlag 2009
6. Auf der Suche nach Vielfalt. Ethnographie und Geographie in Leipzig herausgegeben von Claus Deimel, Sebastian Lentz, Bernhard Streck
   Leibniz-Institut für Länderkunde 2009

7. Katrin Löffler (Hrsg.): Als Studiosus in Pleiß-Athen. Autobiografische Erinnerungen von Leipziger Studenten des 18. Jahrhunderts
   Lehmstedt Verlag Leipzig 2009
8. Roman Schulz: Zwischen Hörsaal 13 und Moritzbastei
   Militzke Leipzig 2009
9. Thea Derado: Chemie und Irrsinn. Studienjahre in Leipzig 1954–1958: Ein Plädoyer für freie Meinungsbildung
   Engelsdorfer Verlag 2009
10. Wilhelm Bruchmüller: Der Leipziger Student 1409–1909, Reprint der Originalausgabe zum 500. Universitätsjubiläum
    Bödeker & Schellenberg 2009
11. Jubiläumsbeilage der Leipziger Volkszeitung „600 Jahre Universität Leipzig" vom 20. Mai 2009

IV. Musik-CD's, DVD's, Hörbücher

1. Johann Sebastian Bach: Festmusiken zu Leipziger Universitätsfeiern (Jubiläumsedition 5er CD-Box), Leipziger Universitätschor, Pauliner Barockensemble, David Timm, Wolfgang Unger
2. Karzer, Campus, Koryphäen, 600 Jahre Universität Leipzig. 45minütiger Film des MDR, Erstausstrahlung am 2. Dezember 2009
3. Facetten der Universitätsgeschichte – 600 Jahre Alma mater Lipsiensis (Hörbuch)
4. Universitätsgeschichte(n). I. Von Magisterrock bis Agitprop; Paulinum 1: Aus Neu mach Alt; UNIversal. Studieren in Leipzig heute. II. Paulinum 2: Festakt am 2.12.2009. III. Ein Kosmos des Wissens. IV. Das Universitätsdorf Hoheheida; Rektor Häuser: Gründung, Selbstverständnis und Zukunft der Universität Leipzig. DVD des Instituts für Kommunikations- und Medienwissenschaften (Prof. Dr. Steinmetz)

AUTORENVERZEICHNIS

Dr. Jens Blecher, Direktor des Universitätsarchives Leipzig

Prof. Dr. Dr. Detlef Döring, Sächsische Akademie der Wissenschaften zu Leipzig

Prof. Dr. Ralf Diedrich, Professor für Allgemeine Betriebswirtschaftslehre/Controlling und Interne Unternehmensrechnung an der Universität Leipzig

Thomas Dudzak, Sprecher des StudentInnenRates der Universität Leipzig von April 2008 bis Mai 2009

Prof. Dr. Wolfgang Fach, Professor für Politikwissenschaft mit dem Schwerpunkt Politische Theorie an der Universität Leipzig

Christiane Gräfenhain, Akademisches Auslandsamt der Universität Leipzig

Prof. Dr. Franz Häuser, Rektor der Universität Leipzig von April 2003 bis November 2010, Professor für Bürgerliches Recht, Bank- und Börsenrecht, Arbeitsrecht an der Universität Leipzig

Dr. Michael Handschuh, Referent des Rektors

Privatdozent Dr. Rudolf Hiller von Gaertringen, Leiter der Kustodie und Kustos der Kunstsammlung der Universität Leipzig

Sven Jaros, Initiative „Studierende 2009"

Bastian Lindert, Initiative „Studierende 2009"

Susan Pfifferling, Initiative „Studierende 2009"

Marcel Reinhardt, Sportwissenschaftliche Fakultät der Universität Leipzig

Prof. Dr. Manfred Rudersdorf, Vorsitzender der Senatskommission zur Erforschung der Leipziger Universitäts- und Wissenschaftsgeschichte von 2007 bis 2011, Professor für Geschichte der Frühen Neuzeit an der Universität Leipzig

Prof. Dr. Martin Schlegel, Professor für Molekulare Evolution und Systematik der Tiere mit Schwerpunkt molekulare Phylogenie an der Universität Leipzig

Dr. Simone Schulz, Mitarbeiterin für Öffentlichkeitsarbeit der Kustodie der Universität Leipzig,

Christin Wätzel, Alumni-Koordinatorin im Dezernat für Öffentlichkeitsarbeit und Forschungsförderung der Universität Leipzig,

Prof. Dr. Gerald Wiemers, Direktor i.R. des Universitätsarchives Leipzig

Die jeweiligen Vorbemerkungen zu einigen Kapiteln hat der Rektor, Prof. Dr. Franz Häuser, verfasst.

Die Texte ohne Kennzeichnung der Autorenschaft sind mit geringfügigen Änderungen aus der Dokumentationsbroschüre über das 600jährige Universitätsjubiläum „Mehr Wissen seit 1409", herausgegeben von Geschäftsstelle 2009, und dem Jahresbericht 2009 der Universität Leipzig, herausgegeben vom Rektor, übernommen worden.

BILDTEIL

Bilder aus dem Jubiläumsjahr

Rektor der Universität Leipzig
Prof. Dr. Franz Häuser
Professur für Bürgerliches Recht,
Bank- und Börsenrecht, Arbeitsrecht

Prorektor für Forschung und
wissenschaftlichen Nachwuchs
Prof. Dr. Martin Schlegel
Professur für Molekulare Evolution
und Systematik der Tiere mit Schwerpunkt
molekulare Phylogenie

Prorektor für Lehre und Studium
Prof. Dr. Wolfgang Fach
Professur für Politikwissenschaft mit dem
Schwerpunkt Politische Theorie

Prorektor für strukturelle Entwicklung
Prof. Dr. Robert Holländer
Professur für Umwelttechnik in der
Wasserwirtschaft/Umweltmanagement in
kleinen und mittleren Unternehmen

Kanzler der Universität Leipzig
Dr. Frank Nolden

Dekan der Theologischen Fakultät
Prof. Dr. Jens Herzer
Professur für Neutestamentliche
Wissenschaft unter besonderer
Berücksichtigung der Theologie des
Neuen Testaments

Dekan der Juristenfakultät
Prof. Dr. Christian Berger
Professur für Bürgerliches Recht,
Zivilprozessrecht, Urheberrecht

Dekan der Fakultät für Geschichte,
Kunst- und Orientwissenschaften
Prof. Ph.D. Adam Jones
Professur für Geschichte und
Kulturgeschichte Afrikas

Dekan der Philologischen Fakultät
Prof. Dr. Wolfgang Lörscher
Professur für Anglistische
Sprachwissenschaft (Textlinguistik)

Dekan der Erziehungswissenschaftlichen Fakultät
Prof. Dr. Harald Marx
Professur für Psychologie in Schule und Unterricht

Dekan der Fakultät für Sozialwissenschaften und Philosophie
Prof. Dr. Hans-Jörg Stiehler
Professur für Empirische Kommunikations- und Medienforschung II

Dekan der Wirtschaftswissenschaftlichen Fakultät
Prof. Johannes Ringel
Professur für Stadtentwicklung (Urban Management)

Dekan der Sportwissenschaftlichen Fakultät
Prof. Dr. Jürgen Krug
Professur für Allgemeine Bewegungs- und Trainingswissenschaft

Dekan der Medizinischen Fakultät
Prof. Dr. med. Joachim Thiery
Professur für Klinische Chemie und
Laboratoriumsmedizin

Dekan der Fakultät für Mathematik
und Informatik
Prof. Dr. Wolfgang König
Professur für Stochastische Prozesse

Dekan der Fakultät für Biowissenschaften, Pharmazie und Psychologie
Prof. Dr. Matthias Müller
Professur für Allgemeine Psychologie
und Methodenlehre

Dekan der Fakultät für Physik und
Geowissenschaften
Prof. Dr. Jürgen Haase
Professur für Experimentalphysik –
Festkörperphysik

Dekan der Fakultät für Chemie und Mineralogie
Prof. Dr. Harald Krautscheid
Professur für Anorganische Chemie

Dekan der Veterinärmedizinischen Fakultät
Prof. Dr. Arwid Daugschies
Professur für Parasitologie

ERÖFFNUNGSVERANSTALTUNG DES JUBILÄUMSJAHRES
AM 9. MAI 2009 IN LEIPZIG

(v.l.) Moymir Horyna, Václav Hampl, Franz Häuser, Cornelius Weiss, Jan Skrha

(v.l.) Burkhard Jung, Stanislaw Tillich, Franz Häuser

Stanislaw Tillich

ERÖFFNUNGSVERANSTALTUNG DES JUBILÄUMSJAHRES
AM 9. MAI 2009 IN LEIPZIG

David Timm

Václav Hampl

BAUSTELLENRUNDGANG FÜR JUBILÄUMS-SPONSOREN ÜBER DEN NEUEN CAMPUS AM 31. MÄRZ 2009

DANKVERANSTALTUNG FÜR SPONSOREN AM 31. MÄRZ 2009
IM ALTEN SENATSSAAL

(v.l.) Burkhard Jung, Franz Häuser, Christina Barofke

Franz Häuser

Burkhard Jung

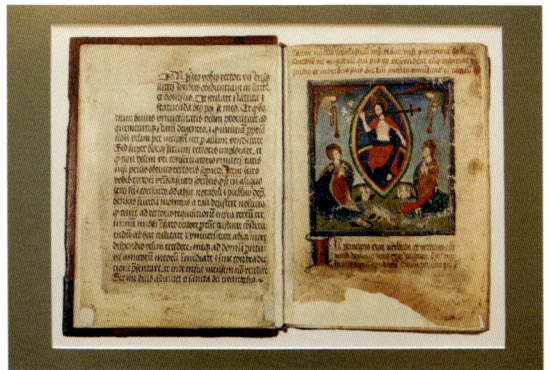

Schwurblatt der Universität Leipzig von 1409

ALUMNI-TREFFEN AM 6. JUNI 2009

Hans-Dietrich Genscher, Franz Häuser

ERINNERUNGSLAUF PRAG – LEIPZIG IM JUNI 2009

ERÖFFNUNG DER JUBILÄUMSAUSSTELLUNG „ERLEUCHTUNG DER WELT" AM 8. JULI 2009

(v.l.) Franz Häuser, Eva-Maria Stange, Burkhard Jung

(v.l.) Burkhard Jung, Arend Oetker, Rudolf Hiller von Gaertringen

GEDENKMÜNZE UND SONDER-
BRIEFMARKE

DIE JUBILÄUMSSTRASSENBAHN

ZUG UM ZUG – 600 JAHRE UNIVERSITÄT LEIPZIG AUF DEM
LEIPZIGER HAUPTBAHNHOF IM JULI 2009

GOTTESDIENST AM 1. DEZEMBER 2009
IN DER THOMASKIRCHE

Universitätsprediger Rüdiger Lux 　　　　　Landesbischof Jochen Bohl

GOTTESDIENST AM 1. DEZEMBER 2009
IN DER THOMASKIRCHE

Bischof Joachim Reinelt

Franz Häuser

EMPFANG AM 1. DEZEMBER 2009 IN AUERBACHS KELLER

EMPFANG AM 1. DEZEMBER 2009
IN AUERBACHS KELLER

(v.l.) die Ehrensenatoren Klaus G. Saur, Wilhelm Oelßner, Konrad Krause, Christoph Oswald, Werner Holzmüller, Peter Krakow

(v.l.) Monika Harms, Wolf-Dietrich Speck von Sternburg, Sabine von Schorlemer, Burkhard Jung

(Bildmitte) Sabine von Schorlemer, Wolf-Dietrich Speck von Sternburg

Christoph Kähler und Martin Schlegel

ABENDLICHES UNIVERSITÄTSFEST AM 2. DEZEMBER 2009
IN DER MENSA AM PARK

FESTAKT IM PAULINUM AM 2. DEZEMBER 2009

(v. l.) Eva Luise Köhler, Horst Köhler,
Franz Häuser, Burkhard Jung

(v. l.) Stanislaw Tillich, Eva Luise Köhler, Horst Köhler,
Franz Häuser, Burkhard Jung, Robert Holländer,
Wolfgang Fach

FESTAKT IM PAULINUM AM 2. DEZEMBER 2009

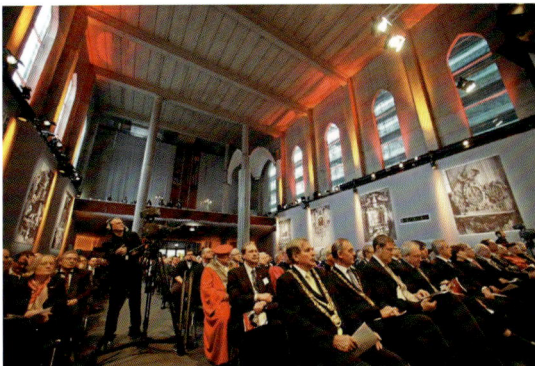

Horst Köhler

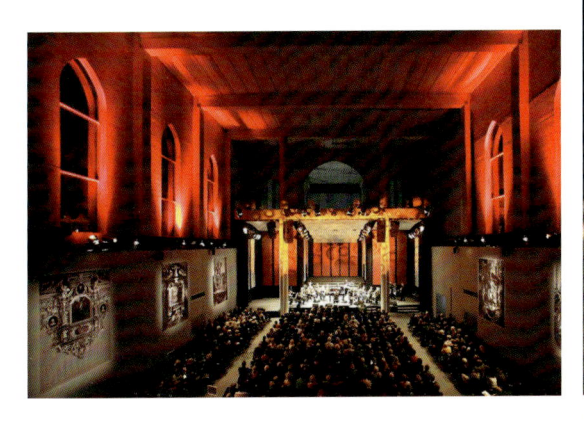

Stanislaw Tillich

FESTAKT IM PAULINUM AM 2. DEZEMBER 2009

Simon Schultz von Dratzig

Universitätschor

(v.l.) Simon Schultz von Dratzig, Stanislaw Tillich, Eva Luise Köhler, Horst Köhler, Franz Häuser, Burkhard Jung, Robert Holländer

Burkhard Jung

FESTAKT IM PAULINUM AM 2. DEZEMBER 2009

Universitätsbigband    Universitätsorchester, Leitung David Timm